高等教育"十二五"应用型人才培养规划教材

新编现代企业管理
（第2版）

主　编　彭加平　曾　伟　周裕全

主　审　李志刚　林　瑛

副主编　梅艺华　刘春斌　范玲俐
　　　　赵国强

北京理工大学出版社
BEIJING INSTITUTE OF TECHNOLOGY PRESS

内 容 提 要

全书分为四个模块：模块一企业篇，阐述对现代企业的基本认识，包括企业的概念及基本特征、现代企业的特征、现代企业系统的构成及运作机理和现代企业经营方式等内容；模块二管理篇，阐述现代企业管理的性质、职能、基本原理、一般方法、理论发展及基础工作、现代企业治理结构与组织机构、企业文化建设、企业人力资源管理等内容；模块三经营篇，阐述现代企业战略管理、市场营销管理、财务管理等内容；模块四生产篇，阐述现代企业的技术管理、生产管理和质量管理等内容。

本书可作为高等院校工商企业管理、会计、审计、财务管理、营销与策划、市场营销等经济管理类专业的教材，也可作为法学（企业法律顾问方向）专业以及工程类各专业开设的企业管理概论或现代企业管理课程教学用书，还可作为各类企业中基层管理人员的培训教材。

图书在版编目（CIP）数据

新编现代企业管理/彭加平，曾伟，周裕全主编．—2 版．—北京：北京理工大学出版社，2022. 12 重印

ISBN 978 – 7 – 5640 – 8659 – 6

Ⅰ. ①新… Ⅱ. ①彭… ②曾… ③周… Ⅲ. ①企业管理 – 高等学校 – 教材 Ⅳ. ①F270

中国版本图书馆 CIP 数据核字（2013）第 306672 号

出版发行 /北京理工大学出版社有限责任公司

社　　　址 /北京市海淀区中关村南大街 5 号

邮　　　编 /100081

电　　　话 /(010) 68914775（总编室）

　　　　　　82562903（教材售后服务热线）

　　　　　　68948351（其他图书服务热线）

网　　　址 /http：//www. bitpress. com. cn

经　　　销 /全国各地新华书店

印　　　刷 /三河市天利华印刷装订有限公司

开　　　本 /787 毫米 ×1092 毫米　1/16

印　　　张 /20. 25　　　　　　　　　　　　　　　责任编辑 /梁铜华

字　　　数 /471 千字　　　　　　　　　　　　　　文案编辑 /武丽娟

版　　　次 /2022 年 12 月第 2 版第 7 次印刷　　　　责任校对 /周瑞红

定　　　价 /45. 00 元　　　　　　　　　　　　　　责任印制 /马振武

第 2 版　前　言

本书第一版是普通高等教育"十二五"国家级规划教材，是面向"十二五"高等教育课程改革项目的研究成果，本书于 2012 年 12 月荣获"江西省第五届普通高等学校优秀教材（本科）二等奖"。本书修订之际正值党的"十八届三中"全会召开，党的"十八届三中"全会强调"改革稳增长、促发展，以改革调结构、促升级，推进政府职能转变，上下联动，把简政放权的措施落到实处"。这一系列改革举措，要求现代企业管理的理论和内容必须与时俱进，也应作相应调整。

本书在第二版的编写过程中，除继续体现应用型本科教材的特色——内容设计的实用性，教学过程的互动性，教材"主辅训合一型"外，还补充调整了大部分章节内容，体现了时代性和可操作性。第一章、第三章、第四章、第五章、第六章、第十章和第十一章内容都作了较大调整和补充。主编都具有副教授以上的职称，都有从事企业管理高校教学 20 多年的教龄。

第一章补充了 2011 年 9 月 2 日颁布的我国大型、中型、小型、微型企业的划分标准；还补充了 2013 年 10 月 27 口中国政府网"注册资本登记制度改革五大内容"，这些最新内容，对推动创业、扶持民营经济有着重要作用。

第三章增加了现代企业制度的内容、现代企业治理结构的问题及完善、组织分类、组织职权类型等，对第一版的章节体系作了较大调整，使得现代企业制度及现代企业组织结构设计理论知识更切合企业实际。

第四章增加了企业伦理和社会责任一节。第五章按人力资源管理的主要模块重新设计，对企业实际更具可操作性。

第六章、第十章的内容的调整，注重理论知识的层次性和可操作性。

第十一章对第一版的章节作了调整，更能体现全面质量管理和 ISO 9000 族标准的关系。另外补充了 ISO 9000 族核心标准的内容和关系、ISO 9000 族标准与质量奖的关系。

使用本书的建议：

第一，树立"以学生为中心"的理念，以调动学生的积极性为核心。教学的本质应该是"学—教"，有"学"才有"教"，以"学"为中心，"教"为"学"服务。调动学生的学习积极性，是教学改革的核心。教学中必须尊重学生、信任学生、放手发动学生，激发其表现欲与自我实现需要，培养其参与教学的兴趣。如"技能实训"活动，由学生分组来组织，活动成果由学生分组在班级公开交流，成绩主要由学生评定。真正从教师监督学生被动地学，转变为教师指导学生自主地学。

第二，师生互动，提高知识研修的质量。要彻底打破"一言堂"局面，教师要少讲精讲，只讲教材重点或难点内容。多给学生表现的空间，让学生自学、讨论、提问、应用。用好"研讨与思考""小资料""小案例"栏目，构建生动活泼的课堂氛围，真正做到是学生在研修，而不是教师在灌输。

第三，提倡"工学结合"，尽可能安排企业管理实践。企业管理是一门实践性极强的课程，企业管理教学如果离开了企业管理的实践，完全搞黑板教学，纸上谈兵，则学生只能死背概念，成效甚微。在使用本书教学的过程中，教师要利用一切可能的机会与途径，让学生参与或亲历企业管理的实践。如安排企业调研，上网收集企业信息，请企业家讲座，向学生提供各种企业管理实践资料（录像等）。这样，才能学得懂，用得上。

本书由彭加平、曾伟、周裕全担任主编，彭加平负责提出全书的编写指导思想、编写大纲、总体结构体系，负责全书统稿、各章节内容协调、修改定稿和总编工作；梅艺华、刘春斌、范玲俐、赵国强担任副主编；李志刚、林瑛担任主审；本书共分十一章，各章节编写的老师及所在院校如下：

第一章、第二章、第三章、第十一章　彭加平　江西科技师范大学

第四章、第五章　曾　伟　江西科技师范大学

第六章、第十章　周裕全　江西科技师范大学

第七章　　　　　梅艺华　南昌职业学院

第八章　　　　　赵国强　江西科技师范大学

第九章　　　　　刘春斌　江西城市职业技术学院

　　　　　　　　范玲俐　江西环境工程职业学院

本书成稿后，承蒙江西科技师范大学经管学院的李志刚院长、林瑛教授详细审读，在此深表感谢。对引用、参考相关资料、书籍的作者一并表示感谢。

应用型本科教材的改革是一个长期而艰难的过程，限于作者的水平，本书难免存在一些不足与缺憾，恳请读者批评指正。

编　者

2013 年 12 月

第 1 版　前　言

　　21 世纪是知识经济的时代，现代企业需要大量既懂各种专门技术又懂管理的复合型人才。对于高职高专、应用型本科的工商企业管理、会计、审计、财务管理、营销与策划、市场营销等经济管理类专业以及工程类各专业的学生来说，就业岗位主要有如下特征：一是岗位主要趋向企业的中基层一线；二是岗位必须掌握企业相应的专业技术与对应的管理技能；三是今后的岗位群分布主要围绕企业的生产、经营、技术与管理过程。为此，学生在学习掌握本行业专业技能的基础上，还必须掌握现代企业管理理论、方法和技能，才能适应岗位的要求。本书主要从企业中的一线中基层管理人员和技术人员的岗位需求出发，把管理活动与技术要求有机结合起来，形成比较实用的现代企业管理教材。

　　本书在编写过程中，力图体现高职高专、应用型本科教材的以下特色：

　　一是内容设计的实用性。本书按照企业中基层一线管理与技术人员的职业岗位需要设计内容，由引导案例引入，体现"实际怎么做，书中就怎么写"的原则，编写思路体现了创业教育。

　　二是教学过程的互动性。改变传统的灌输式教学，实施以学生为主体的交互式教学法，对各章节重要知识点教学，都设计了研讨与思考、小资料、小案例等课堂互动环节，实施交互式教学。

　　三是教材"主辅训合一型"。即把主教材、练习与思考题和技能实训活动融为一体，知识传授与技能传授相结合，使学生易学、愿学，教师易教、易检查教学效果。各章章首设有"学习目标"，包括知识点和技能点；"引导案例"导出全章重点内容；"章前引言"概括本章主要内容；章尾设有"本章小结"，浓缩本章重要知识点；"本章知识结构网络图"使知识点系统化；"练习与思考题"包括单选题、多选题、名词解释、简答题、计算及案例分析题，用以检测知识点；"技能实训"活动用以检测技能点。本书力求探索一种集教、学、研、练、干于一体的新型教学模式，使企业管理理论紧密联系实际，"教"与"学"的质量真正达到相长。

　　四是教学内容的新颖性。内容安排上注重现代企业管理的最新知识与方法，如 21 世纪现代企业的特征、虚拟企业；转换机构好像一个"黑箱"，现代企业的成功秘诀取决于此"黑箱"；7 种企业管理基础工作、5S 活动；学习型组织；价值工程、MRP/ERP 在现代企业生产中的运用、准时制生产、精益生产、敏捷制造、2008 版 ISO 9000 标准等先进的管理工具与方法，使本书具有前瞻性与新颖性。

　　使用本书的建议如下：

　　第一，树立"以学生为中心"的理念，以调动学生的积极性为核心。教学的本质应该是"学—教"，有"学"才有"教"，以"学"为中心，"教"为"学"服务。调动学生的学习积极性，是教学改革的核心。教学中必须尊重学生、信任学生、放手发动学生，激发其表现欲与自我实现需要，培养其参与教学的兴趣。如"技能实训"活动，由学生分组来组织，活动成果由学生分组在班级公开交流，成绩主要由学生评定。真正从教师监督学生被动地学，转变为教师指导学生自主地学。

第二，师生互动，提高知识研修的质量。要彻底打破"一言堂"局面，教师要少讲精讲，只讲教材重点或难点内容。多给学生表现的空间，让学生自学、讨论、提问、应用。用好"研讨与思考""小资料""小案例"栏目，构建生动活泼的课堂氛围，真正做到是学生在研修，而不是教师在灌输。

第三，提倡"工学结合"，尽可能安排企业管理实践。企业管理是一门实践性极强的课程，企业管理教学如果离开了企业管理的实践，完全搞黑板教学，纸上谈兵，则学生只能死背概念，成效甚微。在使用本书教学的过程中，教师要利用一切可能的机会与途径，让学生参与或亲历企业管理的实践。如安排企业调研，上网收集企业信息，请企业家讲座，向学生提供各种企业管理实际资料（录像等）。这样，才能学得懂，用得上。

本书由彭加平担任主编，负责提出全书的编写指导思想、编写大纲、总体结构体系，并负责全书统稿、各章节内容协调、修改定稿和总编工作；熊青、梅艺华、刘春斌担任副主编。黎明、周叶担任主审。本书共分十一章，各章节编写的老师及所在院校如下：

第一章、第二章　　　彭加平　江西科技师范学院
第三章　　　　　　　王海平　江西大宇职业技术学院
第四章　　　　　　　刘春斌　江西城市职业技术学院
第五章、第六章　　　郭家瑜　江西蓝天学院瑶湖校区管理工程系
第七章　　　　　　　梅艺华　江西大宇职业技术学院
第八章　　　　　　　赵国强　江西科技师范学院
第九章　　　　　　　吴　辉　江西大宇职业技术学院
第十章、第十一章　　熊　青　江西交通职业技术学院

本书成稿后，承蒙江西科技师范学院的黎明、周叶两位副教授详细审读，在此深表感谢。对引用、参考相关资料、书籍的作者一并表示感谢。

高职高专、应用型本科教材的改革是一个长期而艰难的过程，限于作者的水平，本书难免存在一些不足与缺憾，恳请读者批评指正。

编　者
2010 年 7 月

目　录

现代企业管理课程总体框架

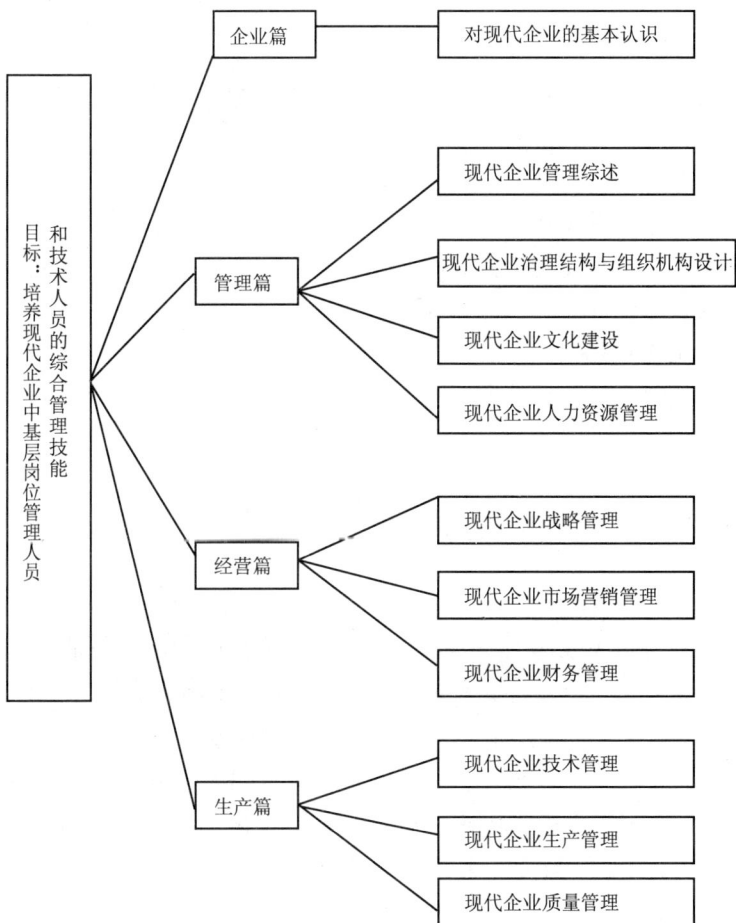

```
                                          ┌─────────────┐       ┌──────────────────────┐
                                          │   企业篇     ├───────┤  对现代企业的基本认识   │
                                          └─────────────┘       └──────────────────────┘

                                                                ┌──────────────────────┐
                                                                │    现代企业管理综述     │
                                                                └──────────────────────┘
  ┌───┐                                                         ┌──────────────────────────┐
  │目  │                                  ┌─────────────┐       │ 现代企业治理结构与组织机构设计 │
  │标  │ 和                               │   管理篇     │───────┤──────────────────────────│
  │：  │ 技                               └─────────────┘       │    现代企业文化建设       │
  │培  │ 术                                                     └──────────────────────────┘
  │养  │ 人                                                     ┌──────────────────────┐
  │现  │ 员                                                     │  现代企业人力资源管理   │
  │代  │ 的                                                     └──────────────────────┘
  │企  │ 综
  │业  │ 合                                                     ┌──────────────────────┐
  │中  │ 管                               ┌─────────────┐       │   现代企业战略管理     │
  │基  │ 理                               │   经营篇     │───────┤──────────────────────│
  │层  │ 技                               └─────────────┘       │  现代企业市场营销管理   │
  │岗  │ 能                                                     └──────────────────────┘
  │位  │                                                        ┌──────────────────────┐
  │管  │                                                        │   现代企业财务管理     │
  │理  │                                                        └──────────────────────┘
  │人  │
  │员  │                                                        ┌──────────────────────┐
  └───┘                                  ┌─────────────┐       │   现代企业技术管理     │
                                          │   生产篇     │───────┤──────────────────────│
                                          └─────────────┘       │   现代企业生产管理     │
                                                                └──────────────────────┘
                                                                ┌──────────────────────┐
                                                                │   现代企业质量管理     │
                                                                └──────────────────────┘
```

模块一

企业篇

第一章 对现代企业的基本认识

【学习目标】

A. 知识点：

1. 理解企业的概念及现代企业的特征

2. 理解现代企业系统构成及运作机理

3. 理解现代企业经营方式

4. 掌握企业类型的划分

5. 理解现代企业创立的基本程序

B. 技能点：

1. 能正确区别企业类型

2. 会对不同类型的企业选择相应的经营方式

3. 能大致设计出有限责任公司的创立方案

【引导案例】 福布斯全球富豪榜显示六成亿万富豪靠创业致富

2008年10月30日，著名商业杂志《福布斯》中文版正式发布其年度重磅榜单——2008福布斯中国富豪榜。饲料及铝业大亨刘永行获封新一届的"中国首富"。

刘氏家族曾是中国最富裕的家族之一，2002年，刘家是中国少数财富超过80亿元的家族之一。1982年，刘家开始饲养鹌鹑和鸡，并将希望集团打造成为中国最大的饲料生产者之一。1995年，刘永行搬至上海，他旗下的东方希望集团至今仍是中国最大的饲料公司之一，同时他还拥有铝冶炼厂。今年，刘永行的净资产达到204亿元人民币，比去年增长了23.2亿元。

《福布斯》中文版11月刊的杂志上对今年富豪榜的前40强作了专题报道。较之2007年，今年有几名新富豪闯入前40强，其中美特斯邦威的周成建以136亿元人民币的财富排名第5位。两家钢铁企业的老板也值得一提，日照钢铁的杜双华和建龙钢铁的张志祥以108.8亿元和76.8亿元的财富分列第8位和第21位。还有多名富豪重返前40强，最引人注目的是网易的丁磊，他一度是中国首富，目前以85亿元人民币的净资产排名第17位。

国务院发展研究中心企业研究所研究员王继承说，中国是世界上创业机会最多的国家之一。尽管富豪们发财的方式多种多样，但创业是今年上榜的富豪们的共同特征。《福布斯》杂志全球版副主编、上海分社社长范鲁贤说，60%富豪的财富是靠创业换来的。2006年排名世界前十的富豪中，仅第10名的加拿大的戴维·汤普森家族是继承遗产，其余9人都是创业致富。

全球及中国富豪榜中富豪的创业故事，可能成为创业者或即将创业的人学习的榜样。他们的创业精神将激励众多年轻人，社会也能从他们积极的心态中获益。

（资料来源：http：//www. sina. com. cn 2008 年 10 月 30 日）

【分析与思考】

1. 成为富翁是不少人的梦想，成为富翁的重要途径之一是什么？
2. 六成亿万富豪实现梦想的表现形式是什么？
3. 研究企业内涵及其运作机理对实现成功创业至关重要吗？

成为富翁的重要途径之一是创业，创业的表现形式就是创立一个企业。现代企业管理的对象是现代企业，对现代企业的了解与认识是学习和从事现代企业管理的前提。本章阐述现代企业的特征、系统结构、类型和现代企业创立等基本问题，为以后各章全面展开现代企业管理理论和方法的学习奠定基础。

第一节 现代企业概述

一、企业的概念及基本特征

（一）企业的产生及概念

企业是一个历史范畴，是商品经济发展到资本主义阶段，随着机器人工业的出现而产生的。最早出现的是工业企业，一般认为工业企业的发展经历了三个阶段，即家庭手工业企业、工场手工业企业和工厂企业。家庭手工业是简单协作劳动的经济组织，是工厂企业的萌芽。工场手工业是已经有专业化分工、规模更大的社会化大生产经济组织。18 世纪 60 年代开始的资本主义"产业革命"产生了以机器为基本生产手段的工厂，1771 年世界上第一个企业诞生在英国（曼彻斯特纺织厂），这种工厂企业是现代工业企业的初始模式。随着科学技术的发展，企业也就从早期的工业领域迅速扩展到各个领域。

企业从诞生到现在，具体形态丰富多样，对于企业的定义，国内外学者有多种观点。但其本质是专门从事为卖而买的商品生产和经营的经济组织，为社会提供商品或服务，使资本增值、获取利润并承担风险的经济组织。因此，企业是指适应社会市场需要以营利为目的，实行自主经营、自负盈亏、独立核算，依法设立的直接从事商品生产经营活动的经济组织。

（二）企业的基本特征

（1）商业性：企业是直接从事商品生产经营活动的经济组织。该特征区别于行政组织或政权组织。行政组织只能对企业商品生产经营活动间接宏观指导，否则就是政企不分。

（2）营利性：企业是以市场为导向，以营利为主要目的的生产、流通及服务单位。该特征区别于事业单位。学校、医院是事业单位，不能以营利为主要目的，主要目的是承担社会责任。

（3）独立性：企业是自主经营、自负盈亏、独立核算的社会经济基本单位。该特征区别于分厂、分公司和企业集团。分厂、分公司不是独立核算的社会经济基本单位，企业集团是多个企业的联合体。

（4）合法性：企业是经政府工商行政管理部门审查登记，依法设立的经济实体。该特征是法人企业和自然人企业的共性。法人企业和自然人企业的本质区别，在于企业是否拥有独立支配的财产和是否能以企业的名义承担法律责任。

（5）风险性：企业是市场经济的基本单元，市场瞬息万变、不可控因素很多，若企业的行为违背了市场规律，就会陷入困境，甚至濒临破产或倒闭，因此，办企业有较高的风险。

研讨与思考：企业与事业单位、行政单位有何区别？工厂一定是企业吗？企业一定是法人企业吗？企业与企业集团有何区别？

二、现代企业的特征

所谓"现代"是一个相对的名词，但是过去所提出的管理理论并不代表现代的企业就一定不适用。随着时代的变迁和环境的变化，企业的特征也有所差异；20 世纪 50 年代是"生产导向"、60 年代是"成本导向"、70 年代是"市场导向"、80 年代是"以时间为主的竞争"、90 年代是"以核心竞争力为主的竞争"等，管理的思维随着竞争的态势而改变。现在已进入 21 世纪，美国宾州华顿学院教授 Wind 与 Main（1998）研究发现，20 世纪的公司与 21 世纪的公司具有很大差异，其差异的特征如表 1 - 1 所示。

进入 21 世纪的现代企业有别于传统企业，主要有以下特征：

第一，现代企业是一个高度市场化的组织。过去，传统企业作为契约性组织对上级负责；现在，企业是高度市场化的组织，随着现代企业越来越市场化，现代企业总体对市场负责，企业驾驭市场能力的高低决定了现代企业营利能力的高低。

第二，现代企业是一个学习型组织。过去认为企业是制造产品的，现在看来，现代企业更主要的是制造思想。21 世纪是知识经济的时代，知识经济是以知识及其产品的生产、流通和消费为主导的经济。获取知识和应用知识的能力，也将成为企业赢得竞争优势的关键，而这种能力要依靠持续不断的学习来保证。因此，现代企业应当成为学习型组织，员工应当成为乐于学习、善于学习的"学习人"。

第三，现代企业是一个文化型组织。过去认为企业只是物质型组织，现在看来，现代企业更是文化型组织，应把企业文化视为一种资本，着力企业文化建设，注重企业核心理念价值观的统一。通过建设有特色的、有效的企业文化，可以提高生产效率，提升企业形象和员工对企业的忠诚度，提倡团队精神，提倡关心人、尊重人和信任人，强调以人为本的思想。员工由一个自然人成为企业"文化人"，个人目标与组织目标充分融合且达到最大实现。

表 1 - 1　20 世纪公司与 21 世纪公司的特征比较

20 世纪公司的特征	21 世纪公司的特征
目标导向	愿景导向
注重价格	注重价值
重视产品品质	重视全面品质
要符合产品要求	要满足顾客要求
注重股东权益	注重利害关系人权益
讲求效率、安定	讲求创新、企业精神
垂直的组织体制	扁平化、授权体制
以机器设备为基础	以资讯为基础
强调功能性	跨越功能性
严谨、全心投入	弹性、学习
地方性、区域性、全国性	全球性
组织垂直整合	网络关系、相互依赖

（资料来源：庄立民. 企业概论. 台湾全华科技图书股份有限公司，2004.9）

第四，现代企业是一个虚拟网络化组织。过去认为企业只能是看得见、摸得着的实体组织，现在大家都讲虚拟生产、虚拟营销、虚拟运输、虚拟分配，一切都虚拟化了，越空的企业越厉害。虚拟网络化组织的优越性在于：①提高了企业竞争力。②能更充分地利用各种优势资源。③在关键性的职能方面，可以实现跨组织的协同。④降低了管理费用。

第五，现代企业是一个全球性组织。过去企业根据木桶理论致力于"最短的那根"以提高利润，因此说，企业总在经营劣势。现在新木桶理论出现了，也就是说短的那一块不做了，就做最擅长的那一块，每个企业都经营优势，就像每个人都做自己最感兴趣的事，成本很低，效率很高。由木桶理论发展到新木桶理论，每个企业根据全球定位，你做一段，我做一段，全球集成，融入全球化过程中。所以，现代企业是一个全球化组织。

研讨与思考：进入 21 世纪，现代企业有哪些特征？

三、现代企业系统的构成及运作机理

（一）现代企业系统的构成

企业要完成自己的使命，必须有自己的构成要素，现代企业系统的构成要素，主要包括以下六个方面：

1. 环境

任何组织都生存在一定的空间里，现代企业是一个开放系统，现代企业的生产经营活动都要受环境的影响和制约，企业内部因素，即人、财、物、信息等都与环境发生这样那样的联系，进行各种交换。现代企业首先要研究环境，根据环境制定生存和发展战略。环境因素分为外部环境和内部条件。外部环境又分为一般环境与产业环境；一般环境可以分为政治、经济、社会、技术和法律等力量；产业环境常用美国策略大师波特提出的五力模型描述，即顾客议价的能力、供应商议价的能力、潜在竞争者、现存竞争者和替代品等五种力量。本书第六章对现代企业的外部环境有详细的论述。内部条件又分为企业内部的组织结构（本书第三章有详细的论述）、组织文化（本书第四章有详细的论述）以及组织资源等。

2. 投入资源

资源的投入是企业运作的力量和基础。现代企业投入资源可用"5m1t"表示，包括：人力（man）、资金（money）、物资设备（machine）、材料（material）、方法信息（method）和时间（time）。

（1）人力：主要指拥有现代科技知识和工作技能的员工，也包括由人组成的组织与机构。人力是推动企业运作的主体，是投入资源中最活跃、最重要的资源，这个资源的发挥决定着现代企业运作的成败。现代企业必须以人为本，尊重人、关心人、服务人，调动人的积极性和创造性，视人力为资本。现代企业更要倡导人的团队合作精神。

（2）资金：主要指出资人投入的资本和日常运营所需的资金。资金是企业运作的"血液"，是现代企业系统运行的保障，资金的筹措能力与使用好坏决定着现代企业的获利和持续生存能力。

（3）物资设备：主要指企业的土地、厂房、机器设备、能源、设施及工具等。物资设备是现代企业系统运行的硬件和手段，它突出影响运营效率，一定程度上制约成本和质量。

（4）材料：主要指企业的生产对象，包括原材料和辅助材料等。它在很大程度上决定着产品和服务的成本和质量。现代企业更注重环保原材料和原材料的综合利用。

（5）方法信息：主要指企业的技术、知识、计划、方法、经验和流程等。信息是企业运行的神经，现代企业的一切决策与经营活动的实施都靠信息实现，现代企业系统的反馈功能靠信息完成。信息决定着现代企业系统的运行过程，是现代企业提高效率、降低成本、提升竞争力、增强获利能力的最关键因素。

（6）时间：时间是现代企业最稀有、最特殊的资源，其他投入资源都是在一定的时间上的分配和安排。时间就是现代企业的金钱，时间具有不可逆转性，它通过效率影响企业的绩效。青岛海尔在其厂房上贴着"快速反应，马上行动"八个大字，就是时刻警示员工，现代企业的竞争就是基于时间的竞争。

3. 转换机构

现代企业系统实际上就是一种转换机构，即不断地把一定的投入转化成一定的产出的机构。企业投入各种资源，经过"转换机构"，产出有形产品和服务，当其被用户购买而实现了价值以后，资金得到增值。现代企业系统的这一转换，要求企业管理必须以企业投入—产出过程为中心，使这一过程始终处于良性循环状态，效率高，效益好，即转换机构的效率越高，则产出与投入之间的比值也将越大，不同企业之间的绩效表现完全看转换过程是否成功。因此，转换机构好像一个"黑箱"，现代企业的成功秘诀取决于此"黑箱"。转换过程通过"管理矩阵"进行，"管理矩阵"包括企业功能和管理职能（如图1-1所示）。

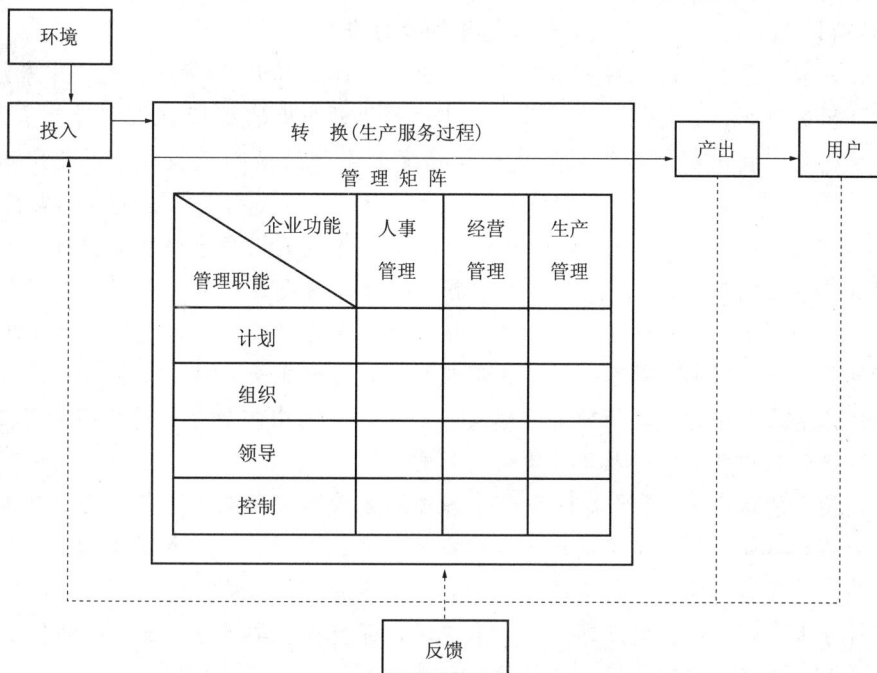

图 1-1 现代企业系统结构

企业功能是指为企业创造产品或提供服务时的活动，现代企业的运作依赖这些活动的整合。现代企业的生产经营活动可分为经营活动和生产活动。经营活动是指与市场、盈利相关的活动，对经营活动的管理统称经营管理，包括战略管理（第 6 章）、市场营销管理（第 7 章）、财务管理（第 8 章），本书把它们放在经营篇论述。生产活动是指与产品制造过程或服务提供过程相关的活动，把对生产活动的管理统称为生产管理或生产运作管理，包括技术管理（第 9 章）、生产管理（第 10 章）、质量管理（第 11 章），本书把它们放在生产篇论述。不管是经营活动还是生产活动，都要通过人员的配置和管理去实施，现代企业的基本功能还应包括人事管理或人力资源管理（第 5 章），本书把它们放在管理篇论述。

管理职能是指为企业管理的基本工作内容和工作过程所作的理论概括，具体包括计划、组织、领导及控制等（在第 2 章有详细论述）。

企业功能和管理职能在交互作用之后，对投入资源进行转换，进而产生产出。

4. 产出

企业的产出一般视为组织的绩效。传统企业常以产出产品或服务的财务指标衡量，如企业利润等。现代企业一般用平衡计分卡通过财务指标和非财务指标（顾客导向指标、内部流程指标、创新学习指标等），如市场占有率、顾客满意度、新产品推出能力、合格品率、员工满意度、员工创新能力等，从不同角度评估企业整体绩效。

【小资料】 **什么是平衡计分卡？**

平衡计分卡，源自于罗伯特·卡普兰与大卫·诺顿于 1990 年所从事的"未来组织绩效衡量方法"研究计划，该计划对在绩效测评方面处于领先地位的 12 家公司进行了为期一年的研究，目的在于找出超越传统以财务会计量度为主的绩效衡量模式，以使组织的"策略"能够转变为"行动"。该研究的结论《平衡计分卡：驱动绩效的量度》发表在 1992 年《哈佛企管评论》的 1 月与 2 月号。平衡计分卡强调传统的财务会计模式只能衡量过去发生的事项（落后的结果因素），但无法评估企业前瞻性的投资（领先的驱动因素）。因此，必须改用一个将组织的远景转变为一组由四项观点组成的绩效指标架构来评价组织的绩效。此四项指标分别是：财务、顾客、企业内部流程、学习与成长。

平衡计分卡最初作为一种绩效管理模式，后来在实践中扩展为一种战略管理工具，成为一种可以提升企业竞争能力及落实策略愿景的架构。

用其创始人的话来说，"平衡计分卡是一种绩效管理的工具。它将企业战略目标逐层分解转化为各种具体的相互平衡的绩效考核指标体系，并对这些指标的实现状况进行不同时段的考核，从而为企业战略目标的完成建立起可靠的执行基础"。

平衡计分卡从四个不同角度即财务、客户、内部流程、学习与成长，衡量企业的业绩，从而帮助企业解决两个关键问题：有效的企业绩效评价和战略的实施。

5. 用户

用户是上帝，这是现代企业必须准确认识和把握的基点。现代企业的立足点是市场需求，离开市场需求，现代企业的一切就无从谈起；市场需求虽然多样，但核心是订单，而用户是订单的源泉，是现代企业系统循环呼应和持续发展上升的最关键支撑点。现代企业应重视用户的研究。

6. 信息反馈

企业的投入要素以及转换过程或环境的变化都会影响企业的产出，一般而言，企业会事先对企业的产出设定一系列目标（不管是财务方面或是非财务方面的产出），当实际产出较大偏离目标产出时，企业就应该采取纠偏措施，将相应信息反馈给"投入"或是"转换"，加以修正。同样，现代企业还必须注重用户的信息反馈。

（二）现代企业系统的运作机理

现代企业系统的结构描述了现代企业系统的运作机理，即首先从战略角度分析企业外部环境和内部条件，选定创立企业的类型及经营范围，确定企业目标；然后搭建现代企业的组织机构、筹集并投入资源；再建立企业管理各子系统的高效转换机构，经过企业的生产或服务过程，将投入要素转换为有形产品或无形服务，供给用户，实现价值增值。

由于生产经营过程是循环往复、连续不断的，故其投入的各种要素在运动与变化中就形成了前后衔接、连续不断的流程，主要有：①物流——以物质产品和服务为中心的流程，属于使用价值流程，包括市场研究与产品开发、物资采购、生产制造、市场营销、用户服务与反馈等。②资金流——是伴随物流而同时发生的一种流程，是价值流程，包括资金的筹措、投入、使用、结算等。③人事流——适应物流和资金流的需要，对企业全体员工进行招聘、调配、考核、培训、薪酬分配、升迁、辞退等。④信息流——上述流程的各个环节都会产生信息，企业还要运用信息对其进行监督和调节，这就形成了信息流，它包括信息的收集、传输、处理、储存等。⑤订单流——进入21世纪，现代企业取胜必须靠创新，而创新的目标就是创造有价值的订单，持续的订单构成订单流，它是企业的生存和发展之本。

上述五种流程紧密联系，相互交织在一起，其中订单流是上述各个流程的串联主线，是现代企业系统运作的基础，每一个具体流程都要按订单来直面市场、贴近市场，对市场和用户负责；物流、资金流、信息流决定着现代企业系统运作的效率、效益；现代企业系统的运作实质是企业员工实施订单流、物流、资金流、信息流的综合运行过程，而这些运行是通过人事流去实施的，人的作用是关键。

以上关于现代企业系统的构成要素、转换过程、五种流程等的简单分析，对现代企业管理具有重要的指导意义。

研讨与思考：现代企业应该如何运作？

四、现代企业的经营方式

经营方式是指在一定的生产资料所有制形式下企业生产经营的具体形式，以及所有者同经营者之间的关系。我国全民所有制工业企业法规定，全民所有制工业企业是依法自主经营、自负盈亏、独立核算的社会主义商品生产和经营单位。企业依法自主经营，经营方式灵活多样。企业经营方式的多样化表现为企业经营责任制形式的多样化和企业内部经营方式的灵活多样。在所有权与经营权分离的原则下，企业可以依照产业性质、企业规模、技术特点等采取不同的经营责任制形式。

现代企业经营方式多种多样，根据不同标准可以区分为不同类别。依经营活动的地域范围，可分为国内经营与跨国经营；依经营管理的不同方式，可分为自营、联营、代理经营等；依经营过程的供销关系，可分为内向经营与外向经营；依经营业务的种类多寡，可分为单一经营与多种经营；依经营期限长短，可分为短期经营与长期经营等。企业经营方式，是指企业资产所有者从自身利益出发，有条件地把资产占有、使用、处置、收益等经营职能让给企业，正确处理资产所有者同经营者之间经济关系的方式。计划经济体制下的国营企业，由于采取国家统管统包的政策，经营方式死板、单调，统得过多，管得过死，缺乏灵活性、多样性，使生产经营缺乏活力，效益低下。自1978年以来，我国国有企业按照所有权同经营权可以适当分开的原则，采取了多种形式的企业经营方式，主要有承包经营方式、委托经营方式、招标经营方式、租赁经营方式、股份经营方式等。实行多种形式的企业经营，有利于改善企业经营机制，优化企业行为；有利于增强企业的活力，激发企业的主动性和积极性，使企业成为相对独立的经济实体，成为社会主义市场经济体制下自主经营、自负盈亏的商品生产者和经营者。

从现代企业运作角度考虑，经营方式是指企业在经营活动中所采取的方式和方法，如采掘、制造、批发、零售、咨询、租赁、代理等。作为市场主体的现代企业，其现在比较受认同的经营方式划分如下：

1. 自产自销

自产自销是指私营企业销售本企业生产的产品。这种经营方式的企业一般规模不大，业主多为一些手工业者，如鞋店、服装店等。多数是前店后厂，边生产、边销售。

2. 代购代销

代购代销是指用合同的形式，受人委托代为收购、销售的一种商业活动。这种经营方式灵活、经营范围比较广泛，多为农副产品，需要有一定的经营场地，经营者从中收取一定的手续费。代购代销的经营者要有信誉。

3. 来料加工、来样加工、来件装配

来料加工是以改变原材料、半成品的形状、性质、表面状况及用途，按要求加工成产品；来样加工，是按订单的需要，依照图纸、订单的设计要求加工，产品成型后供给订货方；来件装配是以对方提供的零件，依据合同的要求组成产品。来料加工、来样加工、来件装配，无论哪种经营方式，企业都必须与对方签订合同，明确双方的权利义务。

4. 批发

商业活动中成批、大宗地售出商品，它的售价低于零售商品，销售对象是商品经营者、零售商，不直接销售给最终消费者。批发商品需要有一定的仓储设备、储运条件及较多资金。

5. 零售

零售是指成批大宗地买进商品，零星分散卖出，销售对象多为最终消费者。

6. 修理业

修理业为将损坏的器皿、设施、物品修复到原状，或达到原有功能、用途。

7. 运输业

运输业又分为客运和货运。因利用的运输工具不同，又分为非机动车运输或机动车运输，船舶运输，铁路、公路运输及水上运输。私营企业不经营铁路运输。

8. 咨询服务

咨询服务是近年来兴起的行业。企业利用在某一领域掌握的科学技术知识，为顾客提供服务、经验、材料数据、设计等，使顾客在接受咨询中获取知识和利益。

以上经营方式的划分多用于小规模企业，特别是私营企业，而规模大的公司制企业一般采取股份经营方式。因此，现代企业的经营方式与现代企业的类型紧密相关。

第二节 现代企业的类型

研究现代企业的类型并分析它们各自的特点，可以丰富对现代企业的认识；同时，不同类型的企业，要求企业管理与之相适应，从而在经营管理方式、方法等方面都有所区别。

一、按企业投资方式及投资者对企业承担责任形式不同分类

按投资方式及投资者对企业承担责任形式不同划分，实际上是按企业财产组织形式划分企业，这是国际上对企业分类的最常用方法。按此方法可将现代企业分为独资企业、合伙制企业和公司制企业。

1. 独资企业分个人独资企业、国家独资企业、外商独资企业

这里只分析个人独资企业的特点。个人独资企业在我国也称个人业主制企业，由业主一个人出资兴办，由业主直接经营。企业盈利全部归业主所有。企业亏损与债务则完全由业主个人承担，业主对企业债务负无限责任。个人独资企业是最早产生也是最简单的企业组织形式，流行于小规模生产时期。但即使是在现代经济社会中，这种企业在数量上也占多数，如在美国，个人独资企业就占企业总数的 70% 以上。我国的个体工商户和私营独资企业，属于这一类。这类企业往往规模较小，在小型加工、零售商业、服务业等领域较为活跃，如个体餐饮店、杂货店、食品店、修理店、理发店、书店等。

个人独资企业开业与歇业手续简便，产权转让灵活；业主集所有权与经营权于一身，决策快、指挥灵，企业对市场变化有较强的适应性；产权关系简单清楚，无限责任对业主形成极大压力，促使业主兢兢业业，普遍具有较强的敬业精神。但是，这种企业因个人财力有限，加之受偿债能力限制，不易取得高额贷款，故难以从事投资规模极大的工商业活动，企业规模一般很小，承受市场冲击的能力弱；当业主因种种原因而无力经营或无力继续经营时，企业便会歇业，企业的生命不易持久。

2. 合伙制企业

合伙制企业也称为合伙企业，是指在中国境内设立的由两个或两个以上自然人订立合伙协议，共同出资、合伙经营、共享收益、共担风险，并对合伙企业债务承担无限连带责任的营利性组织。即组办合伙企业应具备 3 个要件：①至少两人。两人并非皆需成年人，合伙一人若为未成年人但有限制行为能力，且经法定代理人同意，也可参与合伙。②出资约定。合伙人出资可以是资金或其他财物，也可以是特许权、信用和劳务等。③经营共同事业。按照协议可以由一个合伙人负责经营，也可以由几个或全体合伙人共同经营，全体合伙人共同享有企业盈利，共担企业亏损，对企业债务负有无限连带责任。所谓无限连带责任，首先是无限责任，即企业倒闭资不抵债时每个合伙人均要以自己的全部家庭财产负责清偿企业债务，不能以自己的出资额为限；其次，合伙人对企业债务负有连带责任，即每一个合伙人对企业的债务都负有全部清偿的责任。总的看来，合伙制企业的数量不如公司制企业和个人独资企业多，如在美国全部企业中，这种形式的企业仅占 7% 左右。合伙制企业在会计师事务所、律师事务所、零售商店、经纪业等行业中较为常见。

合伙制企业同个人独资企业相比，在一定程度上克服了个人独资企业资产规模小的局限性，多人出资使筹资数量大为增加，也可获得更多的银行贷款，从而能够从事规模较大的工商业活动；合伙人权责明确、利害相关，都有搞好企业的积极性；企业对债务承担无限责任，资产数量相对较多，使债权人的权益有较可靠保障，提高了企业信用度。但是，合伙制企业的资产规模仍然有限；多个合伙人共同经营，容易降低决策效率、贻误时机。

3. 公司制企业

一般是两个以上的出资者共同投资、依法组建，以其全部法人财产自主经营、自负盈亏的企业财产组织形式。但从 2006 年 1 月 1 日起实施的我国公司法规定，一个自然人或法人可以投资组建一人公司。同个人独资企业和合伙制企业相比，公司制企业有三个突出特点：一是公司制企业是法人，在法律上是独立的民事主体，在经济上拥有独立的财产。股东不能直接支配自己投入的财产，也不能抽回自己的投资。公司的财产作为一个整体，同股东的个人财产相分离，由公司法人享有占用、使用、收益和处分的权利。而个人独资企业和合伙制

企业属于自然人企业，不是法人，没有独立的民事主体地位，也没有独立于出资者之外的财产，企业债务是出资者用自己的财产直接负责，出资者还可按合伙协议的规定撤出自己的投资。二是公司制企业实行有限责任制度，以其全部财产为限对公司债务承担有限责任，股东则以其出资额为限对公司债务承担有限责任。而个人独资企业和合伙制企业在经济往来中承担的债务清偿责任是无限责任。三是公司制企业的所有权与经营权相分离，作为企业所有者的股东不直接经营管理企业，委托董事会并由董事会聘任总经理来经营管理企业。而个人独资企业和合伙制企业中，所有权与经营权合一，统一在所有者手中。

公司制企业在我国主要有两种具体形式，即有限责任公司和股份有限公司。有限责任公司，是指由两个以上股东共同出资，每个股东以其出资额为限对公司债务承担有限责任，公司以其全部资产为限对公司债务承担责任的企业法人；股份有限公司，是指将全部注册资本划分为等额股份并通过发行股票筹集资本，股东以其所持股份为限对公司承担责任，公司以其全部资产对公司债务承担责任的企业法人。从国内外情况看，公司制企业中有限责任公司是多数，股份有限公司是少数，股份有限公司中上市公司又是少数。两者在财产责任、法人地位上是一致的，主要区别如表1-2所示。

表1-2　我国有限责任公司和股份有限公司的特征比较

比较项目	有限责任公司特征	股份有限公司特征
股东人数	一般2人以上，50人以下，股东可以是自然人，也可以是法人或政府	一般5人以上，无上限，一半以上在中国境内拥有住所
注册资本金最低限额	生产经营或商品批发50万元，商业零售30万元，科技开发、咨询、服务10万元。大学毕业生自主创业允许分期到位，首期3万元	1 000万元（上市公司5 000万元）
公司资本划分及股份转让	公司资本不划分为等额股份，出资证明为股单，股单不能自由流通，向股东以外的人转让股份须得到其他股东的同意	公司资本必须划分为等额股份，出资证明为股票，股票可以自由流通，向股东以外的人转让股份不必得到其他股东的同意
公司设立方式	只能发起设立，设立条件、程序较简单和灵活	既可发起设立，也可募集设立，设立条件、程序较严格
公司财务信息	不必向社会公开	必须向社会公开
公司性质	资合公司，股东一般相互认识	典型的资合公司，股东一般不认识

公司制企业是适应社会化大生产和市场经济发展要求的产物，已成为主要资本主义国家中起主导作用的企业财产组织形式，也是我国建立现代企业制度倡导的主要企业形式。同个人独资企业和合伙制企业相比，公司制企业具有明显的优越性，主要是：①具有大规模筹资能力，能迅速扩大企业生产经营规模，增强企业实力。②有限责任制减轻了股东的投资风险，有利于将社会闲散资金转化为生产经营资金，有利于资本集中。③公司资产能保持一定的稳定性和延续性，不会因股东的变化而变动，使公司在市场活动中具有较高信誉。④公司所有权与经营权相分离，股份有限公司的股东可根据公司经营状况随时转让股票，这将加大对经营者的压力，有利于改善企业经营管理，提高企业经济效益。

研讨与思考：公司制企业与个人独资企业和合伙制企业的主要区别？

二、按企业社会化组织形式分类

按企业社会化组织形式不同，可将现代企业分为单厂型企业、总厂型企业、企业集团、连锁加盟企业和虚拟企业。

1. 单厂型企业

一个工厂就是一个企业。这种形式的企业，一般是由生产技术上有密切联系的若干基本生产车间、辅助生产单位、服务单位和管理部门构成的，实行全厂统一经营、统一核算盈亏、统一处理对外联系事务。工厂有各种类型，只有当一个工厂是独立企业，独立核算、自主经营、自负盈亏、拥有法人资格时，才称为工厂制企业，也称为单厂制企业。工厂制企业一般是规模不大的中小企业，我国过去在计划经济体制下老的国有企业、集体企业多以工厂制企业的形式存在，而在市场经济体制下新建的企业已基本上不采用这种企业形式了。

2. 总厂型企业

总厂型企业也称多厂企业，指由两个以上的分厂组成的企业。它是按照专业化、联合化及经济合理的原则，以产品为对象，以装配厂为中心，将相互有依赖关系的若干分散的工厂组织起来，实行统一经营管理。这种形式有利于企业内部的技术交流和协作，有利于生产过程的连续性和对原材料的综合利用，提高产品配套能力，扩大生产规模。总厂型企业比较适宜规模较大的加工装配型企业，总厂一般实行统一经营、分级核算并给予分厂某些处理对外经济事务的权力。总厂拥有法人资格，分厂不具备法人资格。

【小案例】：一位浙江商人在公路旁开了一家饭店。这家饭店的菜味道鲜美，价格又非常便宜，致使每桌饭菜亏损10多元。食客们担心这家饭店坚持不了多久，故竞相涌入，饭店生意异常火爆。出人意料的是，这家饭店不但坚持下来了，而且还增开了一家分店。原来，这位商人在家附近村里开办了养鸡场、养猪场、养鱼场，还种了几十亩①蔬菜。因农产品经常滞销，所以农场利润较低。开饭店后，新鲜农产品直接送往饭店，农场的收入既填补了饭店的亏损，又有很多盈余，这就显示了多厂企业的优势。

3. 企业集团

企业集团是指以资本为主要联结纽带的母子公司为主体，以集团章程为共同行为规范的母公司、子公司、参股公司及其他成员企业或机构共同组成的具有一定规模的企业法人联合体。企业集团不具有法人资格。集团公司与企业集团是有联系又有区别的两个不同概念。企业集团必须以一个或几个大中型企业为核心，核心企业必须具有企业法人地位，必须具有雄厚的经济技术实力，必须具有一定数量的成员企业（子公司），必须具有投资中心、利润中心、成本中心等功能。这种核心企业实质上就是具有母公司性质的集团公司，拥有若干子公

---

① 1亩=666.67平方米。

司的母公司称为集团公司，它是一个企业法人；集团公司连同其子公司、参股公司和关联企业的总和称为企业集团。事业单位法人、社会团体法人也可以成为企业集团成员。它由核心层、紧密层、半紧密层、松散层组成。核心企业即集团公司，也称母公司，是集团中起主导作用的大企业；紧密层企业是由集团公司控股的子公司组成的，是集团实施一体化经营的基本力量；半紧密层企业是由集团公司参股的企业组成的，是集团实施一体化经营的辅助力量；松散层是指承认集团章程、与集团公司及紧密层企业建立有长期、稳定、互惠协作关系的关联单位。

企业集团通过多个企业之间的联合，在远比单个企业大得多的规模和范围内合理组织生产力，既能在一定程度上实行统一经营，使资源按照统一的经营战略合理配置，又能给各个成员企业以最大限度的经营灵活性，充分发挥各自的专长与优势，从而使生产力能够获得迅速发展。我国沿海经济快速发展，就得益于众多高质量企业集团的贡献。因此，企业集团是目前世界上最有生命力和竞争力、发展速度很快的一种企业组织形式。

4. 连锁加盟企业

连锁加盟企业是指由在经营理念、企业识别、商业服务、管理制度等方面都具有相当一致性的商店或服务性企业通过契约方式组成的加盟经营关系的企业联合体。连锁加盟企业具有企业集团的性质，但又有不同点，故单独列出。连锁加盟企业由加盟业主（类似企业集团的核心企业）和加盟店（类似企业集团的松散层企业）组成，加盟业主是指加盟经营关系中提供商标或经营技术等，协助或指导加盟店经营的企业，加盟店是指加盟经营关系中接受加盟业主指导的企业。连锁加盟企业广泛应用于商业服务等领域，已成为现代服务业的主流，如食品连锁店、书店、品牌专卖店、便利超市等。连锁加盟模式一般分为三种：①特许加盟。特许加盟为典型加盟，加盟者依据加盟规范进入加盟体系，并接受技术、管理、商品的营销指导；但加盟者原无经营能力，且加盟前提为接受加盟规范、经营规则，故享有的自主权较自愿加盟低。②自愿加盟。加盟者通常已有经营能力，自愿加入加盟体系，接受加盟业主的指导；加盟者通常拥有较高自主权。③委托加盟。该加盟方式主要产生于便利商店，加盟业主通常在建立店面后，将经营权转让给加盟者（需付费），或由加盟者出资而进入经营。加盟经营关系类似于企业集团中母公司与子公司的关系。

5. 虚拟企业

虚拟企业是指为了实现某种市场机会，依靠信息技术和网络技术，将拥有实现该机会所需资源的若干企业集结而成的一种网络化的动态合作经济实体。虚拟企业作为一种网络化的组织形态，它存在一个网络核心企业，该网络核心企业联系和协调着较大范围乃至全球范围内的各种承包商，具有调配、协调和管理承包商的基本职能。在网络核心企业与承包商之间的一系列转包与承包的契约安排中，网络核心企业把其他企业更擅长的活动外包出去。为了保持整个网络组织的创新性和高效率，网络核心企业常常会更换承包商，所以，虚拟企业是一个动态合作的经济组织。

三、按企业生产资料所有制的性质分类

按生产资料所有制的性质，可将现代企业分为公有制企业、私有制企业和外商投资企业。

1. 公有制企业

在我国是指国有企业、集体企业和以公有制为主体的股份制企业。国有企业是生产资料

归国家或全民所有，企业作为独立的经济单位拥有生产资料使用权和经营权，以市场为导向自主经营、自负盈亏，主要领导由上级部门或国有资产管理委员会委派任免。集体企业是指一定范围内的劳动者集体占有生产资料的企业。企业是独立经营、自负盈亏的经济单位，有权自主支配自己的资产和产品，经营管理者依法进行聘任或从全体劳动者中选举产生。以公有制为主体的股份制企业是指公有制生产资料在股份制企业资产中占50%以上的企业，这类企业多见于我国以国有企业为主体的上市公司。

2. 私有制企业

私有制企业是指生产资料由私人单独占有和支配的企业。在我国主要指个体企业和私营企业。其特点如个人独资企业所述，不同点就是企业雇工人数。个体企业一般不雇工，即使雇工也人数很少，企业生产经营和管理主要依个体劳动者本人及其家庭成员完成；私营企业一般规模比个体企业略大，企业雇工人数多。

3. 外商投资企业

外商投资企业也称三资企业，包括三种类型：①中外合资企业，也称股权式合营企业。它指由外国公司、企业和其他经济组织或个人同中国的公司、企业和其他经济组织，依照中国的法律和行政法规，经中国政府批准，设在中国境内的，由双方共同投资、共同经营，按照各自的出资比例共担风险、共负盈亏的企业。这种形式较多地应用于投资多、技术性强、合作时间长的项目。②中外合作企业，也称契约式合营企业。它指由外国公司、企业和其他经济组织或个人同中国的公司、企业和其他经济组织，依照中国的法律和行政法规，经中国政府批准，设在中国境内的，由双方通过合同约定各自的权利和义务的企业。这种形式的特点是合作方式较灵活，中方投资者可以厂房、无形资产等要素作为合作的条件，解决了我国企业投资资金缺乏的问题；允许外方投资者先行回收投资，对外国投资者有较大的吸引力；合作期满，企业全部资产无偿归中方所有。③外商独资企业，它指由外国公司、企业和其他经济组织或个人，依照中国的法律和行政法规，经中国政府批准，设在中国境内的，全部资产由外国投资者投资的企业。但其不包括外国公司、企业和其他经济组织在中国境内设立的分支机构。这种形式的生产资料完全属于外国投资者，因而外国投资者愿意采用更先进的技术和设备，带进一些通过合资形式也难以引进的技术，在国家不投入大量配套资金的情况下，可以扩大就业，增加税收。

四、按企业所属的行业、经济部门的不同分类

按此标准可将现代企业分为工业企业、商业企业、农业企业、交通运输企业、建筑安装企业、邮电企业、金融企业和其他服务性企业等。

1. 工业企业

工业企业是指从事工业性生产经营活动的企业，它为社会提供工业性产品和劳务。它与农业企业、商业企业及国民经济其他部门的许多经济单位都有着十分密切的联系。

2. 商业企业

商业企业是指专门从事商品交换活动的企业。它通过商品买卖活动，实现商品的价值，是连接生产者和消费者的纽带和桥梁，也是国民经济的一个重要组成部分。它的繁荣兴旺对于促进整个国民经济的良好发展同样至关重要。

3. 农业企业

农业企业是指从事农、林、牧、副、渔的生产、采集等生产经营活动的企业。它的生产经营对象是生物体，主要为满足人类基本生存需要的动植物产品。

4. 交通运输企业

交通运输企业是指利用运输工具专门从事运输生产或直接为运输生产服务的企业。这类企业并不提供有形产品，而是通过生产经营活动有效地实现人或物的位置转移。

5. 建筑安装企业

建筑安装企业是指从事土木建筑和设备安装工程施工的企业。如建筑公司、工程公司、设备安装公司等。

6. 邮电企业

邮电企业是专门从事邮件传递和通信业务的企业。我国已将其分解为邮政和电信两大系统。

7. 金融企业

金融企业是专门经营货币和信用业务的企业。如商业银行、保险公司、信用社、证券公司等。

8. 其他服务性企业

其他服务性企业是指商业企业、交通运输企业、金融企业等之外的服务性企业。如餐饮企业、旅游企业等。

目前，我国各行业企业都在大步推进政企分开、转机改制、建立现代企业制度工作，原有的各行业企业，均像邮电行业企业及银行、交通运输、能源、建筑工程设计等行业企业一样，正在积极地摸索建立符合市场经济运行规律的新模式、新体系。

五．按企业使用主要生产要素的不同分类

按此标准可将现代企业分为劳动密集型企业、资金密集型企业和知识密集型企业等。

1. 劳动密集型企业

劳动密集型企业主要是指技术装备程度低、用人多、产品成本中活劳动消耗所占比重大的企业。

2. 资金密集型企业

资金密集型企业主要是指单位产品所需投资较多、技术装备程度较高、用人较少的企业。它是相对劳动密集型企业而言的。

3. 知识密集型企业

知识密集型企业是指知识含量较高，综合运用高新科学技术成就的企业。

六、按企业规模分类

按企业规模可将现代企业分为大型企业、中型企业、小型企业和微型企业。

中华人民共和国成立以来，我国企业规模大小的分类标准经历数次变动：每次变动采用的标准都不统一，既有时期不同的差别，也有行业不同的差异。根据国家统计局 2011 年 9 月 2 日颁布的国统字〔2011〕75 号文，按行业门类，依据从业人员、营业收入、资产总额等指标将我国企业划分为大型、中型、小型、微型等四种类型。具体划分标准见表 1-3。

表1-3 大、中、小、微型企业划分标准

行业名称	指标名称	计量单位	企业类型			
			大型	中型	小型	微型
农、林、牧、渔业	营业收入（Y）	万元	$Y \geq 20\,000$	$500 \leq Y < 20\,000$	$50 \leq Y < 500$	$Y < 50$
工业 *	从业人员（X）	人	$X \geq 1\,000$	$300 \leq X < 1\,000$	$20 \leq X < 300$	$X < 20$
	营业收入（Y）	万元	$Y \geq 40\,000$	$2000 \leq Y < 40\,000$	$300 \leq Y < 2\,000$	$Y < 300$
建筑业	营业收入（Y）	万元	$Y \geq 80\,000$	$6\,000 \leq Y < 80\,000$	$300 \leq Y < 6\,000$	$Y < 300$
	资产总额（Z）	万元	$Z \geq 80\,000$	$5\,000 \leq Z < 80\,000$	$300 \leq Z < 5\,000$	$Z < 300$
批发业	从业人员（X）	人	$X \geq 200$	$20 \leq X < 200$	$5 \leq X < 20$	$X < 5$
	营业收入（Y）	万元	$Y \geq 40\,000$	$5\,000 \leq Y < 40\,000$	$1\,000 \leq Y < 5\,000$	$Y < 1\,000$
零售业	从业人员（X）	人	$X \geq 300$	$50 \leq X < 300$	$10 \leq X < 50$	$X < 10$
	营业收入（Y）	万元	$Y \geq 20\,000$	$500 \leq Y < 20\,000$	$100 \leq Y < 500$	$Y < 100$
交通运输业 *	从业人员（X）	人	$X \geq 1\,000$	$300 \leq X < 1\,000$	$20 \leq X < 300$	$X < 20$
	营业收入（Y）	万元	$Y \geq 30\,000$	$3\,000 \leq Y < 30\,000$	$200 \leq Y < 3\,000$	$Y < 200$
仓储业	从业人员（X）	人	$X \geq 200$	$100 \leq X < 200$	$20 \leq X < 100$	$X < 20$
	营业收入（Y）	万元	$Y \geq 30\,000$	$1\,000 \leq Y < 30\,000$	$100 \leq Y < 1\,000$	$Y < 100$
邮政业	从业人员（X）	人	$X \geq 1000$	$300 \leq X < 1000$	$20 \leq X < 300$	$X < 20$
	营业收入（Y）	万元	$Y \geq 30\,000$	$2\,000 \leq Y < 30\,000$	$100 \leq Y < 2\,000$	$Y < 100$
住宿业	从业人员（X）	人	$X \geq 300$	$100 \leq X < 300$	$10 \leq X < 100$	$X < 10$
	营业收入（Y）	万元	$Y \geq 10\,000$	$2\,000 \leq Y < 10\,000$	$100 \leq Y < 2\,000$	$Y < 100$
餐饮业	从业人员（X）	人	$X \geq 300$	$100 \leq X < 300$	$10 \leq X < 100$	$X < 10$
	营业收入（Y）	万元	$Y \geq 10\,000$	$2\,000 \leq Y < 10\,000$	$100 \leq Y < 2\,000$	$Y < 100$
信息传输业 *	从业人员（X）	人	$X \geq 2\,000$	$100 \leq X < 2\,000$	$10 \leq X < 100$	$X < 10$
	营业收入（Y）	万元	$Y \geq 100\,000$	$1\,000 \leq Y < 100\,000$	$100 \leq Y < 1\,000$	$Y < 100$
软件和信息技术服务业	从业人员（X）	人	$X \geq 300$	$100 \leq X < 300$	$10 \leq X < 100$	$X < 10$
	营业收入（Y）	万元	$Y \geq 10\,000$	$1\,000 \leq Y < 10\,000$	$50 \leq Y < 1\,000$	$Y < 50$
房地产开发经营	营业收入（Y）	万元	$Y \geq 200\,000$	$1\,000 \leq Y < 200\,000$	$100 \leq Y < 1\,000$	$Y < 100$
	资产总额（Z）	万元	$Z \geq 10\,000$	$5\,000 \leq Z < 10\,000$	$2\,000 \leq Z < 5\,000$	$Z < 2\,000$
物业管理	从业人员（X）	人	$X \geq 1\,000$	$300 \leq X < 1\,000$	$100 \leq X < 300$	$X < 100$
	营业收入（Y）	万元	$Y \geq 5\,000$	$1\,000 \leq Y < 5\,000$	$500 \leq Y < 1\,000$	$Y < 500$
租赁和商务服务业	从业人员（X）	人	$X \geq 300$	$100 \leq X < 300$	$10 \leq X < 100$	$X < 10$
	资产总额（Z）	万元	$Z \geq 120\,000$	$8\,000 \leq Z < 120\,000$	$100 \leq Z < 8\,000$	$Z < 100$
其他未列明行业 *	从业人员（X）	人	$X \geq 300$	$100 \leq X < 300$	$10 \leq X < 100$	$X < 10$

大型、中型和小型企业须同时满足所列指标的下限，否则下划一档；微型企业只须满足所列指标中的一项即可。

小微企业是小型企业、微型企业、家庭作坊式企业、个体工商户的统称。国务院决定，从 2013 年 8 月 1 日起，将对小微企业中月销售额不超过 2 万元的增值税小规模纳税人和营业税纳税人，暂免征收增值税和营业税。月营业额在 2 万元以下的企业，多属于刚刚起步阶段，以服务业为主，此政策出台有利于鼓励自主创业，对小微企业发展有很大的扶助作用。

进入 21 世纪，现代企业的分类必须符合市场经济管理体制的建立，应按国际惯例方式，即按企业投资方式及投资者对企业承担责任形式的不同划分企业，这种划分有助于给各类企业以平等的法律地位，又能使相关的经济立法更有条理性和整体性，为我国社会主义市场经济管理体制的建立打好基础。

第三节　现代企业的创立

一、企业创立的概念

企业的创立，是指依据国家法律，通过法定的程序，以某种特定的方式组成一个完整的企业组织的过程和行为。在市场经济条件下，企业作为社会经济活动的基本单位，是以满足社会需求并获取利润为主要目的的。因此，无论以什么具体方式创立企业，首先必须拥有人、财、物等生产要素，具备从事商品生产与经营的基本能力；同时，企业要想参与各种社会经济活动，并得到国家法律的认可和保护，还必须取得在各种法律关系中依法行使权利并承担义务的主体资格，即企业必须依法创立和运行。因此，企业的创立行为，就包含了经济与法律的双重含义。经济意义上的企业创立，是指企业的创办人，通过人力、物力、财力等生产经营要素的筹集和组织，形成企业最初生产经营能力的过程；法律意义上的企业创立，则是指企业的创办人依照法律程序取得合法生产经营资格的行为，对法人企业而言，就是取得法人资格。所谓法人，是指具有民事权利能力和民事行为能力，依法独立享有民事权利和承担民事责任的组织。法人企业一般由多个投资主体出资，依照法定程序设立，有自己独立的法人财产，并以自己的财产独立享有民事权利和承担民事责任。在法人企业中，最主要的形式是股份有限公司和有限责任公司。与法人企业对应的是自然人企业，自然人企业的主要形式是个人独资企业和合伙企业。

法人企业是在自然人企业的基础上发展起来的，从自然人企业到法人企业是社会化大生产和商品经济发展的必然。由于法人企业（特别是有限责任公司和股份有限公司）筹资能力强、经营风险低，已具有完善的财产制度和组织制度，因而得到迅速发展，成为目前世界各国普遍采用的企业形式。因此，本节将主要就有限责任公司和股份有限公司进行讨论。

创立企业必须向主管机关提出申请。这里的创立登记主管机关是指负责受理登记申请、核发营业执照、赋予企业法人资格的专门机构。我国企业的登记主管机关是各级工商行政管理局，工商行政管理局是一种行政机关，它不仅负责办理企业登记，还承担市场管理和经营活动的监督职能。

二、企业创立的基本条件

对于不同的企业,其创立的具体条件各有区别,但主要内容则大致相同。一般来说,企业的创立应该具备下列基本条件:必须有发起人,有自己的名称、住所、组织机构、资本金、章程,有符合国家法律政策规定的经营范围,有与其生产经营范围相适应的经营场所和必要设施,能独立经营,并在国家政府有关部门完成注册登记手续等。

1. 发起人

创立企业首先必须有发起人。发起人,是指依照法定程序创办公司,使公司取得法人资格,并在企业章程上签名盖章的人。发起人负责筹建企业。在企业的创办过程中,可能会有许多人在不同程度上参与筹建,如律师、会计师等,但并非所有参与筹建的人都叫发起人。发起人必须具有以下几个特征:第一,发起人必须是企业的直接投资人。企业的发起人一般都是企业设立的筹备人,但并非所有参与筹备的人都有资金投入,只有直接投资人才有资格成为企业的发起人,而且这种投资行为发生在企业正式成立并取得法人资格之前。公司成立之后对企业的出资,就不再是发起行为,因而这类出资者也就不是发起人。第二,发起人必须是在企业章程上签字的人。第三,发起人必须是具有完全的民事行为能力的自然人或法人。创立不同类型企业,对发起人人数有不同要求。我国公司法规定,设立有限责任公司,股东人数最低1人,可成立一人公司(最低注册资本金需10万元);一般有限责任公司,股东人数最低为2人,最多不超过50人(首期最低注册资本金需3万元)。设立股份有限公司,发起人一般5人以上(最低注册资本金一般需1 000万元),其中半数以上需在中国境内有住所。

在我国公司法中,对有限责任公司的股东人数上限作出了规定,而对其他类公司则只有最低人数的限制。这是因为有限责任公司不同于股份有限公司(特别是上市公司),其经营状况具有非公开性,反映其经营状况的财务报告不向社会公开、社会公众不易监督,而且公司只承担有限责任,对债权人的保护没有无限责任企业那样充分。所以,为使公司内部便于协调、控制,有利于公司的经营,也为充分保护债权人的利益,在公司股东人数上作出了上述限制。

公司企业的设立手续往往较复杂,尤其是股份有限公司,其股份大多会向社会公众招募,所以,为防止企业发起人凭借企业设立行为侵害投资公众利益,或发生其他设立欺诈行为,法律规定了发起人的几项主要责任:第一,认缴股款责任。发起人必须认购公司一定数量的股份,而且公司股份如果未能认足或缴足,发起人负连带认缴的义务。第二,损害赔偿责任。在企业的设立过程中,如果由于发起人的过失而使公司利益受到损害,则发起人负连带赔偿责任。第三,当公司由于某种原因不能成立时,其设立行为所产生的一切费用均由发起人负连带责任。

2. 企业名称

企业的无形资产包括专利权、商标权、商誉等,这里的商誉一般指企业的知名度和美誉度,是人们对企业的熟知程度和好感程度的评价。而企业名称就代表了企业的商誉,一个好的名称是企业提高知名度的良好开端。除法律、行政另有规定,企业名称组合为:行政区划+字号(或商号)+行业特征或经营特点+组织形式,例如江西(或南昌等,可以省略省市）江铃（字号）汽车（行业特征或经营特点）股份有限公司（组织形式）。

企业名称实行分级登记管理，如行政区划使用"江西"的由省工商局核准，使用"南昌"的由南昌市工商局核准，使用"中国""中华""国际"等或不冠以企业所在地行政区划名称的，由国家工商局核准。个人独资企业和合伙企业一般由县级以下工商局核准，企业名称的行政区划部分一般与相应县、区对应。对这一部分内容，法律作出了一定限制：

（1）企业名称不得使用对国家、社会或公共利益有损害的名称；不得使用外国国家（地区）或国际组织的名称；不得使用以外国文字、汉语拼音字母、阿拉伯数字组成的名称。

（2）企业名称中的字号应当由 2 个以上的字组成。行政区划不得用作字号，自然人投资的企业可以使用投资人的姓名作字号。

（3）企业名称中的行业表述应当是反映企业经济活动性质所属国民经济行业或经营特点的用语，所标明的企业组织形式必须明确易懂，对于个人业主制企业和合伙制企业，由于其应对企业债务承担无限连带责任，因此在企业名称中不得使用"有限"或者"有限责任"字样。

企业名称一经登记机关核准，便在规定范围内享有专用权，受法律保护。

3. 企业住所

企业与自然人一样，在法律上具有人格。自然人有住所，企业从事生产经营活动也应有其固定的住所。企业住所既是企业进行经济活动的地点，也是企业法人承担经济责任的前提。只有具备了固定的地址，发生经济纠纷时，才能找到责任人，并要求其承担法律责任，也便于与其他企业进行经济往来。与企业住所概念相关联的另一个概念，是企业生产经营场所。企业从事生产的经营活动，其场所可能不止一个，但在登记机关登记的住所只能有一个，一般是其主要生产经营地点或法人机关所在地，也可以理解为企业设立登记主管机关所在地。企业住所一经核定就成为合法地址，一般不得随意变迁。

4. 注册资本

企业是从事商品生产经营活动的经济实体，必须拥有与其生产经营活动相适应的资本，才能保证其正常运行。因此，从企业设立时起，就要拥有一定数量的资本，这就是企业的注册资本。所谓注册资本，是指在企业登记机关登记的资本总额。注册资本是企业设立的最基本条件，是其承担权利义务的物质基础，也是对债权人利益的基本保障。企业责任能力和范围的大小直接取决于企业资本的大小。企业注册资本的数额，应该和其生产经营范围相适应。在我国公司法中，对有限责任公司和股份有限公司注册资本的最低限额作了明确规定，即，有限责任公司注册资本不少于人民币 3 万元（一人公司不少于 10 万元）；股份有限公司注册资本不少于人民币 500 万元。对于合伙企业，我国合伙企业法中没有规定合伙人缴付出资的最低限额。这是因为：合伙企业的合伙人对其债务承担无限连带责任，即合伙企业清偿债务时，首先以其全部财产进行清偿，对清偿不足部分，合伙人还要用其在合伙企业以外的财产进行清偿。

【小资料】注册资本登记制度改革五大内容:

一、资本登记条件。除法律、法规另有规定外,取消有限责任公司最低注册资本3万元、一人有限公司最低注册资本10万元、股份有限公司最低注册资本500万元的限制;不再限制公司设立时股东(发起人)的首次出资比例和缴足出资的期限。公司实收资本不再作为工商登记事项。

二、年检制度改为年度报告制度,任何单位和个人均可查询,使企业相关信息透明化。建立公平规范的抽查制度,克服检查的随意性,提高政府管理的公平性和效能。

三、按方便注册和规范有序的原则,放宽市场主体住所(经营场所)登记条件,由地方政府具体规定。

四、企业诚信制度建设。注重运用信息公示和共享等手段,将企业登记备案、年度报告、资质资格等通过市场主体信用信息系统予以公示。推行电子营业执照和全程电子化登记管理,与纸质营业执照具有同等法律效力。完善信用约束机制,将有违规行为的市场主体列入经营异常的"黑名录",向社会公布,使其"一处违规,处处受限",提高企业"失信成本"。

五、由实缴登记制改为认证登记制,降低开办公司成本。在抓紧完善相关法律法规的基础上,实行由公司股东(发起人)自主约定认缴出资额、出资方式、出资期限等,并对缴纳出资情况真实性、合法性负责的制度。　　资料来源:中国政府网2013年10月27日

对于出资方式,公司法中也作了具体规定:出资人可以用货币出资;也可以用实物、知识产权、土地使用权等可以用货币估价并依法转让的非货币资产作价出资。但是,法律、行政法规规定不得作为出资的财产除外。对作为出资的非货币财产,要由有关部门核实资产并评估作价,避免高估或低估其价值。而且,有限责任公司全体股东的首次出资金额,不得低于其注册资本的10%,最低不少于人民币3万元,一年内实缴注册资本到50%,余款可在两年内分期到位,大学毕业生允许在三年内分期到位。股份有限公司全体股东或发起人的货币出资金额出资方式,不得低于其注册资本的30%;募集设立的股份有限公司发起人认购的股份不得少于公司股份总数的35%;发起设立的股份有限公司发起人首次出资金额不得少于公司注册资本的20%;余款可在公司成立起二年内分期到位。

5. 企业章程

企业章程,是发起人全体同意并依法订立的,用来确定企业的开办宗旨、组织原则、内外关系和经营活动基本规则,明确企业法人权利和义务的书面文件。企业章程是企业最主要的法律文件,是企业成员必须遵守的行为规范。它有利于保护出资人的合法权益,也便于国家对其进行监督,它一经订立,不仅对股东和以后进入企业的人员具有约束力,在一定条件下,也对第三者产生约束力。章程一经订立,就不能随便更改。因此,企业章程必须按照法律、法规的要求制定。由于不同企业法人的性质、宗旨和经营活动内容各有不同,企业章程的具体内容也有所不同。一般来说,企业章程包括下列主要内容:①名称和住所。②经营范围和经营方式。③注册资本额及其来源。④组织机构及其产生办法、职权和议事规则。⑤法定代表人的产生程序和职权范围。⑥财务管理制度。⑦解散程序。⑧章程修改程序。⑨其他。

三、企业设立的方式

企业设立必须依照法定程序进行，不同类型的企业设立方式和程序各有不同。下面主要介绍有限责任公司和股份有限公司的设立。

1. 有限责任公司的设立

有限责任公司只能由发起人发起设立。它是指由发起人认购公司设立时的全部股份，而不再向外招募股份的一种设立方式。即公司设立时所需的出资全部由发起人认购，而不再向社会公开发行股份。采用这种设立方式，设立公司时的股东都是发起人，所以最初的董事、监事只能在发起人中选任；这种设立方式非常简单，是世界各国较通用的方式。但是，以此种方式设立企业所筹得的股本规模有限，不能充分吸收和利用社会资金，且发起人承担的风险较大，发起设立的程序比较简单，主要有发起人发起、订立章程、认购股份、设置机构和登记注册等环节。

2. 股份有限公司的设立

股份有限公司的设立，较有限责任公司复杂。其设立方式有两种：一种是发起设立；另一种是募集设立。

(1) 发起设立。发起设立，像有限责任公司的设立一样，只由发起人认购公司发行的全部股份，不再向社会公众募集股本。这种设立方式，只在较小范围内定向发行股份，优点是创办过程简便；缺点是不能充分吸收和利用社会资金。

(2) 募集设立。所谓募集设立，是指由发起人认购公司设立时的部分股份，其余部分向社会公开募集的设立方式。我国公司法规定，以募集方式设立的股份有限公司，发起人认购的股份不得少于公司股份总数的35%。发起人以外的其他法人和社会公众，可以投资参股方式而成为公司的股东。采取这种设立方式，股东人数多，股本规模大，发起人承担的风险相对较小，但其设立过程较复杂。由于发起人和社会公众在认购时间上有前后顺序，所以又称渐进设立。募集设立程序与发起设立程序的主要区别是增加了向社会公众募股的过程。

四、现代企业创立基本程序（以有限责任公司为例）

大学生创立一个企业的基本流程如图1-2所示。

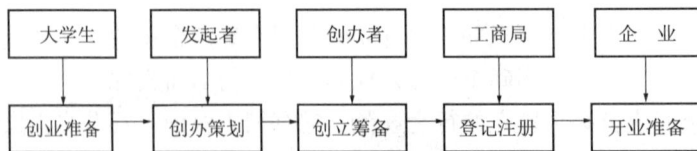

图1-2　企业创立基本流程

1. 创业准备

1998年5月，在清华大学举行了我国首届大学生创业计划大赛，诞生了"易得方舟"等学生公司，但存活不到5年。据教育部报告，全国97家比较早的学生企业，盈利的仅占17%，5年内仅有30%生存下来，其主要原因就是创业准备不足。大学生创业的前期准备包括：①了解国内外相关行业信息，如行业的生命周期、进入与退出障碍、需求及竞争状况等。②了解创业的相关法律法规及政策，如收费优惠、贷款优惠等。③做好创业的相关知识准备，如营销知识、商品知识、财务知识、企业管理知识等。④做好创业的相关心理准备，如创业者应具备的素质，包括欲望、忍耐、眼光、敏感、人脉、谋略、胆量等；又如创业成功需要的德商、智商、情商、胆商、财商等。

【小资料】　　　　　　　创业成功需要"十商"

1. 德商

德商是指一个人的道德人格品质。我国台湾心理学界认为，德商包括体贴、尊重、容忍、宽恕、诚实、负责、平和、忠心、礼貌、幽默等各种美德。一个有高德商的人，一定会受到信任和尊敬，自然会有更多成功的机会。

2. 智商

智商是指一个人对知识的掌握程度，反映人的观察力、思维力、记忆力、想象力、创造力以及分析问题和解决问题的能力。智商不是固定不变的，通过学习和训练是可以开发增长的。要走向成功，就必须不断学习，积累智商。

3. 情商

情商是指管理自己的情绪和处理人际关系的能力。创业是引"无源之水"载"无本之木"。成功创业者除了个人能力，还必须具备人脉资源。

4. 逆商

逆商是指面对逆境承受压力的能力，或承受失败和挫折的能力。卡耐基指出："苦难是人生最好的教育。"伟大的人格经历磨炼，潜能才会激发，才会走向成功。

5. 胆商

胆商是指一个人的胆量、胆识、胆略的度量，体现了一种冒险精神。胆商高的人能够把握机会，该出手时就出手。1989年夏天，香港楼价大跌，李嘉诚敢于大量低价收购楼房。

6. 财商

财商是指理财能力，特别是投资收益能力。

7. 心商

心商是指维持心理健康、调适心理压力、保持良好心理状况和活力的能力。有专家指出，21世纪是"抑郁时代"，提高心商、保持心理健康已成为时代的迫切需要。

8. 志商

志商是指一个人的意志品质水平。如能为学习和工作具有不怕苦和累的顽强拼搏精神，就是高志商。志向是意志的重要方面，要成就出色的事业，就得有远大的志向。

9. 灵商

灵商是指对事物本质的灵感顿悟能力和直觉思维能力。管理上没有定式，单靠成文的理论是解决不了实际问题的，还需要悟性，需要灵商的闪现。

10. 健商

健商是指个人所具有的健康意识、健康知识和健康能力的反映。一个人要想在事业上获得成功，最基本的条件就是有一个健康的体魄。

---

2. 创办策划

创办策划就是发起者选择经营行业、经营范围、企业类型、规模，确定企业经营目标、经营方针等。

3. 创立筹备

创办者依据策划创意与有限责任公司的设立条件，进行具体筹备。包括：①征集股东（50 个以下），确定法定代表人；②使注册资本金达到最低限额，如生产经营或商品批发50 万元，商业零售 30 万元，科技开发、咨询、服务 10 万元。大学毕业生自主创业允许分期到位，首期 3 万元；③提出备选公司名称、制定公司章程、决定固定的生产经营场所等。

4. 登记注册

向登记主管机关申办企业法人营业执照，其程序如图 1-3 所示。它主要有三个步骤：

第一步，公司名称的预先登记及核准。申请人持有全体股东签署的《公司名称预先核准申请书》（可到工商局领取表格填写）等公司名称登记文件，向工商局提出公司名称预先核准申请，工商局在收到申请之日起 10 天内作出公司名称核准或驳回的决定。

第二步，公司凭公司名称预先核准通知书，到银行开设临时账户进资。

第三步，到会计师事务所办理验资、评估手续后，提交下述文件申办。

（1）公司董事长签署的公司设立登记申请书（可到工商局领取表格填写）和全体股东指定代表或者共同委托代理人的证明。

（2）公司章程（可向中介机构购买范本）。

（3）具有资格的验资机构出具的验资证明（会计师事务所）。

（4）股东首次出资是非货币资产的，应当在公司设立登记时提交已办理其财产权转移手续的证明文件。

（5）股东的法人资格证明或自然人的身份证复印件；载明公司董事、监事、经理的姓名、住所的文件以及有关委派、选举或者聘用的证明；法定代表人任职文件、照片和身份证明。

（6）公司名称预先核准通知书。

（7）公司住所证明（含产权证明、租期一年以上的租赁协议）；国家工商局规定要求提交的其他文件。

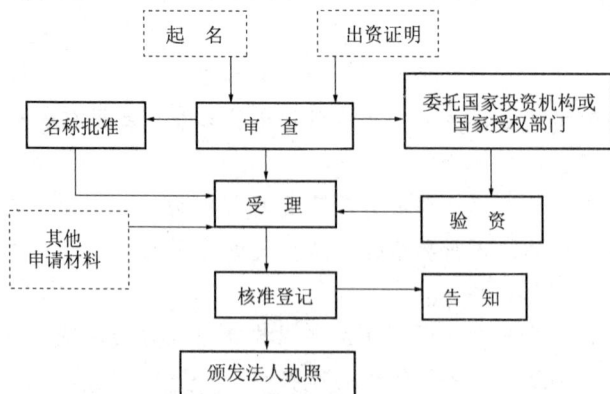

图 1-3　企业登记审批程序

说明：虚线组成的文字框代表申请人提交的申请资料，实线组成的文字框代表审批程序中所涉及的内容。

5. 开业准备

最后凭企业法人营业执照刻制公司印章、设立银行账户、办理税务登记、申购发票；进行 CI 设计、商标设计及注册；组建符合有限责任公司要求的组织机构，配备人员，建立规章制度，就可从事正常业务活动了。

研讨与思考：如何创立一个有限责任公司？

本章小结

企业是指适应社会市场需要以营利为目的，实行自主经营、自负盈亏、独立核算，依法设立，直接从事商品生产经营活动的经济组织。现代企业是一个高度市场化组织、学习型组织、文化型组织、虚拟网络化组织、全球性组织。现代企业是一个以市场为导向的开放系统，由环境、投入要素、转换机构、产出和用户构成。现代企业经营方式按照所有权同经营权适当分开的原则，可分为承包经营方式、委托经营方式、招标经营方式、租赁经营方式、股份经营方式等；按照经营活动中所采取的方式和方法可分为制造、批发、零售、咨询、租赁、代理等。

现代企业类型的划分，有多种标准：进入 21 世纪，现代企业的分类必须符合市场经济管理体制的建立，应按国际惯例方式，即按企业投资方式及投资者对企业承担责任形式不同划分企业，分为个人独资企业、合伙制企业和公司制企业，公司制企业的主要形式是有限责任公司和股份有限公司。

企业的创立应该具备下列基本条件：必须有发起人，有自己的名称、住所、组织机构、资本金、章程，有经营范围，有经营场所，并在国家政府有关部门完成注册登记手续等。公司制企业设立方式有两种：一种是发起设立；另一种是募集设立。有限责任公司只能采取发起设立。现代企业创立基本程序一般经过创业准备、创办策划、创立筹备、登记注册和开业准备五个步骤。

本章知识结构网络图

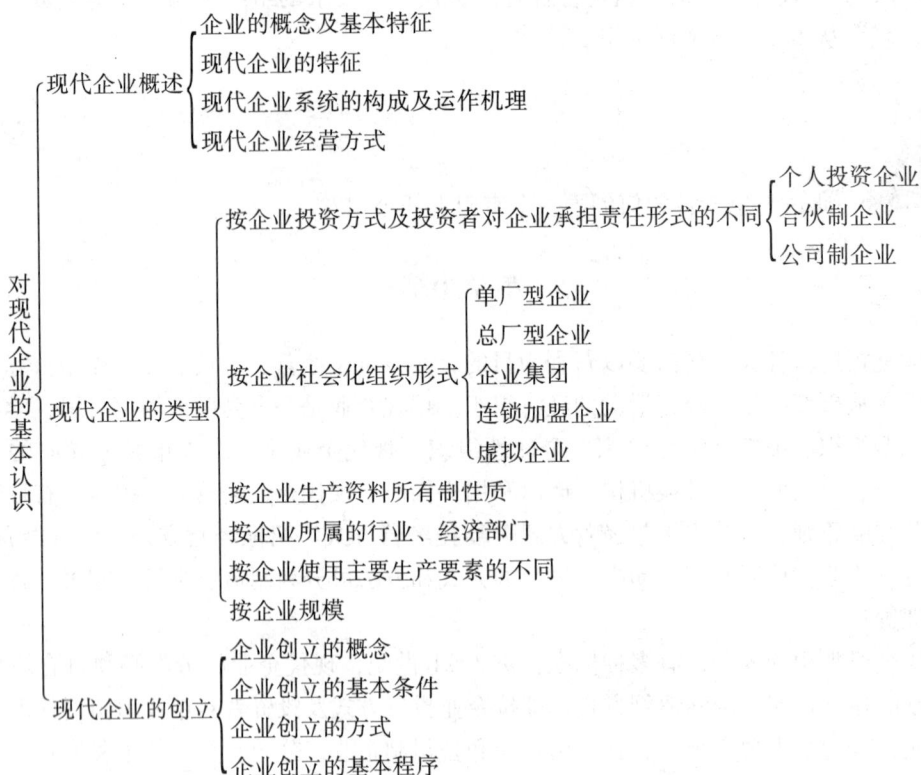

现代企业概述
- 企业的概念及基本特征
- 现代企业的特征
- 现代企业系统的构成及运作机理
- 现代企业经营方式

对现代企业的基本认识

现代企业的类型
- 按企业投资方式及投资者对企业承担责任形式的不同
  - 个人投资企业
  - 合伙制企业
  - 公司制企业
- 按企业社会化组织形式
  - 单厂型企业
  - 总厂型企业
  - 企业集团
  - 连锁加盟企业
  - 虚拟企业
- 按企业生产资料所有制性质
- 按企业所属的行业、经济部门
- 按企业使用主要生产要素的不同
- 按企业规模

现代企业的创立
- 企业创立的概念
- 企业创立的基本条件
- 企业创立的方式
- 企业创立的基本程序

练习与思考题

一、单选题

1. 企业是营利性的经济组织，反映了企业基本特征的（　　）。

A. 商业性　　　　B. 营利性　　　　C. 独立性　　　　D. 风险性

2. 企业与企业集团的区别，主要基于企业基本特征的（　　）。

A. 商业性　　　　B. 营利性　　　　C. 独立性　　　　D. 合法性

3. 依据全球定位，企业都经营优势，所以现代企业是一个（　　）组织。

A. 学习型　　　　B. 文化型　　　　C. 网络化　　　　D. 全球化

4. （　　）是推动现代企业运作的主体，是投入资源中最活跃、最重要的资源。

A. 人力　　　　B. 资金　　　　C. 物资设备　　　　D. 方法信息

5. （　　）是现代企业最稀有和最特殊的资源。

A. 人力　　　　B. 资金　　　　C. 原材料　　　　D. 时间

6. 现代企业的成功秘诀取决于"黑箱"的效率，这个"黑箱"是指（　　）。

A. 环境　　　　B. 投入　　　　C. 转换机构　　　　D. 产出

7. 现代企业系统运作中形成的五个流程紧密联系，其中（　　）是各流程的串联主线。

A. 物流　　　　B. 资金流　　　　C. 人事流　　　　D. 订单流

8. 国际上对现代企业分类的最常用方法，是按企业（　　）划分。

A. 投资方式及投资者对企业承担责任形式不同

B. 社会化组织形式

C. 生产资料所有制的性质

D. 规模

9. 我国公司法规定，有限责任公司注册资本最低限额为人民币（　　）。

A. 3 万元　　　　　　　B. 5 万元　　　　　　　C. 10 万元　　　　　　　D. 15 万元

10. 大学生创立企业，首先要做好（　　）工作。

A. 创办策划　　　　B. 创业准备　　　　C. 创立筹备　　　　D. 登记注册

二、多选题

1. 企业的基本特征包括（　　）。

A. 商业性　　　B. 营利性　　　C. 独立性　　　D. 合法性　　　E. 风险性

2. 现代企业系统由（　　）等要素构成。

A. 环境　　　B. 投入　　　C. 转换机构　　　D. 产出　　　E. 用户

3. 按所有权和经营权适当分离原则，现代企业经营方式可分为（　　）。

A. 承包经营　　　B. 委托经营　　　C. 招标经营　　　D. 租赁经营　　　E. 股份经营

4. 按企业社会化组织形式不同，现代企业可分为（　　）企业。

A. 公司制　　　B. 总厂型　　　C. 企业集团　　　D. 连锁加盟　　　E. 虚拟

5. 有限责任公司创立的基本条件包括（　　）。

A. 发起人　　　B. 注册资本　　　C. 公司章程　　　D. 公司名称　　　E. 公司住所

三、名词解释

1. 企业　2. 公司制企业　3. 企业集团　4. 虚拟企业　5. 企业创立

四、简答题

1. 现代企业应该如何运作？

2. 公司制企业与个人独资企业和合伙制企业的主要区别？

3. 如何创立一个有限责任公司？

五、案例分析题

创业做老板　波澜壮阔人生路

创业、创业、创业，赚钱、赚钱、赚钱；"宁为鸡首，不为牛后"，是南方人，尤其是温州人老板情结的最好写照。"鸡首虽小，乃进食；牛后虽大，乃出粪。"南方人几乎个个都想做老板，他们几乎没有"找工作""就业"的想法，只有"找生意做"的念头。南方人认为，自己为自己干，哪怕"事业"再小，它也是自己的，干起来才有劲，才能铆足了劲去干。一位温州人说："在温州，即使你做了微软的 CEO、IBM 的总裁，还不如一个小卖部的老板'值钱'。"这种说法虽然有些夸张，但却实实在在地反映出了温州人的老板情结。

南方人宁愿做只挣 1 万元的老板，也不愿做年薪 10 万元的总经理。因为做老板可以通过自己的努力将生意做大做强，做到几十亿元上百亿元的规模。何况当老板在精神上有一种优越感，人格上更自由；能自己给自己做主，愿怎么干就怎么干，赚了有成就感，赔了有刺激感，在这赚赚赔赔当中玩的就是心跳，虽然惊心动魄，但能欣赏到波澜壮阔的人生。南方人有想当老板的天性，当然也有那种因为现实生活的压力，而被迫创业当上老板甚至大老板的。重庆小天鹅的廖长光就是这样，他的几个连襟都是有头有脸的人物，而只有他身份最"卑微"，他受不了众人的挤对，靠卖房子的 3 000 元起步，艰苦创业，从路边火锅店做成了大的饮食企业集团。外在的刺激经常让承受者感到屈辱、痛苦，激起他们强烈的自尊与反抗精神，从而激起他们远大的志向，使得他们爆发出非凡的力量。

一家深圳废品回收公司的刘老板，就是被他所经历的一件事情改变了心态和处境。5 年前，连一辆人力三轮车都买不起的他，在广州火车站等场所，靠捡酒瓶、罐头瓶和易拉罐维持生计。有一天，在一个豪华宾馆前的街道旁，一辆乳白色的流光溢彩的别克牌轿车的车门处，他发现一个已被轧瘪的易拉罐。他毫不犹豫地走近瘪瘪的易拉罐时，后座的车门缓缓地打开了，一位戴眼镜的中年女士动作优雅地钻出车门，声音温和地朝他迎面问道："请问老板，去五羊公园怎么走？"当时一事无成、一贫如洗的他猛然立起了弯曲的腰身（因为准备捡那个易拉罐），他很有礼貌、很绅士地把去五羊公园的路线向那位女士讲得清清楚楚。事后，他不仅没再捡起那个易拉罐，而且鬼使神差地牢牢记住了那辆轿车的车牌号码。接着，他去一家小餐厅一气喝干了三杯扎啤。然后，径直回到自己的住处，蒙头痛哭了一场，蒙头大睡了一个下午。

3 天后，他东借西凑地筹集了组建废品回收公司的启动资金，3 个月后，他还清了所有的借款；3 年后，他买了一辆乳白色的别克轿车。

值得一提的是，当刘老板真的成了老板后，他办的第一件事，就是打听到了那辆别克车的所在地和车主。接着他驱车数千里到安徽蚌埠找到了那位女士，那位因无意中的一句话改变了他人生和命运的恩人。当他面对面地向那位女士致谢、攀谈时，他才惊讶地知道，那位女士是高度近视……

哲人说："不知自己箭靶的位置，你就永远无法射中它。"一个人有了自己真正想要去完成的目标，就能不断地、主动地把这个目标向自己灌输，使目标更加清晰、更加深刻。当全部精力凝注于目标这个焦点上时，就会不由自主地朝目标前进。

（资料来源：于斐. 创业做老板　波澜壮阔人生路［EB］，http：//Manage. org. cn/Article/20070301）

分析讨论：

1. 创业成功的要素？
2. 自主创业与担任职业经理人的关系？

技能实训

校园创业企业调查

1. 实训内容

在学校校园内或周边找一家企业，调查该企业的创业发展史。

2. 实训目的

（1）弄清创办一家企业的基本程序，掌握创业计划书的编写。

（2）能区分该企业的类型以及采取的企业经营方式。

（3）大学生成功创业要做好哪些准备？

3. 实训组织

（1）调查前，由班干部弄清学校校园内或周边有多少家企业、估计类型，确定调查的范围。

（2）以 6～8 人为一组，组织学生分别对不同类型企业分组调查。

4. 实训考核

（1）以小组为单位通过讨论撰写实训报告。

（2）老师组织全班同学分组宣讲实训报告，当场评价打分。

模块二

管理篇

第二章 现代企业管理综述

【学习目标】

A. 知识点：

1. 掌握企业管理的概念及企业管理的二重性

2. 理解企业管理的职能、任务和内容

3. 理解现代企业管理基本原理和一般方法

4. 掌握现代企业管理基础工作的主要内容与要求

5. 理解现代企业管理理论的发展趋势

B. 技能点：

1. 能运用基本原理和一般方法及管理理论分析现实企业管理问题

2. 培养初步参与企业管理基础工作的能力

【引导案例】怎样带领企业走向成功

杰克·韦尔奇（Jack Welch，美国，1935—），如果说领导是门艺术，那么韦尔奇必定是位艺术大师，能像他那样使领导艺术不断结出丰硕果实的人则是少之又少。《杰克·韦尔奇自传》为全世界渴望成功的人士树立了一个经典范例，堪称是一部 CEO 的"圣经"。

杰克·韦尔奇认为，要想带领企业获得发展和走向成功，就不得不遵循一些原则和惯例。它们主要是：

网罗最优秀的人才。优秀企业可以招聘到优秀人才，继而引发一个良性循环。一个优秀的团队可以吸引另一个优秀团队的加入，一次成功往往能够引发更多次的成功。

杜绝虚伪。在组织中营造坦率直言的氛围不是没有风险的。勇敢地迈出第一步的人往往会成为众矢之的，你可能会被边缘化，甚至被淘汰出局，但你必须坚持。

坦率直言。从你担任经理的第一天开始，你就必须让每一个下属清楚地了解他们每个人的绩效情况，这就是你打造最优团队、赢得竞争的必要步骤之一。

差别化管理。严格的绩效评估是差别化管理的核心。每年至少进行两次绩效评估，并让人们知道他们的绩效排名情况——不要闪烁其词，不要怕得罪人。

正确理解战略，正确处理战略与公司大小的关系。人们把战略理解得过于复杂了，好像战略是一系列高深的科研方法。其实，考虑得越复杂、越全面，就越来越走向了死胡同。大公司可以经受多次重大打击，他们投入巨资的一个、两个、三个"超级创意"，即使效益不理想，也不会马上败北。相比之下，一个大战略的失误，很可能将一个小企业送进坟墓。

（资料来源：《杰克·韦尔奇自传》）

【分析与思考】

1. 作为一个创业者你准备怎样带领你的企业走向成功?
2. 杰克·韦尔奇带领企业走向成功的原则对你有何启示?
3. 学习现代企业管理的原理、一般方法及理论对实现成功创业至关重要吗?

要带领一个现代企业走向成功,除了吸取成功人士的智慧外,更重要的是对现代企业管理建立总体性认识。本章主要阐述企业管理的产生、概念、性质、职能、任务、内容;现代企业管理的基本原理、一般方法、企业管理基础工作以及理论发展,用以指导以后各章具体内容的学习。

第一节　现代企业管理的概念与性质

一、现代企业管理的产生与概念

(一) 企业管理的产生

管理活动作为人类最重要的一项活动,广泛地存在于现实社会生活之中。凡是由两人以上组成的,有一定活动目的的集体活动都离不开管理。最早的管理活动诞生于原始社会,如原始部落组织的狩猎活动。所以,管理是由协作劳动引起的,管理的实质就是有意识地协调组织成员,最有效地利用现有资源以达到组织目标的努力过程。

企业管理是所有管理活动中最重要的内容之一。企业管理是随着现代企业的雏形——工厂企业的诞生而产生的,到现在已有230多年的历史。运用机器和机器体系进行生产的工厂企业,协作劳动规模更大、劳动分工更细、协作更紧密,技术和劳动手段更复杂,社会经济联系更广泛,企业迫切需要计划、组织、指挥、协调等管理职能。所以,企业管理是生产力发展的结果,是调节人与劳动资料之间的关系以及人与人之间关系的结果,并伴随生产力的发展和调节生产关系的需要而不断向前发展。企业管理是社会化大生产的客观要求和直接产物。

(二) 现代企业管理的概念

现代企业管理就是由企业的经营者和全体员工,从市场需要出发,按照生产力和生产关系的要求,对企业的生产经营活动进行以人为中心、以协调为本质的计划、组织、领导和控制等活动,以适应外部环境变化,充分利用各种资源,实现企业经营目标,创造社会经济效益的过程。

现代企业管理的上述定义包含了以下几个方面的含义:

1. 市场需求是现代企业管理的出发点

进入21世纪,市场环境已是买方市场。由于市场直接反映了社会生产和人民生活的实际需要,因而确定市场需求、满足消费者需要是现代企业从事生产经营活动的出发点。这也是检验现代企业管理工作绩效的唯一标准。因为市场是企业赖以生存的基础,现代企业管理则是以满足市场需要为中心而展开的活动。

2. 现代企业管理必须适应生产力和生产关系的发展要求

企业管理是社会化生产的客观要求和必然产物。一方面，它执行着合理组织生产力的基本职能，这是不同的社会文化制度下社会化大生产所共有的特征；另一方面，它总要体现一定的生产关系，是实现一定生产目的的手段。

总之，企业管理在不同历史发展时期以及在不同社会文化体制的国家，都受到生产力发展水平和一定生产关系的制约。现代企业能否适应生产力和生产关系的发展要求，是提高企业管理效果的关键。

3. 现代企业管理的目的就是适应外部环境变化，充分利用各种资源，实现企业经营目标，创造社会经济效益

每个企业都有自己的使命和目标，尽管不同的企业或同一企业在不同时期有不同的目标追求，但有一点是共同的，这就是追求效益。也就是说，要以尽可能少的投入来实现尽可能多的产出，获取最佳的经济效益和社会效益，并保持企业长期行为充满活力。这不仅是现代企业管理的一种追求，更是一个现代企业组织存在的意义。

4. 现代企业管理是以人为中心的

现代企业管理的主体是企业的经营者和全体员工。通常认为企业资源可大致分为五类：人、财、物、信息和时间。在上述所有资源要素中，人是决定性的，因为一切其他要素只有通过人才能加以开发利用。

在现代企业管理中，必须把人力资源放在首要位置，只有注重人力资源的开发利用，充分调动企业的经营者和全体员工两方面的积极性和创造性，才能实现企业的预期目标。

5. 现代企业管理的本质任务是协调活动

现代企业管理的客体是生产经营活动，而协调活动贯穿于企业管理的各个环节和各种生产经营活动过程之中。因此，甚至有人提出：管理就是协调。它包括协调企业内部和外部的各种关系，使其构筑起良好的配合关系，以便更有效地实现企业目标。

对内协调包括人与人的协调和人与其他生产要素的协调，而更多的是人与人之间的协调。具体来讲，又分为纵向协调和横向协调。前者是指上下级之间活动的协调，后者则指同级各部门之间的协调，这也是企业中更重要、更困难的一种协调。对外协调是指企业在生产经营活动中与外部供应单位、用户，以及其他相关社会关系之间活动的协调，现代企业管理本质工作就是不断地搞好内、外部的协调，保证企业生产经营活动按预期目标顺利进行。

为了做好各种协调工作，就必须通过计划、组织、领导和控制活动来进行，既要合理地组织生产力，保证生产经营系统正常运行，又要通过各种职能，不断调整生产关系，使之符合生产力快速发展的要求，进而促进生产力的健康发展。

二、企业管理的性质

企业管理，从它最基本的意义来看，一是组织生产经营活动；二是指挥、监督生产经营活动。它具有同生产力、社会化生产相联系的自然属性和同生产关系、社会制度相联系的社会属性，这就是通常所说的管理二重性。从企业管理活动过程的要求来看，既要遵循管理过程中客观规律的科学性要求，又要体现灵活协调的艺术性要求，这就是企业管理所具有的科学性和艺术性。

（一）企业管理的二重性

1. 企业管理二重性的含义

企业管理二重性是指：一方面具有同社会化大生产和生产力相联系的自然属性，表现为对协作劳动进行指挥，执行着合理组织生产力的一般职能。即，它是由分工协作的集体劳动所引起的，是社会劳动过程的一般要求，是有效组织共同劳动所必需的，表现为劳动过程的普遍形式，由此形成企业管理的自然属性。就这方面来讲，它主要取决于生产力发展水平和劳动社会化程度，而与生产关系性质、社会制度没有直接的关系。另一方面，企业管理又具有同生产关系和社会制度相联系的社会属性，执行着维护和巩固生产关系的特殊职能。即，企业管理又是在一定生产关系条件下进行的，必然体现出生产资料占有者指挥劳动、监督劳动的意志，执行着维护和巩固生产关系、实现特定生产目的的职能，由此形成企业管理的社会属性。它主要取决于社会生产关系的性质。劳动的结合方式不同，企业管理的社会性质也就不同。

2. 企业管理二重性产生的原因

企业管理之所以具有二重性，从根本上说，是因为它所管理的生产过程本身具有二重性。生产过程是生产力和生产关系相互结合、相互作用的统一过程。人们要进行生产活动，就要有劳动对象和以生产工具为主的劳动资料，这些物质技术要素和劳动者结合在一起就构成了生产力。与此同时，人们进行社会化生产，不是各自孤立地从事劳动，而是在一定的生产关系中进行的，正是由于生产过程是生产力和生产关系的统一体，具有二重性。所以，要保证生产过程顺利进行，企业管理就必须执行合理组织生产力与维护生产关系两种职能，二者相互结合，共同发生作用。这样，企业管理就具有了二重性。

3. 学习企业管理二重性原理的意义

企业管理二重性原理，是我们认识和借鉴发达国家企业管理中的科学经验与方法的指导思想，是研究、总结和发展我国企业管理经验的理论武器，对于建设具有中国特色的社会主义企业管理科学体系有着重要的理论意义和实践意义。

（1）企业管理的二重性体现着生产力和生产关系的辩证统一关系。把企业管理仅仅看作生产力或仅仅看作生产关系，都不利于我国企业管理理论和实践的发展。因此，遵循企业管理的自然属性的要求，并在充分体现社会主义生产关系的基础上，分析和研究我国企业管理问题，是建立具有我国特色的企业管理科学体系的基础。

（2）根据企业管理的二重性原理，我们应注意学习、引进国外先进的企业管理理论、技术和方法。因为这些理论、技术和方法是人类长期从事生产实践的产物，是人类智慧的结晶，它同生产力的发展一样，是不分国界的。另一方面，由于企业管理总是在一定生产关系下进行的，所以在学习西方企业管理时，要科学地鉴别其社会属性，去其糟粕，取其精华，而不能照抄照搬。

（3）任何一种企业管理方法、技术和手段的出现总是有其时代背景的，也就是说，它是同生产力水平及其他有关情况相适应的。因此，在学习运用某些企业管理理论、原理、技术和手段时，必须结合本部门、本单位的实际，因地制宜，这样才能取得预期的效果。实践证明，不存在一个适用于古今中外的普遍模式。

（二）企业管理的科学性和艺术性

企业管理的科学性是指管理作为一个活动过程，其间存在着一系列基本客观规律。在人们从事企业管理的长期实践活动中，逐步抽象总结出一系列反映企业管理活动过程中客观规律的管理理论和方法。人们利用这些理论和方法来指导企业管理实践，又以管理活动的结果来衡量管理过程中所使用的理论和方法是否正确，是否行之有效，从而使企业管理的科学理论和方法在实践中得到不断的验证和丰富。因此，说企业管理是一门科学，即是指它以反映企业管理客观规律的管理理论和方法为指导，有一套分析问题、解决问题的科学方法论。

企业管理的艺术性则是强调其实践性，没有实践则无所谓艺术。仅凭停留在书本上的管理理论，或照抄照搬原理和方法进行企业管理是不能保证其成功的。管理人员必须在企业管理实践中发挥积极性、主动性和创造性，因地制宜地将管理理论与具体管理活动相结合，才能进行有效的管理。所以，企业管理的艺术性，就是强调企业管理活动除了要掌握一定的理论和方法外，还要根据具体情况，有灵活运用这些理论和方法的技巧和诀窍。

从企业管理的科学性和艺术性可知，有效的企业管理艺术是以对它所依据的管理理论的理解为基础的。因此，二者之间不是互相排斥的，而是互相补充的。管理的艺术可以上升为科学理论，管理艺术又需要理论指导；而管理科学理论的运用也必须讲究艺术，管理是科学性和艺术性的有机统一。如果靠生搬硬套理论来进行管理活动，必然是脱离现实情况的无效劳动；但没有掌握管理理论的管理人员，必然是靠碰运气、靠直觉或靠过去的经验办事，很难找到对管理问题的可行的、令人满意的解决办法。认识企业管理的这一特性，对于学习企业管理和从事企业管理工作的管理人员来说是十分重要的，它可以促使人们既注重企业管理基本理论的学习，又不忽视在实践中因地制宜地灵活运用。这一点，常常是企业管理获得成功的一项重要保证。

研讨与思考：如何理解企业管理的科学性和艺术性？

第二节　现代企业管理的职能、任务和内容

一、企业管理的职能

企业管理的职能是对企业管理的基本工作内容和工作过程所作的理论概括。

依据企业管理的二重性原理，企业管理的职能有两个基本职能，即合理组织生产力的一般职能和维护生产关系的特殊职能。因为社会生产过程是生产力和生产关系的统一体，所以在企业管理实践中这两个基本职能是结合在一起发生作用的。当它们结合作用于社会生产过程时，就表现为企业管理的若干具体职能。理论界对企业管理的具体职能说法不一，有三职能、五职能、七职能等。从实施一项管理活动的全过程看，本书认为企业管理的具体职能一般包括计划、组织、领导、控制四职能。现分述如下：

（一）计划职能

计划职能是指管理者确定企业目标和对实现目标的途径、方法、资源配置等进行的管理工作。计划职能是协作劳动的必要条件。在协作劳动中，必须有统一的目标，必须对各项活动、各种资源的利用和每个人的工作进行统一安排，才能彼此配合，最终实现预期目标。这就需要用计划作为指导人们开展各项工作的纲领和依据，没有计划的企业是不可能生存的。

计划职能是企业管理各项职能中的首要职能，在管理职能中处于主导地位，其他职能都需要它提出目的、要求和标准。计划职能有利于正确把握未来，使企业的活动与社会的需要协调一致，能在变化的市场环境中健康稳定地发展；有利于统一全体员工的行动，使大家共同努力实现企业的经营目标。

计划职能的主要内容和程序：①对企业内外部环境及未来的变化趋势进行分析预测。②根据市场需要、企业内部条件的分析和企业自身的利益制订中长期和近期目标。③制定方案，选择方案。④编制企业综合计划和专业计划。⑤检查计划执行情况，通过控制职能实现计划。

（二）组织职能

组织职能是指管理者为了实现企业的共同目标与计划，确定企业成员的分工与协作关系，建立科学合理的组织机构，使企业内部各单位、各部门、各岗位的责权利相一致，并彼此协调，以保证企业目标能顺利实现的一系列管理工作。合理、高效的组织结构是实施管理、实现计划的组织保证。因此，不同层次、不同类型的管理者总是或多或少地承担不同内容的组织职能。

组织职能属执行性职能，其目的是统一与协调整个企业的活动，使企业的各个构成要素具有凝聚力，能集中指向企业的计划目标。它一方面通过合理配备和使用企业资源，使资源最大限度发挥；另一方面能为企业创造一个良好的环境，使企业内外的信息流保持畅通和迅速。

组织职能的内容一般包括：①设计与建立组织机构。②合理分配职权与职责。③选拔与配置人员。④制定各项规章制度。⑤推进组织的协调与变革等。

【小案例】：统一公司坚持"人才就在身边"的原则，企业中高层以上的职位基本上不对外直接招聘，随着企业高速成长，升迁的人员都从在职优秀员工中选拔。但为防止牵亲引戚的派系产生，"统一"淡化家族色彩，坚持公开、公平、公正的组织文化。真正使人体会到：只要努力、有能力、有成果，就有一级一级升上去的希望。因此，"统一"形成了很强的企业凝聚力和员工向心力。

（三）领导职能

领导职能是指各级组织的管理者指挥、激励下级，以有效实现组织目标的行为。领导职能的内容一般包括：①运用权威，实施指挥。②选择正确的领导方式。③激励下级，调动其积极性。④进行有效沟通等。

凡是有下级的管理者都要履行领导职能，不同层次、不同类型的管理者领导职能的内容及侧重点各不相同。如管理者按层次分为：①高层管理者，是指企业中最高领导层的组成人员，他们以决策为主要职能，也称决策层。②中层管理者，是指企业中中层机构的负责人员，他们是高层管理者决策的执行者，行使高层授权下的指挥权，也称执行层，如车间主任。③基层管理者，是指在生产经营第一线的管理人员，他们负责将组织的决策在基层落实，制订作业计划，负责现场指挥与现场监督，也称作业层，如生产车间的班组长。领导职能是管理过程中最关键、最常用的职能。

> 【小案例】：西门子发展领导力重要的部分是 CPD 流程，它由 CPD 圆桌会议和 CPD 员工对话两部分组成。CPD 圆桌会议每年举行一次，参加人员是公司管理人员：中高级经理和人力资源管理顾问。圆桌会议上，参与者对公司团队和重点员工的潜能进行预测；回顾过去一年的业绩；提出改进后的与业绩挂钩的薪酬体系；制定具体的管理本地化和全球化有效融合的措施；为员工提供发展渠道，充分预测潜能的培训计划。计划包含技术培训、管理培训以及与之相协调的工作轮调、项目任命、薪酬调整等。

（四）控制职能

控制职能是指管理者为保证实际工作与目标一致而进行的监督与调节活动。控制职能的内容一般包括：①制定控制标准。②评估衡量工作，找出偏差。③采取纠偏措施等。进行控制，是企业每一位管理者的职责，由于不同层次、不同类型的管理者分工不同，他们的控制范围也不一样。如按业务范围划分，有生产作业控制、质量控制、成本控制等。

> 【小案例】严格的内部控制贯穿于青岛啤酒的每个生产环节。对于酿造水源的控制指标更是严于国家标准。青岛啤酒的网络监控检测制度规定：每周分析检测总水管；每日抽样检查各分支水龙头；工作现场则既要确保随时检测，又要将水管高于地面 50 厘米全部盘挂上墙。甚至连操作人员怎么洗手都有非常严格的规定。

四大企业管理具体职能的关系是：一方面，在企业管理实践中，计划、组织、领导和控制职能一般是顺序履行的，即先执行计划职能，然后是组织、领导职能，最后是控制职能；另一方面，上述职能不是单独实施的，在实际管理中这四大职能又是相互融合、相互交叉的。如计划的实施依托于组织，组织职能为计划任务的完成提供组织保证；计划职能为组织职能规定了方向乃至具体要求。计划目标需要领导的批准，计划的实现又需要领导的指挥和控制职能，而控制标准的制定要参考计划。如图 2 - 1 所示。四大职能的中心有一个协调框，进一步验证现代企业管理的本质任务是协调活动，是以协调为本质的计划、组织、领导和控制等活动，为了做好各种协调工作，就必须通过计划、组织、领导和控制职能来进行。

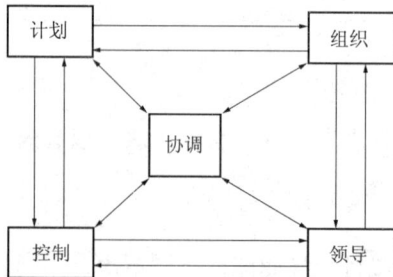

图 2 - 1 四大企业管理具体职能的关系

研讨与思考：举例说明四大企业管理具体职能的关系？

二、现代企业管理的任务

现代企业管理是以企业任务为导向的执行一系列管理职能的系统活动，因而，研究企业管理就必须明确企业管理任务，现代企业管理必须承担和完成下列重要任务：

（一）必须把经济上取得成就放在首位

企业是营利性的经济组织，企业只有盈利才能生存和发展。因此，管理者的首要任务就是保证企业实现预期的经济成就，并使之持续、稳定地不断提高。

（二）使各项工作富有活力，并使职工有成就

要保证企业实现预期的经济成就，必须使企业各项工作富有活力；要使企业各项工作富有活力，就要充分调动全体员工的积极性、主动性和创造性，让员工在各自岗位上取得良好业绩。

这一任务就是要处理好组织与个人、整体利益与个人利益的关系，不要形成对立，要达成双赢。不少企业的人员高离职率，就是没有处理好这个关系，这种企业是很难持续、稳定地不断提高的。如何实现双赢，就成为管理者完成管理任务的一大难点。这个难点告诉我们，管理者在管理企业生产经营活动时，不仅要管好物，更要管好人，现代企业管理是以人为中心开展各项管理工作的。通过人力资源管理的运作，不仅使员工完成工作取得成就，而且使他们在物质上和精神上得到相应的满足，这样才能确保企业能够真正获得满意的经济成就。

（三）关注企业对社会的影响和对社会承担的责任

企业既是一个经济组织，又是一个社会组织，要关注企业对社会的影响和对社会承担的责任。企业要盈利，但必须依法经营，照章纳税，绝不做有害于国家、用户和消费者的事。即企业行为必须符合社会的价值准则、伦理道德、国家法律以及社会期望，以自己的经济活动推动社会进步。企业承担的社会责任，包括以产品或服务满足社会需求、为社会提供就业机会等。

【小案例】曾宪梓自幼家境贫寒，靠新中国的奖学金念完大学。他获得成功后，不忘回报祖国和家乡，在广东梅县与一家企业合资，创办"金利来有限公司"生产金利来领带，并把自己从这个企业所得到的利润全部献给梅县，用作嘉应大学的办学经费及其他公益事业费用。同时，还捐资数亿元设立曾宪梓教育基金会，仅用于教育事业的捐款就达2.6亿元人民币。热心公益事业为金利来集团赢得了很高的美誉度。

三、现代企业管理的内容

现代企业管理的内容可以从纵向和横向两个方面阐述。从纵向来看，有经营战略、决策与计划（高层管理），专业管理（中层管理）和作业管理（基层管理）等三个层次的管理。从横向来看，有技术开发管理、生产管理、质量管理、市场营销管理、财务管理、人力资源管理等。

（一）不同层次的管理内容

1. 企业高层管理内容

企业高层是企业管理的决策层，重点解决企业发展方向、企业如何适应外部环境变化的问题，旨在提高企业的经营效能。高层管理的核心内容是制定和组织实施企业经营战略、决策与计划。除此之外，高层管理还包括：企业组织机构的设计与变革；选拔、使用和培养干部；培育和建立企业文化；为企业生产和发展创造良好的外部环境等。

2. 企业中层管理内容

企业中层是企业管理的执行层，重点解决企业内部要素的合理组织问题，旨在提高企业的管理效能。企业中层管理是把高层管理和基层管理联接起来的纽带，一方面执行高层管理的决策，同时发挥专业管理的参谋与助手的作用；另一方面对基层管理进行指导、服务与监督。其内容一般是以企业生产经营全过程的不同阶段（开发、供应、生产、销售等）和构成要素（人、财、物、信息等）为对象，形成一系列的专业管理。

3. 企业基层管理内容

企业基层是企业管理的作业层，重点解决组织的决策在基层的落实问题，旨在提高企业日常经营活动的生产效能和工作效能。基层管理也称作业管理或现场管理，其内容一般包括：工序管理、物流管理、环境管理、基层组织管理等。

（二）各项专业管理的内容

1. 技术开发管理

技术开发活动是市场需求调研后的第一项活动，就是把用户的需求设计成用户满意的产品。技术开发包括新产品开发和老产品的改进、工艺开发、设备开发、材料开发、能源开发等。对这些技术开发活动的有效管理，有助于控制产品设计阶段的成本和设计质量，因为70%的产品成本和80%的产品质量问题取决于产品设计阶段的管理水平；技术开发管理也是企业搞好生产和市场营销的技术保证。

2. 生产管理

生产活动是现代企业的基本活动。生产管理就是对产品生产过程所进行的组织、计划和控制等一系列管理工作的总称，主要包括工厂设施布置、生产过程组织、劳动组织、生产计划、生产作业计划、生产控制等。

3. 质量管理

质量管理是指在质量方面指挥和控制组织的协调的活动。产品质量好坏，决定着生产管理的效果，最终决定企业有无市场和企业经济效益的高低。现代企业大都以"以质量求生存，以品种求发展"作为企业的发展战略。质量管理的内容主要有两条主线：一是 ISO 9000 族标准的贯彻与应用实施；二是全面质量管理的推动与提高。

4. 市场营销管理

市场营销是指企业满足顾客需要，实现企业目标的商务活动过程。市场营销管理包括市场研究与开发、市场营销组合策略等，是实现产品价值、保证生产过程连续不断进行的关键环节。

5. 财务管理

财务管理是指对企业资金运动过程的管理。如何筹集、分配和使用资金，充分发挥资金的作用，直接影响着企业经济效益的高低。主要内容包括资金筹集、固定资金和流动资金管理、成本费用管理、利润管理等。

6. 人力资源管理

企业的一切活动都离不开人，人是现代企业最宝贵的资源。人力资源管理是指对人员的招聘、录用、调配、考核、培训、晋升等工作的管理。

以上这些专业管理都有自身的运行规律，管理者必须按人、财、物、产、销等运行的客观规律办事，运用好现代企业管理的基本原理和一般方法，同时还要加强企业管理的基础工作，才能搞好各项专业管理工作，不断提高企业管理水平。

第三节 现代企业管理基本原理和一般方法

现代企业管理基本原理，反映了企业管理的基本规律，是各具体管理理论之"源"，指导一切企业管理行为。本节主要阐述市场导向原理、系统原理、动态控制原理、人本原理、责任原理、效益原理等六大现代企业管理基本原理，依据企业管理基本原理，引申出各类管理人员都需要学习和应用的企业管理的一般方法。

一、现代企业管理的基本原理

（一）市场导向原理

1. 市场导向原理的概念

市场导向原理是指现代企业的全部行为必须立足于市场需求，市场需求虽然多样，但核心是订单，要按照订单来直面市场、贴近市场，对市场和用户负责。现代企业是自主经营、自负盈亏、自我发展、自我约束的营利性经济组织，是市场经济体制下的最重要的市场主体。市场，是现代企业生命的出发点和归宿，是企业行为方向的主导。

2. 市场导向原理实施要点

（1）导向原则。一个企业从其筹备创办时起，首先要确定的问题即是其经营方向、从业范畴。显然对自身在市场上的优劣势分析，是最基本的依据，即由市场来指导经营方向。

其实，市场的这种导向作用，贯穿于企业生命的全过程和现代企业管理的全部内容。因为市场行情变化了，譬如产业结构变化、社会需求偏好变换，等等，企业的生产经营必须相应作出调整（无论你对原产品多么喜爱，或者你认为原服务质量多么好，只要顾客不喜欢了，市场不需要了，你就必须跟着放弃）。否则，企业便难以求生存、发展。

（2）动力原则。通过市场竞争，可以最大限度地激发企业的力量而得以实现。那些机构健全、机制灵活的企业，总是能及时接收到市场的信号，准确、快速地作出反应，激发出巨大的力量，从而推动企业沿着市场指引的方向向前发展。

（3）最终检验原则。实践是检验真理的标准。企业实践的舞台是市场，实践的内容是市场活动，所以，企业的一切成败得失，最终皆由市场给予检验，皆由市场给出结论。

（二）系统原理

1. 系统的概念

系统，是指由若干相互联系、相互作用的部分组成，在一定环境中具有特定功能的有机整体。按照系统与外界环境的关系，可分为开放系统和封闭系统；按照系统的状态是否随时间变化而变化，还可分为动态系统和静态系统，等等。现代企业是一种人造的、开放的、动态的系统。

系统原理不仅为认识管理的本质和方法提供了新的视角，而且它所提供的观点和方法广泛渗透到其他管理原理之中。在企业管理基本原理中，系统原理起着统率作用。

2. 系统原理实施要点

现代企业系统具有目的性、整体性、层次性、环境适应性等特征。企业管理必须根据企业系统的这些特征而确定相应的准则，实施相应的管理。因此，它们即成为系统原理的内容要点。

（1）目的性。企业系统都具有某种特定的目的。如工业企业是以生产工业产品为目的，旅游服务企业是以为客户提供旅游项目为目的。

系统原理的目的性，要求现代企业各子系统的设立都必须有明确的目的性。没有明确的目的性的系统或者与整个系统的目的性相违背的单元，往往是企业产生内耗的根源，是企业管理执行力和工作效率低下的本质原因。对这些系统，必须及时进行改组和调整。

（2）整体性。这是指系统要素之间的相互关系及要素与系统之间的关系以整体为主进行协调，局部要服从整体，使整体效果达到最优。这里包括两层含义：首先，当局部与整体发生矛盾时，局部利益必须服从整体利益。其次，系统的功能不等于要素功能的简单相加，而是往往要大于各个部分功能的总和，即"整体大于各个孤立部分的总和"。因此，系统要素的功能必须服从系统整体的功能。否则，重局部、轻全局，或局部之间不协调，则子系统功能无论怎么好，由于违背整体性原则，系统功能受到削弱，整体效益不会理想。

> 【小案例】十几年之前，日本丰田汽车公司的员工每人每年可生产汽车60多辆，美国汽车公司的员工每人每年可生产汽车20多辆，而我们中国几个大型汽车厂的员工每人每年可生产汽车1.5辆。美国人就认为他们的管理有危机了。论设备技术条件，三国差异不是很大，差异就在管理水平上，美国人一般是不懂技术但懂管理的人在管理，我国有些是不懂技术也不太懂管理的人在管理，而日本多数是既懂技术又懂管理的人在管理。这就是企业在用人时的整体性。

（3）层次性。任何复杂系统都有一定的层次结构，系统间的运动能否有效、高速，很大程度上决定能否分清层次。系统的层次性，要求各层次的子系统必须职责分明，各司其职。正确处理上下层次之间纵向关系和同一层次各子系统之间的横向关系，可以提高系统的工作效率；也可解决企业中管理越位、管理错位的职责不明的混乱局面，进而提升系统的整体功能。

（4）环境适应性。企业系统不是孤立存在的，它要与周围事物构成的环境发生各种联系。环境也是一个更高级的大系统。如果企业系统与环境进行物质、能量和信息的交流，能够保持最佳适应状态，则说明这是一个有活力的理想系统。否则，一个不能适应环境的企业系统则是无生命力的。系统的环境适应性启示现代企业必须面向市场、面向用户来组织安排自己的生产经营活动，因为市场是企业从属的大系统。适应市场需要，充分利用市场提供的各种机会和条件，发挥企业自身优势，企业就能兴旺发达。

（三）动态控制原理

1. 动态控制原理的概念

动态控制原理是指现代企业依存的市场环境始终处于变化状态，企业为了适应外部社会经济系统的需要，必须不断地完善和改变自己的功能，研究如何调节与控制复杂多变的系统，使其按照预定的目标去运行。企业系统即是在这种不断变化的动态过程中生存和发展的，企业内部各子系统的功能及其相互关系也必须随之相应地发展变化。因此，现代企业管理，必须顺应企业系统的这种动态性，实施动态控制管理。

2. 动态控制原理实施要点

（1）弹性原则。客观世界的一切事物都是动态的，不断变化发展的，管理必须保持充分的弹性，以及时适应客观事物各种可能的变化，有效地实现动态管理。这就是弹性原则。管理弹性是指管理系统在决策和计划时必须留有余地。它又分为两类：其一，局部弹性，即任一管理都必须在一系列管理环节中保持可调节的弹性，特别是在重要的关键环节要保持足够的余地；其二，整体弹性，即整个管理系统的可塑性或应变能力。

在应用弹性原则时，要严格区别消极弹性和积极弹性。消极弹性是指人为地留下不该留的余地，致使效益降低。积极弹性则是指不是遇事"留一手"，而是遇事"多一手"。它以科学的预测为前提，保持以关键环节为主要内容的适度调节幅度，使管理获得总体最佳效益。

（2）控制原则。企业是一个动态的系统，必须对之实行按计划标准衡量其成果，并同时纠正其偏差，即实施控制原则。只有这样，才能保证企业的持久良性运行，使之获得良好的效益。

控制过程包括三个基本步骤：首先，拟订控制标准，这是控制的依据，包括建立起对信息的收集、处理、储存、传递和反馈在内的企业管理信息系统，为有效控制提供正确完整的资料依据；控制标准包括各类计划指标、定额、标准、规章制度等，作为控制的目标。第二，衡量工作效果，用标准与工作效果进行比较，发现偏差，找出原因。第三，采取措施，纠正偏差。

实施企业管理控制，应根据控制具体对象的不同特点和要求，选用不同的控制类型、方式和方法，以实现企业管理的有效控制。

（3）权变原则。"权变"思想是指在管理中要根据组织所处的内外部条件随机应变，针对不同的具体条件寻求不同的最合适的管理模式、方案或方法。权变理论就是要把环境对管理的作用具体化，并使管理理论与管理实践紧密地联系起来，使采用的管理观念和技术能有效地达到目标。

总之，权变管理理论的本质是指：其一，它强调根据不同的具体条件，采取相应的组织结构、领导方式、管理机制；其二，把一个组织看作是社会系统中的分系统，要求组织各方面的活动都要适应外部环境的变化。

（四）人本原理

1. "人本"的概念

"人本"，即以人为中心，以人为根本。企业管理的人本原理，就是以人为中心的管理思想，尊重人、依靠人、发展人、为了人。根据人本原理，在现代企业管理中，必须把人的因素放在第一位，重视处理人与人之间的关系；强调调动人的主动性，尽量发挥人的自觉性和自我实现精神；把做好人的工作视为管理的根本，由此而推动大家在自觉的基础上，积极主动地、创造性地为实现企业整体目标而努力。

2. 人本原理实施要点

（1）职工是企业管理的主体。现代企业管理是以人为中心的。现代企业管理的主体是企业的经营者和全体员工，企业的经营者个人作用固然重要，但离开了职工的参与，企业的经营目标很难圆满实现。职工主体原则就是要强调全体员工的参与意识和主人翁意识，提高员工对企业的忠诚度。现代企业管理既是对人的管理，也是为人的管理，职工参与是有效管理的关键。现代企业经营的目的，绝不是单纯商品的生产，而是为包括全体企业职工在内的人的社会发展而服务的。

（2）使人性得到全面发展。现代管理的核心是使人性得到最全面的发展。面对"经济人""社会人""自我实现人""复杂人"等千差万别的人性现状，一个成功管理者的根本使命是引导和促进人性的发展。管理者应科学运用激励理论，使企业职工的人性得到全面发展，职工队伍的精神面貌是企业成功的关键。在实施每一项管理措施、制度、办法时，不仅要看到实施取得的经济效果，同时要考虑对人精神状态的影响。只有不懈地追求人性全面发展的企业，才能成为获得完美成功的企业。

（3）服务于人。现代企业管理人本原理的"人"，不仅包括企业内部、参与企业生产经营活动的人，而且包括存在于企业外部的、企业通过提供产品或劳务为之服务的用户。用户是企业存在的社会土壤，是企业利润的来源。

现代企业服务于人、服务于用户，一般通过两方面体现：在企业内部，可运用人力资源管理的相关职能使人的有效技能得到最大限度发挥，使人在实现组织目标的同时，又能具有成就感；在企业外部，通过向用户提供优质的产品或劳务的品种、数量、质量、价格、交货期以及服务等，提高用户对企业的满意度。

【小案例】　　　　　　　　**注重人才，以人为本**

许多伟大的公司领袖都相信，利润并不是公司追求的终极目标，而是努力工作所随之而来的客观回报。公司存在的目的，不是成为股东或者员工赚钱的一部机器——尽管它可能是一部闪闪发亮、运转良好的机器。公司的存在，是为了尊重和实现每一个人的价值，这种价值将会为客户、投资者、合作伙伴、社区和其他利益相关者带来更多的益处。

宝洁公司坚持"以人为本"的经营方针，其前任董事长杜普利有句名言："如果你把我们的资金、厂房及品牌留下，把我们的人带走，我们的公司会垮掉；相反，如果你拿走我们的资金、厂房及品牌，而留下我们的人，十年内我们将重建一切。"

（五）责任原理

1. 责任原理的概念

责任原理就是指组织在合理分工的基础上明确规定各部门及个人应承担的职责，要求各负其责，及时奖惩。

2. 责任原理实施要点

（1）能级对应。无论是组织或个人，能量皆有大有小，且大小可以分级。能级对应是指现代企业管理要求建立合理的能级，使管理的内容能够动态地处于相应的能级之中，各类管理人员必须动态地与各类能级相对应，以做到人尽其才，各尽所能。

（2）权责对应。权责对应是指为企业系统的每个职位确定责任时，还必须赋予相应的权限，赋予的权限必须与承担的责任相吻合。

要做到权责对应，首先从责任方面来看，主要应做到：责任的界限清楚；内容具体，落实到人。再从权限方面来看，主要应做到：要与职责的大小吻合；要把完成职责所必需的权限全部授予责任人；要与职责人员的能力状况吻合；要与职责人的利益均衡、协调。

（3）激励奖惩。所谓激励，就是通过科学的方法激发人的内在潜力，使每个人都能做到尽其所能，展其所长，从而最大限度地效力于企业。

现代企业管理实施激励，常用的是奖励和惩罚两个手段，内容包括物质和精神两个方面。企业实施激励，要以正确、及时的考核为前提，要建立健全组织的激励制度，以便该项工作尽可能地公开、公平、公正、及时，规范化、制度化运作，使企业和职工都能最大限度地受益。

（六）效益原理

1. 效益的概念

效益是与效果和效率既相互联系，又相互区别的概念。效果，是指由投入经过转换而产出的结果，其中有的有效益，有的无效益。效率，则是指单位时间内所取得的效果的数量，反映了劳动时间的利用状况。效益，是有效产出与其投入之间的一种比例关系，可从社会和经济即社会效益和经济效益两个不同的角度去考察。社会效益和经济效益，两者既有联系，又有区别。经济效益是讲求社会效益的基础，社会效益又是促进经济效益提高的重要条件。但经济效益较社会效益直观、易见；经济效益可以运用若干个经济指标来计算和考核，而社会效益则难以计算，必须借助其他形式来间接考核。

现代企业是从事生产经营活动的经济组织，其直接任务就是要为社会提供适销对路的产品或劳务，使企业获得发展，使投资者的资产获得保值、增值，这就要求企业要讲求效益，把提高效益作为企业管理活动的出发点和落脚点。

> **【小案例】** 郭思达在1980年年初刚接手可口可乐公司时，公司还是一家仅限于浓缩液配方、制造生产的软饮料公司。在郭思达领导的企业价值创新推动下，其市场价值从1980年的40亿美元跳跃式增至1996年的1 300亿美元。郭思达的制胜秘诀是，将投资集中于价值链中的高利润区（饭店、自动售货机），并重新选择和定位客户群，从而抓住了盈利机遇。

2. 效益原理实施要点

（1）战略决定性原则。企业效益总是与管理主体的战略认识联系在一起的，总是取决于企业战略的选择和实施。在现代工商企业管理中，高层主管者的经营战略思想十分重要，战略选择错误，局部的东西再好，企业总体也不可能获得良好的效益；反之，战略正确，即使有局部的失误，也不会从根本上动摇企业的总体效益状态。

（2）综合评价原则。在现代企业管理活动中，应彻底改变片面追求产量、产值等不正确的指导思想，评价企业经济效益，既要兼顾局部效益和全局效益的协调，也要兼顾近期效益和长期效益的统一。在此基础上，现代企业管理还应追求经济效益和社会效益有机结合，从而实现企业综合效益最大化。

研讨与思考：试用现代企业管理的基本原理分析一个企业管理问题。

二、现代企业管理的一般方法

现代企业管理方法是指为实现现代企业管理目标所采取的方式、手段、措施和途径的总称。现代企业管理的一般方法是现代企业在各个管理领域中都需要的方法，具有普遍性。

（一）按照管理者与被管理者之间相互作用的方式划分，有以下四种方法：

1. 行政方法

行政方法是指企业各级行政组织运用其权力，通过发布命令和指示，颁布规章制度，按照行政隶属关系来执行管理职能、完成管理任务的方法。它具有强制性，企业所有行政直接下属都必须服从和执行。运用行政方法，要讲究科学性，从实际出发，切忌主观主义地瞎指挥。

2. 经济方法

经济方法是指按照经济规律的要求，运用经济手段（价格、工资、奖金、利率、利润、税收、罚款等）和经济方式（经济合同、经济责任制等）来执行管理职能、实现管理任务的方法。经济方法依据物质利益原则，调动企业经营者和员工的积极性，是现代企业管理常用的一般方法。

3. 法律方法

法律方法是指依据法律法规来维护企业利益和管理企业生产经营活动的方法。现代市场经济是法制经济，要求企业的一切活动都必须贯彻法制原则，在法律许可范围内从事生产经营活动，融法律于企业规章制度之中，依法调解和解决企业内外经济纠纷，运用法律手段维护企业的合法权益。

4. 教育方法

教育方法是指管理者运用现代教育的思想和方法，通过对企业员工进行思想、科学文化、生产技能等方面的教育，提高员工素质，从而增强企业生存和发展能力的管理企业的方法。教育方法主要解决三个问题：一是解决员工工作中的思想认识问题，调动员工的积极性；二是解决企业和员工不断对知识技能增长的需要；三是配合企业文化建设，培育员工的企业价值观和企业精神。

（二）按照时代特点划分，企业管理有传统方法和现代方法

两者的划分，一般以 IT 技术的推广应用来界定。现代管理方法是指运用现代管理理论，以电子计算机和各种信息、通信等网络技术为手段，执行管理职能的方法。现代管理方法可以显著提高工作效率和工作质量。以生产管理为例，传统方法是有纸化管理和推动式管理，这种管理使得生产、储存、采购、销售等数据难以准确，库存大幅增加；采用 ERP、JIT 等现代方法就可解决上述问题。

（三）按研究解决问题的思维方式划分，企业管理有定性方法和定量方法

定性方法是直接利用管理者的经验和智慧进行管理的方法，具有灵活简便、省时省力、有利于提高执行力等优点，但也会带来科学论证差、主观成分强、决策易失误等缺点。定量方法是将管理问题通过建立数学模型并求出最优解的管理方法，具有决策科学性强、精确性高、客观成分多、按程序办等优点，但也会带来计算费时、不简便、对管理者的数理知识要求高等缺点。现代企业管理方法是定性方法和定量方法相结合，强调定量。

企业管理的一般方法，各有不同的作用和长处，也各有局限性，应结合使用，使之相互补充，以求得理想效果。

研讨与思考：试用现代企业管理的一般方法分析解决一个现实企业管理问题。

第四节　现代企业管理的基础工作

企业管理实践证明，企业管理基础工作的完善程度，直接关系到企业管理原理和方法的运用效果、关系到现代企业管理水平的高低和经济效益的优劣。如果把企业管理比喻为一棵大树，基础工作就是树根，只有根深才能叶茂。本节主要阐述企业管理基础工作的特点、作用及现代企业管理基础工作的主要内容。

一、企业管理基础工作的特点与作用

（一）企业管理基础工作的含义

企业管理基础工作，是企业在生产经营活动中，为实现经营目标和有效执行管理职能，提供资料依据、共同准则、基本手段和前提条件的必不可少的工作。一般包括标准化工作、定额工作、计量工作、信息工作、规章制度建立、职工教育和培训、现场管理等内容。

（二）企业管理基础工作的特点

1. 科学性

企业管理基础工作要体现和反映企业生产经营活动的客观规律，是一项科学性较强的工作。科学性体现在企业定额的制订、执行和管理中；体现在计量的检测手段和测试，信息的收集、整理、传递和储存的全过程；体现在规章制度、职工教育培训与现场的管理等方面。

2. 群众性

企业管理基础工作，涉及面广，工作量大，其制定、执行、管理离不开员工的参加，且要落实到基层。大量的管理基础工作需要依靠全体员工来做，并要持之以恒，因此是一项群众性很强的工作。

3. 先行性

企业管理基础工作，为各项专业管理提供资料依据、准则、条件和手段，它规定和引导员工在什么时候去干什么工作，干到什么程度，如何干，其花费是多少。这些都是企业管理的先行性工作，离开了它，职工就不知道干什么，如何干，干到什么标准。

（三）企业管理基础工作的作用

企业管理基础工作是开展科学管理，实现管理科学化、现代化的基础。其重要作用表现在：

1. 它是现代企业管理职能实施的前提

企业管理过程就是管理的各项职能的实现过程，离开了企业管理基础工作为企业的生产经营活动提供的数据、信息和资料，管理的计划、组织、领导、控制职能便无法实现。

2. 它是现代企业管理决策的依据

企业管理过程就是决策的制定和实施过程，离开了管理基础工作，管理者、领导者便失去及时、准确、可靠的信息来源，决策便失去科学的依据。

3. 它是现代企业管理建立正常生产秩序、提高生产效率和产品质量的重要手段

正常生产秩序的建立离不开标准化的工作和规章制度，提高生产效率和产品质量更离不开企业管理的各项基础工作。

4. 它是现代企业管理水平高低的重要决定因素

大量的事实证明，凡是管理基础工作扎实的企业，在现代市场竞争环境中当机遇到来时，往往能及时抓住机遇，取得长足稳定的发展；相反，不重视管理基础工作，抱着"短期行为"，机遇来了也抓不住，或抓住了，也不能持久。也有这样一些企业，市场为它提供了极好的机会，它也抓住了，企业成长起来了，但由于管理基础工作薄弱，反过来，又不得不下大气力去强化管理的基础工作。

5. 它是现代企业全面实施信息化的基本保证

现代社会已进入信息经济时代，以信息技术为代表的新技术革命引发了一场人类社会前所未有的社会、组织、文化、环境等诸多方面的深刻变革，国内企业纷纷开始实施信息化战略。企业信息化建设带来了生产方式的深刻变革，企业大批量生产方式正向小批量的按需生产方式跃迁，柔性制造系统、ERP、JIT 等信息技术的应用又使多变的按需生产的多样化成为现实。实践表明，现代企业的信息化建设要与强化企业的基础管理相结合，才能成功。

与企业信息化密切相关的管理基础工作包括：①建立基础数据管理系统，为科学决策提供及时、准确、全面的信息。②基本业务流程科学化、规范化和信息化，保证了部门内部的信息沟通顺畅，同时保证了决策过程的透明度和科学性。③内部控制设计，是指企业管理者对业务处理过程中需要遵循的策略、制度、政策、法规的设计。

二、现代企业管理基础工作的主要内容

不同行业，不同生产特点的企业，其基础工作的具体内容和表现形式各不相同。但就其共性来看，主要内容包括以下几方面：标准化工作、定额工作、信息工作、计量工作、规章制度、职工教育培训、现场管理等。随着科学技术进步和生产力方式的变革，上述基础工作会不断补充新的内容，其结构也会发生变化。

（一）标准化工作

标准，是指对经济、技术和管理等活动中具有的多样性、相关性特征的重复事物，以特定的程序和形式颁发的统一规定。标准化工作，就是对企业的各项技术标准和管理标准的制订、执行和管理工作。标准化工作，促使企业的产品开发、生产、技术、营销、财务、人事活动和各项管理工作达到合理化、规范化和高效化，是实行科学管理的基础，是企业建立良好的生产秩序和工作秩序的必要条件。标准化水平是衡量一个国家生产技术水平和管理水平的尺度，是现代化的重要标志。标准能否与国际接轨，也是一个国家的综合经济实力的重要体现。

1. 技术标准

技术标准是对技术活动中需要统一协调的事项制定的技术准则，是人们从事社会化大生产的技术活动必须遵守的技术依据。技术标准的对象可以是物质的，例如对产品、零件、材料、设备等硬件和其他流程件材料，以及"三废"排放等制定标准；也可以是非物质的，例如对加工方法、安全操作、设计工作程序等制定标准；技术标准一般包括以下四个方面内容：

（1）产品标准。产品标准又称质量标准，是指对产品（或零部件）的结构、规格、特征、适用范围以及产品检验方法，产品的包装、储存、运输和使用所作的技术规定。产品标准按其使用范围可分为国际标准、国家标准、行业（专业）标准和企业标准。为了提高企业的技术水平和产品质量，扩大对外贸易，使中国产品走向国际市场、企业应积极采用国际标准，这是我国标准化工作面临的一项重要任务。

（2）作业方法标准。是指对从事生产技术作业的方法所作的统一的技术规定，包括工艺规程、操作方法、施工方法、维修方法以及作业与服务的程序和要求等。

（3）安全卫生和环境保护标准。主要规定产品应达到的安全要求，保证用户的人身安全与健康，规定生产过程和使用过程中的排污极限，保护生态环境等方面的标准。随着联合国环境和发展大会的召开和可持续发展战略的实施，这方面标准水平将不断提高，实施愈加严格，政府监督的力度也不断加强。

（4）技术基础标准。包括：通用科学技术语言标准、产品系列化依据标准、机械产品零件通用化标准、技术文件制作标准等。

2. 管理标准

管理标准是指企业为实施管理职能，把一些重复出现的管理业务，按客观要求规定其标准的工作程序和工作方法，用制度把它规定下来，作为行动准则，并明确有关职能机构、岗位和个人的工作职责、工作要求和相互信息传递关系，使各项管理活动实现规范化和程序

化，提高管理工作效率。

（二）定额工作

定额是企业在一定的生产技术组织条件下对人力、物力、财力的消耗、占用以及利用程度所应达到的数量界限。定额工作就是企业各类技术经济定额的制订、执行和管理工作。

定额，是进行科学管理、组织社会化大生产的必要手段；是实行企业内部计划管理的基础；是开展劳动竞赛，贯彻按劳分配，提高劳动生产率的杠杆；是推行内部经济责任制，开展全面经济核算的工具。定额水平的先进程度也是一个国家的科学技术水平和管理水平的重要体现。

1. 定额的种类

不同部门、行业和企业有不同的定额。一个企业，为了实现其管理职能和经济目标，需要哪些定额，要根据该企业的产品性质、技术要求、生产组织方式及其他生产条件而定。以机械工业企业而论，一般包括以下内容：

（1）劳动定额：是一定生产技术组织条件下，生产一定数量的产品或完成一定量的劳务所规定的劳动消耗量标准，是企业最为重要的定额之一。它包括工时定额、产量定额、机器设备的看管定额和辅助人员的服务定额。

（2）材料消耗和储备定额：材料消耗定额是在一定的生产技术组织条件下，制造单位产品、完成一定量的劳务所规定的材料消耗标准；储备定额是为了保证生产持续不断地进行所规定的物资储存数量的标准。材料消耗定额一般有主要原材料、辅助材料、燃料、动力、工具消耗定额；物资储备定额一般有经常储备、保险储备、季节储备、最高和最低储备。

（3）设备利用定额：是指单位设备生产效率和利用程度的标准。如单位产品台时定额、单位设备的生产定额。

（4）资金定额：是指为保证生产正常进行所必需的最低占用量。主要有储备资金定额、生产资金定额、成品资金定额。

（5）生产组织方面定额：指为合理组织生产过程，使之相互衔接、协调配合而规定的物流数量和时间的标准。如批量生产间隔期、生产周期、生产提前期、在制品定额、流水线节拍和节奏等。

（6）费用定额：是企业为了加强对企业管理费用、销售费用、财务费用的合理支出的控制，人为地将总费用"切块"落实到有关责任单位和个人，作为控制标准，并加以考核。如办公费、差旅费、招待费、广告宣传费、利息支出等。

2. 定额的制定和修改

定额的制定要尽可能做到准确、及时、全面。定额水平是整个定额工作的中心问题。它是指一定时期内，在一定的物质技术、组织条件下的管理水平、生产技术水平和职工思想觉悟水平的综合反映。定额能否起到积极的作用，关键在于定额水平是否先进合理，过高或过低的水平都不能起到积极的作用。

企业在制定定额时，一定要从实际出发，把定额定在先进合理的水平上，即一要先进，二要合理。使大多数人通过努力工作可以达到或超过，极少数人通过努力也不能达到，做到既要科学，又要切实可行。

定额制定后，一般应保持一定时期的稳定。但是，当企业的生产方式转变后，或生产技术水平和管理水平提高后，定额应进行合理的修订，以保证定额的准确性和及时性。

3. 定额的贯彻与执行

定额一经制定，必须严格执行与考核，为了搞好定额的贯彻执行，必须做到以下几点：

（1）凡是应当使用定额的单位和个人，必须使用和严格执行定额。

（2）采取技术组织措施，为职工实现和超过定额创造条件。

（3）进行技术培训与交流，提高完成定额的本领。

（4）加强职工思想政治工作，鼓励职工团结互助、改革和创新，创造先进的定额水平。

（5）做好定额完成情况的统计与考核工作，搞好核算和奖励，并纳入经济责任制的推行和考核过程中。

（三）计量工作

计量就是用计量器具的标准量值去测量各种计量对象的量值。计量工作是指计量检定、测试、化验分析等方面的计量技术和计量管理工作。

1. 计量工作的作用

企业计量工作的目的是保证量值的准确一致。认真做好企业的计量工作，保证生产经营活动与管理的原始数据真实可靠，对企业合理配置资源，提高生产效率和产品质量，加强采购、仓储和销售管理都具有极为重要的作用。

2. 计量工作的要求

（1）配齐现代计量器具，保证计量器具的良好状态。严格执行计量器具检查鉴定规程，正确使用，计量器具不准确时要及时修理或报废。

（2）计量工作必须认真。凡是需要计量的都要严格计量，不能为图省事，采取估计、测算的办法。

（3）原材料等物资的购进、领用、发放、运输、生产过程中的转移、产品入库、销售，都要严格按照计量验收的有关规定和制度办理，堵塞各种漏洞。

（4）要完善计量信息传递系统，包括设置计量机构、配备计量管理人员、健全计量管理制度，做好计量信息的记录、整理、保存、传递、分析等工作，使企业计量信息能准确反映物资运动的质与量。

（四）信息工作

信息工作是指企业进行生产经营活动中各个环节所必需的所有信息的收集、整理、分析、传递、储存及提供利用等管理工作。

1. 信息工作的主要内容

在企业管理基础工作中，一般包括原始记录、统计工作、技术经济情报、科技档案工作、数据管理和资料储存等主要内容。

（1）原始记录和统计工作。原始记录是指对实际企业生产技术经济活动情况的最初的直接记录，如企业使用的领料单、入库单、考勤表、工作进度表等。原始记录是考核经济指标和经济核算的依据，也是车间、班组进行日常生产管理的工具。统计工作是对原始记录进行分类、汇总和综合分析的工作，从中发现企业生产技术经济活动的规律性和内在联系。对原始记录和统计工作，要求做到准确、及时和全面。

（2）技术经济情报工作。经济情报是指能够反映企业内外经济状况的各种情报资料，包括市场需求、产品价格、竞争对手、行业经济环境等。科技情报是指有关技术水平、新技术、专利动向等的情报。

> **【小案例】**20世纪80年代后期，摩托罗拉公司认识到竞争情报研究与系统建设在企业经营发展中的重要作用后，成立了专门的竞争情报研究部门，设立企业信息主管，专门聘请了曾担任过美国联邦政府科技情报执行官的简·赫林先生任公司竞争情报部主任，加强了以竞争情报为核心的信息投入和管理。同时，摩托罗拉公司还集中力量重点跟踪诺基亚、爱立信和西门子等新的竞争对手的发展动向，加强新产品研制、开发和营销环节等的信息集成管理。这保障了公司能够及时准确地了解到全球竞争环境的变化和竞争对手的实力，果断地确定新的发展重点，其竞争情报对销售收入增长的贡献率高达12%。

（3）科技档案工作。科技档案是指根据本企业的需要，以及工程建设中形成并作为历史记录保存起来的文件资料，包括技术图纸、图片、影片、报表、文字材料等。科技档案工作就是指科技档案的收集、整理、鉴定、保管、统计及提供利用六项工作。

（4）数据管理和资料储存工作。该项工作就是收集企业所需各种数据，按照不同的使用要求，进行归纳、整理、分类、统计、分析、绘制图表，以及运用电子计算机系统进行加工、储存、传递和使用。

2. 现代企业对信息工作的要求

现代企业是整个社会经济信息网络中的一个节点，现代企业管理的本质，就是通过对所有有关信息的选择、判断和处理，作出最优决策，完成资源的优化配置。随着电子计算机的应用和通信技术的发展，现代企业应重视信息工作，投入人力与资金，逐步建立起综合的企业管理信息系统。

（1）增强全员的信息意识，积极开展信息情报工作。据国外经验，企业得到的所有竞争信息中约有95%可通过合法途径获得，而其中高达80%的信息就蕴藏在职工的办公抽屉、文件柜和他们的头脑里。所以，现代企业必须增强员工的信息意识，充分发掘和利用企业内部潜在的信息。而专职企业信息的工作人员，则应最大限度利用各种渠道收集外部经济、技术信息。

（2）重视信息技术人才的培养。通过岗位培训、外出进修和招聘等多途径培养企业自己的信息技术人才。

（3）建立强有力的高科技、高效率、高保密的企业信息系统。

（4）信息工作总的要求是"快、精、准"，即信息搜集、分析处理、传递速度快；信息内容精练扼要、准确、有指导性、价值转化率高；同时，信息搜集要有针对性，即针对企业产品有关的市场区域、针对同行业竞争对手。

（五）建立以责任制为基础的规章制度

企业的规章制度是用文字的形式，对企业各项工作的要求所作的规定，是全体员工行为的规范和准则。建立和健全企业的规章制度是现代企业管理的一项极为重要的基础工作。企业的规章制度协调企业内部人与人之间、部门之间、上下级之间的关系，保证企业生产经营活动有序进行，是企业内部的法律。现代企业需建立的规章制度分为三类：

1. 责任制度

它是企业规章的核心。建立健全规章制度，就是明确规定企业内部各岗位（上自总经理、厂长，下至操作工人）的工作任务，各级组织、各类人员的工作职责和权限的制度。

责任制度中，最主要的是岗位责任制，包括工人岗位责任制和管理人员岗位责任制两类。工人岗位责任制，规定着该岗位干什么，如何干，什么时间干，按什么路线干，干到什么标准，发挥主观能动性，避免消极随意行为。管理人员岗位责任制，一般包括：①基本职责。②考核标准。③业务流程。其也要解决干什么，如何干，应达到什么标准的问题。

2. 专业管理制度

它是按照企业生产经营活动的客观规律，对各项管理工作的范围、内容、程序和方法等所作的科学的规定，是企业领导人和管理者有效组织和指挥各项生产经营活动，执行各项管理职能的必要手段。专业管理制度繁多，主要有计划、生产、质量、技术、设备动力、物资、劳动人事、职工教育、销售、成本、资金、安全技术和劳动保护、思想政治工作等方面的管理制度。

3. 基本制度

基本制度反映了企业的基本运行规则，如公司章程、企业法人治理结构、职工民主管理制度等基本制度。

（六）职工教育培训

职工教育培训是指按照企业内部各个岗位的"应知"与"应会"的要求，对在职员工进行基础知识教育和基本技能的训练，以提高职工素质，适应现代企业技术不断进步的要求。如果把企业比喻成一架大机器，那么驾驭和操纵这架机器的就是企业的领导者、管理者和全体员工，他们是这架机器的动力源。现代化大生产和现代企业管理，不仅要有现代的科学技术、现代装备、现代的方法和手段，更需要有能够从事现代化大生产和管理的具有现代科学技术和管理知识的人。否则，企业这个人机系统就无法高效率地运转，一切现代的管理技术和管理方法都难以收到应有的效果。企业需要的有些人才，可以到人才市场去招聘，但是大量忠心耿耿为企业服务的适用人才，主要还是要靠本企业自己来培养。

职工教育，一般说来是指企业全体职工都要接受的基础教育，包括入厂教育、厂规厂纪教育、职业道德教育、基本生产技术教育、管理基本知识教育、安全生产教育和思想政治教育等。基础教育一般由本企业自己组织力量有计划地进行。

职工培训，一般多指针对本企业生产经营需要而进行的继续教育，如本企业高级管理人才的培训，各级各类专业技术岗位的资格证书培训，特殊生产岗位的操作证书培训等。这类培训一般由经政府机构认可的具有培训资格的培训机构或大专院校来承担，并通过考试考核，由政府认可的机构颁发正式的资格证书。

（七）现场管理

现场，一般指作业场所。生产现场是指从事产品生产制造或提供生产服务的场所。它既包括生产前方各基本生产车间的作业场所，又包括生产后方各辅助生产部门的作业场所，如库房、实验室、锅炉房等。习惯上我们把生产现场称之为车间、工场或生产第一线。

现场管理就是运用科学的管理思想、管理方法和管理手段，对现场的各种生产要素进行合理配置和优化组合，通过计划、组织、领导、控制等管理职能，保证现场处于良好的状态，实现预定目标的一种综合性管理。

生产现场的生产要素一般包括：①人，现场的操作者、管理者。②机，现场的设备、工具、工位器具。③料，现场待加工的原材料、辅助材料、零部件。④法，操作方法、加工工艺、检测方法、规章。⑤环，即现场的生产环境。⑥资，即资金配给和成本控制。⑦能源，包括煤、水、电、气的供应。⑧信息，即指导、指挥生产现场运转的各种信息。

1. 加强现场管理的重要性

（1）加强现场管理可以提高产品质量、降低消耗、压缩成本，同时提高职工素质，减少无效劳动和浪费。生产现场是企业生产力的载体，是直接从事生产活动的场所，是创造使用价值和价值的场所。生产现场能为企业提供大量有用信息，也是问题萌芽产生的场所，是最能反映员工思想动态的场所。作为中基层管理者应强调"走动式管理"，多到生产现场第一线，解决实际问题，形成实干的工作作风。

（2）现场管理水平的高低直接决定着企业的竞争能力。如企业在与外商进行贸易、订货、合作等签约时，外商一般都要对本企业进行实地考察，看其生产现场的条件和管理水平能否保证产品质量，是否具有履约能力。生产现场管理水平高，往往是签约成功的重要因素。

（3）加强现场管理可以以现场保市场。现代企业应摒弃"抓了市场、忘了现场，抓了现场、丢了市场"的思想，提倡以市场促现场，以现场保市场的观念。现场管理属于基层管理，即作业层管理，是企业管理的基础。优化现场管理需要以管理的基础工作为依据，离不开标准、定额、计量、信息、原始记录、规章制度和职工教育。基础工作健全与否，直接影响现场管理水平，通过加强现场管理又可以进一步健全基础工作，所以加强现场管理与加强管理基础工作，两者是一致的，不是对立的。从管理的职能上讲，现场管理又是一项综合性管理。管理的计划、组织、领导、控制职能都要在生产现场得到体现和落实。加强现场管理，必须有效地综合运用管理者职能，实现企业管理的整体优化。所谓"外抓市场、内抓现场""夯实基础"，充分说明了加强现场管理的重要意义。

2. 生产现场管理的基本内容

由于生产现场管理是包含多方面内容的综合管理，既包括现场生产的组织管理工作，又包括落实到现场的各项专业管理和管理基础工作。因此，现场管理的内容可以从不同角度去概括和分析。制造业生产现场管理的基本内容包括：

（1）工序管理。工序是指一个操作者（或一组操作者），在一个工作地上，对一定的加工对象进行连续加工的那一部分生产活动，它是生产现场工作的基本单位。工序管理包括工序要素管理和产品要素管理，它是按照工序专门的要求，合理地配备和有效地利用生产要素，并把它们有效结合起来发挥工序的整体效益，通过品种、质量、数量、成本、交货期的控制，满足市场对产品要素的要求。

工序要素管理就是对工序所使用的劳动力、设备以及原材料的管理。其中对劳动力的管理，要根据工序对工种、技术水平、人员数量的要求，通过优化组合，培训后上岗；对设备、工艺装备管理要完好、齐全；对原材料、零部件要保证及时供应，质量符合要求。

产品要素管理就是对产品品种、质量、数量、成本、交货期的管理。其中品种、数量要按市场需求进行组织，并保证交货期；要选好质量管理控制点，抓关键环节；对成本管理而言要抓目标成本管理。

（2）物流管理。企业内部物流活动是指从原材料购进、入库、投入生产，到加工成在制品、产成品全过程的搬运、装卸、包装、储存保管等活动。物流管理就是对生产现场的物流活动进行计划、组织和控制的活动。物流在生产过程中一般有两种状态：一是流动状态，即处于不停运动状态；二是静止状态，即处于相对静止状态。为使这两种状态在生产过程中均属最佳状态，需要解决好三个问题：第一，原材料在制品占用量要少；第二，物流路线要短；第三，提高运输效率。

（3）环境管理。环境管理就是对现场的空间管理，即在企业内创造一个安全、文明、有序、美好、舒适的环境。一般指安全生产、文明生产和定置管理。安全生产是指在保证劳动者生命安全和健康的前提下，进行生产活动。文明生产就是生产文明化，或称科学化，是指在生产现场保持良好的生产环境和生产秩序。在日本，相应的工作称作"5S"活动。定置管理通过整顿把与生产现场所需要的物品放在规定的位置，做到有物必有区，有区必有牌，按区存放，按图定置，图物相符，实现生产现场的秩序化、文明化。

3. 现场管理的常用方法

（1）"5S"活动。"5S"活动是指对生产现场各生产要素（主要是物的要素）所处状态，不断进行整理、整顿、清扫、清洁，从而提高素养的活动。其中整理、整顿、清扫、清洁、素养这五个词在日语中罗马拼音中的第一个字母都是"S"，所以简称"5S"。

"5S"活动虽起源日本，但已流行全球，我国许多企业都已推行，并在实践中得到不断的完善和提高，取得了很好的效果，如海尔的"6S大脚印"就是在"5S"基础上加了一条"安全"。

整理，就是把生产现场的物品区分为要还是不要，不用的和不常用的物品坚决清理出现场。整顿就是对整理留下的物品进行科学合理的布置和摆放。清扫就是对生产现场的设备、工具、物品、工作地面进行打扫。清洁就是对经过整理、整顿、清扫以后的生产现场的良好状态进行保持，持之以恒、不变、不倒退。素养是一种作业习惯和行为规范，也是"5S"活动的最终目标。素养也是在开展整理、整顿、清扫、清洁活动后要达到的一种思想境界，即养成严格遵守规章制度的习惯作风，这是"5S"活动的核心。

（2）定置管理。定置管理就是对生产现场的人、物、场所三者之间的关系进行科学的分析，使之达到最佳结合状态的一种科学管理方法。定置管理也起源日本，与"5S"活动关系密切。定置管理中要突出处理好三个关系：

一是人与物的结合状态，在生产现场有：A状态，指人与物马上结合并发挥作用的状态，属于理想状态；B状态，指人与物不能马上结合并发挥作用的状态，处于寻找状态；C状态，指生产现场的人与物失去联系的状态。通过定置管理，采取措施和办法，坚决消除C状态，改进B状态使之转化为A状态。

二是物与场所的结合关系，物与场所的结合是指对生产现场、人、物进行作业分析和动作研究，使加工对象按工艺要求科学固定在某一位置上，达到物与场所的有效结合，缩短人取物的时间，消除重复多余劳动，促使人与物的结合达到最佳状态。研究物与场所的结合，实际上是为人与物结合服务的。物与场所的结合的关键是场所的状态，有：A状态，指良好状态；B状态，指需要改善的状态，即工作环境存在一些缺憾，设备、工作地的布局不合理，环境条件对现场人员存在有在生理、安全、精神上不符合要求之处；C状态，指需要彻底改造的状态，其存在和延续对现场人员有严重危害。

三是信息媒介与定置的关系，信息媒介是指人与物、物与场所的结合过程中起着指导、控制、确认等作用的信息载体。信息媒介与定置的关系极为密切，是实现定置的关键。一般需要4种信息媒介物：位置台账，告诉人们"该物在何处"，有的企业按四号定位（库、架、层、位）来编码；定置图，体现"该处在哪里"；场所标志，表明"这儿就是该处"，通常用名称、图示、编号等表示；物品标识，表明"此物即该物"，它是物品的自我标示，一般用各种标牌表示，标牌上有货物本身的名称及有关事项。

（3）目视管理。目视管理是指利用形象直观、色彩适宜的各种视觉感知信息来组织现场活动，导致人的意识变化的管理方法，也称看得见的管理。据统计，人行动的60%是从视觉的感知开始的，人们开车看到红灯会有意识地停车，绿灯就会通行。目视管理的形式、手段多样，根据企业实际需要加以采用，有仪表、电视、信号灯、标示牌、图表、标识线、色彩带等。

目视管理形象直观、简单方便，管理人员可以快速获得现场信息，提高工作效率；目视管理可以让问题和异常暴露出来，将"正常状态"予以标示，一旦离开此状态就意味异常发生，这样可及早发现，早做处理；目视管理作为问题和异常暴露的道具，现在广泛用于对物品、作业、设备、品质、安全等方面的管理。

研讨与思考：以所熟悉的企业或其他组织为例，说明某项管理基础工作的具体内容与实务。

第五节　现代企业管理理论的发展

企业管理的职能、基本原理、一般方法和基础工作中都蕴藏着大量现代企业管理理论，本节将简单系统地介绍现代企业管理理论的发展，从而指导现代企业管理的实践。

一、西方现代企业管理理论的发展

西方发达国家企业管理大体上经历了传统经验管理、科学管理、行为科学理论和现代管理四个阶段。

（一）传统经验管理阶段

这个阶段指从18世纪后期到19世纪末，即从资本主义工厂制度出现起，到资本主义自由竞争阶段结束为止，经历了100多年。

资本主义工厂制度主要应用机器体系进行生产。资本家是生产的组织领导者，着力于解决如何分工协作，以保证生产的正常进行；如何减少资本的消耗，赚取更多的利润等问题。因此，生产管理、工资管理和成本管理，就成为当时管理的主要内容。传统管理阶段的特点主要有两点：

（1）所有权、经营权还没有分离。企业经营管理者一般就是企业资本所有者。

（2）企业管理还没有完全摆脱小生产方式的影响。传统管理主要是靠个人的经验进行生产和管理。工人凭自己的经验来操作，没有统一的操作规程；管理者主要凭自己的经验来管理，没有统一的制度和方法；工人的培养，主要是采取师傅带徒弟的办法进行个人经验的传授，没有统一的规定和要求。

总之，从管理科学的角度来看，这一时期基本处于积累实践经验阶段，因此传统管理又被称为经验管理。

（二）科学管理阶段

这一阶段是从 19 世纪末到 20 世纪初，经历了近半个世纪。19 世纪后半期，由于科学技术的进步，电力、内燃机等新技术的应用导致第二次技术革命，促进了资本主义发展，资本主义开始由自由竞争阶段向垄断阶段过渡。随着生产力的快速发展，生产关系发生重大变化，企业规模不断扩大，生产技术更加复杂，对管理的要求越来越高，管理工作逐渐成为一种专门职业，出现了资本所有者同管理者的分离，社会上形成了单独的经营管理层。同时，随着市场竞争的加剧，资本家对工人的剥削加强，阶级矛盾也更加尖锐。为适应上述形势要求，企业开始将过去积累的管理经验系统化和标准化，用科学管理来替代传统的经验管理。

最早提出科学管理理论和制度的代表人物是美国人泰罗（1856—1915 年），他在企业长期进行管理工作的试验研究，于 1911 年出版了《科学管理原理》一书，这是其管理思想与研究成果的集中体现。在漫长的管理理论发展史中，这本书被公认为是一个最重要的里程碑，它标志着一个全新的管理时代的来临。在企业管理史上，泰罗被称为"科学管理之父"。泰罗的科学管理大体可分为作业管理和组织管理两大方面。

在作业管理方面，主要内容包括：

1. 实行劳动方法的标准化

通过分析研究工人的操作，选用最合适的劳动工具，集中先进合理的操作动作，规定劳动的时间定额，制定出各种工作的标准。

2. 科学挑选和训练工人

根据每个工人的性格和长处来分配他们的工作，并按照标准操作法对工人进行训练，以代替师傅带徒弟的传统办法培训工人。

3. 实行有差别的计件工资制

为了鼓励工人完成工作定额，对于完成和超额完成工作定额的工人，按较高的工资率计发工资（为正常工资率的 125%），如果完不成工作定额，则按较低的工资率计发工资（为正常工资率的 80%）。

【小资料】泰罗在铁块搬运实验中，每个工人每天平均搬运量从 16 吨提高到 59 吨，工人每天的工资从 1.15 美元提高到 1.85 美元，而每吨生铁的运费则从 7.5 美分下降到 3.3 美分。可见，实行科学管理，不仅可以提高劳动生产率，对工人有利，而且对企业主更有利。

在组织管理方面，主要内容包括：

1. 把计划职能（即管理职能）同执行职能（即工人的实际操作）分开

计划职能人员负责研究、计划、调查、控制以及对操作者进行指导，逐步发展到管理人员专业化，并设立专门部门承担管理工作。现场工人，则从事执行的职能，即按照管理部门制定的操作方法、工具和指令从事实际操作。

2. 实行职能制管理

把管理工作加以细分，使每一个管理者只承担一两种管理职能；同时，每一个管理者对工人都有指挥权。实践证明，这种一个工人同时接受几个职能工长领导的"职能制"，容易引起混乱。但泰罗的这种职能管理思想，对以后职能部门的建立和管理人员的专业化，具有重要意义。

3. 实行例外原则

所谓例外原则，就是企业的高层管型人员，把一些经常发生的一般日常管理工作，使之规范化，然后授权给下级管理人员负责处理，而自己只保留对例外事项（即重要事项和新出现问题）的决策权和对下属人员的监督权。这样，既有利于发挥下级管理人员的积极性、提高工效，又能使领导者集中精力研究和解决重大问题。

泰罗是科学管理的奠基人。在泰罗前后，还有一些人同样对科学管理作出了重要贡献。如吉尔布雷斯夫妇的动作研究；甘特的生产作业计划和控制技术（甘特图表）；法约尔的14项管理原则和5项管理职能；韦伯的理想行政组织体系，等等。这些人的研究，使资本主义企业管理从传统管理阶段发展到科学管理阶段，其中许多内容成为后来新的管理原理和方法发展的基础。许多理论和原则，至今仍然为企业所奉行。

科学管理阶段的特点主要表现在以下两个方向：

1. 科学管理理论认为，一切管理问题都应当而且可以用科学的方法加以研究解决，并用各种标准予以保证

科学管理理论逐渐取代了传统的经验管理，这一阶段管理工作的重点是工厂内部的生产管理。以提高生产效率为中心，解决生产组织方法科学化和生产程序标准化等方面的问题。

2. 企业所有权和经营权逐步分离

它使企业管理工作逐渐成为一门专门职业，社会上开始形成单独的经营管理者阶层。

【小资料】1841年10月5日，在美国马萨诸塞州至纽约的铁路上，两列火车相撞，造成近20人的伤亡。当时，美国社会舆论哗然，公众对这一事件议论纷纷，对铁路老板低劣的管理进行了严厉地抨击。为平息这种局面，这个铁路公司不得不进行改革，资本家交出了企业管理权，只拿红利，另聘有管理才能的人担任企业领导，这就是美国历史上第一家所有权与经营权分离的企业。

（三）行为科学理论阶段

行为科学理论产生于20世纪20年代末30年代初的美国。在当时的美国，企业的规模逐步扩大，科学技术以前所未有的速度向前发展，新兴工业不断出现，使得生产过程更加复杂。在这种情况下，科学管理把工人视为"活的机器"，用"胡萝卜加大棒"的管理方式管理工人，忽视人的因素的状况激起工人的反抗；与此同时，从1929年开始的经济危机，使

资本主义国家固有的矛盾更加尖锐，工人阶级的觉悟日益提高。在这样的背景下，企业家感到单纯用科学管理理论和方法已不能有效地控制工人来达到提高劳动生产率和获取利润的目的，认识到社会化大生产的发展需要一种与之相适应的重视人的行为的新的管理理论，这样，以新的"社会人"假设理论为依据的行为科学理论便应运而生。

行为科学理论的产生与发展分为两个阶段：第一阶段，称为早期行为科学理论，即以梅奥（1880—1949 年）为代表的通过著名的霍桑试验和《工业文明的社会问题》等著作而创立的人际关系理论。其人际关系理论的主要观点有：工人是"社会人"，是复杂的社会系统的成员，不是经济人；管理者应重视协调人际关系，提高工人"士气"，从而达到提高生产率的目的；企业除正式组织之外，还存在着"非正式组织"，其是影响生产率的一个重要因素。第二阶段，行为科学理论获得全面发展，它主要包括三部分内容：个体行为理论、团体行为理论和组织行为理论。这其中的代表理论有：马斯洛的需求层次理论、赫茨伯格的双因素理论、麦格雷戈的"X—Y"理论等。

行为科学理论在企业管理的应用中取得了明显效果，因此，它被认定是科学管理理论以后企业管理理论和实践的一个新的发展阶段。行为科学理论阶段的特点是：这一理论将社会学、心理学等理论引入企业管理研究领域，强调在管理实践中注重人的本性和需要，以及行为动机，特别是生产中的人际关系。这对现代企业管理产生了深远的影响，成为西方管理理论的主流学派之一。

（四）现代管理阶段

这一阶段大体是从 20 世纪 40 年代开始，直至现在。第二次世界大战后，西方发达国家经济发展中出现了许多新变化：科学技术迅速发展，技术更新和产品更新周期大大缩短；产品日新月异，工业生产迅速发展；企业规模不断扩大，生产自动化和连续程度空前提高；企业内外部分工更加精细，生产的社会化程度更加提高；国内外市场瞬息万变，竞争异常激烈。所有这些都对企业管理提出了许多新的要求，促使企业管理向现代管理过渡。

现代管理阶段理论丛生，学派林立。比如，社会系统学派、决策理论学派、系统管理学派、数学管理学派、管理过程学派、组织行为学派、企业文化学派，等等。但就基本理论分类来说，可归为两大学派：一类是"管理科学学派"，它实际上是泰罗科学管理理论的延伸和发展。它把动作研究、时间研究发展为工业工程学和功效学，同时吸取了现代自然科学和技术科学的新成就，采用运筹学及系统工程、电子计算机等科学技术手段形成一系列现代化的管理科学方法。另一类是"行为科学学派"，它们强调从社会学、心理学的角度，从人的需要、动机、相互关系及生产环境等方面，从实证研究角度研究对企业生产经营活动及其效果的影响，探讨如何激励人的主动性和创造性，提高生产率。它是在以梅奥为代表的以人为中心的管理理论基础上发展起来的。上述两大类管理学派研究的问题，各有侧重。由于企业管理既有生产力的组织问题，又有生产关系的调节问题，所以两者正好相互补充。企业管理的发展，也证实了两者的互补性和趋同性。因此，可以说所谓现代管理，实际上就是管理科学和行为科学相结合的管理。

同过去的管理相比，现代管理具有以下重要特点：

1. 突出经营决策和经营战略

在现代市场经济条件下，企业管理的中心是经营，经营的重点是决策，决策的关键是战略决策。企业经营战略决策正确与否，将直接关系到企业的生存和发展。因此，现代企业管理不仅重视企业内部的管理，更加注重企业外部环境和市场变化对企业生产经营的影响；突出经营决策，不仅着眼于企业的"今天"，更着眼于企业的"明天"；强调企业未来发展的战略决策，不仅着眼于国内市场，也着眼于国际市场，积极参与国际竞争，等等。

2. 广泛应用现代科学技术新成就

主要是将一些数学方法（如概率论、排队论、线性规划等）、信息技术（CAD、ERP等），以及准时生产制（JIT）、价值工程等应用于企业的生产经营管理，大大提高了管理水平和工作效率。

3. 实行以人为中心的管理

同科学管理相比，现代企业管理更重视人的作用，强调从人的本性中去激发动力。把创立企业文化纳入企业管理的内容之中，开展多种多样的民主管理运动，以满足职工自我实现的需要。为了更好地发挥人的作用，现代企业管理还十分重视人力资源的开发，强调对职工实行终身教育，努力将企业办成"学习型组织"。

4. 实行系统管理

把系统论的观念引入现代企业管理，将企业视为人造开放系统。它是整个社会系统的一部分。受外部整个社会系统的政治、经济等因素所制约，内部又分为若干个系统，它要求根据系统理论，从企业整个系统的最优化出发，把系统工程、系统分析、系统方法应用于企业管理。

进入 21 世纪以来，企业管理理论在经历了如上介绍的四个阶段的发展之后，现代企业管理理论仍在继续发展。其中比较管理理论、战略管理理论、流程再造理论、人本管理理论、知识管理理论、核心能力理论、供应链管理理论、战略联盟理论、电子商务、学习型组织、绿色管理、危机管理和跨文化管理等新理论不断涌现，标志着新的管理丛林时代的到来。所有这些新理论，都反映了对现代企业管理理论的不断探索。这些探索是与当今经济全球化、经济信息化的发展趋势相适应的。本书在以后各章节中，将结合相关内容对一些新理论进行阐述。

【小资料】近年来，随着社会经济形势的发展和一系列新兴科学技术的出现及其在管理中的应用，企业管理理论又出现了一些创新。

"人本管理"理论。这是指以人为根本的管理思想，即把人作为管理的核心，将人的管理作为整个管理工作的重心。其核心内容就是对组织系统中所有涉及人的领域的研究，包括运用行为科学，重新塑造人际关系；增加人力成本，提高劳动质量；改善劳动管理，充分利用劳动资源；推行民主管理，提高劳动者的管理意识；建设企业文化，培养企业精神等。

"流程再造"理论。这是指将组织的作业流程，进行根本的重新考虑和彻底翻新，以便在成本、品质、服务与速度上获得戏剧化的改善。其中心思想是强调企业必须采取激烈的手段，彻底改变工作方法；强调企业流程要"一切重新开始"，摆脱以往陈旧的流程框架。

研讨与思考：西方现代企业管理理论的发展经历了哪几个阶段？各有何特点？

二、中国现代企业管理思想发展的新趋势

中国是一个文明古国，有悠久的历史文化和管理实践经验，其中给后人留下的丰富的管理思想，备受今天中外企业管理研究人员的重视，对今天现代企业管理仍具有重要的参考价值。

> **【小资料】** 汉高祖刘邦在分析自己为什么能得天下而项羽为什么会失天下时说："运筹帷幄之中，决胜千里之外，我不如张良；治理国家，安抚百姓，调集军粮，使运输军粮的道路畅通无阻，我不如萧何；联络百万大军，战必胜、攻必克，我不如韩信。此三人皆人杰也，我能用之，这是我能得天下的原因。"
>
> 美国钢铁大王卡内基曾经说："如果把我企业中的所有财产都拿走，只把我的人留下，四年以后，我还会是钢铁大王。"

这里仅就我国改革开放以来以及进入 21 世纪后现代企业管理的发展、变化和新趋势作简要阐述。

（一）改革开放以来企业管理的发展和变化

改革开放以来，我国企业管理的面貌发生了重大变化，集中起来主要有以下几点：

1. 经营思想发生了根本转变

以"转轨变型"为契机，我国企业管理开始由封闭式转向开放式，从被动执行型转向主动开拓型，从过去生产什么就销售什么变为以市场需求为导向。用户意识、市场意识、竞争意识和效益意识构成了企业经营思想的主体。

2. 从转换企业经营机制到建立现代企业制度

伴随着经济体制改革，企业经历了从放权让利到利改税，从承包制到股份制等转变，建立社会主义市场经济体制向传统的中国工厂制企业制度提出挑战，现代企业正朝着建立"产权清晰、权责明确、政企分开、管理科学"的现代企业制度目标迈进。

3. 管理人员由行政型领导向职业企业家转变

改革前，我国政企不分，企业的厂长（经理）由上级任命，待遇随行政级别而异。企业一切服从行政安排，从而扼杀了企业的效率和效益。纵观国内外任何一个成功的企业，都在很大程度上依靠优秀的企业家。如海尔的张瑞敏和联想的柳传志，他们在市场经济大潮中，敢于竞争、善于竞争，带领企业取得了辉煌的业绩。

4. 企业管理的重点由以物为中心向以人为中心转变

改革使越来越多的企业经营者认识到，一流的企业要有一流的产品，一流的产品要靠一流的人才去开发、制造。因此，企业的竞争最终还是人才的竞争，如何吸引人才、培养人才、使用人才已成为企业能否在竞争中获胜的决定性因素。

5. 由对生产过程的管理转向对企业经营全过程的管理

计划经济体制下的企业管理，常常局限于生产过程的管理。但在市场经济条件下，一切影响企业效益的环节都被纳入企业管理范畴，其内容已延伸到产、供、销全过程。其中，产品创新和市场开发已成为企业管理的关键。

（二）进入 21 世纪后我国现代企业管理思想发展的新趋势

2002 年 11 月党的十六大提出：21 世纪头 20 年经济建设和改革的主要任务是，完善社会主义生产经济体制，推动经济结构战略性调整，基本实现工业化，大力推进信息化，加快建设现代化，保持国民经济持续快速健康发展，不断提高人民生活水平。进入 21 世纪，在贯彻落实我国 21 世纪头 20 年经济建设和改革的主要任务的进程中，我国现代企业管理的思想也发生了极为深刻的变化。

1. 由国内管理向国际化管理转化

进入 21 世纪，中国加入了 WTO，企业管理环境发生了根本变化，经济全球化以势不可当之势席卷中国大地，许多外国企业纷纷抢滩中国。面对"狼来了"的形势，中国的实力企业也以"狼"的形式针锋相对，如海尔、联想、中兴通讯、华为、宝钢等，家电、电子、信息、钢铁、纺织、服装、玩具、农业等产业的许多企业，也都把目光转向世界，迈出国门投资办厂。中国经济正在走向国际化，中国企业管理由长期囿于本国或本地区，转而结合本国实际吸取国外先进现代管理方法为我所用，与国际接轨，向国际化管理转化。

2. 由科学管理向信息化管理转变

科学管理的任务在我国一些企业尚未完成，但信息化管理是当代许多企业的迫切要求。中国企业利用后发优势，在信息产业和产业信息化方面正在实现跳跃式发展。因特网和现代通信工具已十分普及，现代信息技术广泛应用于现代企业管理中，如计算机辅助产品设计（CAD）和计算机辅助工艺过程设计（CAPP），将产品设计和工艺过程设计计算机化，既可以求得适应需要的产品设计结果和图纸以及科学、合理、高效、适用的产品生产工艺规程，又可以缩短生产技术准备的时间；又如企业资源计划（ERP）等新型生产方式的应用，使基本生产过程走向高效、低耗化，供应链管理的应用提高了生产制造商的效率和竞争力。

信息化管理并不是简单用计算机自动程序代替原有的手工程序，而是先要对原有的工作流程进行分析、改造，重新组织、调整，使整个工作程序更加合理化，再实行信息化管理，这样才可以取得良好效果。

3. 由专制首长管理向人本化管理转变

进入 21 世纪，随着知识经济的发展，具有创新知识的人，已不再是机器或资本的附庸，而是现代企业创新的源泉，是现代企业能否持续发展的决定性因素。"一个企业搞得好不好，关键在领导"的专制首长式管理难以适应知识经济时代的发展，向人本化管理转变已是必然。

人本化管理要求管理者为企业的所有相关利益者（投资者、经营者、员工、顾客等）服务，在具体管理工作中应更加真诚地尊重人才、尊重知识、尊重创造。在实际管理行为中，真正把员工和顾客都看作和自己一样，具有人权尊严的平等伙伴和朋友，正如温家宝总理说的"让中国人活得更有尊严"。现在已经有越来越多的企业重视和加强顾客关系管理（CRM）。目前，在我国一些企业和组织中，某些员工的基本人权还得不到应有的保障，在绩效考核和薪酬管理中缺乏沟通和公平，造成管理者和基层员工的对立。尤其是一些外企和民企的劳资矛盾正在激化，如在中国大陆拥有 80 余万员工的某台资企业，在不到半年内发生"九连跳"自杀事件，其主要原因是现代化的密集化工作磨损人的心理，年轻员工抗压能力差，统一管理缺乏心灵关怀。实行人本化管理显得更加迫切而又任重道远。

人本化管理还要求管理者重视企业人力资源、人力资本的培养和使用。真正倡导学习型的组织文化，允许尝试和失败，鼓励创新和超越，促进人的全面发展和人的有效技能的最大限度发挥。对具有创新知识的人才实行人本化管理，充分估计他们对组织的作用，切实保障他们在组织中的地位和权益，并从管理制度和人际关系上确保他们对组织的忠诚。

4. 由封闭式实体管理向开放式虚拟管理转变

封闭式实体管理是指对围绕某种或多种产品进行研发、设计、试制、采购、加工、制造、装配、销售的综合性"大而全"或"小而全"传统实体企业的管理。这种综合性"大而全"或"小而全"传统实体企业已大多消失。而现代企业是一个高度市场化、全球化、虚拟网络化的组织，企业的边界愈来愈模糊，也愈来愈扩大，而企业愈来愈走向专业化，又使企业的边界愈来愈清晰。在市场经济发达的今天，现代企业唯一的理性选择就是把一切可以外包的业务，统统外包给专业企业做，这样会使企业效率更高、成本更低，社会资源得到更有效利用。

现在，生产某种材料、零部件或仅提供产品设计、服务的专业组织像雨后春笋一样，应运而生，遍及全球。无论是提供最终产品（或服务）的企业，还是提供中间产品（或服务）的企业，它们的性质已发生了根本性变化。它们已不再是独立生产或提供某种产品和服务的场所或组织，它们只是全球采购、制造、供应、服务网络中的一个节点企业。各个节点企业之间相互依存，并通过因特网等现代通信技术及现代物流系统而相互联结。在这个网络组织中，每个节点企业都必须具有某种独特的资源或独特的核心竞争能力，否则它就会因无人问津而失去存在的价值，被网络核心企业所取代。可见，每个节点企业的存在都依赖于为其他节点企业提供服务和创造价值，而每个节点企业都可以把与自己相关的节点企业视同本组织的一部分，因为它们在本组织的产品生产供应链中所起的作用，如向本组织的一部分一样，甚至还要更好、更省，但实际上这些节点企业又都是独立的，并不是本组织的一部分。这样的组织就是虚拟企业，它是为了实现某种市场机会，依靠信息技术和网络技术，将拥有实现该机会所需资源的若干企业集结在一起的网络化的动态合作经济虚拟组织。随着科学技术的进步，这样的虚拟企业会愈来愈多。例如耐克公司只有自己的研发设计中心和采购营销系统，但没有自己的生产工厂，全世界尤其是中国都有为它生产耐克鞋的生产基地，耐克鞋风靡全球，经久不衰。可以预言在未来发展中，组织虚拟化是一种必然趋势，如何管理好这种开放式的虚拟企业，将是 21 世纪现代企业管理的重大课题。

研讨与思考：进入 21 世纪后我国现代企业管理思想出现了哪些新趋势？从中有何启示？

本章小结

管理是协作劳动的产物。企业管理是随着现代企业的诞生而产生的。现代企业管理就是由企业的经营者和全体员工，从市场需要出发，按照生产力和生产关系的要求，对企业的生产经营活动进行以人为中心、以协调为本质的计划、组织、领导和控制等活动，以适应外部环境变化，充分利用各种资源，实现企业经营目标，创造社会经济效益的过程。企业管理性质既指管理的自然属性和社会属性，又指管理的科学性和艺术性。

企业管理的具体职能一般包括计划、组织、领导和控制四职能。现代企业管理的任务必须把经济上取得成就放在首位；使各项工作富有活力，并使职工有成就；关注企业对社会的影响和对社会承担的责任。

现代企业管理的内容从纵向看有经营战略、决策与计划（高层管理），专业管理（中层管理）和作业管理（基层管理）等，从横向看有技术开发管理、生产管理、质量管理、市场营销管理、财务管理、人力资源管理等。

现代企业管理基本原理包括市场导向原理、系统原理、动态控制原理、人本原理、责任原理、效益原理等六大原理。现代企业管理的一般方法包括行政方法、经济方法、法律方法和教育方法等。

企业管理基础工作，是企业在生产经营活动中，为实现经营目标和有效执行管理职能，提供资料依据、共同准则、基本手段和前提条件的必不可少的工作。一般包括标准化工作、定额工作、计量工作、信息工作、规章制度建立、职工教育培训、现场管理等内容。

西方现代企业管理理论的发展大体上经历了传统经验管理、科学管理、行为科学理论和现代管理四个阶段。进入21世纪后，我国现代企业管理思想发展的新趋势正经历着由国内管理向国际化管理的转变；由科学管理向信息化管理的转变；由专制首长管理向人本化管理的转变；由封闭式变实体管理向开放式虚拟管理的转变。

本章知识结构网络图

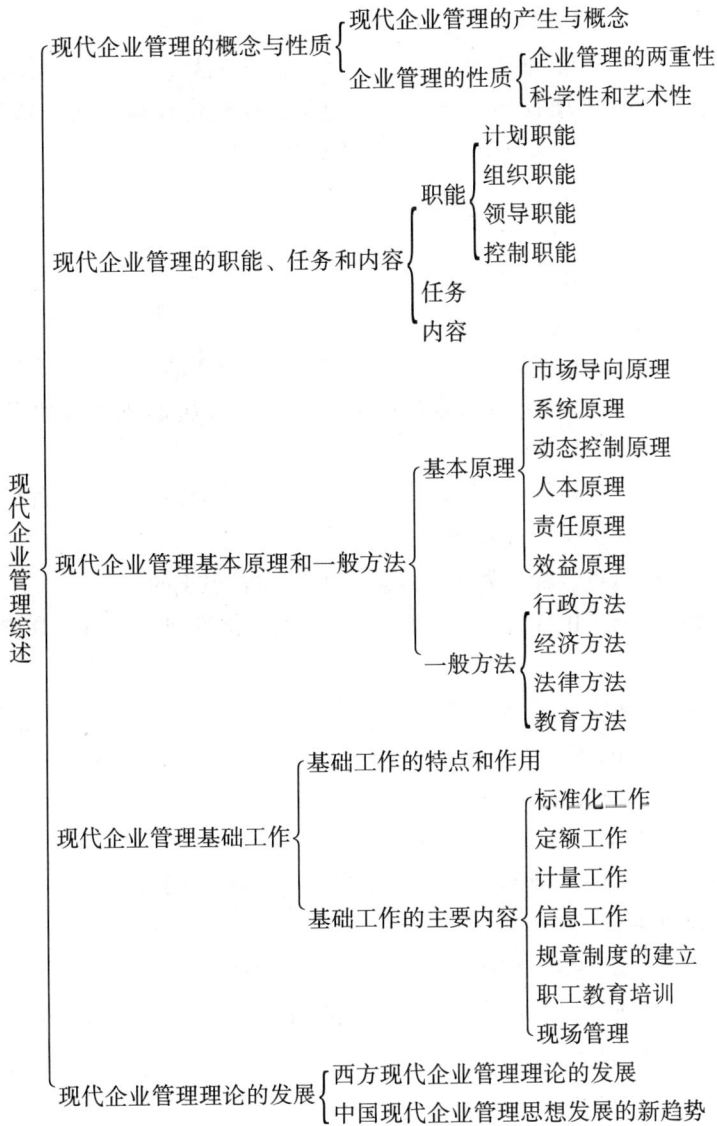

現代企业管理综述
- 现代企业管理的概念与性质
  - 现代企业管理的产生与概念
  - 企业管理的性质
    - 企业管理的两重性
    - 科学性和艺术性
- 现代企业管理的职能、任务和内容
  - 职能
    - 计划职能
    - 组织职能
    - 领导职能
    - 控制职能
  - 任务
  - 内容
- 现代企业管理基本原理和一般方法
  - 基本原理
    - 市场导向原理
    - 系统原理
    - 动态控制原理
    - 人本原理
    - 责任原理
    - 效益原理
  - 一般方法
    - 行政方法
    - 经济方法
    - 法律方法
    - 教育方法
- 现代企业管理基础工作
  - 基础工作的特点和作用
  - 基础工作的主要内容
    - 标准化工作
    - 定额工作
    - 计量工作
    - 信息工作
    - 规章制度的建立
    - 职工教育培训
    - 现场管理
- 现代企业管理理论的发展
  - 西方现代企业管理理论的发展
  - 中国现代企业管理思想发展的新趋势

练习与思考题

一、单选题

1. 现代企业管理的本质任务是（　　）。

A. 组织　　　　　　B. 领导　　　　　　C. 控制　　　　　　D. 协调

2. 企业管理的首要职能是（　　）。

A. 计划　　　　　　B. 组织　　　　　　C. 领导　　　　　　D. 控制

3. 重点解决企业发展方向以及企业如何适应外部环境变化的问题，旨在提高企业的经营效能，是企业（　　）的主要内容。

A. 高层管理　　　　B. 中层管理　　　　C. 基层管理　　　　D. 所有管理层

4. 在现代企业管理基本原理中，起着统率作用的是（　　　）。

A. 市场导向原理　　　B. 系统原理　　　C. 人本原理　　　D. 责任原理

5. 现代企业管理常用的一般方法是（　　　）。

A. 行政方法　　　　B. 法律方法　　　C. 经济方法　　　D. 教育方法

6. （　　　）促使企业各项管理工作达到合理化、规范化和高效化，是实行科学管理的基础，是企业建立良好的生产秩序和工作秩序的必要条件。

A. 标准化工作　　B. 定额工作　　　C. 信息工作　　　D. 职工教育工作

7. 企业规章制度的核心是（　　　）。

A. 基本制度　　　　B. 工作制度　　　C. 责任制度　　　D. 专业管理制度

8. "5S" 活动的核心是（　　　）。

A. 整理　　　　　　B. 整顿　　　　　C. 清扫和清洁　　D. 素养的提高

9. 使企业管理工作逐渐成为一门专门职业，社会上开始形成单独的经营管理者阶层，标志企业管理已进入（　　　）阶段。

A. 经验管理　　　　B. 科学管理　　　C. 行为科学理论　D. 现代管理

10. 企业已不再是独立生产或提供某种产品和服务的组织，只是全球采购、制造、供应、服务网络中的一个节点，标志着中国现代企业管理思想正向（　　　）转变。

A. 国际化管理　　　B. 信息化管理　　　C. 人本化管理　　D. 开放式虚拟管理

二、多选题

1. 企业管理的两重性是指管理的（　　　）。

A. 自然属性　　　B. 科学性　　　C. 艺术性　　　D. 社会属性　　　E. 风险性

2. 企业管理的基本职能由（　　　）构成。

A. 计划职能　　　B. 组织职能　　　C. 领导职能　　　D. 控制职能

E. 合理组织生产力的一般职能　　　F. 维护生产关系的特殊职能

3. 现代企业管理基本原理包括（　　　）。

A. 市场导向原理　　B. 系统原理　　　C. 动态控制原理

D. 人本原理　　　　E. 责任原理　　　F. 效益原理

4. 现场管理的常用方法包括（　　　）。

A. "5S" 活动　　B. 定置管理　　　C. 目视管理　　　D. 科学管理　　　E. 现代管理

5. 西方现代企业管理理论的发展经历了（　　　）几个阶段。

A. 经验管理　　　　B. 科学管理　　　C. 行为科学理论D. 现代管理　　　E. 信息化管理

三、名词解释

1. 现代企业管理　　2. 企业管理基础工作　　3. 系统原理

4. "5S" 活动　　5. 经济方法

四、简答题

1. 学习企业管理二重性原理有何意义？

2. 搞好企业管理基础工作对现代企业管理有何作用？

3. 人本原理的实施要点？

五、案例分析题

鳌头沃尔玛获得骄人业绩的秘诀

美国《财富》依据 2006 年度业绩推出全球 500 强企业排名，美国零售业巨头沃尔玛公司以"年销售额 3 511.39 亿美元"居于榜首。

《富甲美国——零售大王沃尔顿自传》一书，总结沃尔玛获得骄人业绩的秘诀：

1. 天天平价，始终如一

在沃尔玛的商店里，我们很少见到 2.99 美元或者 5.95 美元等接近整数的标价，更多看到的是诸如 22.73 美元或 5.22 美元的价格牌。这是为什么呢？

沃尔玛的创始人，一直把最大可能地向消费者提供最低价位的商品，作为沃尔玛的经营宗旨。沃尔玛的成功，也得益于这个简单而又平凡的道理。

沃尔玛是如何实现其"天天平价"承诺的？其主要做法有：①尽可能降低产品进价。②降低营业成本，实行反损耗战。③实现采购本地化。④建立物流配送中心。

2. 顾客至上，保证满意

沃尔玛"顾客至上"的原则可谓家喻户晓，它的两条规定更是尽人皆知——"第一，顾客永远是对的；第二，如果顾客恰好错了，请参照第一条"。

沃尔玛的顾客关系哲学更是与众不同——顾客是员工的"老板"和"上司"。每一个初到沃尔玛的员工都被谆谆告诫：你不是在为主管或者经理工作，其实你和他们没有什么区别，你们共同拥有一个"老板"——顾客。

3. 自有品牌，深度创新

自有品牌，具有风格独特、价格低廉、统一设计、统一货源、统一价格等优势，便于形成系列产品，尤其适合特定顾客的需要。因此，建立和发展自有品牌，充分发挥品牌效应，是连锁零售业和大型零售商的发展趋势。

沃尔玛注重创立自有品牌，集平价与优质于一身，其在创立自有品牌时，又特别注意同著名企业联姻。早在 1999 年 6 月，沃尔玛即同通用电气公司达成独家使用通用电气小家电系列产品品牌协议。由于顾客对沃尔玛和通用电气的高度信任，其品牌的质量和价值令其他品牌无法与之相比。这种联姻，给双方均带来巨大的无形资产。

4. 科技领先，管理超前

零售业，尤其是跨国经营的零售集团和大型连锁企业，现代化管理水平的提高，主要依赖高科技的运用。信息的收集和传播、商品分类、销售数据、库存和商品盘点、供应链管理等，都要靠高科技电子技术才能高效率地完成。

沃尔玛在高科技和电子技术的运用方面，投入了大量资金，因此，在这方面始终处于世界领先地位。其投资 4 亿美元，由休斯公司发射了一颗商用卫星，从而实现了全球联网。其在全球的几千家门店，通过全球网络，可以在一小时内对每种商品的库存、上架、销售量等全部盘点一遍。科技领先，为沃尔玛称雄世界提供了强大保证。

5. 物流配送，世界一流

大型零售商、跨国零售集团，如何形成以最终需求为导向，以现代化交通和高科技信息网络为桥梁，以合理分布的配送中心为枢纽的完备的现代化的物流配送系统，沃尔玛为我们树立了光辉的榜样。

沃尔玛拥有由信息系统、供应商伙伴关系、可靠的运输及先进的全自动配送中心组成的完整物流系统。其全部配送作业实现了自动化，是当今世界公认的最先进的配送中心，全面实现了高效率、低成本的目标。其不仅保证了全球门店不会发生缺货情况，而且为沃尔玛实现"天天平价"提供了可靠的后勤保障。

6. 供销"双赢"，共生共荣

沃尔玛与P&G的合作，堪称供货商与零售商"双赢"的典范。1987年，沃尔玛即跻身为经营世界最大包装货品制造商之一的P&G产品的主要零售商。沃尔玛主动会晤P&G高层主管，提出两家公司主要目标和关注的焦点始终应当是：不断改进工作，提供良好的服务和丰富优质的商品，保证顾客满意。双方一同制订长期合约：P&G向沃尔玛提供各类产品，并按成本价，保证其稳定的货源和尽可能的低价；沃尔玛则把连锁店销售和存货情况向P&G传达。双方运用计算机，每日交换信息。

不论供货商规模大小，这种相互合作、共生共荣的供销双赢的伙伴关系，均已成为沃尔玛与他们交往的基础。

7. 员工关系，伙伴同仁

沃尔玛与员工的关系，是一种真正意义上的伙伴、同仁关系。这是该公司面对竞争，能够表现出色的重要基石。

沃尔玛向每一位员工实施其"利润分红计划"，同时付诸实施的还有"购买股票计划""员工折扣规定""奖学金计划"，等等。除了以上这些，员工还享受一些基本待遇，包括带薪休假，节假日补助，医疗、人身及住房保险等。

广泛表现于经济上、教育上的这种关系，处处体现了沃尔玛与员工之间的"真正伙伴关系"。这种伙伴关系，是一种坦诚的关系，是一种使每一个参与者都成为赢家，既充满着激励，又充满着和谐和凝聚力的关系。这种关系，促进了员工自我价值的实现，也促成了沃尔玛的繁荣。

（资料来源：摘编自：萨姆·沃尔顿、约翰·休伊著，沈志廖等译《富甲美国——零售大王沃尔顿自传》等资料）

讨论：

1. 沃尔玛获得骄人业绩的秘诀体现了现代企业管理的哪些基本原理？
2. 沃尔玛的繁荣运用了哪些现代企业管理理论？

技能实训

调查某民营企业的发展

1. 实训内容

在学校校园内或周边找一家民营企业的老职工，调查该企业发展壮大过程中经营者管理思想的变化，参观该企业管理基础工作的现状。

2. 实训目的

（1）通过了解企业创建壮大过程中经营者思想的变化，认识企业管理演变的内在动因。

（2）培养学生初步参与企业管理基础工作的能力。

3. 实训组织

（1）调查前，先通过网络搜集我国有关民营企业发展过程的资料，设计调查问卷，由老师组织学生参观该企业管理基础工作的现状。

（2）以 6~8 人为一组，组织学生分组调查与讨论。

4. 实训考核

（1）以小组为单位通过讨论撰写实训报告。内容包括：该企业的管理基础工作现状；该企业创建壮大过程中经营者思想的变化；该企业的经济发展现状。

（2）老师组织全班同学分组宣讲实训报告，当场评价打分。

第三章 现代企业治理结构与组织机构设计

【学习目标】

A. 知识点：

1. 理解现代企业制度的概念和特征

2. 理解现代企业治理结构的概念及组成

3. 理解企业组织结构设计的内容、影响因素及其一般原则

4. 掌握现代企业组织结构的主要形式

5. 了解现代企业组织结构的创新趋势

B. 技能点：

1. 能正确辨别企业的组织类型

2. 能理解不同类型企业组织结构的优缺点

3. 对一个特定的企业能大致设计出一套合适的组织结构方案

【引导案例】 海尔组织结构解析——"强调有序非平衡的结构"

20 世纪 80 年代，海尔同其他企业一样，实行的是"工厂制"。集团成立后，1996 年开始实行"事业部制"，集团由总部、事业本部、事业部、分厂四层次组成，分别承担战略决策和投资中心、专业化经营发展中心、利润中心、成本中心职能。

事业部制是一种分权运作的形式，首创于 20 世纪 20 年代的美国通用汽车公司和杜邦公司。它是在总公司领导下设立多个事业部，各事业部有各自独立的产品和市场，实行独立核算，事业部内部在经营管理上则拥有自主性和独立性。这种组织结构形式最突出的特点是"集中决策，分散经营"，即总公司集中决策，事业部独立经营。这是在组织领导方式上由集权向分权制转化的一种改革。

海尔的事业部制，一般认为是学习或模仿日本的体制。实际上，它更多地学习参考了美国 GE 的管理体制，海尔在很多方面带有明显的 GE 痕迹。

美国 GE 的组织机构变迁经过了 3 个阶段：一是 20 世纪 60 年代的分权运作，促进了主业的增长和经营的多样化；二是 20 世纪 70 年代根据公司总财源的分配来安排下属单位的战略需求，让各下属公司建立战略事业单位，使全公司扩大了规模、增加了产品的种类并使利润持续不断地增长；三是 20 世纪 80 年代进入战略经营管理时期，对前两个阶段的组织模式不断进行修正。

海尔的事业本部有些像 GE 1978 年实行的"超事业部制"，它管了不少事业部，事业部下又管了不少项目和经营单位。像 GE 的 5 个执行部归副总裁领导一样，海尔的几位副总裁也分别领导着几大事业本部，总裁只管横向的几大中心，如财务中心、规模发展中心、资产运营中心、人力资源中心和企业文化中心等。

有序的非平衡结构

在企业的运作方式上，海尔集团采取"联合舰队"的运行机制。集团总部作为"旗舰"

以"计划经济"的方式协调下属企业。下属企业在集团内部是事业本部，对外则是独立法人，独立进入市场经营，发展"市场经济"，但在企业文化、人事调配、项目投资、财务决算、技术开发、质量认证及管理、市场网络及服务等方面须听从集团的统一协调。用海尔人人都熟悉的话说，各公司可以"各自为战"，不能"各自为政"。张瑞敏说，集团所要求的，你必须执行，有问题我来负责、我来订正。你可以提出建议，但绝不许阳奉阴违。

从本质上说，海尔的组织结构经历了从直线职能式结构到矩阵结构再到市场链结构的三次大变迁。直线职能式结构就像一个金字塔，下面是最普通的员工，最上面是厂长、总经理。它的好处就是比较能容易地控制到终端。直线职能在企业小的时候，"一竿子抓到底"，反应非常快。但企业大了这样就不行了，最大的弱点就是对市场反应太慢。为了克服这一问题，海尔改用矩阵结构。横坐标是职能部门，包括计划、财务、供应、采购；纵坐标就是不同的项目。对职能部门来讲，横纵坐标相互的接点就是要抓的工作。这种组织形式的企业发展多元化的阶段可以比较迅速地动员所有的力量来推进新项目。

在论述海尔组织结构的变迁时，张瑞敏再次强调了"有序的非平横结构"。"整个组织结构的变化缘自我们组织创新的观点，就是企业要建立一个有序的非平衡结构。一个企业如果是有序的平衡结构，这个企业就是稳定的结构，是没有活力的。但如果一个企业是无序的非平衡，肯定就是混乱的。我们在建立一个新的平衡时就要打破原来的平衡，在非平衡时再建立一个平衡。就像人的衣服一样，人长大了服装就要改，如果不改肯定要束缚这个人的成长。

【分析与思考】

1. 海尔的组织结构与海尔的发展有什么关系？
2. 海尔为什么要保持一种有序而非平衡的组织结构？

本章要求学生对现代企业治理结构和组织设计有一个基本的了解和正确的认识，现代企业主要是建立以公司制为基础的法人治理结构，通过对企业治理结构的学习，重点了解公司的运作机制和权力运行规律；企业组织结构是企业发展运行的骨架，设计合理的企业组织结构是建立企业的开始和关键。企业组织设计的任务、原则、主要类型和组织结构发展的趋势，是本章的重点和难点。

第一节 现代企业制度及治理结构

一、现代企业制度的概念及特征

（一）现代企业制度的概念

所谓企业制度，是指以产权制度为核心的企业组织制度和企业管理制度。构成企业制度的基本内容有三个：一是企业的产权制度，它是指界定和保护参与企业的个人或经济组织的财产权利的法律和规则；二是企业的组织制度，即企业组织形式的制度安排，它规定着企业内部的分工协作、权责分配的关系；三是企业的管理制度，它是指企业在管理思想、管理组织、管理人才、管理方法、管理手段等方面的安排。在这三项制度中，产权制度是决定企业组织和管理的基础，组织制度和管理制度则在一定程度上反映着企业财产权力的安排，这三者共同构成了企业制度。

现代企业制度在我国是相对于计划经济体制下的企业制度而言的。1993 年 11 月，党的十四届三中全会指出：我国的现代企业制度是指以市场经济为基础，以完善的企业法人制度为主体，以有限责任制度为核心，以公司制企业为主要形式，以产权清晰、权责明确、政企分开、管理科学为特征的新型企业制度。它符合社会化大生产的规律，使企业真正成为面向国内外市场的法人实体和市场竞争主体。

（二）现代企业制度的特征

1. 产权清晰

所谓"产权清晰"，主要有两层含义：

（1）有具体的部门和机构代表国家对某些国有资产行使占有、使用、处置和收益等权利。

（2）国有资产的边界要"清晰"，也就是通常所说的"摸清家底"。首先要搞清实物形态国有资产的边界，如机器设备、厂房等；其次要搞清国有资产的价值和权利边界，包括实物资产和金融资产的价值量，国有资产的权利形态（股权或债权，占有、使用、处置和收益权的分布等），总资产减去债务后净资产数量等。

2. 权责明确

"权责明确"是指合理区分和确定企业所有者、经营者和劳动者各自的权利和责任。所有者、经营者、劳动者在企业中的地位和作用是不同的，因此他们的权利和责任也是不同的。

权利：所有者按其出资额，享有资产受益、重大决策和选择管理者的权利，企业破产时则对企业债务承担相应的有限责任。企业在其存续期间，对由各个投资者投资形成的企业法人财产拥有占有、使用、处置和收益的权利，并以企业全部法人财产对其债务承担责任。经营者受所有者的委托在一定时期和范围内拥有经营企业资产及其他生产要素并获取相应收益的权利。劳动者按照与企业的合约拥有就业和获取相应收益的权利。

责任：与上述权利相对应的是责任。严格意义上说，责任也包含了通常所说的承担风险的内容。要做到"权责明确"，除了明确界定所有者、经营者、劳动者及其他企业利益相关者各自的权利和责任外，还必须使权利和责任相对应或相平衡。此外，在所有者、经营者、劳动者及其他利益相关者之间，应当建立起相互依赖又相互制衡的机制，这是因为他们之间是不同的利益主体，既有共同利益的一面，也有不同乃至冲突的一面。相互制衡就要求明确彼此的权利、责任和义务，要求相互监督。

3. 政企分开

"政企分开"的基本含义是政府行政管理职能和行业管理职能与企业经营职能分开。

（1）政企分开要求政府将原来与政府职能合一的企业经营职能分开后还给企业，改革以来进行的"放权让利""扩大企业自主权"等就是为了解决这个问题。

（2）政企分开还要求企业将原来承担的社会职能分离后交还给政府和社会，如住房、医疗、养老、社区服务等。应当注意的是，政府作为国有资本所有者对其拥有股份的企业行使所有者职能是理所当然的，不能因为强调"政企分开"而改变这一点。当然，问题的关键还在于政府正确地行使而不是滥用其拥有的所有权。

4. 管理科学

"管理科学"是一个含义宽泛的概念。从较宽的意义上说，它包括了企业组织合理化的含义；从较窄的意义上说，"管理科学"要求企业管理的各个方面，如质量管理、生产管理、供应管理、销售管理、研究开发管理、人事管理等方面的科学化。管理致力于调动人的积极性、创造性，其核心是激励、约束机制。要使"管理科学"，当然要学习、创造，引入先进的管理方式，包括国际上先进的管理方式。对于管理是否科学，虽然可以从企业所采取的具体管理方式的"先进性"上来判断，但最终还要从管理的经济效率上，即管理成本和管理收益的比较上作出评判。

二、现代企业制度的基本内容

1. 现代企业制度的总体框架

现代企业制度是由现代企业产权制度、组织制度和管理制度三个方面组成。在这三个方面中，产权清晰是现代企业产权制度所要解决的问题；权责明确是现代企业组织制度所要解决的问题；管理科学是现代企业管理制度所要解决的问题；而政企分开是计划经济体制下的企业制度向市场经济体制下的企业制度转换的前提，也是实现前三个方面的最重要基础。前三者相辅相成，共同构成了现代企业制度的总体框架。

在现代企业的运行中，现代企业产权制度确定了企业的法人地位和法人财产权，使企业成为真正自主经营、自负盈亏的法人实体进入市场；现代企业组织制度确立了权责明确的治理结构，使企业高效经营和长期发展有了组织保证；现代企业管理制度则通过在企业实施现代化的管理，保证企业各项资源的充分利用，在竞争中立于不败之地。这三项制度是一个有机整体，缺一不可。

2. 现代企业产权制度

所谓产权，是财产权利的简称，指财产所有权以及与财产所有权有关的财产权利，包括物权、债权、股权和知识产权等各类财产权。

产权的基本内涵包含了所有权、占有权、使用权、收益权和处分权等，是涵盖一组权利的整体，从这个意义上讲，产权的总和相当于所有权的概念。但是，产权和所有权并不是对等的关系。在所有权的内在权能发生分离的情况下，所有权就只是产权的一种而不是唯一的表现形式，产权代表着与产权客体处置有关的一组财产权利。在这组财产权利中，所有权处于核心地位，其他一切财产权利都是从所有权中派生出来的。建立归属清晰、权责明确、保护严格、流转顺畅的现代企业产权制度，是构建现代企业制度的重要基础。

3. 现代企业组织制度

在产权关系明晰后，采取什么样的组织制度来组织公司，便成为现代企业制度进一步需要解决的问题。公司制企业在其发展过程中已经形成了公司组织制度两个相互联系的原则，即企业所有权和经营权分离的原则，以及由此派生出来的公司决策权、执行权和监督权三权分立的原则，由此形成了被《公司法》所确立的公司治理结构框架。这种组织制度既赋予经营者充分的自主权，又切实保障所有者的利益，同时又能调动生产者的积极性，是现代企业制度的主要内容。

4. 现代企业管理制度

现代企业制度的重要特征之一是管理科学，即实行科学的、有序的、规范的现代企业管理。

要做到管理科学，就要求企业能够适应现代生产力发展的客观规律，按照市场经济发展的需要，积极应用现代科学技术成果，包括现代经营管理的思想、理论、技术和手段进行管理，以创造最佳经济效益。

研究与思考：现代企业制度的基本内容与现代企业制度的特征有何关联？

三、现代公司治理结构

（一）企业治理结构的概念及组成

企业治理结构是一种对公司进行管理和控制的体系。它不仅规定公司的各个参与者，如董事会、经理层、股东和其他利益相关者的责任和权利分布，而且明确了决策公司事务应遵循的规则和程序。公司治理的目标是降低治理成本，使所有者不干预公司的日常经营，同时又保证经理层能以股东的利益和公司的利润最大化为目标。

现代公司治理结构是根据企业经营管理的决策权、执行权、监督权彼此分立、制约又相互连接、协调的原则，在企业高层组织设立权力机构、决策机构、执行机构和监督机构，形成各自独立、权责分明、相互制衡、相互协调关系的企业领导制度。由股东大会，董事会、监事会、经理班子组成。

1. 股东大会

股东大会又称股东会，是公司的最高权力机构，由公司全体股东组成。股东大会虽然是公司最高权力机构，但实际上它对外不能代表公司，对内也不能行使管理职权。股东作为原始投资的所有者要参与公司重大事务决策和表达自己的意志，可以通过两种方式行使自己的监管权力：一是在股东大会行使投票权，选择可依赖的董事、监事或改组董事会（用手投票）。二是在不能及时表达组织意志时，可以出让股权，通过证券市场把股票卖出去（用脚投票）。国有有限责任公司不发行股票，但也可以通过其他方式出让股权。不过，首先必须由公司内股东认购出让的股份，内部无人认购才可对外出让。

公司的股东大会每年举行一次，必要时可不定期召开临时会议。公司章程规定，如果有百分之十以上的股东申请开会，就应召开临时会议。

按《公司法》规定，股东大会可以行使下列职权：

（1）决定公司的经营方针和投资规划。

（2）选举和更换董事，决定有关董事的报酬事项。

（3）选举和更换由股东代表出任的监事，决定有关监事的报酬事项。

（4）审议批准董事会的报告。

（5）审议批准监事会或监事的报告。

（6）审议批准公司的年度财务预算方案、决算方案。

（7）审议批准公司的利润分配方案和弥补亏损方案。

（8）对公司增加或者减少注册资本决议。

（9）对发行公司债券作出决议。

（10）对股东向股东以外的人转让出资作出决议。

（11）对公司合并、分立、变更公司形式、解散和清算等事项作出决议。

（12）修改公司章程。

2. 董事会

董事会由股东大会选出的董事组成，是股东大会闭会期间的常设机构，也是公司的经营决策机构。董事会由股东大会授权，受股东大会的管理和支配，对股东大会负责。它一旦成立，就必须独立履行经营职能，对本公司的全部资产及其对外进行的业务活动负全部责任。同时董事会还有权任免公司日常经营的执行者——总经理。董事会成员的多少由公司的规模决定，公司法规定，有限责任公司的董事会成员 3～13 人，股份有限公司的董事会成员为 5～19 人，两种公司均设董事长一人，副董事长 1～2 人。股东人数较少和规模较小的，可不设董事会，只设一名执行董事，执行董事可以兼任公司经理。由两个以上的国有企业或者其他两个以上的国有投资主体投资设立的有限责任公司，其董事会成员中应当有公司职工代表。董事会中的职工代表由公司职工民主选举产生。有限责任公司的董事长、副董事长的产生办法是由公司章程确定。股份有限公司的董事长、副董事长由董事会以全体董事的过半数选举产生，董事长是公司的法定代表人。

有限责任公司董事会行使下列职权：

（1）负责召集股东会，并向股东会报告工作。

（2）执行股东会的决议。

（3）决定公司的经营计划和投资方案。

（4）制订公司的年度财务预算方案、决算方案。

（5）制订公司的利润分配方案和弥补亏损方案。

（6）制订公司增加或者减少注册资本的方案。

（7）拟订公司合并、分立、变更公司形式、解散的方案。

（8）决定公司内部管理机构的设置。

（9）聘任或者解聘公司经理（总经理），根据经理的提名，聘任或者解聘公司副经理、财务负责人，决定其报酬事项。

（10）制定公司的基本管理制度。

股份有限公司董事会行使职权的内容与有限责任公司基本相同，只是第 6 条增加了"制订发行公司债券的方案"，在第 7 条取消了"变更公司形式"的内容。

3. 监事会

监事会是依据公司法要求成立的常设监察机构，由股东大会选举产生。它代表股东大会执行监督职能，主要对董事长、董事会及总经理进行监督，防止其滥用职权，侵犯公司及股东权益。所以，监事不得兼任董事、经理或财务负责人，以保持其独立性。

按公司法规定监事会成员一般不少于 3 人，有限责任公司股东人数较少和规模较小的，可以设 1～2 名监事，监事会由股东代表和适当比例的公司职工代表组成，具体比例由公司章程规定。监事会中的职工代表由公司职工民主选举产生。

监事会或监事行使下列职权：

（1）检查公司财务。

（2）对董事、经理执行公司职务时违反法律、法规或者公司章程的行为进行监督。

（3）当董事和经理的行为损害公司的利益时予以纠正。

（4）提议召开股东大会。

（5）公司章程规定的其他职权。

4. 以总经理为首的经理班子

以总经理为首的经理班子是公司日常生产经营执行机构。总经理不一定是股东，他是有专业才干的受聘人员，由董事会授权，负责公司日常经营与管理。总经理要向董事会负责，按公司法规定，行使下列职权：

（1）主持公司的生产经营管理工作，组织实施董事会决议。

（2）组织实施公司年度经营计划和投资方案。

（3）拟订公司内部管理机构设置方案。

（4）拟订公司的基本管理制度。

（5）制定公司的具体规章。

（6）提请聘任或者解聘公司副经理、财务负责人。

（7）聘任或者解聘除应由董事会聘任或者解聘以外的负责管理人员。

（8）公司章程和董事会授予的其他职权。

公司治理结构如图 3 - 1 所示：

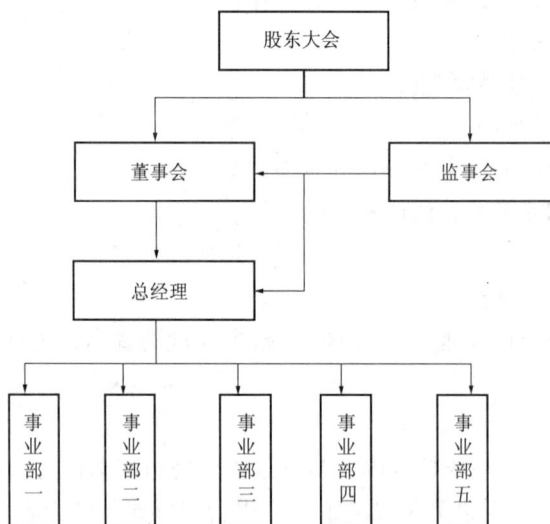

图 3 - 1　公司治理结构图

研讨与思考：现代公司治理结构的组成包含哪些内容？它们之间的权责关系是怎样划分的？

（二）我国国有企业治理结构存在的问题

具体问题如下。

（1）股权过分集中。

（2）决策政企难分。

（3）治理成本过高，治理效率低下。

（4）治理结构失衡，"内部人控制"严重。

（5）董事制度存在缺陷。内部董事在董事会中比例过大，大多数上市公司没有合格的独立董事。

（6）激励约束机制不健全，企业成长困难。

（三）完善现代企业治理结构的对策

1. 优化国有企业的股权结构

国有股比重过高，股权过于集中，不利于投资主体多元化和形成多元产权主体制衡机制。合理配置股权，优化股权结构是完善国有企业治理结构的关键环节。

2. 恰当确定董事会的构成，完善独立董事制度

董事会由内部董事和外部董事构成。内部董事是公司的股东；外部董事也称独立董事，是非股东，如外聘的社会名流或专家。近年来，西方国家越来越倾向减少内部董事，增加外部董事。在美国标准普尔1 500家大公司中，独立董事的比例为全部董事的62%。从目前我国公司董事会的构成上看，大多数上市公司没有合格的独立董事，独立性不强。独立董事的独立性表现在三个方面：一是独立于大股东；二是独立于经营者；三是独立于公司的利益相关者。合格的独立董事能对内部董事起到监督和制衡作用，对完善公司法人治理结构、监督和约束公司的决策者和经营者、制约大股东的操纵行为、最大限度地保护中小股东乃至整个公司利益起着关键作用。

3. 建立对职业经理人的激励约束机制

为了充分利用职业经理人的专业才能，同时又规范其行为，必须设计一个有效的激励约束机制，包括报酬机制和约束机制两方面。报酬机制包括经济利益、个人价值实现、社会荣誉等，但经济利益是第一位，它包括工资、奖金、在职消费、股权，等等。这是调动职业经理人积极性，约束其行为的一个重要因素，当前主要有"年薪制"和风险收入机制。约束机制分为内部约束和外部约束。第一，内部约束：就是指企业所有者与职业经理人之间形成的约束关系与机制，主要表现为股东大会、董事会、经理班子和监事会的制衡关系、公司章程约束、职业经理人的任职合同约束和组织机构约束。第二，外部约束：就是指企业所有者与职业经理人之外形成的约束。即法律约束运用法律形式对职业经理人行为的约束；市场机制约束包括企业家市场约束和证券市场约束；社会约束包括社会中介、舆论、社会道德和企业家自律组织对企业家的约束等。

研讨与思考：联系企业实际，如何完善现代公司治理结构？

第二节　现代企业组织结构设计

组织设计的目的是通过创建柔性灵活的组织机构，动态地反映外在环境变化的要求，并能够在组织演化成长过程中，有效聚集新的组织资源要素，同时协调好组织各部门间、人员与任务间的关系，使员工明确自己在组织中的地位、职能、权利和应负担的责任，有效地保证组织活动的开展，并最终保证组织目标的实现。

一、组织与企业组织设计

（一）组织

1. 概念

组织有两种含义：一种是一般意义上的组织，这是人们进行合作活动的必要条件，泛指各种各样的社团、企事业单位。另一种是管理学意义上的组织，这是按照一定目的和程序组成的一种权责角色结构（structure of roles），这种权责角色结构涉及：职权（authority），即经由一定程序所赋予某项职位的一种权力；职责（responsibility），即某项职务完成某项任务的责任；责任（accountability），即反映上下级的一种关系，下级有向上级报告自己工作绩效的义务和责任，上级有向下级进行必要指导的责任；组织系统（organizational chart），即反映组织内各机构、岗位上下左右的相互关系。本书所描述的组织概念有以下含义：

（1）有确定的共同目标。

任何一种组织都有其共同的目标。一个组织之所以存在，是因为它执行一定的功能，否则就失去存在的理由了。

（2）是实现目标的工具。

组织既有共同的目标，又是实现目标的工具。组织目标是否能够有效实现，取决于组织内各要素之间的协调、配合是否合理有效。

（3）有精心设计的结构和协调的活动性系统。

组织为达到目标和效率，就必须进行合理的分工协作，例如层次分工、部门分工、责权分工，还需要进行协作，把组织上下联系起来，形成一个有机的系统。

（4）与外部环境相联系。

当组织需要对外部环境的变化作出反应时，部门间的界限同组织间的界限一样变得灵活不定。没有顾客、供应商、竞争者和外部环境及其他相关因素的相互作用，组织便不能存在。

2. 组织的分类

（1）依据组织举办性质的不同，可将组织分为营利性组织和非营利性组织。

①营利性组织。营利性组织是指以经济利益为导向，从事生产经营活动的组织。它提供各类产品和服务，主要履行经济职能。营利性组织在社会中大量存在，如：工厂、银行、酒店、旅行社等。

②非营利性组织。非营利性组织是指以社会利益为导向，以维持社会秩序和促进社会发展为己任的组织。它提供社会服务，主要履行社会职能。非营利性组织在保证整个社会的协

调稳定和有序发展方面起着不可缺少的作用，如政府、军队、学校、社团、医院等。

（2）依据组织形成方式的不同，可将组织分为正式组织和非正式组织。

①正式组织。正式组织是指给予正式权力成立的，为了有效地实现组织目标而明确规定组织成员之间职责范围和相互关系的一种结构，其制度和规范对成员具有正式约束力。政府组织、企业组织都属于正式组织。

②非正式组织。非正式组织是人们在共同的工作或活动中，基于共同的兴趣和爱好，以共同的利益和需要为基础自发形成的群体。除各种类型的正式组织之外，在现实生活中，还存在着大量的非正式组织。例如根据兴趣爱好组成的各种俱乐部、协会等群体就是这类组织。

不管我们承认、允许、愿意与否，非正式组织总是存在着，并对正式组织产生极大影响。我们必须对它有清楚的认识。

第一，非正式组织的产生。

在几乎任何社会经济单位中，都存在着一种非正式组织。正式组织是指为了有效地实现企业目标，对企业成员的职位、人物、责任、权力及其相互关系进行明确规定和划分而形成的组织体系。非正式组织是伴随着正式组织的运转而形成的。在正式组织展开活动的过程中，组织成员必然发生业务上的联系。这种工作上的接触会促进成员之间的相互认识和了解。他们会渐渐发现在其他同事身上也存在一些自己所具有、所欣赏、所喜爱的东西，从而相互吸引和接受，并开始工作以外的联系。频繁的非正式联系又促进了他们之间的相互了解。这样久而久之，一些正式组织的成员之间的私人关系从相互接受、了解逐步上升到友谊，一些无形的、与正式组织有联系、但又独立于正式组织的小群体便慢慢地形成了。这些小群体形成以后，其成员由于工作性质相近、社会地位相当、对一些具体问题的看法基本一致、观点基本相同，或者在性格、业余爱好以及感情相投的基础上，产生了一些被大家所接受并遵守的行为规则，从而使原来松散、随机性的群体渐渐成为趋向固定的非正式组织。

维系正式组织的主要是理性的原则。而非正式组织则只要以感情和融洽的关系为标准，这要求其成员遵守共同的、不成文的行为准则，不论这些行为规范是如何形成的，非正式组织都有权力迫使其成员自觉或不自觉地遵守。

由于正式组织与非正式组织的成员是交叉混合的，又由于人不仅是理性，而且是感性的，且感情的影响在许多情况下主要基于理性的作用。因此，非正式组织的存在必然要对正式组织的活动及其效率产生影响。

第二，非正式组织的影响。

非正式组织的存在及其活动既可对正式组织目标的实现起到积极促进的作用，也可能产生消极的影响。

积极作用表现为：首先，可以满足职工的需要。非正式组织是自愿性质的，他们之所以愿意成为非正式组织的成员，是因为这类组织可以给他们带来某些需要的满足。组织成员的一些心理需要是在非正式组织中得到满足的。而这类需要能否得到满足，对人们在工作中的情绪，从而对提高工作的效率是有着非常重要的影响的。其次，人们在非正式组织中的频繁接触会使相互之间的关系更加和谐、融洽，从而易于产生和加强合作的精神。这种非正式的协作关系和精神如能带到正式组织中来，则无疑有利于促进正式组织的活动协调地进行。再次，非正式组织虽然主要是发展一种业余的、非工作性的关系，但是它们对其成员在正式组织的工作情况也往往是非常重视的。对于那些工作中的困难者、技术不熟练者，非正式组织中的伙伴往往会自觉地给予指导和帮助，同伴的这种自觉的、善意的帮助，可以促进他们技术水平的提高，从而可以对正式组织起到一定的培养作用。最后，非正式组织也是在某种社会环境中存在的，就像环境的评价会影响个人的行为一样，社会的认可或拒绝也会左右非正式组织的行为。非正式组织为了群体的利益，为了在正式组织中树立良好的形象，往往会自觉或自发地帮助正式组织维护正常的活动秩序。虽然有时也会出现非正式组织的成员发生了错误相互掩饰的情况，但为了不使整个群体在公众中留下不受欢迎的印象，非正式组织对那些严重违反正式组织纪律的害群之马，通常会根据自己的规范，利用自己特殊的形式予以惩罚。

消极影响表现为：首先，非正式组织目标如果与正式组织冲突，则可能对正式组织的工作产生极为不利的影响。其次，非正式组织要求成员一致性的压力，往往也会束缚成员的个人发展。有些人虽然有过人的才华和能力，但非正式组织一致性的要求可能不允许冒尖，从而使个人才智不能得到充分发挥，对组织的贡献不能增加，这样便会影响整个组织工作效率的提高。最后，非正式组织的压力还会影响正式组织的变革，发展组织的惰性。这并不是因为所有企业正式组织的成员都不希望改革，而是因为其中大部分人害怕变革会改变非正式组织赖以生存的正式组织的结构，从而威胁非正式组织的存在。

第三，有效利用非正式组织。

非正式组织是客观存在的，那么我们就要努力克服和消除它的不利影响，积极利用非正式组织，为正式组织目标的有效实现作出贡献。

• 利用非正式组织，要认识到非正式组织存在的客观必然性和必要性，允许非正式组织的存在，努力使之与正式组织吻合。

• 通过建立和宣传正式组织的文化来影响非正式组织的行为规范，引导非正式组织提供积极的贡献。非正式组织形成以后，正式组织既不能利用行政方法或其他强硬措施来干涉其活动，也不能任其自流，因为这样有产生消极影响的危险。因此，对非正式组织的活动应该加以引导，这种引导可以通过借助组织文化的力量，影响非正式组织的行为规范来实现。

（二）企业组织设计

所谓企业组织设计，是指按照某些原则和需要对企业组织内部结构进行调整或组合，建立起各个部门相互有机地协调配合的系统的过程。

1. 企业组织设计内容

企业组织设计的内容主要包括两个方面：结构自身设计和运行制度设计。前者是对组织的静态设计，包括职能设计、框架设计和协调机制设计，其实质是从组织的职能出发，设计部门和岗位之间的分工和合作；后者是对组织的动态设计，包括规范制度设计、人员配备设计和激励机制设计，其实质是从结构自身设计出发，设计规章制度、人员的配备和控制。运行制度保证结构自身得以顺利运行，结构自身设计和运行制度设计互为表里。如果说结构自身是硬件，那么运行制度就是软件，二者共同保证了企业组织的高效率运转。本书只阐述组织的静态设计。

（1）职能设计。

职能设计是指企业的经营职能和管理职能的设计。企业作为一个经营单位，要根据其战略任务设计经营、管理职能。如果企业的有些职能不合理，那就需要进行调整、弱化或取消这些职能，具体到个人则是工作岗位的设计。

组织首先需要将总的任务目标进行层层分解，分析并确定为完成目标需要哪些基本的职能与职务，然后设计和确定组织内从事该具体管理工作所需要的各类职能部门以及管理职务的类别和数量，分析每位职务人员应具备的资格条件、享有的权利范围和应负担的责任。

（2）框架设计。

框架设计就是组织结构设计，是对完成组织目标的人员、工作、技术和信息所做的制度性安排。它是组织设计的主要部分，其内容简单来说就是纵向的层次划分、横向的部门划分，即管理层次和管理幅度的分析和设计。

①部门划分主要解决组织横向结构问题。根据每个职务的人员所从事工作性质的不同以及职务间的区别和联系，按照组织职能相似或相关的原则，将各个职务的人员聚集在"部门"这个基本管理单位中。组织活动的特点、环境和条件不同，划分部门所依据的标准也不一样。对统一组织来说，在不同的战略目标指导下，划分部门的标准也可以根据需要进行动态调整。

②管理层级划分主要解决组织纵向结构问题。在职能与职务设计以及部分划分的基础上，必须根据组织内外部能够获得现有人力资源的情况，对初步设计的职能和职务进行调整和平衡，同时根据每项工作的内容和性质，确定管理层级并规定相应的职责、权限，通过规范化的制度安排，使各个职能部门和各项职务形成一个严密、有序的活动网络。

（3）协调机制设计。

协调机制设计是指协调方式的设计，框架设计主要研究分工，有分工就必须要有协作。协调机制的设计就是研究分工的各个层次、各个部门之间如何进行合理的协调、联系和配合，以保证其高效率的配合，发挥管理系统的整体效应。

2. 企业组织结构设计的影响因素

企业活动总是在一定的环境中利用一定的技术条件，并在企业总体战略的指导下进行的。面对不确定的社会环境和不断的变化，必须树立权变的组织设计观，企业组织是一个与外部环境有着密切联系的开放式组织系统。因此，必须考虑战略、环境、规模、技术等因素，针对不同的企业组织特点，设计不同的组织结构。

（1）企业战略。

钱德勒认为，新的组织结构如不因战略而异，就毫无效果。组织结构会影响组织战略，而企业生产或市场战略的变化常常要导致组织结构的相应调整。企业组织结构必须服从企业所选择战略的需要。不同的企业战略要求不同的业务活动，从而影响管理职务的设计；战略重点的改变会引起组织的工作重点、各部门在组织中重要程度的改变，因此要求各管理职务以及部门之间的关系作相应的调整。

（2）企业环境。

环境的复杂性和变动性决定了环境的不确定性。不确定性是指决策者不具有关于环境因素的足够的信息，以至于难以预测未来的变化而作出正确的判断，并且使估算成本以及与替代性的决策相关的概率变得困难。组织必须设法使不确定性成为有效性，只有与外部环境相适应的组织结构才可能成为有效的组织结构。

从管理角度看，环境对组织的作用主要体现在环境对组织结构与行为的影响上。其影响可以概括为以下三个方面：

①环境对企业组织结构的影响。组织是社会大系统中的一个子系统，组织外部存在的其他子系统与组织必然产生一定的关联。从系统论观点看，环境对组织的结构作用实为系统中的关联作用，其作用结果体现在组织构成、部门、运行模式和管理结构等方面。

②环境对企业组织关系的影响。环境对组织关系的影响主要是对组织各部门关系的影响。例如，在技术与市场相对稳定的环境中，企业管理的焦点是提高生产率，扩大生产规模，因而形成了以生产管理为中心的管理结构体系；在多元化的市场竞争与开放化的环境中，以市场为导向的竞争管理逐渐上升成为焦点，在企业设置的各管理部门中，经营决策部门和市场营销部门必然成为协调或联系各部门的纽带，其作用变得突出；面对知识经济和新技术革命发展迅速的环境，企业的研究开发部门与市场管理和生产部门结合，成为主导企业发展的关键，这些部门之间的关系又会产生新的变化。

③环境对企业组织变革的影响。环境对组织变革的影响主要是环境的变化对组织的作用。当外部环境稳定时，内部组织包含规章、程序并具有明确的权力层级特点，组织被规范化，也被集权化，要求设计出"机械式"的组织管理结构。在多变的环境中，内部组织是松散的、自由流动和具有适应性的，决策权力分散化，要求采用"有机式"的组织管理结构。组织设计中强调的是横向沟通和统一协调，而不是纵向的等级控制。

（3）技术。

企业的活动需要利用一定的技术和反映一定技术水平的物质手段来进行。技术以及技术设备的水平不仅影响企业活动的效果和效率，而且会作用于企业活动的内容划分、职务的设置和工作人员的素质要求。不同的技术对企业组织产生不同的需求，而这些需求又必须通过适当的企业组织结构来满足。

（4）企业规模。

企业规模被视为影响结构设计的一个重要变量。大型企业与小型企业的组织结构在规范化、集权化、复杂性和人员比率等方面有所不同。研究表明，大型企业具有更高的规范化程度，原因是大型企业更依靠规章、程序和书面工作去实现标准化和对员工与部门进行控制。与之相反，小型企业则可以通过管理者的个人观察进行控制。随着组织的成长壮大，决策难以通过最高层作出或者高层管理者不堪重负，企业规模的研究表明，企业规模越大就越需要分权化。规模与复杂性之间的关系也显而易见，大型组织显示了复杂性的明显特征；在小型企业中，个人就是"万能先生"，而在大型企业中，人们会被分派满负荷的工作以使生产更有效率。对组织在其成长和衰退时期的研究显示，在迅速成长的企业中，管理人员比生产雇员数量增长得更快，在企业衰退过程中，又比生产人员下降得慢，这意味着管理人员通常是最先被雇用而最后被解雇。

3. 企业组织结构设计的一般原则

现代企业所处的环境、采用的技术、制定的战略、发展的规模不同，所需的职务和部门及其相互关系也不同，但任何企业在进行机构和结构的设计时都需要遵守一些基本的原则。

（1）任务目标原则。这指企业组织结构的设计必须以企业的战略任务和经营目标为依据和出发点，并以实现企业战略任务和经营目标为最终目的。这一原则是企业组织结构设计总的指导原则，指明了企业组织结构设置的出发点和归宿。

（2）统一指挥原则。

统一指挥原则就是要求每位下属应该有并且只能有一个上级，要求在上下级之间形成一条清晰的指挥链。贯彻统一指挥原则，应做到以下几点：

①实行首长负责制，避免多头领导和无人指挥现象。

②正确处理直线经理与职能经理的关系，实行直线参谋制。

③正职领导副职，少设副职。

④一级管一级，形成等级链。

（3）有效管理幅度原则。

管理幅度也称为管理跨度，它是指一个管理者能有效地直接管理下属的人数。有效管理幅度原则是指一个上级直接领导与指挥的下属数量应该有一定的限度，并且应该是有效的。任何一个领导者所能管辖的下属人数必定有个限制和限额，因为任何人的知识、经验、能力和精力都是有限的。因此，组织在进行结构设计时都必须考虑这样的问题，即每个主管人员直接指挥与监督的下属人数应以多少为宜。法国的管理理论家格兰丘纳斯（V. A. Graicunas）提出了一个领导者与其下属之间发生联系的关系总数与下属人数之间的关系的数学表达式为：

$$I = N(2^{N+1} + N - 1)$$

式中，I 表示领导者与其直接下属发生联系的关系总数（包括直接单独联系、直接团体联系和交叉联系）；N 表示直接下属的数量。从建立的关系式可以看出，当领导的直接下属人数以算术级数增加时，领导者与其下属发生联系的工作量将呈几何级数增加。

①管理幅度与管理层次的关系。

管理幅度与管理层次有关，管理幅度的增大可以减少管理层次，提高管理的效率和水平。但是，管理幅度的不适当加大，如果超出了组织成员的能力，脱离现实，也会适得其反，其结果将使管理失效，影响组织绩效。因此，在组织设计与建设中应将管理幅度控制在合理的水平上。

显然，管理层次受到组织规模和管理幅度的影响。与组织规模成正比：组织规模越大，包括的成员越多，则层次越多。在组织规模一定的条件下，与管理幅度成反比：主管直接控制的下属越多，管理层次越少，相反，管理幅度越少，则管理层次增加。管理幅度和层次的这种关系决定了两种基本的管理组织结构形态：扁平结构形态和金字塔形结构形态。

扁平结构是指在组织规模已定、管理幅度较大、管理层次较少时的一种组织结构形态。金字塔结构又称锥形结构，管理幅度小，管理层次多。一个组织究竟采用哪种结构形式，必须根据具体情况而定，使管理幅度和组织层次均衡，以投入产出的效果为依据来达到组织的目标。

②影响管理幅度的因素。

管理幅度受到诸多因素的影响，主要有以下四个方面：

第一，工作能力。首先是管理者的工作能力，管理者的工作能力越强，管理幅度就越大。其次是下属的工作能力，如果下属具备符合要求的能力，管理幅度就可适当宽些。

第二，工作内容和性质。首先，管理者处在不同的管理层次，工作重点有很大不同，管理幅度也就各不相同。高层管理者的主要工作是决策，用于指导和协调下属的时间就少，因此管理幅度就相对较小，而基层管理者的主要工作就是指导和监督下属工作，管理幅度相对较大。其次是下属工作的相似性。下属从事的工作内容和性质越是相近，则对每个人的指导和监督越容易，管理幅度就大。再次是计划的完善程度。如果计划制订得详尽周到，管理幅度就可以增大。最后是非管理事务的多少。管理者被非管理事务所占用的时间越多，管理幅度就会相应减少，否则就会影响管理的有效性。

第三，工作条件。首先是助手的配备情况。如果给管理者配备了必要的助手，由助手与下属进行一般性的联络，并直接处理一些不太重要的问题，则可以大大减少管理者的工作量，增加其管理幅度。其次是信息手段的配备情况。先进的信息手段使管理幅度增大。最后是工作地点的相近性。不同下属的工作岗位在地理上的分散，会增加相互之间的沟通难度，从而影响管理者直接指导和监督下属的人数。

第四，工作环境。环境变化越快，变化程度越大，组织中遇到的新问题越多，下属向上级的请示就越多，则管理幅度就越小。

在企业规模一定时，管理幅度与管理层次成反比。值得注意的是随着计算机技术的发展和信息化时代的到来，处理信息的速度大大加快，每个管理者对人员和信息的控制和利用的能力都有了普遍提高，这使得管理幅度有可能大量增加，协调上下左右之间的关系的能力也可能大幅度提高。

（4）责权利相结合的原则。

所谓责权利相结合，就是使企业中每一个职位或岗位上的职责、职权、经济利益统一起来，形成责权利相一致的关系。责是核心，组织设计首先要明确每一个岗位的任务和责任；同时，组织也必须委之以完成任务所必需的权力。权是条件，权力是责任的基础，有了权力才可能负起责任。职权与职责要对等，如果有责无权，或权力范围过于狭小，责任方就有可能因为缺乏主动性和积极性而导致无法履行责任，甚至无法完成任务；如果有权无责，或者权力不明确，权力人就有可能不负责地滥用权力，甚至助长官僚主义习气，这势必影响到整个组织系统的健康运行。利是动力，利益的大小决定了管理者是否愿意担负责任以及接受权力的程度，利益大、责任小的事情谁都愿意去做，相反，利益小、责任大的事情人们很难愿意去做，其积极性也会受到影响。所以，责权利三者是协调、平衡和统一的关系。

（5）分工协作和精干高效原则。

组织任务目标的完成，离不开组织内部的专业化分工和协作。在实践中，应用该原则必须注意以下两点：一是分工要适当，不是越细越好，分工过细，易造成机构臃肿，人浮于事。二是必须加强协调和配合，分工带来的高效率能否充分发挥，关键取决于企业各子系统的协作程度。

（6）集权与分权相结合的原则。

在进行企业组织结构设计或调整时，必须正确处理集权与分权的关系。集权有利于保证企业的统一领导和指挥，有利于人力、财力、物力的合理分配和使用；而分权则是调动下级积极性、主动性的必要组织条件。合理分权有利于基层根据实际情况迅速而准确的作出决策，也有利于上层领导摆脱日常事务，集中精力抓大事。

（7）稳定性与适应性相结合原则。

稳定性是指组织抵抗干扰，保持其正常运行规律的能力；适应性则指组织调整运行方式，以保持对内外环境变化的适应能力。企业的组织结构首先必须有一定的稳定性，只有这样才可能有明确的组织指挥系统、责权关系和规章制度，保持正常的工作秩序；同时，又必须有一定的适应性，因为企业的外部环境和内部条件是不断变化的，企业组织结构应作实时调整。

研讨与思考：什么是有效管理幅度？研究有效管理幅度有何意义？

二、企业组织中职权的类型

职权划分是组织结构设计的内容之一。职权是经由一定的正式程序赋予某一职位的一种权力。与职权共存的是职责，职责是某项职位应该完成的某项任务的责任。

在组织内，最基本的信息沟通就是通过职权来实现的。通过职权关系上传下达，使下级按指令行事，上级得到及时反馈的信息，作出合理决策，进行有效控制。

组织内的职权有三种类型：直线职权、参谋职权、职能职权。

1. 直线职权

直线职权是某项职位或某部门所拥有的包括作出决策、发布命令等的权力，也就是通常所说的指挥权、命令权，是一种强制性的权力。

每一管理层的主管人员都应具有这种职权，只不过每一管理层次的功能不同，其职权的大小、范围也不同。这样从组织的上层到下层的主管人员之间，便形成一个权力线，这条权力线被称为指挥链或指挥系统。

2. 参谋职权

参谋职权是某项职位或某部门所拥有的辅助性职权，不具有强制性，对上提供辅助性的建议，对下提供指导性的建议和咨询。参谋职权的概念由来已久，在中外历史上很早就出现了为统治者出谋划策的智囊人物。近代组织中出现的参谋及其职权来自军事系统，所有军事统帅的决策过程，必须依赖参谋部集体智慧的支持来完成。随着社会的发展，管理问题的日益复杂，不仅在军事上，而且在政治、经济等领域都需要出谋划策的参谋人员。

参谋的形式有个人与专业之分。前者是参谋人员，参谋人员是直线人员的咨询人员，他协助直线人员执行职责。专业参谋，常常为一个独立的机构或部门，就是一般所谓的"智囊团"或"顾问班子"。专业参谋部门的出现，是时代发展的产物，它聚集了一些专家，运用集体智慧，协助直线主管进行工作。

3. 职能职权

职能职权是某职位或某部门所拥有的原属于直线主管的那部分权力，大部分是由业务或参谋部门的负责人来行使的。它的特点是对上提供建议，对下可以发布命令。

由于主管人员缺乏某些方面的专业知识，以及存在着对方针政策有不同解释的问题等，主管人员为改善管理的效率，而将一部分职权授予参谋人员或另外一个部门的主管人员，这部分职权就称为职能职权。

4. 三者关系

直线与参谋本质上是一种职权关系，而职能职权介于直线职权与参谋职权之间。在管理工作中，应处理好这三种职权之间的关系。

（1）注意发挥参谋职权的作用。从直线与参谋的关系看，参谋是为直线主管提供信息，出谋划策，配合主管工作。参谋主要为决策者提供必要的信息咨询等一系列服务工作。发挥参谋作用时，应注意以下几点：参谋应独立提出建议，参谋人员多是某一方面的专家，应让他们根据客观情况提建议，而不应该左右他们的建议；直线主管不为参谋左右，参谋应多谋，直线应善断。直线主管可广泛听取参谋的意见，但切记直线主管是决策者。

（2）适当限制职能职权。职能职权的出现是为了有效地实施管理，但也带来了多头领导，所以有效地使用职能职权在于正确地权衡这种"得"与"失"。一般认为，限制职能职权的使用所得常常大于所失。

限制职能职权的使用，其一要限制其使用范围。职能职权的使用常限于解决"如何做""何时做"等方面的问题。如果扩大到"在哪做""谁来做""做什么"等方面的问题时，就会取消直线主管的工作。其二要限制级别。职能职权不应越过上级下属的第一级，例如财务科长或人事科长不应越过车间主任等，应当在组织中关系最接近的那一级使用。

三、企业组织结构的基本形式

企业组织结构的形式多种多样，但基本形式只有几种。应用最广泛的有：直线制结构、职能制结构、直线职能制结构、事业部制结构、矩阵型结构、网络型结构。下面分别介绍各种常见的组织结构形式的优缺点及其适用条件。

1. 直线制结构

直线制组织结构又称单线型组织结构。它是最早使用的一种结构类型，也是最为简单的一种组织形式。它的特点是企业各级行政单位从上到下实行垂直领导，下属部门只接受一个上级的指令，各级主管负责人对所属单位的一切问题负责。组织中的各种职位按垂直系统直线排列，不另设职能机构（可设职能人员协助主管人工作），一切管理职能基本上都由行政主管自己执行。这种组织结构如图3-2所示。

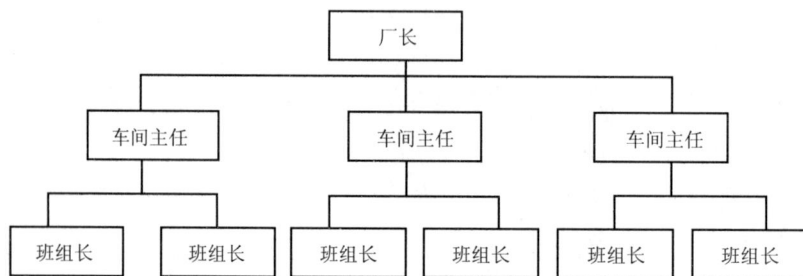

图3-2 直线制组织示意图

其优点是：结构简单，权责明确，领导从属关系简单，命令与指挥统一，信息传递快，决策迅速，管理成本低。缺点是：没有专业管理分工，对领导的技能要求高，领导容易陷入组织事务性工作之中，不能集中精力解决组织的重大问题。

这种形式适用于规模较小、任务比较单一、人员较少的组织。

2. 职能制结构

职能制组织结构，是各级行政单位除主管负责人外，还相应地设立一些职能机构。如在厂长下面设立职能机构和人员，协助厂长从事职能管理工作。这种结构要求行政主管把相应的管理职责和权力交给相关的职能机构，各职能机构就有权在自己业务范围内向下级行政单位发号施令。因此，下级行政负责人除了接受上级行政主管人指挥外，还必须接受上级各职能机构的领导。职能制适应现代生产技术比较复杂和管理分工较细的特点，提高了管理的专业化程度，并使直线经理人员摆脱琐碎的经济技术分析工作。其缺陷是多头领导容易造成管理上的混乱，这种组织形式在现代企业很少使用。职能制结构如图 3-3 所示。

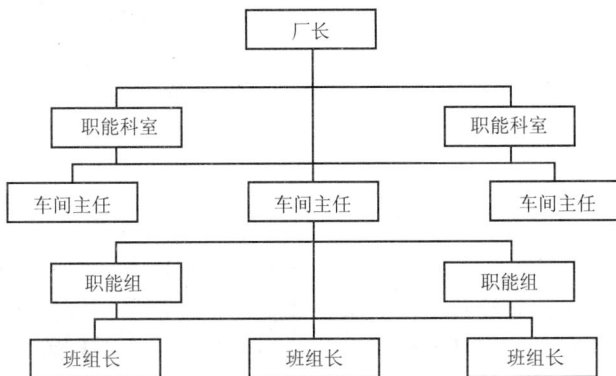

图 3-3 职能制组织系统图

3. 直线职能制结构

直线职能制，也叫生产区域制、U 型组织结构、参谋制组织结构等。它是在直线制和职能制的基础上，取长补短，吸取这两种形式的优点而建立起来的。目前，绝大多数企业都采用这种组织结构形式。这种组织结构形式把企业管理机构和人员分为两类，一类是直线领导机构和人员，按命令统一原则对各级组织行使指挥权；另一类是职能机构和人员，按专业化原则，从事组织的各项职能管理工作。直线领导机构和人员在自己的职责范围内有一定的决定权和对所属下级的指挥权，并对自己部门的工作负全部责任。而职能机构和人员，则是直线指挥人员的参谋，不能对直接部门发号施令，只能进行业务指导。直线职能制结构如图 3-4 所示。

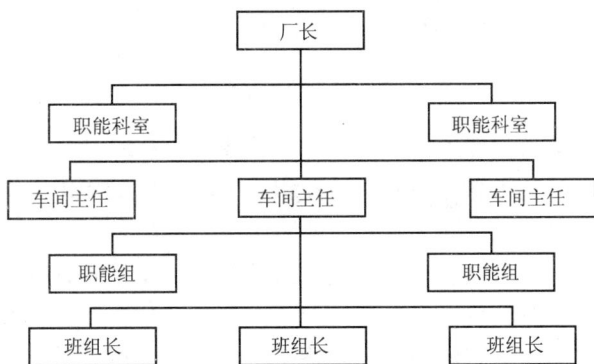

图 3-4 直线职能制组织系统图

这种组织形式的优点是：既保持了直线制集中统一指挥的优点，又具有职能分工专业化的长处。缺点是：职能部门划分会产生"隧道视线"。所谓"隧道视线"，是指职能部门的专业人员除了本身的技能外，其他专业都无法通晓，以致有了"见树不见林，知偏不知全"的弊病；直线指挥部门与职能参谋部门的工作不易协调，职能部门的意见如果被忽视，其工作积极性会受到影响；对环境变化反应迟缓；可能导致决策集于高层，层级链超载；导致部门间横向协调性差。直线职能制在我国大多数中小企业，以及产品和技术比较单一、市场需求比较稳定的企业中经常被采用。

研讨与思考：直线结构与职能结构各有什么优缺点？直线职能结构是否是两者的完美结合？

4. 事业部制结构

事业部制结构又称为 M 型组织结构，最早是由美国通用汽车公司总裁斯隆于 1924 年提出的，于是又有斯隆模型之称。这种结构是在公司统一领导下，按照产品、地区或顾客划分而进行生产经营活动的半独立经营单位。事业部制是分级管理、分级核算、自负盈亏的一种形式。即一个公司按地区或按产品类别分成若干个事业部，从产品的设计、原料采购、成本核算、产品制造，一直到产品销售，均由事业部及所属工厂负责，实行单独核算、独立经营，公司总部只保留人事决策、预算控制和监督大权，并通过利润等指标对事业部进行控制。也有的事业部只负责指挥和组织生产，不负责采购和销售，实行生产和供销分立，但这种事业部正在被产品事业部所取代。这种结构适用于规模庞大、品种繁多、技术复杂的大型企业，是国外较大的联合公司所采用的一种组织形式，近几年我国一些大型企业集团或公司也引进了这种组织结构形式。如图 3-5 所示。

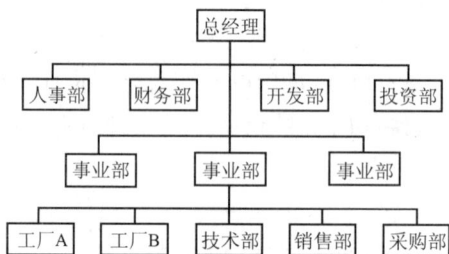

图 3-5 事业部制组织系统图

优点：有利于公司最高管理者摆脱日常行政事务，专心致力于公司的战略决策，充分调动各事业部的积极性，提高组织经营的灵活性和适应能力；还有利于公司培养人才、发现人才、使用人才；事业部以利润责任为核心，能够保证公司获得稳定的利润；适应不确定环境中的快速变化。缺点：公司与事业部的职能机构重叠，一定程度上构成管理人员的浪费；事业部实行独立核算，各事业部只考虑自身的利益，影响事业部之间的协作，整体性不强，内部沟通与交流不畅；产品线之间协调差，使跨产品线的整合和标准化变得困难。

5. 矩阵型结构

矩阵型结构是由纵向的职能结构系统和横向的产品结构或项目系统交叉形成的组织结构。当环境一方面要求专业技术知识，另一方面又要求每个产品线能快速作出变化时就需要矩阵结构的管理。在这种结构中，为了完成某项任务，由各职能部门派人联合组成专门的小组，并指定专人领导，任务完成后，小组撤销，成员回到原来的部门。小组成员受到本职能部门和小组负责人的双重领导。矩阵型组织是为了改进直线职能制横向联系差、缺乏弹性的缺点而形成的一种组织形式。它的特点表现在围绕某项专门任务成立跨职能部门的专门机构上。例如组成一个专门的产品（项目）小组去从事新产品开发工作，在研究、设计、试验、制造各个不同阶段，由有关部门派人参加，力图做到条块结合，以协调有关部门的活动，保证任务的完成。这种组织结构形式是固定的，人员却是变动的，需要谁，谁就来，任务完成后就可以离开。项目小组和负责人也是临时组织和委任的，任务完成后就解散，有关人员回原单位工作。因此，这种组织结构非常适用于横向协作和攻关项目。如图 3-6 所示。

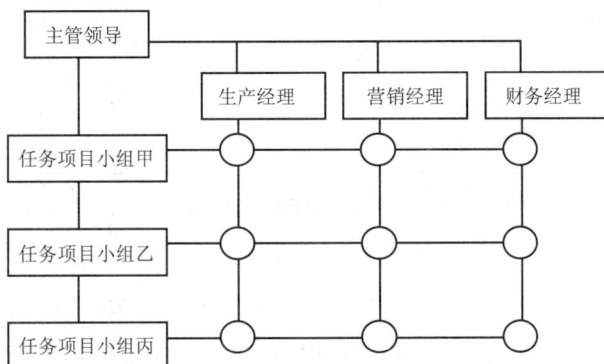

图 3-6 矩阵型结构图

优点：资源共享，交流畅通，灵活性、适应性强；由于所有的成员都了解整个小组的任务和问题，因而便于把自己的工作和整个工作连起来，集思广益，集中优势解决问题；促使人力资源在多种产品线之间灵活地共享；适应不确定性环境中频繁变化和复杂决策的需要。缺点：组织复杂，员工面临双重的职权关系，容易产生无所适从的混乱感；员工需要具有良好的人际技能；耗费时间，需要频繁开会协调及讨论冲突解决方案；需要做出很大努力来维持权力的平衡。这种结构主要适用于科研、设计、规划项目等创新性较强的工作或单位。

6. 网络型结构

现代企业的经营已经超越了企业边界的范围，开始在企业与企业之间结成比较密切的长期联系。这种联系在组织结构上的表现就是形成了超越企业法律边界范围的中间性组织形态，网络型结构就是其中典型的组织形式。

网络型结构，又称为虚拟型组织结构，指一些相互独立的业务过程或企业等多个伙伴以信息技术和通信技术为基础，依靠高度发达的网络将供应企业、生产企业、消费者等独立的企业或个体连接而成的暂时性联盟，每一个伙伴各自在设计、制造、分销等领域为联盟贡献出自己的核心能力，并相互联合起来，实现技能共享和成本分担，以把握快速变化的市场机遇。网络型企业组织结构产生的本质在于现代信息科学技术高度发达，Internet 技术的广泛扩展和利用，使得企业与外界的联系极大增强，企业的经营地理范围不再局限于一个国家、一个地区，而是通过互联网与世界相连。正是基于这一条件，企业可以重新审视自身机构的边界，不断缩小内部生产经营活动的范围，相应地扩大与外部单位之间的分工协作。

网络型结构只有很精干的中心结构，而依靠其他组织以合同为基础进行制造、分销、营销或其他关键业务的经营活动。被连接在这一结构中的组织之间并没有正式的资本所有关系和行政隶属关系，只是通过相对松散的契约（外包合同）纽带，透过一种互惠互利、相互协作、相互信任和支持的机制来进行密切的合作。网络型结构如图 3-7 所示。

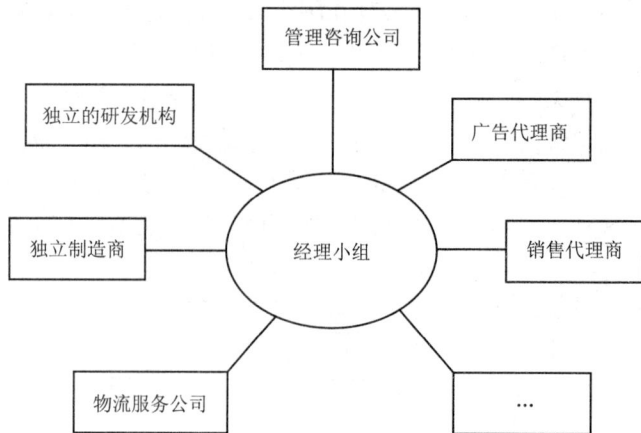

图3-7 网络型结构图

优点：采用这种结构的企业能够大大减少管理层次，由于其大部分职能都是"外购"的，中心组织就具有了高度的灵活性，并能集中精力做自己最擅长的事；促进组织对顾客的变化作出灵活而快速的反应；能够实现企业间的优势互补，实现组织资源的优化配置；增强伙伴关系的建立，使企业将资源转向顾客和市场需求；能够降低企业管理成本，并使小型企业迅速成长；促进每个成员组织都发展其核心竞争力；促进员工注重团队工作和合作。缺点：中心组织难以对制造活动实施严密的控制，因而在产品质量上存在风险；企业边界的不确定性使企业控制权丧失；企业之间相互冲突的目标和组织文化，使企业之间的关系难以协调；企业潜在对手增加；暴露成员组织的专有知识和技术；企业成员的专业领域狭窄，相互依存性增强，信用问题成为企业合作的主要问题。

研讨与思考：总结常用组织结构的优缺点，并讨论它们所使用的条件。

四、组织结构的发展趋势

1. 组织结构扁平化

经过长期的演变过程，组织逐渐形成了一套等级森严的层级组织体系，管理层次越来越多，信息的处理和传递要经过若干个环节，致使整个组织对外部环境变化的反应迟钝，并使内部管理难度加大，工作效率低下。进入20世纪80年代以来，在全球化、市场化和信息化三大时代大潮的背景下，国内外企业纷纷展开了一场轰轰烈烈的组织变革热潮。20世纪90年代初期，西方出现了一场声势浩大的"企业再造"运动，核心思想是把原来的金字塔形的组织结构扁平化。如一些跨国公司，过去从基层到最高层有十几个管理层次，在使用先进的管理手段后，管理层次精简为5~6个，大大提高了管理效率，降低了管理费用。根据这个趋势有人甚至预言未来的时代是不需要中层管理人员的时代。

2. 组织运行柔性化

柔性的概念最初起源于柔性制造系统，指的是制造过程的可变性和可调整性，描述的是生产系统对环境变化的适应能力。这里是指组织结构的可调整性，以及对环境变化、战略调整的适应能力。

柔性化的典型组织形式是临时团队、工作团队、项目小组等。所谓"团队"，就是让员工打破原有的部门界限，绕过原有的中间层次，直接面对顾客和向公司总体目标负责，从而以群体和协作优势赢得竞争主导地位。临时性，往往是为了解决某一特定问题而将有关部门的人员组织起来的"突击队"，通常等问题解决后，团队即告解散。这种形式是对那种等级分明、层次多的官僚组织的强烈冲击。

工作团队，是一种通过改变传统组织中的高度集权，给员工一定的自主权，把业务流程分解成许多小段，每个人做其中一份工作的方式。这种方式中没有监工，每一个团体由团队成员轮流担任组长，使之能亲自感受到自己的工作成果，以此提高员工的工作满足感和成就感。项目小组，由一个项目经理、一个市场经理、一个财务经理、一个设计师和若干位不同工种的工人组成，根据需要还可以吸收公司外部的一些专家加入。这种组织方式的优点是可以发挥团结合作优势，缩短产品研制与生产出货的时间，对消费者的需求迅速作出反应，消除人浮于事的现象等。

3. 组织边界模糊化

随着市场竞争的日益激烈，越来越多的大公司认识到，庞大的规模和臃肿的机构设置不利于企业竞争力的提高。在这种情况下，许多大公司在大量裁员、精简机构和缩小经营范围的基础上对企业的组织结构进行重新构造，突破纵向一体化，组建由小型、自主和创新的经营单元构成的以横向一体化为基础的网络化组织。

组织结构的网络化具有两个根本特点：一是用特殊的市场手段代替行政手段来联结各个经营单位之间及其与公司总部之间的关系，如各种企业集团和经济联合体以网络制的形式把若干命运休戚相关的企业紧密联在一起。众所周知，层级制组织形式的基本单元是在一定指挥链条上的层级，而网络制组织形式的基本单元是独立的经营单位。因此，这种特殊的市场关系与一般的市场关系不同，一般的市场关系是一种并不稳定的单一的商品买卖关系，而网络制组织结构中的市场关系，则是一种以资本投放为基础的包含产权转移、人员流动和较为稳定的商品买卖关系在内的全方位的市场关系。二是在组织结构网络化的基础上，形成了强大的虚拟功能。传统企业组织形式是高度实体化的，传统的企业管理是对实体企业的管理，这种管理要负责企业的各种实物的保存和管理。而现如今，经济活动的数字化和网络化一方面使空间变小，世界成为"地球村"；另一方面又使空间扩大，除物理空间外还有媒体空间的存在，虚拟企业应运而生。处于网络制组织中的每一个独立的经营实体，都能以各种方式借用外部的资源进行重新组合。通过虚拟，企业可以获得诸如设计、生产和营销等具体的功能，但并不一定拥有与上述功能相对应的实体组织，它通过外部的资源和力量去实现上述具体功能。

4. 建立学习型组织

学习型组织中由于所有成员都积极参与与工作有关的问题的识别与解决，从而使组织形成了持续适应和变革的能力。在学习型组织中，员工们通过不断获取和共享新知识，参加到组织的知识管理中来，并有意愿将其知识用于制定决策或做好他们的工作。学习型组织的主要特征表现在其组织设计、信息共享、领导以及组织文化等方面。学习型组织的特征如图3-8所示。

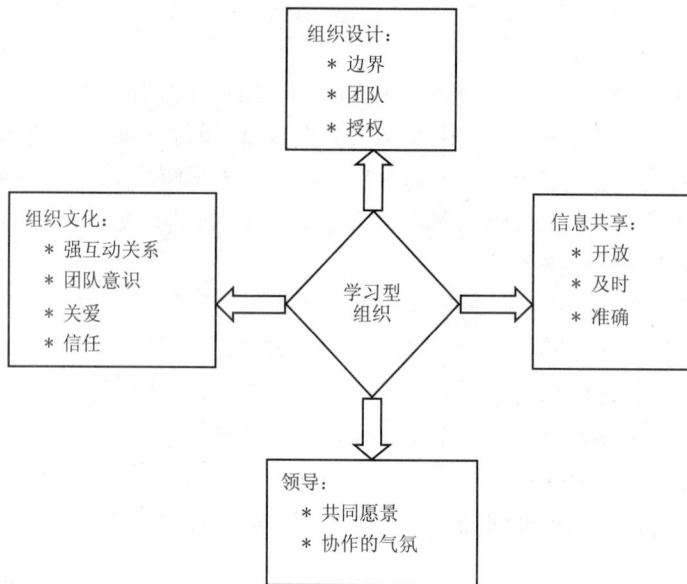

图 3-8 学习型组织的特征

（1）组织设计。在学习型组织中，成员在整个组织范围内跨越不同职能专长及不同组织层级，共享信息和取得工作活动的自主协调。在这种无边界的环境中，员工们以最佳的方式合作完成组织的任务，并能互相学习。鉴于协作的需要，团队成为学习型组织结构设计上的一个重要特征。员工们在团队中工作，执行需要完成的各项工作活动，这些员工团队被授权制定有关其工作开展过程或解决所出现问题的各种决策。以这些经充分授权的员工及其团队来运作的组织，根本没有必要配备各级的"老板"来发布命令和实施控制。相反，管理者承担起推动者、支持者和倡导者的角色。

（2）信息共享。学习型组织要能够学习，就必须在成员之间实现信息共享，使组织的所有员工都参与到知识管理中，而这意味着信息的共享必须公开、及时，并且尽可能精确。学习型组织在设计中因为取缔了结构和物理（空间）的边界，这种环境对于开放式的沟通和广泛的信息共享具有建设性的作用。

（3）领导。学习型组织中的领导者，应该促进组织内形成一个有关组织未来的共同愿景，并使组织成员朝着这一愿景努力奋进。另外，领导者还应该支持和鼓励在组织中建设一种有利于学习的相互协作和配合的氛围。否则，缺乏这种强有力的、尽责的领导人，要想建设成为一个学习型组织是非常困难的。

（4）组织文化。在学习型组织中，其文化特征应该是：每个人都赞同某一共同的愿景，都认识到在工作过程、活动、职能及外部环境之间所存在的固有的内在联系，彼此都有很强的团体意识，相互之间充满关爱和信任，员工们感觉到可以自由地交流，大胆分享、试验和学习，而不用担心会受到批评或惩罚。

本章小结

现代企业制度是指以市场经济为基础，以完善的企业法人制度为主体，以有限责任制度为核心，以公司制企业为主要形式，以产权清晰、权责明确、政企分开、管理科学为特征的新型企业制度。

公司法人治理机构由股东大会、董事会、监事会和经理班子组成，是一组连接和规范公司所有者、支配者、管理者、使用者相互权力和利益关系的制度安排。他们之间形成一种相互制衡、相互监督又相互促进的关系，共同实现公司利润最大化目标。

现代企业组织结构设计的影响因素包括：组织所处的环境、采用的技术、制定的战略、发展的规模等；一般原则主要包括任务目标、统一指挥、有效管理幅度、责权利相结合、分工协作与精干高效、集权与分权相结合和稳定性与适应性相结合等7大原则；组织内的职权有三种类型：直线职权，参谋职权，职能职权。

现代企业组织结构常用的基本形式有：直线制结构、职能制结构、直线职能制结构、事业部制结构、矩阵型结构和网络型结构组织。未来组织结构将向扁平化、柔性化、边界模糊化和建立学习型组织的趋势发展。

本章知识结构网络图

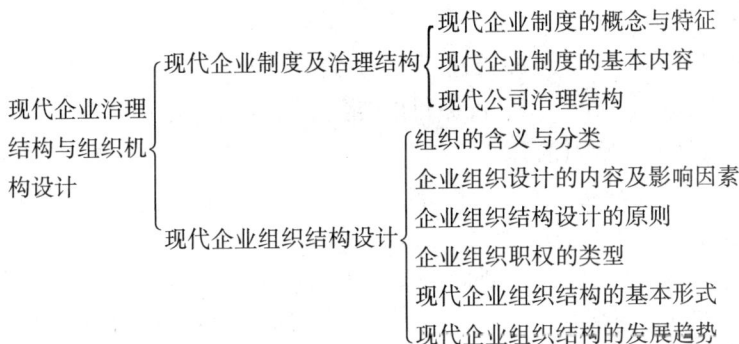

现代企业治理结构与组织机构设计
- 现代企业制度及治理结构
  - 现代企业制度的概念与特征
  - 现代企业制度的基本内容
  - 现代公司治理结构
- 现代企业组织结构设计
  - 组织的含义与分类
  - 企业组织设计的内容及影响因素
  - 企业组织结构设计的原则
  - 企业组织职权的类型
  - 现代企业组织结构的基本形式
  - 现代企业组织结构的发展趋势

练习与思考题

一、单选题

1. （　　）是组织设计的主要部分，其内容简单来说就是纵向分层次、横向分部门，即管理层次和管理幅度的分析和设计。

A. 职能设计　　　　　B. 框架设计　　　　　C. 协调机制设计　　　D. 规范制度设计

2. （　　）也称为管理跨度，它是指一个管理者能有效地直接管理下属的人数。

A. 管理幅度　　　　　B. 管理层次　　　　　C. 管理限度　　　　　D. 管理人数

3. 股份有限公司的执行机构是（　　）。

A. 董事会　　　　　　B. 股东大会　　　　　C. 经理班子　　　　　D. 监事会

4. 法人治理结构的组成为（　　）。

A. 股东大会、董事会、监事会　　　　　B. 股东大会、董事会、执行机构

C. 股东大会、监事会、执行机构　　　　　D. 董事会、监事会、执行机构

5. 公司执行机构的负责人称为首席执行官员或执行主管，通常由（　　）担任。

A. 副总经理　　　　　B. 董事长　　　　　　C. 总经理　　　　　　D. 常务董事

6. 下属从事的工作内容和性质越是相近，主管对每个人的指导和监督越是容易，管理幅度就（　　）。

A. 大　　　　　　　　B. 小　　　　　　　　C. 没影响　　　　　　D. 窄

7. 组织结构设计的出发点和依据是（　　）。

A. 权责利关系　　　　B. 企业目标　　　　C. 分工合作关系　　　D. 企业面临的环境

8. （　　）是某项职位或某部门所拥有的包括作出决策、发布命令等的权力，也就是通常所说的指挥权、命令权，是一种强制性的权力。

A. 直线职权　　　　　B. 职能职权　　　　C. 辅助职权　　　　　D. 参谋职权

9. 企业组织结构的辅助形式是指（　　）。

A. 直线制　　　　　　B. 直线职能制　　　C. 事业部制　　　　　D. 矩阵制

10. 以分权为主的企业组织结构形式是（　　）。

A. 直线制　　　　　　B. 直线职能制　　　C. 事业部制　　　　　D. 矩阵制

二、多选题

1. 公司制企业的治理结构的组成包括（　　）。

A. 股东大会　　　　　B. 董事会　　　　　C. 高层经理班子　　　D. 职工代表大会

E. 监事会

2. 企业设计的原则包括（　　）。

A. 任务目标原则　　　　　　B. 专业分工与协作原则　　　　C. 统一指挥原则

D. 稳定性与适应性原则　　　E. 权责利相结合原则

3. 企业组织设计的影响因素有（　　）。

A. 战略　　　　B. 环境　　　　C. 规模　　　　D. 技术　　　　E. 产品

4. 直线职能制机构主要适用于（　　）。

A. 大型企业　　　　　B. 中小型企业　　　C. 跨国公司

D. 产品和技术单一的企业　　　　　E. 市场需求稳定的企业

5. 企业组织变革的主要趋势是（　　）。

A. 扁平化　　　B. 网络化　　　C. 柔性化　　　D. 垂直化　　　E. 灵活性化

三、名词解释

1. 现代企业制度　　2. 现代公司治理结构　　3. 管理幅度　　4. 学习型组织

四、简答题

1. 简述现代企业制度的基本特征。

2. 企业组织结构设计的一般原则是什么？

3. 简述常用企业组织结构形式的优缺点及适用范围。

五、案例分析题

利民公司的组织结构变革

利民公司于 1991 年开创时只是一家小面包房，开设一间商店。到 2000 年因经营得法，又开设了另外八间商店，拥有 10 辆卡车，可将产品送往全市和近郊各工厂，公司职工达 120 人。公司老板唐济简直是随心所欲地经营着他的企业，他的妻子和三个子女都被任命为高级职员。他的长子唐文曾经劝他编制组织结构图，明确公司各部门的权责，使管理更有条理。唐济却认为，由于没有组织图，他才可能机动地分配各部门的任务，这正是他取得成功的关键。正式的组织结构图会限制他的经营方式，使他不能适应环境和职员能力方面的变化。后来在 2002 年，唐文还是按现实情况绘出一张组织结构图，见下图。由于感到很不合理，没敢对父亲讲。

                    总经理(唐济)
    ┌──────────────┼──────────────┐
  助理经理   副总经理   经理助理
  (唐文)   (唐妻)   (唐武)

信贷主任｜会计师——3名会计员｜工厂批发部经理——1名助理｜零售商店经理——9名店主任｜采购主任——2名助理｜情报主任｜设备总监——2名机械师｜配制主任——2名厨师｜人事部主任——1名助理｜汽车队队长——12名司机

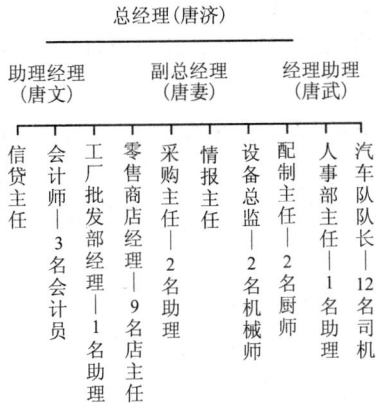

2002年利民公司的组织结构图

2003 年唐济突然去世，家人协商由刚从大学毕业的唐文继任总经理，掌握公司大权。唐文首先想到的是改革公司的组织结构，经过反复思考，他设计出另一张组织结构图，见下图。他自认为这一改革有许多好处，对公司发展有利。但又感到也会遇到一些问题，例如将家庭成员从重要职位上调开，可能使他们不满（尽管他了解公司职工对其父原来的安排都有些怨言）。于是他准备逐步实施这项改革，争取用一年左右的时间去完成它。

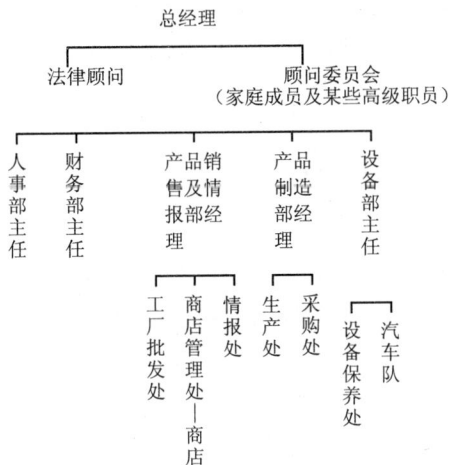

                    总经理
        ┌────────────┴────────────┐
      法律顾问   顾问委员会
                        (家庭成员及某些高级职员)

人事部主任｜财务部主任｜产品销售及情报部经理｜产品制造部经理｜设备部主任

产品销售及情报部经理：工厂批发处｜商店管理处——商店｜情报处
产品制造部经理：采购处｜生产处
设备部主任：设备保养处｜汽车队

2003年唐文设计的组织结构图

分析讨论：

1. 唐文为什么要把组织结构改成第二张图的样子，原先的结构有什么问题？

2. 唐文改革组织结构可能遇到什么问题？

3. 他应当如何分步骤地予以实施？

技能实训

企业组织结构分析与设计

1. 实训内容

在当地或学校周边找一家企业，调查该企业的创业组织结构及发展状况。

2. 实训目的

（1）判断该企业所属性质，并厘清其运作模式。

（2）分析企业发展的经营状况，从公司治理结构的层面去分析其得失。

（3）结合公司的现实发展和长远规划为该企业设计一套合理的组织结构模式。

3. 实训组织

（1）调查前，由班干部弄清学校校园内或周边有多少家企业，估计类型，确定调查的范围。

（2）以6~8人为一组，组织学生分别对不同类型企业分组调查。

4. 实训考核

（1）以小组为单位通过讨论撰写实训报告。

（2）老师组织全班同学分组宣讲实训报告，当场评价打分。

第四章 现代企业文化建设

【学习目标】

A. 知识点：

1. 理解企业文化的定义及结构内容

2. 理解企业文化的特征、功能与基本类型

3. 理解企业文化建设的必要性、内容、基本思路及企业形象优化

4. 理解企业伦理、社会责任的概念、特点及重要性

B. 技能点：

1. 能针对不同的企业文化背景设计出大致的文化再造方案

2. 掌握企业形象优化及其运行

3. 掌握加强企业伦理道德建设的基本途径

【引导案例】Microsoft：别具一格的文化个性

微软（Microsoft）公司是世界 PC 机（Personal Computer，个人计算机）软件开发的先导，由比尔·盖茨与保罗·艾伦创始于 1975 年，总部设在华盛顿州的雷德蒙市（Redmond，邻近西雅图）。微软目前是全球最大的电脑软件提供商，其主要产品为 Windows 操作系统、Internet Explorer 网页浏览器及 Microsoft Office 办公软件套件。微软，这个众所周知的品牌，其令人吃惊的成长速度引起世人的广泛关注。透过辉煌业绩，我们不难发现其成功不仅在于科技创新和优异的经营管理，更重要的是创设了知识型企业独特的文化个性。

首先，比尔·盖茨独特的个性和高超技能造就了微软公司的文化品位。这位精明的、精力充沛且富有幻想的公司创始人，向来强调以产品为中心来组织管理公司，超越经营职能，大胆实行组织创新，极力在公司内部和应聘者中挖掘同自己一样富有创新和合作精神的人才并委以重任。其次，营造管理创造性人才和技术的团队文化。微软文化能把那些不喜欢大量规则、组织、计划，强烈反对官僚主义的 PC 程序员团结在一起，为员工提供了有趣的不断变化的工作及大量学习和决策的机会。再次，始终如一的创新精神。创新精神应是知识型企业文化的精髓，微软人始终作为开拓者——创造或进入一个潜在的大规模市场，然后不断改进一种成为市场标准的好产品。最后，创建学习型组织，微软致力于建立学习型组织，使公司整体结合得更加紧密，效率更高地向未来进军。

显而易见，优秀的企业文化会带来长久的持久发展与巨大的成功。

（资料来源：www.xinchou.com.cn 2007-11-20 《管理案例博士点评》）

【分析与思考】

1. 微软公司的企业文化具有哪几个方面的特性？

2. 微软公司的企业文化对于我国公司制企业的文化建设有什么样的启示？

本章要求学生对现代企业文化有一个基本的了解和正确的认识，文化因素对组织的管理

具有重要的意义和举足轻重的作用，所以对企业文化建设的了解与认识是进行现代企业管理与运行的根本。本章阐述企业文化的定义与结构、特征与类型、功能以及企业文化建设的基本内容和企业形象优化，企业伦理和社会责任的定义和特点及加强伦理管理的基本途径。

第一节　现代企业文化概述

文化是一个群体（可以是国家，也可以是民族、企业、家庭）在一定时期内形成的思想、理念、行为、风俗、习惯、代表人物，及由这个群体整体意识所辐射出来的一切活动。企业文化就是培植一种积极向上的意识和风范。

科学的组织设计，是实现有效企业经营管理的前提条件。然而，企业组织能否高效运行，关键在于人的因素，在于能否最大限度地发挥人的积极性和主动性。按照现代"人本管理"的观点，人的创造性的发挥不仅取决于物质激励，而且还取决于精神激励。可以说，物质激励和精神激励是企业组织高效运行的两大动力，企业组织运行的精神动力即来自于企业文化。文化因素对组织的管理具有重要的意义和举足轻重的作用。

一、企业文化的定义与结构

企业文化无论是在国内还是国外，实际上早就存在。但作为一种概念和理论，最早是由美国管理学界在研究了日本企业成功经验的基础上提出来的。第二次世界大战后，日本经济在战争的废墟上奇迹般崛起，并迅速向欧美市场扩张，这引起了美国学者的极大关注。20世纪70年代末80年代初，美国学者通过对日、美两国经济、技术和管理的比较研究，发现日本企业成功的关键在于其出色地将现代技术和管理方法与本国的文化传统结合起来，并由此形成员工的价值观，有效地激发了人员的积极性。同时提出了美国企业过于注重组织结构和规章制度的"理性"管理的缺陷。由此得出结论，企业不能只重视计划、组织结构、规章制度等管理的"硬件"，还要注重员工的价值观、行为规范、工作作风等管理的"软件"。在此研究的基础上，逐步形成了企业文化的概念和系统的理论体系。20世纪80年代，美国哈佛大学教授特伦斯·狄尔和管理顾问艾伦·肯尼迪合著的《公司文化——企业生存的习俗和礼仪》一书的出版，标志着企业文化理论的正式诞生，随后很快在各国理论界和企业界引起了极大反响和关注。

我国理论界和企业界对企业文化的研究和实践，是在改革开放引进国外的管理理论和管理思想之后开始的。不过，应该注意的是，改革开放以前，虽然那时没有企业文化这一概念，但企业文化理论所强调的以人为中心的思想和实践却早已存在，这可以追溯到20世纪50年代初。中华人民共和国成立初期，中国工人阶级以国家主人翁的姿态投入新中国建设大潮，形成了大公无私、争作贡献的企业价值观、信念和行为准则。20世纪60年代工业战线涌现出大庆油田这一先进典型，他们的"三老四严""四个一样"的企业作风，以及铁人王进喜"宁可少活20年，也要拿下大庆油田"为代表的企业精神，不仅是鼓舞大庆人战胜各种困难、创造辉煌业绩的巨大精神力量，而且在全国各条战线上产生了深刻影响。虽然那时受极"左"思潮的影响，存在过分夸大人的主观能动作用、忽视物质激励作用的片面性，但对人的精神作用的探讨和实践，以及由此对我国经济建设所起的积极作用是应该肯定的。

在知识经济已经到来的今天，企业文化越来越受到我国企业界和学术界的广泛关注和重视。人们逐渐意识到企业文化是企业生存与发展的最重要的"资源"，是构成企业核心竞争力的最重要因素。

对于企业文化的定义，国内外学者见仁见智，提出了许多见解，各种观点的主要区别在于企业文化含义的范围上。企业文化有狭义和广义之分，广义的企业文化是企业在长期发展过程中创造并逐步形成的，能够推动本企业发展壮大的，本企业所特有的意识形态和物质财富的总和。狭义的企业文化是指企业在一定的社会经济文化环境下，为谋求自身的生存和发展，在长期生产经营活动中自觉形成的，并为绝大多数职工认同信守的共同意识、思想作风、经营宗旨、价值观念和道德行为准则。

在总结国内外学者研究成果和企业实践的基础上，本书认为，企业文化的下述定义是比较适合的：企业文化是企业员工在从事商品生产和经营中所共同持有的理想信念、价值观念和行为准则，是外显于厂风厂貌、内隐于人们心灵中的，以价值观为核心的一种意识形态。企业文化的以上定义说明了企业文化是观念形态文化、制度形态文化和物质形态文化的复合体，但其核心是观念文化。

研讨与思考：企业文化的不同理解对企业管理运行有何指导作用？

企业文化作为一个整体系统，是由以精神文化为核心的三个层次构成的。

（一）表层的企业文化

表层的企业文化也叫企业文化的物质层或物质文化。这是企业文化的外显部分，指的是那些可以通过感觉器官就能直接体察到的视之有形、闻之有声、触之有觉的文化形象。表层文化主要包括：①企业标志、标准色、标准字。②厂容厂貌，包括企业的自然环境、建筑风格、车间与办公室的布置、厂区绿化美化情况。③产品的特色、造型、包装、品牌设计。④厂服、厂歌、厂徽、厂旗。⑤企业的文化、体育、生活设施。⑥企业的公关礼品和纪念品。⑦企业的宣传媒体和沟通方式，如网络、广播电台、闭路电视、报纸、杂志、广告牌、宣传栏，等等。

在表层文化中，企业标志、标准色、标准字、产品品牌设计，以及厂服、厂歌、厂徽、厂旗等内容比较稳定，它们是一个企业形象的重要识别标志。如可口可乐独特的红白两色标志、麦当劳醒目的黄色大"M"，以及代表着科技、理性的"IBM"，都经历几十年甚至上百年，基本上没有变过。而企业表层文化的其他部分，如厂风厂貌、文体设施、宣传媒体等则随企业的发展和技术的进步，表现出较大的灵活性。

（二）中层的企业文化

中层的企业文化也叫企业文化的制度层或制度文化。它主要指企业文化中对企业职工和企业组织行为产生规范性、约束性影响的部分，具体体现在企业的组织机构、规章制度、处理企业内外人际关系的行为准则和道德规范等被一定的制度所约束和规范的内容上。中层文化的特点是，它介于深层文化和表层文化之间，既不像深层文化那样隐藏于职工思想和心灵深处，也不像表层文化那样通过直观形象表现出来，中层文化只有通过调查才能被了解。

制度文化的内容一般包括三方面：一是一般制度，即所有企业都有的、带有普遍性的规章制度，如经理负责制、岗位责任制、职代会制、法人治理结构等。二是特殊制度，指企业所特有的、区别于其他企业的规章制度，如有的企业制定的职工民主评议干部的制度、庆功会制度、企业高层干部定期走访重要客户的制度等，一个企业的特殊制度更能反映企业的管理风格和文化特色。三是企业风俗，这是企业长期沿用、约定俗成的典礼、仪式、行为习惯、节日活动等，如企业的书画比赛、体育比赛、集体婚礼、升旗仪式、厂庆活动等。

（三）深层的企业文化

深层的企业文化也叫企业文化的精神层，它不是人们能直接体察到的，而是渗透于企业全体成员思想和心灵中的意识形态。关于企业深层文化的内容，理论界的看法各不相同，实践中企业深层文化的建设也各具特色。但一般来说，企业深层文化包括经营哲学、价值观念、企业团队精神和企业道德等。

1. 经营哲学

经营哲学是指企业在创造物质财富和精神财富的实践活动中，从管理内在的规律出发，通过对世界观和方法论的概括性研究和总结，所揭示的企业本质和企业辩证发展的观念体系。不同的观念会产生不同的企业经营哲学。从企业管理史角度看，企业哲学经历过"以物为中心"到"以人为中心"的转变：泰勒的定额和标准化管理，确立了金钱刺激的原则；行为科学理论使理性主义企业哲学向人本企业哲学转化，注重人或人的行为对企业行为的作用，形成了"科学的人道主义"企业哲学。第二次世界大战以后，理性和科学的方法再次被管理界视为根本的方法。西方现代管理学派确定了实行系统化、定量化、自动化管理的企业哲学。20世纪80年代以后，企业文化理论使企业哲学再一次发生变革，形成以人为本、以文化为手段激发职工自觉性的新的人为本主义哲学。

2. 价值观念

价值观念是指企业成员所认同和共同遵守的，对自己企业生存发展和从事生产经营活动的有效性在思想情感信念观念上的取向准则，是辨别好与坏、正确与错误、尊崇效仿与鄙视抛弃的标准。当企业提倡的价值观念灌输到每个职工的头脑中后，职工在企业中就不再是单纯的被动服从角色，而是可以根据确定的价值观念来指导自己的行为取向。价值作为企业精神的核心，反映了企业的性格，能给职工以心理上的激励、约束和行为上的规范。为了实现企业的共同目标，企业职工宁愿放弃自己的价值观而自觉遵守企业的价值观。

3. 企业团队精神

企业团队精神是指通过企业团队精神观念的培养和教育，使企业共同价值观向个人价值观内化，从而在观念上确定一种内在的、自我控制的行为标准。它能够使企业成员自觉地约束个人的行为，使自己的思想、感情和行为与企业整体保持相同的取向，不遗余力地为实现企业目标而工作，即，使个体行为融合成整个企业的统一的、规范的行为，进而最大限度地提高企业整体效率，而不仅仅是个人的效率。

4. 企业道德

企业道德是指企业所形成的道德风气和信仰。"人无信则不立"，企业活动更是以信用和道德为基础的，一个优秀的企业家绝不是只知道赚钱的"经济动物"。商海无情，市场经济的激烈竞争使企业时时面临险峰恶浪，如果一个企业没有一种崇高的企业道德来支撑，就很难在市场经济的激流中永远立于不败之地。

研讨与思考：目前中国企业文化的层次内容的核心是什么？

二、现代企业文化的特征

了解企业文化的特征，对于更好地指导企业文化建设的实践具有十分重要的意义。现代企业文化的特征主要表现在以下方面：

1. 综合性

企业文化把企业的物质文明建设和精神文明建设有机地统一起来，综合、立体、全方位地影响引导或制约着员工的思想和行动的各种价值观念、群体意识。在物质方面，由企业的厂容、厂貌、建筑设施、机器设备、产品造型、外观、质量以及文化等硬件设施所构成，通过观察和感觉而显示出来。在精神方面则体现为创造、开拓精神，工作态度等；在意识形态方面主要体现为竞争意识、改革意识、危机意识等。

2. 服务性

企业文化作为企业全体员工协调、适应外部环境、社会环境、社会变化与其他企业交往关系中逐步形成的企业风尚，通常体现在产品质量、售后服务、经营作风等方面，人们认识和了解企业，是通过这种文化色彩而获得印象的。因而，良好的企业文化会使企业在顾客中、社会上产生良好的服务形象。

3. 潜移性

企业文化作为一种意识形态、一种精神，不能直接作用于自然物质对象。企业文化的作用对象只有一个，那就是人。企业文化对人的影响往往不是立即见效，而是潜移默化的。当一种正确的价值观逐渐被员工所理解、接受，就会激发出巨大的积极性并逐渐内化为自觉的行为，悄然渗透到企业经营管理的各项活动中去。

4. 可塑性

企业文化虽然是在企业的长期经营实践中形成的，是企业全体成员的价值观和行为准则，但它不会自动生成。企业文化的可塑性，是指企业文化不是"天然"的，而是"人造"的，是企业领导者大力倡导、身体力行，并需要企业各级管理者和各部门共同努力、积极推进，逐步塑造而成的。有时，企业在实践中，领导和员工也会自发形成一种共识，然而这种共识往往是零散的、不全面的，它们可以是企业文化的雏形，但还需企业领导者对此加以整合、提炼、丰富，形成系统的企业文化，这也正是企业文化塑造过程的重要环节。

5. 继承性

企业文化的继承性可以从两个角度去理解：一是从纵向看，文化是前人留给我们的重要遗产，任何人都不可能割断历史。所以，企业在企业文化塑造实践中必须对传统文化加以甄别，吸收有利于社会和企业发展的积极成分，古为今用。二是从横向看，文化虽有国别、地区、企业之别，但优秀文化毕竟是人类共同的财富，它具有强大的渗透性和扩散性。因此，我们还必须大胆拿来，为我所用。积极吸收别国、别的企业文化的优点，并结合自身具体情况，形成具有自己特色的企业文化。

6. 独特性

企业文化是"企业的个性"，具有企业鲜明的个性特征，企业的传统、风格、精神、理想和气质等都具有颇大的差异，因此，每个企业自己独特的文化形成了特有的识别标记。具有独立、鲜明个性的企业在文化内涵上，比缺乏独立个性而表现出与合作伙伴或者竞争对手的雷同化或趋同型的企业有着更强大的生命力。

三、企业文化的功能

企业文化有着广泛的内涵，是企业在生产和管理活动中所创造的具有企业特色的精神财富及其物质形态。企业文化按其结构和具体表现形式可分为三个层次：精神文化（核心）层、制度文化层、物质文化层。企业文化的三个层次在企业管理方面的功能有如下几个方面：

1. 导向功能

企业文化能对企业整体和企业每个成员的价值取向及行为取向起引导作用，具体表现在两个方面：一是对企业成员个体的思想行为起导向作用；二是对企业整体的价值取向和行为起导向作用。这是因为一个企业的企业文化一旦形成，它就建立起了自身系统的价值和规范标准，如果企业成员在价值和行为取向上与企业文化的系统标准产生悖逆现象，企业文化会将其纠正并将之引导到企业的价值观和规范标准上来。

2. 约束功能

企业文化对企业员工的思想、心理和行为具有约束和规范作用。企业文化的约束不是制度式的硬约束，而是一种软约束，这种约束产生于企业的企业文化氛围、群体行为准则和道德规范。群体意识、社会舆论、共同的习俗和风尚等精神文化内容，会造成强大的使个体行为从众化的群体心理压力和动力，使企业成员产生心理共鸣，继而达到行为的自我控制。

3. 凝聚功能

企业文化的凝聚功能是指当一种价值观被企业员工共同认可后，它就会成为一种黏合力，从各个方面把其成员聚合起来，从而产生一种巨大的向心力和凝聚力。

4. 激励功能

企业文化具有使企业成员从内心产生一种高昂情绪和奋发进取精神的效应。企业文化把尊重人作为中心内容，以人的管理为中心。企业文化给员工多重需要的满足，并能用它的软约束来调节各种不合理的需要。所以，积极向上的思想观念及行为准则会形成强烈的使命感、持久的驱动力，成为员工自我激励的一把标尺。

5. 辐射功能

企业文化一旦形成较为固定的模式，它不仅会在企业内部发挥作用，对本企业员工产生影响，而且也会通过各种渠道（宣传、交往等）对社会产生影响。企业文化的传播对树立企业在公众中的形象很有帮助，优秀的企业文化对社会文化的发展有很大的影响。

6. 品牌功能

企业文化和企业经济实力是构成企业品牌形象的两大基本要素，它们是相辅相成的。企业品牌展示一个企业的形象，企业形象是企业经济实力和企业文化内涵的综合体现。评估一个企业的经济实力如何，主要看企业的规模、效益、资本积累、竞争力和市场占有率等。企业文化是企业发展过程中逐步形成和培育起来的具有本企业特色的企业精神、发展战略、经营思想和管理理念，是企业员工普遍认同的价值观、企业道德观及其行为规范。企业如果形成了一种与市场经济相适应的企业精神、发展战略、经营思想和管理理念，即企业品牌，就能产生强大的团体向心力和凝聚力，激发员工的积极性和创造精神，从而推动企业经济实力持续发展。

> 【小资料】2013 年 7 月 8 日，美国《财富》杂志公布了 2013 年世界 500 强企业，中国有 95 家企业入围，创历年新高。而入围的世界 500 强企业中，他们共同的企业文化理念有三点：①以人为本的人性化管理；②以顾客为中心的服务理念；③以创新创优为己任的奋斗目标。

第二节　现代企业文化建设

一、现代企业文化建设的必要性和意义

企业管理是通过计划、组织、控制、激励和领导等环节来协调人力、物力、财力和信息资源，以期更好地达到组织目标的过程。现代管理理论认为，管理的对象包括人、财、物、信息和时间五个方面，其中，人在管理中具有双重地位，既是管理者又是被管理者。管理过程各个环节的主体都是人，人与人的行为是管理过程的核心。因此，以人为中心是现代管理发展的最重要趋势。

企业文化理论正是顺应这一趋势而诞生的一种崭新的管理理论，其中心思想就是"以人为中心"，因而，它就自然地成为现代化管理的重要组成部分。

一个企业，其物力、财力、信息资源都是有限的，而人力资源的开发却永无止境。在我国生产力水平较为落后，资金、原材料等资源尚为紧缺而人力资源又极丰富的情况下，开发、管理好人力资源具有特殊重要的意义。人的潜力发挥出来了，物力、财力、信息资源就可以得到更好的利用，企业的效益就能提高。所以，对我国企业而言，现代企业文化建设具有极大的现实必要性和重要意义。

1. 有利于企业目标的实现

优秀的企业文化所创造出来的良好企业氛围，能够使企业职工精神振奋，充满生气，积极进取，理智奉献，追求较高的理想和目标，从而有利于企业目标的实现。

2. 有利于提高企业在市场上的竞争力

在一个具有良好文化氛围中的人们，心情舒畅，畅所欲言，有较高的满足和归属感，他们愿意为企业献计献策，贡献他们的创造力，使企业在市场竞争中立于不败之地。

3. 有利于对企业实施有效的控制

通过企业精神被个人吸收、同化来引导人们的行为，比单纯对职工说教和强行管理有效得多，正如《塑造企业文化》一书所写："你能命令职工按时上班，然而你却不能命令职工

用出色的方式工作"。

二、现代企业文化建设的内容

（一）物质文化建设

物质文化建设的目的在于树立良好的企业形象。其主要内容包括：

1. 创造产品文化价值

创造产品文化价值即运用各种文化艺术和技术美学手段，进行产品的设计和促销活动，使产品的物质功能与精神功能达到统一，使顾客满意，从而加强企业的竞争能力。

2. 美化、优化厂容、厂貌

厂容、厂貌要能体现企业的个性化，设计上要体现合理的企业空间结构布局，工作环境要与人的劳动心理相适应，从而促进职员的归属感和自豪感，有效地提高工作效率。

3. 优化企业物质技术基础

要加大智力投资和对企业物质技术基础的改造力度，以使企业技术水平不断提高。

> 【小资料】
> 在四川宜宾五粮液集团总部，步入大门首先映入眼帘的是做成五粮液酒瓶状的办公行政大楼，这一设计通过视觉文化艺术的角度凸显了五粮液集团鲜明的企业文化特色。

（二）制度文化建设

制度文化建设的目的是使物质文化更好地体现精神文化的要求。其主要内容包括：

1. 建立和健全合理的企业结构

要明确企业内部各组成部分及其相互关系，以及企业内部人与人之间的相互协调和配合的关系，建立高效精干的结构，以利于企业目标实现。

2. 建立和健全企业活动所必需的规章制度

要以明确合理的规章制度规范员工的行为，使员工的个人行动服从企业目标的要求，以提高企业系统运行的协调性和管理的有效性。

> 【小资料】1997 年美国著名营销学家菲利普·科特勒在深圳举行"面向 21 世纪的企业营销战略"的讲座上提到，中国具有极大潜力的市场空间，为了进一步加强企业文化建设，当务之急是要建立起一套完善的激励机制。

（三）精神文化的建设

精神文化的建设是企业文化建设的核心。其主要内容包括：

1. 明确企业奉行和追求的价值观念

这种价值观应成为企业生存的思想基础和企业发展的精神指南。

2. 塑造优良的企业精神

企业要在吸收借鉴中外优秀文化成果的基础上，概括出自己的企业精神，并使之渗透在企业经营的各个方面，成为企业生存和发展的主体意识。

【小资料】诺基亚高效的全球化运营、领先的核心技术以及统一的价值观是其成为业界领先者的重要保证。诺基亚始终遵循以下价值理念：客户满意，发现客户需求，给客户带来价值，尊重和关心客户；尊重个人，公开和诚实地沟通，时刻公平对待，相互信任、相互支持，接受不同事物；成就感，共同的眼光和目标，责任感，为胜利而奋斗的决心；不断学习，创新和勇气，支持发展、容忍失败，永不自满；保持开放的思维，这不仅是每个员工的行为准则，也是大家共同信守的企业哲学。诺基亚宽松灵活、相互协作的组织结构鼓励和提倡每个员工在不同的岗位充分发挥其潜力、共同迎接挑战并获得事业发展。

3. 通过宣传、培训促进企业精神文化的形成和优化

企业文化都要经历一个培育、完善、深化和定性的过程。在这个过程中，企业精神必须经过广泛宣传、反复培训才能逐步被员工所接受。

三、现代企业文化建设的影响因素

（一）企业领导者素质

企业精神的载体是人，人的素质关系企业文化倾向性，关系企业文化建设。而企业领导人不仅是企业文化的重要载体，还是企业文化走势、模式等的设计者和倡导者。因此，领导者的素质和精神面貌对于企业兴衰成败和企业文化建设有着决定性的影响。为此，企业领导者要具备以下素质：

1. 政治思想素质

政治思想素质是对企业领导者政治立场、政治方向、品德、思想作风等方面的要求。具体包括贯彻党的路线、方针、政策的决定性；不谋私利、廉洁奉公的自觉性；强烈的革命事业心和高度的工作责任感；不断改革创新的进取心等。

2. 文化知识素质

领导者要有广博的自然科学和社会科学知识；要有与其职位相应的专业技术知识、管理科学知识、政策法律知识、社会生活知识；还要有强烈的求知欲望和正确的学习方法等。

3. 领导能力素质

领导能力素质一般包括统揽全局的战略思考能力；卓越的组织指挥能力；权衡利弊的果断决策能力；开拓创新的研究探索能力；通权达变的人际交往能力；知人善任的用人能力；宣传鼓动和语言表达能力等。

【小案例】江南某矿务局下辖十几个矿、厂，职工及家属总数近10万人。赵局长系20世纪60年代的大学毕业生，当上局长之日，正是企业深化改革之时，厂长（经理）负责制已经成为社会潮流。赵局长潜心学习，不断深化改革，并制定了岗位责任制、奖惩制，职位分类规范，使局机关全体成员各司其职，各负其责，减少了扯皮现象，克服了官僚主义，提高了工作效率，做到优胜劣汰、奖罚分明。这样，逐步建立起一支素质好、技术过硬、清正廉洁、效率高、有实绩的干部队伍。

4. 道德品格素质

道德品格素质主要体现在对人、对己和对待工作、对待事业的态度上。领导者应有大公

无私的高尚情操，坚持真理的无畏勇气，任劳任怨的实干精神，谦虚容人的宽宏气度，好学上进、积极开拓的创新精神，要能严于律己，有充分的自知之明等。

5. 心理身体素质

心理身体素质是领导者做好领导工作的最基本条件，包括健全的体魄和充沛的精力，稳定的情绪和健康的心理，顽强的意志力和丰富的想象力等。

（二）领导方法和领导艺术

领导方法，就是领导者为达到一定的领导目标，按照领导活动的各种规律采取的领导方式和手段。领导者必须掌握领导方法，同时也要掌握各种日常的工作方法，如制定贯彻目标规划的方法、发挥员工效能的方法、安排工作顺序和时间的方法、信息沟通和利用的方法等。

领导艺术，就是指领导者在一定知识、经验和辩证思维的基础上富有创造性地运用领导原则和方法的才能。如沟通、激励和具体指导的艺术，用权、待人和理事的艺术等。

（三）企业管理的个性

成功的美国企业推崇企业文化，倡导温情管理，一个相当重要的原因在于用泰罗制进行了若干年的理性主义严格管理之后，人们认识到单纯理性主义管理有明显的缺陷，开始将温情主义的管理引入企业管理，这是一种客观需要。而我国很多企业若干年来基本上没有深入扎实地开展规范的管理。因此，在进行企业文化建设时，应当注意防止片面理解企业文化，防止在管理中用温情管理代替理性管理。

（四）历史文化传统

企业文化是社会文化的亚系统，与社会文化有着密切的联系。因此，作为企业文化必然要受社会大文化的影响和制约。如中国传统文化思想中所体现的价值取向，如重人伦关系、重精神境界、重人道精神等方面都对当代企业文化的形成起着积极的作用。

研讨与思考：企业领导者的素质对企业文化建设有何影响力？

四、现代企业文化建设的基本思路

了解企业文化的形成机制，是搞好企业文化建设的前提条件。不同企业的企业文化塑造的方法和思路各具特色，但科学、系统、定型的企业文化形成的过程是大致相同的，即在一定的生产经营条件下，为适应企业的生存及发展，首先由少数人倡导和实践，经过较长时间的传播和规范管理而逐步形成。

（一）精心策划，培育企业理念

如果将企业文化的精神文化层再次细分，可分为企业精神和企业理念。企业理念是企精神的高度概括和理性总结。它是企业的"聚光镜"，照耀着企业前进的方向；它是企业的灵魂，统帅着企业的整体行为；它是企业文化的"原子核"，可裂变出精神文化层、制度文化层和物质文化层。因此，企业是否有一个正确的理念，对于企业的成败事关重大。

（二）树立顾客至上、诚信为本的观念

市场的竞争，说到底是争夺用户的竞争。企业兴衰的命运取决于用户的选择，只有清楚地了解顾客需求并满足顾客要求的企业才能生存和发展。为了适应竞争的需要，早在 20 世纪 80 年代，西方国家的企业就开始研究顾客满意（customer satisfaction，CS）的学问。20世纪 90 年代以来，日本倡导"顾客是上帝"之说。从管理的本质意义上讲，企业不仅应当视用户为上帝，而且应当坚持信誉至上，取信于民，视用户、社会和公众为朋友，与用户和公众建立相互依赖的朋友关系。

【小资料】柯达公司从成立之日起，就将客户的信任和忠诚看作最重要的事，他们始终将客户的利益放在第一位。创业开始，柯达公司就曾经毅然召回问题产品，并为客户全额退款（当时并无相关法律规定）。大量现金支出虽然使羽翼未丰的国内公司负担沉重，但他们认为，柯达为维护客户信任而付出的代价远远低于失去客户所带来的损失。

（三）树立以人为本的管理概念

以人为本的管理概念，就是既把人视为管理的主体，又把人和人际关系作为重要的管理内容。因为现代企业已进入大规模的企业化、自动化的生产时代，产品中凝结的不仅有更高的效率，还有大量的知识和技术。因此，有人认为企业已由原材料竞争时代、生产竞争时代以及销售竞争时代转向人才的竞争时代。掌握住人才，便是掌握住了最佳的资源。建设企业文化一定要以人为中心，一改以往"见物不见人"的做法。在管理行为中，贯彻信任人、理解人和关心人的原则。

（四）树立创新观念

创新，是社会进步的动力，是企业获得超额利润的源泉。企业创新大致包括五个方面：一是引入新产品；二是采用一种新的方法；三是开辟一个新市场；四是获得一种新原料；五是采用一种新的企业组织形式。这五种形式的创新都可以产生超额利润。

企业文化是一个极其复杂的系统工程。我国企业在构建现代企业文化时必须坚持创新观念，要从国情、厂情出发，坚持实事求是，要创造个性，同时要重视对员工进行创新意识教育并激发他们创新。在日常的培训中，要结合实践对员工进行求异思维、反向思维、替代思维、模仿思维、逆向思维及想象思维等创造性思维的教育。在不断进行具体生动教育的同时，要制定有关政策鼓励职工创新。

研讨与思考：一个新创建的现代企业，如何建设企业文化？

第三节　企业伦理与社会责任

"法律强制人达到最低标准，文化引导人达到最高标准。"

一个人有义务不侵害别人，没有义务为他人谋福利，但文化或道德则不同，它必须引导人们去为他人谋福利。企业也是一样，有着特定的伦理和一定的责任。

企业伦理是现代西方企业管理中产生的概念。随着市场竞争的愈演愈烈，企业的伦理问题，特别是企业的社会责任问题，越来越多地受到广大消费者、企业和社会各界的关注。

一、企业伦理

（一）企业伦理的概念

企业伦理是蕴含在企业生产、经营、管理等各项活动中的伦理关系、伦理意识、伦理准则的总和。

1. 伦理关系

伦理关系包括企业与投资人（股东）、员工、顾客、合作者、竞争者、媒体等的关系。

2. 伦理意识

伦理意识包括企业的道德风气、道德传统、道德心理、道德信念等。

3. 伦理准则

伦理准则包括企业生产和服务伦理准则、营销伦理准则、研究与开发伦理准则、信息伦理准则等。

从某种意义上来说，企业伦理是企业竞争力的最初发源地，是企业内部的微观道德规范，属于企业道德的范畴。众所周知，真理、道德和艺术是相互渗透的，它们之间的真、善、美也是相通的。企业文化包括了真、善、美三方面的内容，企业伦理主要反映"善与恶"的价值判断，是企业文化的一个重要组成部分。

企业伦理不同于商业伦理。商业伦理是指与社会经济中生产、交换、分配和消费四大环节相应的交换伦理或流通伦理，它是经济伦理的重要组成部分，属于宏观伦理的范畴，而企业伦理属于微观伦理的范畴。企业伦理比商业伦理涵盖的内容还要宽一些，不仅包括企业对外的伦理行为，而且还包括企业内部的道德观念。

（二）企业伦理的内容

企业伦理涉及企业行为的方方面面。根据我国企业的实际情况，可以概括为以下三个方面的内容：

1. 企业的社会责任与义务

企业的社会责任是指企业在追求利润最大化的同时对社会应承担的责任和应尽的义务，最终实现企业的可持续发展。强调企业的社会责任是构建企业与社会和谐关系的核心思想。在企业伦理匮乏和监督机制不健全的情况下，经营者一味地追求经济利益，不仅会给社会带来混乱，而且还可能损害整个国家和民族的声誉。对于一个成功的企业来说，它不仅要实现目标——发展自我，还要完成使命——服务社会，这也正是管理学家德鲁克提出的"企业家精神"的深层含义。

2. 经营管理的道德规范

企业经营管理的道德规范是指企业处理义与利、经济效益与社会效益等关系时的一系列准则。自古以来，中国人讲究"商德"，奉行"贾而儒行"的儒商精神，有一些当代企业，也秉承了我国传统的优良作风，提出了诸如"童叟无欺""诚信为本""公平交易"等经营理念，深受消费者的青睐。

但是目前，一些企业家对企业伦理的认识却令人担忧。很多企业重视诚信经营、遵循诚信经营规则，但部分企业也保持了对失信的中立和容忍。根据中国零点调查公司的一项《中国企业家的商业伦理指南调查报告》的结果：85.3%的企业经营者强调诚信经营是企业经营应该遵循的价值观念，认为企业在诚信经营。但是，调查结果同时又表明，有40%的企业经营者对违反诚信的经营行为又采取了不在意或中立立场，造成了对不诚信行为的忽视。例如，对"贿赂客户"的容忍度为71.3%，对"缺斤少两"的容忍度为55.4%，对"虚假广告"的容忍度为55.0%。这种情况表明，我国不少企业的诚信经营只是处在"只说不做"的状态。

3. 调节人际关系的行为准则

美国著名的人际关系学大师戴尔·卡耐基曾经说过，"专业知识在一个人成功中的作用只占15%，而其余的85%取决于人际关系。"中国人强调和谐的人际关系，一直以来就是我们的处世原则。正如《礼记·礼运》所言："大道之行也，天下为公。选贤与能，讲信修睦。"如何协调企业内部的人际关系是企业伦理的重要内容。不少企业常用一些行为准则来指导大家处理好人际关系，提出"和为贵""仁爱""诚实""谦虚""团结""礼貌"等行为规范，追求和谐的人际关系。比如联通进出口公司就以"诚信、和谐、严谨、创新"作为公司的理念，中国人寿保险公司把"成己成人"作为企业的核心价值观，这些都体现了企业伦理对人际关系的调节作用。

（三）企业的伦理模式

从企业伦理学的角度来看，企业经营一般可能采取两种伦理模式：伦理经营和非伦理经营。而伦理经营又有两种对待道德的态度，即道德的经营与不道德的经营。所以，据美国企业伦理学家阿奇·卡罗尔（Archie B. Carroll）所确定的伦理标准、动机、目标、法律导向和策略五个指标，可以把企业经营的伦理模式细化为三种：不道德经营模式、道德经营模式、非道德经营模式。

1. 不道德经营模式

不道德经营模式可以理解为有害于企业利益相关者的经营行为模式，采取这种经营模式的企业对伦理道德价值观念持一种积极的反对态度，其经营行为是不符合伦理道德原则或规范的。支配这种经营模式的动机是企业的自私，其目的只是为了赢利，其特点是为了本企业的利益会不惜一切手段。该模式的经营策略主要集中于利用一切机会来获取本企业的利益，在任何时候，只要有利可图，企业就会采取走捷径的不道德方式。指导企业的经营观念是"无论采取什么行动，这个决定或行为能让我们赚钱吗?"，其隐含的意思是除了赚钱，其他的东西都是微不足道的。

2. 道德经营模式

道德经营模式是指有利于企业利益相关者的经营行为模式，它与不道德经营模式相对立。采取这种经营模式的企业把相关的法律和道德规范作为经营标准，对法律和道德规范持积极的赞同态度。支配该模式的动机是各种道德标准，如诚信、公平、责任等，其目的也是盈利，但它们是在法律和道德标准规定的范围内追求利润。为了获得成功，它们会考虑手段的合理性，而不以破坏伦理价值标准为代价。该模式的经营策略集中于合理的道德标准，强调在道德行为的范围内追求经济利益。指导企业的经营观念是"我们的决定或行为能让我们成功，但是道德吗?"，其意思是希望自身的经营能够义利双赢。

3. 非道德经营模式

非道德经营模式是指不具有道德意义，也不能从道德上进行善恶评判的经营行为模式。对这种经营模式不能从企业伦理学的角度进行分析，而是应该从其他学科领域进行分析。非道德经营模式不能简单地与不道德经营模式等同，它既可以转化为不道德经营模式，也可以转化为道德经营模式。非道德经营一般可以分为两大类：有意的非道德经营与无意的非道德经营。前者是指经营者没有把道德标准纳入其经营决策之中，认为经营活动不同于其他活动，不属于道德评判的范围；后者是指经营者在道德上相对迟钝，没有顾及其经营行为给利益相关者带来的影响，他们只专注于自己的事情，没有考虑到利润的追求会涉及道德问题，经营者认为自己合法就行。

非道德经营模式的经营策略往往集中于法律，对于道德经营者大多保持一种中立的心态。赢利是经营者考虑的重要问题，但不是唯一的问题，经营行为的合法性也应是他们考虑的问题。

企业必须拥有自己的文化品位和伦理道德准则，任何一家企业在自己的发展历程中，都会在企业伦理方面日益提高追求，企业家的责任就是沿着非道德组织—法制型组织—反映型组织—初级道德型组织—道德型组织的方向，不断推动企业进入更高的伦理道德境界。

二、企业社会责任

（一）企业社会责任的内涵

企业社会责任（corporate social responsibility，CSR）是指企业在创造利润、对股东承担法律责任的同时，还要承担对员工、消费者、社区和环境的责任。企业的社会责任要求企业必须超越把利润作为唯一目标的传统理念，强调要在生产过程中对人的价值的关注，强调对消费者、对环境、对社会的贡献。一般包括以下几点：

1. 保护消费者的正当权益
2. 保护投资者和债权人的合法权益
3. 承担起生态与环境的保护义务
4. 向社会提供平等的就业机会
5. 保障与提高员工的生活与工作质量，为其提供事业发展的机遇
6. 促进所处社区的稳定与繁荣

（二）企业不是纯粹的经济组织

传统经济学认为，企业是经济型组织，人似乎是经济性的动物，企业似乎只是从事经济性的活动，企业追求的似乎也只是利润。然而，随着时代的发展、社会的进步，这样的判断已经被否定，因为人在任何时候都不可能只从事那种纯粹的经济性行为，而企业也同样如此。

企业社会责任的提出，反映了人们对企业的本质和存在的社会性的深化认识。企业是社会经济组织，经济性是企业的首要特性，赢利构成了企业的根本标志，毫无疑问企业首先肩负着经济责任。但同时，企业是社会组织，社会是企业的发展空间和利润来源，企业必须承担自身的经济活动所导致的社会后果，即在以营利为目的的生产经营活动中，履行回报社会、支持公益、救助贫困等多种社会责任。企业经济责任是企业社会责任的基础和前提，企业社会责任是经济责任的延伸和保障。企业的使命就是服务社会，发展自己。

因此，企业要明确自己作为社会的一个细胞，并不是纯粹的经济组织，必须在履行经济责任的同时，履行相应的社会责任，把两种责任有机地结合起来，既实现企业自身的发展，又实现社会的和谐发展，这是一种真正的科学的企业发展观。2012 年 9 月 26 日，英特尔公司在上海举行了首届全球供应商可持续发展领导力峰会。近二百位来自英特尔和英特尔供应商的高层及政府机构、公益组织和学术界的专家围绕"塑造环境与社会的未来"主题，共同探讨了企业在员工管理、环境保护、安全生产、企业透明度等可持续发展方面的议题。英特尔还在本次峰会上宣布将与全球供应商伙伴进一步加强创新合作，建立良好的环境、社会和公司治理（ESG）机制与分享平台，通过增强供应链的企业责任管理，推动产业共同实现可持续的环境和社会发展。

> 【小资料】2012 年 12 月 1 日，"善播中国——企业社会责任优秀案例评选暨 2012 社会公益创新国际高峰论坛"在北京国际会议中心举行。世界领先的数码影像企业爱普生公司多年用心经营的中国西部教育支援项目"爱普生多媒体爱心课堂"荣获"2012 企业社会责任优秀案例奖"。据悉，"善播中国——企业社会责任优秀案例评选暨 2012 社会公益创新国际高峰论坛"是第二次举办，旨在推动公益项目品牌化、可持续发展，推动企业战略性地履行社会责任，推动中国现代公益慈善事业健康发展。

三、中国企业必须重视企业伦理

中国企业重视企业伦理的理由有很多，归纳起来主要有以下几点：

1. 企业伦理有助于提高企业信誉，带来长期利益

众所周知，对于一个成功的企业而言，良好的信誉和声誉是必不可少的。首先，良好的信誉会为企业吸引更多的顾客，因此对于一个企业来说，本身就是一种竞争优势，会增强它的竞争能力，从而有可能提高企业的市场占有率，为其带来经济效益。其次，良好的信誉也会增强企业顾客的忠诚度，从而为其带来长期的经济效益。海尔集团就是一个十分成功的正面例子。多年来，海尔在发展壮大的同时，始终牢记对社会的回馈，也一直把关注社会进步、帮助弱势群体作为必须承担的社会责任和社会义务，用高度的企业责任感为国内企业做

出了表率。海尔在扶贫、救灾、助残、教育、体育等方面做出了积极的投入。迄今为止，海尔用于社会公益事业的资金和物品总价值已高达 5 亿余元。2012 年，海尔以 962.8 亿元人民币连续 11 年蝉联"中国最具价值品牌"之首，从而被广大的消费者所深度信任。

2. 企业伦理有助于提高员工积极性和忠诚度，增强凝聚力

在企业正确的伦理指导下，最基本的伦理即为尊重员工的合法权益以及满足员工的生理和安全方面的需要，在好的伦理道德观的影响下，企业还会进一步关心和满足员工的社会需要和尊重的需要。根据马斯洛的层次需求理论，当这些需要得到满足时，员工就会得到激励，从而大大提高工作积极性，带来更多的工作绩效，企业的经济效益也随之提高。另外，好的企业伦理也是维系企业与员工之间的情感纽带，有助于提高企业员工的忠诚度，防止人才外流，同时也有助于员工产生集体荣誉感，增强凝聚力，提高企业的核心竞争力。

3. 企业伦理有助于企业的可持续发展

党的十八大报告指出科学发展观第一要义是发展，核心是以人为本，基本要求是全面协调可持续。显而易见，可持续发展已经成为全社会的主要焦点，而要实现发展的可持续性，环境以及能源的保护是首要的。

企业在围绕项目大力推动科技创新的同时注重对环境和资源的保护，通过减排、环保及资源保护体现环保、节材节约资源的科学发展理念。同时，企业建立环境管理体系，积极参与并倡导 ISO 14000 系列标准，以减少各项活动所造成的环境污染，节约资源，改善环境质量，促进企业和社会的可持续发展。世界经济 500 强的宝洁公司在这点上就做得非常成功，公司在办公场所建立了"可持续发展团队"，通过"绿色循环箱"，对废纸进行回收利用，在全球的一些工厂和分销中心安装太阳能和雨水收集处理装置，从而进一步减少能源消耗。

4. 国际环境发展的需要

没有可持续发展的中国，就没有可持续发展的世界。在国际合作中，外国企业可能会利用发展中国家在 SA8000（Social Accountability 8000 International standard 的英文简称，意为道德规范国际标准）方面的不足而阻止其产品进入本国市场。"你不讲伦理我就不与你合作"的态势使得不追求伦理与追求伦理的差异变得非常明显。中国企业想要更快、更好地与国际接轨，融入世界经济的大潮中，就必须要提高自身的伦理道德水平。当然也有些跨国公司在国际营销中实行双重标准，违背伦理道德。中国企业应该尽快形成自己的伦理标准和社会责任规范，以此来应对个别跨国公司的不良行为。

四、中国企业加强伦理建设的措施

维护经济秩序，建立人与人之间的信任关系，使经济活动能够正常运行，企业经营活动能够正常开展，需要道德行为规范来约束人们的经济行为，需要一定的价值观念来指导人们的经济行为。

1. 积极构建企业主导文化伦理观念

企业文化建设是加强企业伦理建设的主要途径。企业文化的管理理论自 20 世纪建立之后，就在全球范围内引起了巨大的震动，企业文化是构成企业核心竞争力的重要组成部分。日本企业的成功使全世界看到：一个企业的动力和凝聚力都来自于企业的文化，技术只是一个平台，没有一套成功的企业文化，企业的生命力是有限的。不仅是日本企业，美国通用等

世界上杰出的企业都拥有各自杰出的企业文化。中国企业自 20 世纪 80 年代后期起也开始日渐关注企业文化建设的重要性，目前全国范围内更是兴起了企业文化建设的热潮，涌现出了如海尔、联想这样优秀的企业。他们的企业文化不仅包含了自身的特色，更重要的是包含着中华民族的优良传统和人类的先进文化，比如公正、自尊、博爱、正直、诚实、品质等美德。这种文化所蕴含的力量是难以估计的，其背后是道德和伦理的力量。

2. 建立健全企业经营伦理法规体系，强化规范约束力

相关法规的完善程度与社会伦理道德状况呈正相关关系。法律法规的强制性、违法违规的惩罚性是直接的伦理约束力量。因此，应尽快建立健全完善的伦理法规体系，提高严格的执法能力。事实证明，没有好的市场秩序，便会导致交易成本增高、交易效率低下，不利于增强企业竞争力。因此，尽快建立健全或调整法律法规，加大对违规经营的查处，是促进企业伦理化经营的重要途径。

3. 提升企业管理者伦理化决策能力，企业伦理追求的核心问题是企业的社会责任

企业伦理建设首先要求管理者具有较强的伦理管理意识，管理者道德是创造优秀企业伦理的关键，并因此通过建立合理的企业文化和合理的企业制度以彰显崇高的企业伦理。管理者决策的伦理素质取决于他的价值观和道德观。良好的企业决策必须把伦理因素加入到企业决策过程中，并进行决策的伦理分析，以保障实现企业决策的伦理化，提高企业决策的伦理质量。有远见的管理者越来越重视伦理道德在经济管理中的作用，普遍地把企业的经营之道建立在伦理道德之上，纵观世界上成功的大企业，几乎都是以伦理道德作为经营之道的。

4. 强化企业伦理评价体系，推动公众监督，强化市场激励功能

政府职能部门应发挥主导作用，推行全社会协调的企业伦理评价体系，建立社会公益性企业伦理信息库以及信息传播网络，形成全国性的企业伦理信息网。这样，人们便可快速准确地获取有关企业的伦理信息，防止上当受骗，以便抵制和打击不良伦理行为；同时也迫使各企业加强自身的自律行为，强化诚信责任感，引导企业主动地采取伦理化经营。

研讨与思考：中国企业应从哪几个方面来规范企业伦理？

本章小结

本章重点讲述了企业文化、企业文化建设和企业伦理及社会责任等方面的内容。在本章第一节企业文化中，从企业文化的溯源和定义开始，着重就企业文化的结构、特征和功能进行了详细的叙述。在本章第二节企业文化建设中，回答了为什么要进行企业文化建设，从哪些方面建设，如何建设以及企业文化建设的影响因素有哪些等问题。本章第三节就企业伦理和社会责任的特点进行了分析和阐述，说明了中国企业加强伦理道德的重要性，并就加强伦理道德的建设提出了相应的解决措施。

本章知识结构网络图

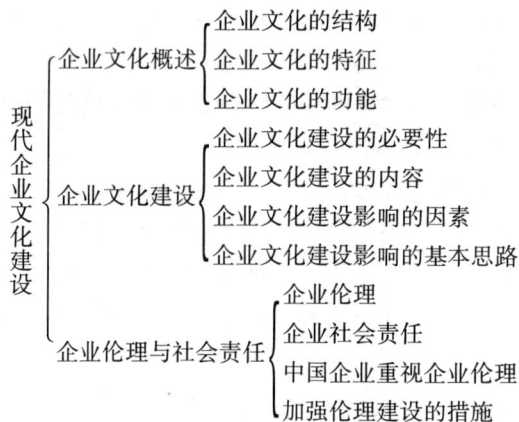

现代企业文化建设
├─ 企业文化概述
│   ├─ 企业文化的结构
│   ├─ 企业文化的特征
│   └─ 企业文化的功能
├─ 企业文化建设
│   ├─ 企业文化建设的必要性
│   ├─ 企业文化建设的内容
│   ├─ 企业文化建设影响的因素
│   └─ 企业文化建设影响的基本思路
└─ 企业伦理与社会责任
    ├─ 企业伦理
    ├─ 企业社会责任
    ├─ 中国企业重视企业伦理
    └─ 加强伦理建设的措施

练习与思考题

一、单选题

1. 最早提出企业文化理论的是（   ）。

A. 美国　　　　　　　B. 日本　　　　　　　C. 德国　　　　　　　D. 中国

2. 企业文化建设的核心是（   ）。

A. 精神文化　　　　　B. 制度文化　　　　　C 物质文化　　　　　D. 政治文化

3. 搞好企业文化建设的前提条件是（   ）。

A. 系统和规范企业文化　　　　　　　　B. 了解企业文化的形成机制

C. 党政工团协作努力去塑造企业文化　　D. 了解企业文化的特征

4. 不能通过直观形象表现出来，而只能通过调查才能被了解的企业文化是（   ）。

A. 精神文化　　　　　B. 制度文化　　　　　C. 政治文化　　　　　D. 物质文化

5. 企业文化作为一种意识形态，它会悄然渗透到企业经营管理的各项活动中去，这一特征反映了企业文化的（   ）。

A. 隐形性　　　　　　B. 继承性　　　　　　C. 稳定性　　　　　　D. 潜移性

6. CIS 的动态识别形式，以特定企业理念为基础的企业独特的行为准则，是（   ）。

A. 企业理念识别　　　B. 企业行为识别　　　C. 企业视觉识别　　　D. 企业听觉识别

7. （   ）是指消费者、市场成员和社会成员对企业产品与服务形象、物质形象、经营人员和职工形象、厂名、品牌、商标广告和公共关系形象、市场和社会形象的印象及评价。

A. 企业外部形象　　　B. 企业内部形象　　　C. 企业综合形象　　　D. 企业团体形象

8. （   ）是指企业在创造物质财富和精神财富的实践活动中，从管理内在的规律出发，通过对世界观和方法论的概括性研究和总结，所揭示的企业本质和企业辩证发展的观念体系。

A. 经营哲学　　　　　B. 价值理念　　　　　C. 企业道德　　　　　D. 团队精神

9. 企业文化可以分为（   ）个层次。

A. 1　　　　　　　　　B. 2　　　　　　　　　C. 3　　　　　　　　　D. 4

10. 企业伦理不同于商业伦理，一般地它属于（　　）范畴。

A. 宏观　　　　　　　B. 中观　　　　　　　C. 微观　　　　　　　D. 普遍存在

二、多项选择题

1. 下列选项中属于表层企业文化的是（　　）。

A. 企业标志　　　　　B. 厂容厂貌　　　　　C. 产品特色　　　　　D. 企业道德

E. 企业风俗

2. 企业文化结构包括（　　）。

A. 表层企业文化　　　B. 中层企业文化　　　C. 深层企业文化　　　D. 赌注企业文化

E. 过程企业文化

3. 下列哪些是不属于企业文化的特征（　　）。

A. 综合性　　　　　　B. 科学性　　　　　　C. 优越性　　　　　　D. 可塑性

E. 独特性

4. 企业文化的功能包括（　　）。

A. 导向功能　　　　　B. 约束功能　　　　　C. 激励功能　　　　　D. 凝聚功能

E. 辐射功能

5. 企业识别系统包括（　　）。

A. MI　　　　　　　　B. VI　　　　　　　　C. BI　　　　　　　　D. CI

E. ER

6. 伦理意识包括企业的（　　）。

A. 道德风气　　　　　B. 道德传统　　　　　C. 道德心理　　　　　D. 道德信念

E. 道德思想

三、名词解释

1. 企业文化　　　2. 经营哲学　　　3. 企业形象优化　　　4. CIS　　　5. 企业伦理

四、简答题

1. 简述企业文化结构内容及关系。

2. 为什么要建设企业文化？如何建设企业文化？

3. 企业形象优化的基本途径有哪些？

4. 中国企业加强伦理建设的途径有哪些？

五、案例分析题

生生不息的华为文化

华为成立于 1988 年。经过 10 年的艰苦创业，华为建立了良好的组织体系和技术网络，市场覆盖全国，并延伸到中国香港、欧洲、中亚。公司现有员工 3000 余人，其中研究开发人员 1200 余人。在发展过程中，华为一直坚持以"爱祖国、爱人民、爱公司"为主导的企业文化，发展民族通信产业，连续 3 年获得深圳市高科技企业综合排序第一，1995 年获得中国电子百强第 26 名。1996 年产值达 26 亿元，1997 年已超过 50 亿元，到 1999 年已达到 120 亿元左右。

目前，华为在大容量数字交换机、商业网、智能网、用户接入网、SDH 光传输、无线接入、图像多媒体通讯、宽带通讯、高频开关电源、监控工程、集成电路等通信领域的相关技术上，形成一系列突破，研制了众多拳头产品。1996 年交换机产量达到 250 万线，1997

年达400万线（含出口）。华为的无线通信、智能网设备和SDH光传输系统正在大批量装备我国的通信网。华为不仅在经济领域取得了巨大发展，而且形成了强有力的企业文化。因为，华为人深知，文化资源生生不息，在企业物质资源十分有限的情况下，只有靠文化资源，靠精神和文化的力量，才能战胜困难，获得发展。

华为人认为，企业文化离不开民族文化与政治文化，中国的政治文化就是社会主义文化，华为把共产党的最低纲领分解为可操作的标准来约束和发展企业高中层管理者，以高中层管理者的行为带动全体员工的进步。华为管理层在号召员工向雷锋、焦裕禄学习的同时，又奉行绝不让"雷锋"吃亏的原则，坚持以物质文明巩固精神文明，以精神文明促进物质文明来形成千百个"雷锋"成长且源远流长的政策。华为把实现先辈的繁荣梦想，民族的振兴希望，时代的革新精神，作为华为人义不容辞的责任，铸造华为人的品格。坚持宏伟抱负的牵引原则、实事求是的科学原则和艰苦奋斗的工作原则，使政治文化、经济文化、民族文化与企业文化融为一体。

华为人坚持为祖国昌盛、为民族振兴、为家庭幸福而努力奋斗的双重利益驱动原则。这是因为，没有为国家奉献的个人精神，就会变成自私自利的小人。随着现代高科技的发展，决定了必须坚持集体奋斗，才能结成一个团结的集体。同样，没有促成自己体面生活的物质欲望，没有以劳动来实现欲望的理想，就会因循守旧，故步自封，进而滋生懒惰。因此，华为提倡"欲望驱动，正派手段"，使群体形成蓬勃向上、励精图治的风尚。

团结协作、集体奋斗是华为企业文化之魂。成功是集体努力的结果，失败是集体的责任，不将成绩归于个人，也不把失败视为个人的责任，一切都由集体来共担。"官兵"一律同甘苦，除了工作上的差异外，华为的高层领导不设专车，吃饭、看病一样排队，付同样的费用。在工作和生活中，上下平等，不平等的部分已用工资形式体现了。华为无人享受特权，大家同甘共苦，人人平等，集体奋斗，任何个人的利益都必须服从集体的利益，将个人努力融入集体奋斗之中。自强不息、荣辱与共，胜则举杯同庆，败则拼死相救的团结协作精神，在华为得到了充分体现。

从1996年年初开始，公司开展了"华为基本法"的起草活动。"华为基本法"总结、提升了公司成功的管理经验，确立了华为二次创业的观念、战略、方针和基本政策，构筑了公司未来发展的宏伟架构。华为人依照国际标准建设公司管理系统，不遗余力地进行人力资源的开发与利用，强化内部管理，致力于制度创新，优化公司形象，极力拓展市场，建立具有华为特色的企业文化。目前，华为的产品和解决方案已经应用于140多个国家，服务全球1/3的人口。2012年以1 022.47亿元成为中国最具价值品牌民营企业的榜首。

分析讨论：

1. 请根据本文提供的材料总结华为公司的企业文化。
2. 华为企业文化对我国民营企业建设现代企业文化有何启示？

技能实训

现代企业文化建设调查

1. 实训内容

对学院某一个校企合作的公司进行企业文化调研。

2. 实训目的

(1) 通过调研总结该公司的企业文化。

(2) 总结该公司在企业文化建设中存在的问题。

(3) 提出该公司企业文化建设和形象优化的建议。

3. 实训组织

(1) 调查前，充分了解该校企合作公司的综合运行情况。

(2) 5~7人为一组，组织学生分别对企业文化的不同层次分组调查。

4. 实训考核

(1) 以小组为单位通过讨论撰写实训报告。

(2) 老师组织全班同学分组宣讲实训报告并评价打分。

第五章 现代企业人力资源管理

【学习目标】

A. 知识点

1. 了解人力资源的特点

2. 掌握人力资源管理与传统人事管理的区别

3. 掌握员工招聘的各种方式和渠道

4. 熟悉企业人员培训的各类方式

5. 掌握基本的绩效考评制度

6. 掌握薪酬管理及工资制度的类型和内容

B. 技能点

1. 学会编写企业职务说明书

2. 学会用各种方法为企业招聘到合适的人才

3. 了解培训的方式和绩效考评的基本方法

4. 了解薪酬管理的各项内容

【引导案例】 小李的困惑

经过高考的激烈竞争，小李终于拿到了某名牌高校的录取通知书，专业是人力资源管理。小李的叔叔在社会上闯荡多年，拥有自己的工厂，其业务遍布全国，在当地小有名气。当小李告诉他叔叔这一消息时，叔叔说："我知道这个专业，很热门。就是上上网，做些表格，搞点培训，考核一下员工，管一管人，比较轻松。"原本对未来充满憧憬、想干一番事业的小李被他所崇拜的叔叔这么一说，顿时迷茫不已，人力资源管理专业到底是做什么的？

（选自 2012 年《人力资源管理》自学考试试题）

【分析与思考】

1. 人力资源管理的主要内容有哪些？人力资源管理活动的最终目标是什么？

2. 作为未来的人力资源管理者，你认为小李应培养哪些方面的基本能力？

学习本章，能使我们更清楚什么是人力资源，如何去招聘人力资源以及在企业里面应该怎样管理好各种类型的人力资源。人力资源管理就是通过人力资源的合理配置和开发，充分发挥人力资源的主体作用，调动人力资源的潜力，促进人力资源与非人力资源的有机结合，来实现企业的战略经营目标。本章将首先就人力资源的相关知识、人力资源管理的内容作简要概述，并对岗位分析、职务说明书的编写、人员招聘、人员培训、绩效考评和薪酬管理以及福利等人力资源相关问题进行系统介绍。

第一节 人力资源管理概述

现代社会里，企业的竞争归根到底就是人才的竞争。任何企业的发展都离不开优秀的人才和人力资源的有效配置。如何为企业"选人、育人、用人、留人"，为组织保持强劲竞争力提供可持续的人才支持，是人力资源管理部门面临的重要任务。人力资源管理部门对企业发展提供的战略性支持，主要体现在人力资源规划方面。人力资源规划是一项系统的战略工程，它以企业战略为指导，以深入分析企业内外部条件、全面核查现有人力资源为基础，以预测组织未来对人员的需求为切入点，内容基本涵盖了人力资源的各项管理工作。

一、人力资源的概念与特点

众所周知，从经济学的角度来说，资源是与价值创造或财富创造联系在一起的。从这个方面看，我们可以将"资源"一词定义为生产过程中所使用的各种投入要素，因此，资源从本质上来说就是生产要素的代名词。显然，参与一个社会或经济的价值创造的生产要素绝对不是只有自然资源，除了自然资源，还有一种非常重要的资源，这就是社会资源。社会资源包括人力资源、技术资源、信息资源等诸多类型，而在各种资源中，人力资源是一种具有非常明显特殊性的社会资源。

从广义的角度来理解，人力资源是社会中体力和智力正常的人的总和。人力资源是与物质资源相对应的概念，一般是指能推动社会和经济发展的具有智力劳动和体力劳动能力的人口的总和。它包括数量和质量两个方面，人力资源数量是指劳动适龄人口、未成年就业人口和老年就业人口。人力资源质量是指人力资源所具有的体力、智力、知识和技能水平，以及劳动者的劳动态度。与人力资源数量相比，人力资源质量更为重要。

人力资源与物质资源相比有它的特殊性，因为它既是生产的承担者又是生产发展目的的实现者，它具有以下特点。

1. 能动性

这是人力资源的首要特征，也是它与其他资源最根本的区别。自然资源在其开发过程中完全处于被动地位，人力资源则不同，在被开发过程中，人有意识、有目的地进行活动，能主动调节与外部的关系。

2. 再生性

资源可以分为可再生资源和不可再生资源两大类。人力资源在使用过程中也会出现损耗，既包括人自身体力、衰老的自然损耗，也包括知识、技能相对于科学发展而落伍的无形损耗。但与物质资源损耗不同的是，一般的物质损耗不存在继续开发问题，如煤炭、石油等，而人力资源基于人口的再生产和劳动力的再生产，能够实现自我补偿、自我更新、持续开发。

3. 时效性

人作为生物机体，有其生命周期，在不同时期可利用程度也不同。矿藏资源一般可以长期储藏，不采用品质不会降低，而人力资源储而不用，才能将会被荒废、退化。因此，人才开发与使用必须及时，开发使用时间不一样，所得的效益也不相同。

4. 社会性

人生活在社会与团体之中，个体的素质与团体素质密切相关，每个个体素质有所提高，必将形成高水平的人力资源质量。同时，个体要通过一定的群体来发挥作用，合理的群体组织结构有助于个体成长和更好地发挥作用，而群体组织结构在很大程度上又取决于社会环境。

> 【小资料】截至2012年年末，中国大陆总人口（包括31个省、市、自治区、直辖市和中国人民解放军现役军人，不包括港、澳、台及海外华侨人数）135 404万人。从性别结构看，男性人口69 395万人，女性人口66 009万人，男女比例为105.13∶100；从年龄结构看，15~59岁劳动年龄人口93 727万人，占总人口比重的69.2%，首次同比下降，劳动年龄人口的绝对数减少了345万人。

二、人力资源管理与传统人事管理的比较

人力资源管理（human resource management，HRM）就是根据企业发展战略的要求，有计划地对人力资源进行合理配置，通过对企业中员工的招聘、培训、使用、考核、激励、调整等一系列的过程，调动员工的积极性，发挥员工的潜能，为企业创造价值，确保企业战略目标的实现。

从传统的人事管理发展到现代的人力资源管理，一方面表明人力资源管理的范围扩大了，另一方面表明企业对人力资源管理的认识提高了。

第一，管理的视角。传统的人事管理把人力看成是成本，现代人力资源管理把人力看成是资源。从成本的角度出发，管理活动追求的必须是人员的减少，人力成本的节约；从资源的角度出发，管理活动就会重视对人力资源的开发利用。

第二，工作的性质。人事工作属于行政管理的范畴，主要是一些事务性工作，人力资源管理则包含战略性工作和事务性工作。

第三，管理的重点。人事管理以事为核心，强调的是因事设人，因事评人，工作任务是否完成是一切管理活动的出发点。人力资源管理则是以人为中心，注重人事相宜。

第四，对管理人员的要求。承担人事管理工作的人，通常是人事方面的专门人才。人力资源管理则要求其工作人员是通才，他不仅要懂人事工作，还要了解企业各方面的经营管理状况。二者比较具体见表5-1。

表5-1　人事管理和人力资源管理的比较

	人事管理	人力资源管理
环　境	企业内部	企业内外部
机　构	事务性、可操作性	战略性
管理重点	因事设人、聘人	以人为中心、人事相宜
人　员	人事专家	经营管理通才
活　动	集中于个人	集中于群体
	范围狭窄	范围广泛

第二节 岗位分析

岗位分析是整个人力资源管理的基础。人力资源管理一方面是要了解人员的个性特点，另一方面是要了解岗位的特性，只有这样才能做到人与事的最佳结合，做到适人适事，人事两宜。

一、岗位分析的概念

岗位分析是对企业各类岗位的性质、任务、职责、劳动条件和环境，以及员工承担本岗位任务应具备的资格条件所进行的系统分析与研究，并由此制订岗位规范、工作说明书等人力资源管理文件的过程。

岗位分析主要是为了解决以下 5W1H 的 6 个重要问题：

1. 工作的内容是什么（what）
2. 由谁来完成（who）
3. 什么时候完成工作（when）
4. 在哪里完成（where）
5. 怎样完成此项工作（how）
6. 为什么要完成此项工作（why）

二、岗位分析的意义

岗位分析是人力资源管理活动中一项非常重要的基础工作。人力资源管理的核心是实现人与工作的最佳匹配，做到事得其人、人尽其才、才尽其用，而要做到这些，就必须了解岗位分析的意义何在。

1. 岗位分析是整个人事管理科学化的基础
2. 岗位分析是提高现实社会生产力的需要
3. 岗位分析是企业现代化管理的客观需要
4. 岗位分析有助于实现量化管理
5. 岗位分析有助于工作评价、人员测评与定员管理及人力规划与职业发展的科学化、规范化与标准化
6. 对于劳动人事管理科研工作者而言，岗位分析也是不可缺少的

三、职务说明书的编写

岗位分析包括两部分活动，一是对组织内各职位所要从事的工作内容和承担的工作职责进行清晰的界定；二是确定职位所需要的任职资格，如学历、专业、年龄、技能、工作经验、工作能力以及工作态度等。岗位分析的结果一般体现为职务说明书。

1. 职务说明书的概念及作用

职务说明书是指工作分析人员根据某项职务工作的物质和环境特点，对工作人员必须具备的生理和心理需求进行的详细说明。它是职务分析的结果，是经职务分析形成的书面文

件。职务说明书是现代企业人力资源管理的工作平台。职务说明书的主要作用在于：

（1）便于招聘和选择员工、提供人力资源规划、识别内部劳动力、提供公平就业机会和真实工作概览。

（2）便于发展和评价员工、明确工作培训和技能发展、新进员工角色定位、职业生涯规划甚至业绩考核。

（3）明确薪酬政策、岗位工资标准、公平报酬。

（4）在工作和组织设计方面，明确权责和工作关系以及工作流程。

2. 职务说明书的内容

职务说明书并无固定模式，可以根据工作分析的目的和实际需要确定有关内容与格式，但其基本内容是一致的。一般情况下，工作规范可以包括在工作说明中，也可以单独编写。

（1）工作说明。工作说明又称工作描述，是指一种提供有关工作任务、工作职责等方面信息的文件。它所提供的这些信息应该是切实的、准确的，并且应该能够简要地说明公司期望员工做些什么，还应该确切地指出员工应该怎么做和在什么样的情况下履行职责。

工作说明的基本内容包括：

①工作识别。又称工作标识，包括工作名称及工作地位。其中工作地位主要指所属的工作部门、直接上级职务、工作等级、工资水平、所辖人数、定员人数、工作地点、工作时间等。

②工作编号。又称岗位编号、工作代码。一般根据工作评估与分析的结果对工作进行编码，目的在于快速查找所有的工作。企业中的每一种工作都应当有一个代码，这些代码代表了工作的一些重要特征，比如工资等级等。

③工作概述。工作概述是对工作性质和任务的高度概括和简要描述。如秘书的工作是"为经理有时也为部门的其他人员完成事务性和行政性工作"。尽量避免将工作的具体任务、方式等细节写进工作概述。

④工作职责。又称工作任务，是工作说明的主体。逐条指明工作的主要职责、工作任务、工作权限等。为使信息最大化，工作职责应在时间和重要性方面实行优化，指出每项职责的分量或价值。

⑤工作的绩效标准。有些工作说明书中还需包括有关绩效标准的内容，即完成某些任务所要达到的标准。如车间工人每天生产某产品不少于 3 件，清洁工每天需做 5 次清扫工作等。

⑥工作关系。又称工作联系，指任职者与组织内外其他人之间的关系。包括：该工作受谁监督，此工作监督谁，此工作可晋升的职位、可转换的职位以及可迁移至此的职位，与哪些部门的职位发生联系等。

⑦工作条件与工作环境。工作条件主要包括任职者主要应用的设备名称和运用信息资料的形式。工作环境包括工作场所、工作环境的危险性、职业病、工作的时间、工作的均衡性（一年中是否有集中的时间特别繁忙或特别闲暇）、工作环境的舒适度等。

⑧任职资格。这是对担任该职位的工作者提出的素质能力方面的要求，包括体力、智力、技能、经验等。

（2）工作规范。工作规范又称任职要求，是一个人为了完成某种特定的工作所必须具备的知识、技能、能力以及其他特征的一份目录清单。知识指的是为了成功地完成某项工作任务而必须掌握的事实性或程序性信息；技能指的是一个人在完成某项特定的工作任务时所具有的熟练水平；能力指的是一个人所拥有的比较通用的且具有持久性的才能；其他特征主要是指一些性格特征，例如一个人达到目标的动力或持久性等。这些特征都是不能直接观察到的与人有关的特点，只有当一个人实际承担起工作的任务与职责的时候，才有可能对这些特点进行观察。当然，这里所说的知识、技能、能力以及其他特征是对该项工作的任职者的基本要求，而不是最理想的任职者的形象。

工作规范的内容主要包括：

①一般要求：包括年龄、性别、学历、工作经验等。

②生理要求：包括健康状况、力量与体力、运动的灵活性、感觉器官的灵敏度等。

③心理要求：包括观察能力、集中能力、记忆能力、理解能力、学习能力、解决问题能力、创造性、数学计算能力、语言表达能力、决策能力、交际能力、性格、气质、兴趣、爱好、态度、事业心、合作性、领导能力等。

④其他方面的要求：包括语言表达能力、表情丰富、语音语速等要求；在体育方面，各种球技都要有一些规定等。

如表 5 - 2 所示是一份某公司的工作规范范本，仅供学习企业管理课程的同学参考。这份文书当中包含了职位的基本要求、生理要求、知识和技能要求、特殊才能要求和其他要求等。

表 5 - 2　某企业人力资源部招聘专员工作规范

某企业人力资源部招聘专员工作规范

职位名称：招聘专员　　　　　　　　所属部门：人力资源部

直接上级职务：人力资源部经理　　　职务代码：XL—HR — 021

工资等级：9 ~ 13

（一）生理要求

年龄：23 ~ 35 岁　　　性别：不限　　　身高：女性：1. 55 ~ 1. 70 米

男性：1. 60 ~ 1. 85 米　　　体重：与身高成比例，在合理的范围内就可

听力：正常　　　视力：矫正视力正常　　　健康状况：无残疾、无传染病

外貌：无畸形，出众更佳　　　声音：普通话发音标准，语音和语速正常

（二）知识和技能要求

1. 学历要求：本科，大专需从事专业 3 年以上。2. 工作经验：3 年以上大型企业工作经验。3. 专业背景要求：曾从事人事招聘工作 2 年以上。4. 英文水平：达到国家四级水平。5. 计算机：熟练使用 WINDOWS 系统和 MS OFFICE 系列。

（三）特殊才能要求

1. 语言表达能力：能够准确、清晰、生动地向应聘者介绍企业情况，并准确、巧妙地解答应聘者提出的各种问题。2. 文字表达能力：能够准确、快速地将希望表达的内容用文字表达出来，对文字描述很敏感。3. 工作认真细心，能认真保管好各类招聘材料。4. 有较好的公关能力，能准确地把握同行业的招聘情况。

（四）其他要求

1. 能够随时准备出差。2. 不可请一个月以上的假期。

3. 职务说明书的编写要求

职务说明书在企业管理中的地位极为重要，不但可以帮助任职人员了解其工作，明确其责任范围，还可为管理者的某些重要决策提供参考。职务说明书是人力资源管理的基础性文件，编写时应注意以下几个方面：

（1）清晰。职务说明书对工作的描述要清楚透彻，任职人员阅读以后，无须询问其他人就可以明白其工作内容、工作程序与工作要求等。应避免使用原则性的评价，比较难以理解的专业性词汇要解释清楚。

（2）具体。在说明工作的种类、复杂程度、任职者须具备的技能、任职者对工作各方面应负责任的程度这些问题时，应尽量使用具体的动词，如"分析""搜集""召集""计划""分解""引导""运输""转交""维持""监督"以及"推荐"等。一般地，组织中较低职位的任务最为具体，职务说明书中的描述也最具体。

（3）指明范围。在界定职位时，要确保指明工作的范围和性质，如用"为本部门""按照经理的要求"这样的句式来说明。此外，还要把所有重要的工作关系也包括进来。

（4）简单。在概括了所有基本工作要素的前提下，职务说明书的文字描述应简明扼要。

（5）共同参与。为了保证分析工作的严肃性和科学性，职务说明书的编写不应当闭门造车，而应由担任该职务的工作人员、上级主管、人力资源专家共同分析协商。

四、岗位调查的方法

1. 实践法

可以了解工作的实际任务以及该工作对人的体力、环境、社会等方面的要求；观察、记录与核实工作负荷与工作条件；观察、记录、分析工作流程及工作方法，找出不合理之处。

适用于短期内可以掌握的工作，而对于需要大量训练才能掌握或有危险的工作，不宜采用此法。如飞行员、脑外科医生、战地记者的工作。

2. 访谈法

访谈法包括个别访谈法（individual interview）、集体访谈法（group interview）、主管访谈法（supervisor interview）等，访谈过程中应注意以下几点：

（1）所提问题和职务分析的目的有关。

（2）职务分析人员语言表达要清楚、含义准确。

（3）所提问题必须清晰、明确，不能太含蓄。

（4）所提问题和谈话内容不能超出被谈话人的知识和信息范围。

（5）所提问题和谈话内容不能引起被谈话人的不满或涉及被谈话人的隐私。

3. 问卷调查

优点：

（1）能够从众多员工处迅速得到信息，节省时间和人力，费用低。

（2）员工填写工作信息的时间较为宽裕，不会影响工作时间，适用于在短时间内对大量人员进行调查的情形。

（3）结构化问卷所得到的结果可由计算机处理。

缺点：

（1）问卷的设计需要花费时间、人力和物力，费用较高。

（2）单向沟通方式，所提问题可能部分地不为员工理解。

（3）可能造成填写者不认真填写，影响调查的质量。

4. 观察法

被观察者的工作应相对稳定，工作场所也应相对固定，这样便于观察。

适用于大量标准化的、周期较短的以体力活动为主的工作，如组装线工人、会计员，而不适用于脑力活动为主的工作，如律师、设计工程师等工作。

5. 日志法

若运用得好，运用此法能获得大量的、更为准确的信息。前期直接成本小，收集信息可能较凌乱，整理工作复杂，加大员工工作的负担，也存在夸大自己工作重要性的倾向。

6. 关键事件

收集、整理导致某工作成功或失败的典型、重要的行为特征或事件。它是在第二次世界大战期间由 John Flanagan 开发出来用于识别各种军事环境下提高绩效的关键性因素的手段和方法。Flanagan 认为，关键事件法应对完成工作的关键性行为进行记录，以反映特别有效和特别无效的工作行为，需要专业人员对"关键性事件和行为"进行信息收集、概括和分类。

第三节　人力资源规划与招聘

一、人力资源规划

1. 人力资源规划及体系

人力资源规划是企业通过科学的预测、分析人力资源的供给和需求情况，制定必要的政策措施，以确保自己在必要的时间和需要的岗位上获得各种需要的人力资源（数量和质量两个方面），并使组织或者个体得到长期利益的过程。

人力资源规划是由不同性质和内容的规划构成的体系，分为战略规划和战术规划。战略规划是中长规划，对企业的人力资源管理规划具有方向性指导作用；战术规划是年度规划，是中长规划的贯彻和落实。

人力资源规划是在组织发展方向和经营管理目标既定的前提下，为实现这一目标而进行的人力资源计划管理。它确定企业需要什么样的人力资源来实现企业目标，并采取相应措施来满足这方面的需求。也就是说，人力资源计划管理的任务，是确保企业在适当的时间获得适当的人员（包括数量、质量、层次和结构等），实现企业人力资源的最佳配置，使组织和员工双方的需要都能得到满足。

要搞好人力资源规划，就需要注意几个要点：

（1）制定人力资源规划要以企业总目标和总策略为中心。企业总目标是一个企业活动的基准，不管干什么事情，都必须以这个目标为出发点，发展出一套目标体系和经营策略，并加以系统化。

（2）要了解内部劳动力系统和外在劳动力市场的状况。外在劳动力市场是指整个社会劳动力供需的情况；而内在劳动力系统是指企业内部人力的搭配和结构。

（3）要取得高层主管的参与支持。高层主管的参与支持是人力资源规划作业成功的重要条件，高层主管的理念和心态以及企业的文化直接影响下属的业务处理方法。

（4）要注意整个人力资源管理体系的搭配。人力资源规划是整个人力作业的第一步，其成效如何体现在整个人力资源管理运作的全过程中，也需要整个人力资源管理工作各个方面、各个环节及功能的配合。建立人力资料库，了解企业组织结构、工作规划、升迁轨道、薪资水准的状况等，有助于人力资源规划的操作。人力资源规划的内容如表5-3所示。

表5-3　人力资源规划内容一览

计划类别	目标	政策	步骤	预测
总规划	总目标：绩效、人力总量素质、职工满意度	基本政策：扩大、收缩、保持稳定	步骤：完善人力资源信息系统	总预算：×××万元
人员补充计划	类型、数量、层次、对人力素质结构及绩效的改善等	人员素质标准、人员来源范围、起点待遇	拟定补充标准：广告吸引、考试、面试、笔试、录用、教育上岗	招聘甄选费用
人员接替和补充计划	部门编制、人力结构优化及绩效改善、人力资源能位匹配、职务轮换幅度	任职资格，职务轮换范围及时间	小范围补充预算	职务变动引起的工资变动
教育培训计划	素质及绩效改善、培训数量类型，提供新人力，转变态度及作风	培训时间的保证、培训效果的保证（如考核）	拟定人选，选择培训方式	教育培训总投入产出，脱产培训损失
工资激励计划	人才流失减少士气水平，提高绩效明显改进	工资政策和激励政策，激励重点	绩效考核分层次奖励	增加工资、奖金额预算
退休解聘计划	编制劳务、成本降低及生产率提高	退休政策及解聘程序	到达退休年限再做具体部署	安置费、人员重置费

2. 分析和预测

在收集到以上各方面信息的基础上，就可以开始对企业的人力资源供求状况进行分析和预测了，包括预测劳动力的需求、供给以及劳动力的过剩或短缺等。

人力资源预测的方式有许多种，常用的方式有经验预测、现状预测、定员预测和自下而上预测。这些方式适用于不同类型的人力资源预测。

（1）经验预测。经验预测是人力资源预测中最简单的方式，它适合于较稳定的小型企业。经验预测，顾名思义就是用以往的经验来推测未来的人员需求。

（2）现状预测。现状预测假定当前的职位设置和人员配置是恰当的，并且没有职位空缺，所以不存在人员总数的扩充。人员的需求完全取决于人员的退休、离职等情况的发生。所以，人力资源预测就相当于对人员退休、离职等情况的预测。人员的退休是可以准确预测的；人员的离职包括人员的辞职、辞退、重病（无法工作）等情况。

（3）定员预测。定员预测适用于大型企业和历史久远的传统企业。由于企业的技术更新比较缓慢，企业发展思路非常稳定，所以每个职位和人员编制也相对确定。这类企业的人力资源预测可以根据企业人力资源的现状来推测出未来的人力资源状况。

（4）自下而上预测。自下而上预测就是从企业组织结构的底层开始逐步进行预测的方法。具体方法是，先确定企业组织结构中最底层的人员预测，然后将各个部门的预测层层向上汇总，最后定出企业人力资源总体预测。

二、招聘与使用

员工招聘与选拔是获取人力资源要素的基本方法，是决定企业的人力资源规模、结构、质量、发展的控制关口，也称为人力资源的"进口关"管理或输入管理。它是基于人才市场的竞争态势与变化动向，根据企业发展战略、营销战略、科技创新战略等总体要求，人力资源计划安排和职位空缺需要，把优秀的、合适的人员吸引、招聘、争夺、任用于企业内的合适岗位上，以创造最佳工作绩效的过程。它是一个企业的人力资源管理系统的"输入"子系统。

1. 制定招聘计划

招聘计划包括招聘时间、招聘岗位、招聘人数、任职资格、招聘途径、招聘方式和招聘预算。对于招聘途径可以通过内部招聘和外部招聘两种方式来填补空缺。两种途径各有优劣，一般的企业汇总采用两种途径，对于内外部环境相对稳定的企业来说，选择内部招聘更为有利，迅速成长的企业则需要从外部招聘。

研讨与思考：企业要招人各有哪些途径？各有什么优劣呢？可以分组讨论。

2. 企业招聘影响因素

1）企业外部的因素

（1）国家的政策、法规。国家的政策、法规从客观上对于企业的招聘活动进行了限制。例如有不少国家的法律规定企业在进行招聘时不能对申请人的性别、年龄、种族和宗教信仰进行歧视。

（2）劳动力市场。劳动力市场对于企业的招聘活动也有重要的影响。

①劳动力市场的供求关系。这种供求关系可以分为三种情况：一种是劳动力的供给大于需求，这种情况下的市场叫作过剩市场；一种是劳动力的供给小于对劳动力的需求，这种情况下的市场被称为短缺市场；还有一种情况是劳动力的供给恰好等于对劳动力的需求，是一种比较特殊的情况。劳动力过剩的情况下，企业对外招聘活动比较容易，可以用较低的价格雇用到高素质符合企业需要的人才；反之，在某类人员短缺的情况下企业就会在人才市场上面临激烈竞争，使得企业的招聘工作变得错综复杂。

②劳动力市场的地理位置。劳动力市场根据地理区域的不同可以划分为局部性的劳动力市场、区域性的劳动力市场、国家性的劳动力市场和国际性的劳动力市场。劳动力市场的地理位置不同，对于企业招聘工作的影响也很大。

2）企业内部的因素

（1）企业的形象及号召力。企业在人们心目中的形象越好，号召力越强，那么会对企业的招聘活动产生越有利的影响。因为良好的形象和较强的号召力，将会对申请人从心理方面产生积极的影响，引起他们对于企业招聘工作的兴趣，从而对企业的招聘工作产生有利作用。例如，国内外著名的大公司可以凭借自己在人们心目中的声望吸引大量人才来应聘。

（2）企业的发展前景。一个企业的不同发展前景对于招聘工作有着很大的影响。例如，一个企业正处于发展阶段，发展前景很广阔，那么企业为了发展就可能需要大量的人才。而对于一个发展前景暗淡的企业，可能会强调工作岗位的安全、工资和福利的提高，而不大可能大规模招聘人员。这些都会对招聘工作产生影响，无论是在招聘规模还是招聘重点上。

（3）福利待遇。不同的福利待遇会对企业的招聘工作产生重要影响。一个企业的工资越高，内部的工资制度越合理，各项待遇越好，就越容易吸引高素质的人才，使企业招收到满意的员工。在我国有一点与其他国家不同，那就是企业能否解决户籍问题。户籍问题在我国企业招聘中一直占据重要位置，虽然现在作用已大为下降，但仍不能忽视。

（4）企业招聘政策。一个企业可以通过两个渠道来招聘满足企业需要的人员：一个是企业内部招聘渠道，另一个是企业外部招聘渠道。例如，一项对业务水平和技能要求较高的工作，企业可以利用不同的来源和招聘方法，而这取决于企业高层管理者是喜欢内部招聘还是喜欢外部招聘。这样，不同的招聘政策对企业的招聘活动必然会产生不同的影响。如果企业政策侧重于内部招聘，那么招聘将主要针对企业内部人员，沿着企业内部的招聘渠道和途径展开。

（5）招聘的资金和时间约束。一个企业招聘资金投入数额的多少对招聘活动有着重要影响。充足的招聘资金可以使企业在招聘方法上拥有更多的选择，例如它可以花大量费用做广告，选用媒体也有许多选择。相反，较少的招聘资金将使企业在招聘活动时面临的选择减少，只能采用费用较低的招聘方法，从而对企业的招聘活动产生不利影响。时间上的约束也影响着企业的招聘活动。

3. 人员招聘渠道

（1）员工招聘的内部渠道。员工招聘的内部渠道是指通过企业内部去获得企业所需要的各种人才。企业本身就是一个人才的蓄水池，由于工作和岗位的原因，很多人才的优点未能被发现，因此员工招聘内部渠道最重要的方式是竞聘上岗。

①竞聘上岗是指在企业内部具有一定学历和一定经历的人群中通过公开竞聘的方式找到最匹配担任某一岗位职务的人才，使才得其用，能岗匹配，效益最佳，在企业内部获取人才的过程。

②利用档案记录的信息。人事部门或人力资源管理部门大多都备有员工的个人档案。内部招聘可以利用这些档案的信息来确定是否有合适的人选，对企业内部员工进行提升、工作调换或工作轮换。

（2）员工招聘的外部渠道。在外部招聘前企业应做好如下的准备工作：人力资源规划、职务分析、确定招聘领导小组和招聘工作小组、确定招聘信息发布的方式、设计招聘所需的各类表格、确定招聘的时间、地点和方式。

①招聘广告。招聘广告是使用最为普遍的一种方法。由于阅读广告的不仅有应聘者，还有潜在的申请人，以及客户和一般大众。因此，公司的招聘广告代表着公司的形象，需要认真实施。企业用广告吸引应聘者，有很多优点。第一，工作空缺的信息发布迅速，能够在一两天之内就传达给外界；第二，同许多其他吸引方式相比，广告渠道的成本比较低；第三，

在广告中可以同时发布多种类别岗位的招聘信息；第四，广告发布方式可以给企业保留许多操作的优势，例如企业可以要求申请人在特定的时间段内亲自来企业、打电话或者向企业的人力资源部邮寄自己的简历等。

②职业介绍机构。职业介绍机构的作用是帮助企业选拔人员，节省企业的时间。特别在企业没有设立人力资源部门或者需要立即填补空缺时，可以借助于职业介绍机构。如果需要长期借助时，则应该把职务说明书和相关要求告知职业介绍机构，并委派专人同几家机构保持稳定的联系。

③猎头公司。猎头公司是与职业介绍机构类似的就业中介组织，但由于它特殊的运作方式和服务对象的特殊性，经常被看作是一种独立的招聘渠道。人们广泛接受这样一个看法，即最好的人才已经处于就业状态。猎头公司是一种专门为企业"投捕"和推荐高级管理人员和高级技术人员的机构。它们设法诱使这些人才离开正在服务的企业。它可以帮助公司的最高管理者节省很多招聘和选拔高级人才的时间。但是，借助于猎头公司的费用要由企业支付，而且费用很高，一般为所推荐人才年薪的 1/4 到 1/3。

④员工推荐与申请人自荐。现在有很多公司逐渐认识到通过员工推荐的方法聘用现有员工的家属或者朋友有很多好处。这种方式既可以节省招聘人才的广告费和付给职业介绍机构的费用，还可以得到忠诚而可靠的员工。对员工而言，如果他推荐的工作申请人的特征与组织的要求不相互匹配，不仅影响到自己在企业中的地位，也将危害到自己和被推荐者之间的关系。当然这种方式对中国企业是否适用，还有待证实。

⑤临时性雇员。企业可以把核心的关键员工数量限制在一个最低的水平上，同时建立一种临时员工计划。这种计划可以有四种选择：第一，内部临时工储备，即把以前曾经雇用过的员工作为储备；第二，通过中介机构临时雇用；第三，聘用自由职业者，如与自由撰稿人和教授、专家签订短期服务合同；第四，短期雇用，即在业务繁忙时或一个特定的项目进行期间招聘一些短期服务人员。临时员工计划的缺点是增加招聘成本、培训成本，产品质量的稳定性可能下降，以及需加强对临时员工的激励等。

⑥校园招聘。校园招聘的方式通常有三种：第一种是企业到校园招聘；第二种是学生提前到企业实习；第三种是企业和学校联手培养，以补充企业所需要的专门人才。

企业直接派出招聘人员到校园去公开招聘，这种招聘通常在每年的 11 月至次年 5 月进行。派出的招聘人员一般要对校园生活、校园环境、大学生的心理状态有相当的了解，便于直接联系与沟通。

由企业有针对性地邀请部分大学生在毕业前（大约前半年的时间）到企业实习，参加企业的部分工作，企业的部门主管直接进行考查，了解学生的能力、素质、实际操作能力等。由于这种考察可以实地进行，收集的信息较全面。

由企业和学校联手培养人才。这些联手培养的人才从学校毕业后全部去参与培养的企业工作，这种方式用于某些特殊专业的专门人才。如厦门大学和美国太古集团公司联手培养"飞机维修专业"的学生，学生在校期间所学科目主要由厦门大学确定，由厦门大学的老师授课，但学生每年有 2 个月时间到太古公司实习，毕业后学生全部进入太古公司工作。

【小资料】 各大公司的招聘小招

西门子——考查能力占用时间最长

对于吸引、选拔人才，西门子有一套独特的操作模式。在西门子，招聘人才往往是能力考核占 40 分钟，考查经验花半个小时，而考查知识仅用 5 分钟就够了。因为，一个人的知识量，两三年的时间就可以改变，经验也会随之改变。但是，能力持续期可能是二三十年或者一辈子都改变不了的。

美电报电话公司——整理文件筐

先给应聘者一个文件筐，要求应聘者将所有杂乱无章的文件存放于文件筐中，规定在 10 分钟内完成。一般情况下不可能完成，公司只是借此观察员工是否具有应变处理能力，是否分得清轻重缓急，以及在办理具体事务时是否条理分明，那些临危不乱、作风干练者自然能获高分。

统一公司——先去扫厕所

统一公司要求员工有吃苦精神以及脚踏实地的作风，凡来公司应聘者，公司会先给你一个拖把叫你去扫厕所，不接受此项工作或只把表面洗干净者均不予录用。他们认为一切利润都是从艰苦劳动中得来的，不敬业就是隐藏在公司内部的"敌人"。

通用电器——木板过河游戏

公司将应聘者分为两组，开展"木板过河"游戏比赛，内容为每组有一个"病人"需要送到"河"对岸，要求用手中的木板搭成"桥"将"病人"送到河对岸，谁先送到"河"对岸则录用谁。实际上"桥"的长度不可能达到"河"对岸，公司设计此考题的目的就是观察此两组应聘者是否有团队意识，因为只有当两组木板合并起来才能过"河"，如果两组应聘者都只想着自己过"河"，则没有达到公司所应具备的人才要求，都将不予录用。

（资料来源于 http：//arts.51job.com）

第四节　员工培训与开发

变化是企业发展永恒的主题，适应这种变化的环境则是企业生存和发展的首要任务，而培训正在成为企业增强应变能力的重要手段。长期以来，国际上的许多著名企业都非常重视员工的培训工作。员工的培训与开发对于企业改进生产效益、提高工作和产品质量以及增强竞争力是至关重要的，另外员工培训与开发也是人力资源管理的重要职能之一。

一、员工培训与开发的概念

1. 概念

员工培训与开发是一个为组织员工灌输组织文化、道德，提供思路、理念、信息和技能，帮助他们提高素质和能力，提高工作效率，发挥内在潜力的过程。从管理的角度看，培训主要是使员工学习掌握如何干好所承担工作的相关信息和技能；开发则是指通过教育活动使员工掌握目前和未来工作所需要的思路、知识和技巧，充分发挥自身的潜力（创造性、积极性），能不断适应新情况、新环境的需要，卓有成效地完成组织的任务和目标。

广义的培训与开发包括组织一般员工的教育与培训（岗前培训、在岗培训）、管理人员培训与发展（管理开发计划）、员工职业生涯管理等内容；狭义则指普通员工的教育培训以及管理人员的开发。

2. 培训与开发的区别（见表5－4）

人力资源的开发有很多途径，它探究的是如何更好地利用现有人才资源，培训只是其中一种使人才素质得以提升的方法。二者的区别具体包括：

（1）关注点不同，培训关注于现在，而开发着眼于未来。

（2）培训多与现在的工作内容相关，开发则可能与现在的工作内容联系并不紧密。

（3）培训工作对于工作经验要求更多，而开发主要针对的是新的工作，对经验的要求不多。

（4）有些培训活动是员工必须要参加的，带有一定的强制性，而开发则更多与员工的发展意愿相关。

表5－4 培训与开发的区别

项 目	培 训	开 发
关注的重点	现在	未来
工作实践的运用程度	高	低
目标	为当前做好准备	为未来变化做好准备
参与	必需的	自愿

二、员工培训与开发的意义和特点

（一）培训的意义

企业在面临全球化、高质量、高效率的工作系统挑战时，培训显得更为重要。培训使员工的知识、技能与态度明显提高与改善，由此提高企业效益，获得竞争优势。具体体现在以下方面：

1. 能提高员工的职业能力

员工培训的直接目的就是要发展员工的职业能力，使其更好地胜任现在的日常工作及未来的工作任务。在能力培训方面，传统上的培训重点一般放在基本技能与高级技能两个层次上，但是未来的工作需要员工具有更广博的知识，培训员工学会知识共享，创造性地运用知识来调整产品或服务。同时，培训使员工的工作能力提高，为其取得好的工作绩效提供了可能，也为员工提供更多晋升和提高收入的机会。

2. 有利于企业获得竞争优势

面对激烈的国际竞争，一方面，企业需要越来越多的跨国经营人才，为进军世界市场做好人才培训工作；另一方面，员工培训可提高企业新产品研究开发能力，员工培训就是要不断培训与开发高素质的人才，以获得竞争优势，这已为人们所认识。尤其是人类社会步入以知识经济资源和信息资源为重要依托的新时代以来，智力资本已成为获取生产力、竞争力和经济成就的关键因素。企业的竞争不再依靠自然资源、廉价的劳动力、精良的机器和雄厚的财力，而主要依靠知识密集型的人力资本。因此，这要求建立一种新的适合未来发展与竞争的培训观念，提高企业员工的整体素质。

3. 有利于改善企业的工作质量

工作质量包括生产过程质量、产品质量与客户服务质量等。毫无疑问，培训使员工素质、职业能力提高并增强，将直接提高和改善企业工作质量。培训能改进员工的工作表现，降低成本；培训可增加员工的安全操作知识；提高员工的劳动技能水平；增强员工的岗位意识，增加员工的责任感；规范生产安全规程；增强安全管理意识，提高管理者的管理水平。因此，企业应加强对员工敬业精神、安全意识和知识的培训。

4. 有利于高效工作绩效系统的构建

在21世纪，科学技术的发展导致员工技能和工作角色的变化，企业需要对组织结构进行重新设计（如工作团队的建立）。今天的员工已不是简单接受工作任务，提供辅助性工作，而是参与提高产品与服务的团队活动。在团队工作系统中，员工扮演许多管理性质的工作角色。他们不仅具备运用新技术，获得提高客户服务与产品质量的信息，与其他员工共享信息的能力；还具备人际交往技能和解决问题的能力、集体活动能力、沟通协调能力等。尤其是培训员工学习使用互联网、全球网及其他用于交流和收集信息工具的能力，可使企业工作绩效系统高效运转。

5. 满足员工实现自我价值的需要

在现代企业中，员工的工作目的更重要的是为了"高级"需求——自我价值实现。培训不断教给员工新的知识与技能，使其能适应或能接受具有挑战性的工作与任务，实现自我成长和自我价值，这不仅使员工在物质上得到满足，而且使员工得到精神上的成就感。

（二）员工培训的特性

员工培训的对象是在职人员，其性质属于继续教育的范畴。它具有以下鲜明的特征。

1. 广泛性

广泛性即指员工培训的涉及面广，不仅决策层管理者需要培训，而且一般员工也需要受训；员工培训的内容涉及企业经营活动或将来需要的知识、技能以及其他问题，而且员工培训目的方式与方法也具有更大的广泛性。

2. 层次性

层次性即指员工培训网络的深度，也是培训网络现实性的具体表现。不仅企业战略不同，培训的内容及重点不同，而且不同知识水平和不同需要的员工，所承担的工作任务不同，知识和技能需要也不同。

3. 协调性

协调性即指员工培训网络是一个系统工程。它要求培训的各环节、培训项目应协调，使培训网络运转正常。首先要从企业经营战略出发，确定培训的模式、培训内容、培训对象；其次应适时地根据企业发展的规模、速度和方向，合理确定受训者的总量与结构；最后还要准确地根据员工的培训人数，合理地设计培训方案、培训的时间和地点等。

4. 实用性

实用性即指员工的培训投资应产生一定的回报。员工培训系统要发挥其功能，即培训成果转移或转化成生产力，并能迅速促进企业竞争优势的发挥与保持。首先，企业应设计好培训项目，使员工所掌握的技术、技能、更新的知识结构能适应新的工作。其次，应让受训者获得实践机会，为受训者提供或其主动抓住机会来应用培训中所学的知识、技能和行为方式。最后，为培训成果转化创造有利的工作环境，构建学习型组织。它是一种具有促进学习能力、适应能力和变革能力的组织。

5. 长期性和速成性

长期性和速成性即指随着科学技术的日益发展，人们必须不断接受新的知识，不断学习，任何企业对其员工的培训将是长期的，也是永恒的。员工学习的主要目的是为企业工作，所以培训一般针对性较强、周期短，具有速成的特点。许多培训是随经营的变化而设置的，如为改善经济技术指标急需掌握的知识和技能以及为掌握已决定进行的攻关课题、革新项目急需的知识和技能，为强化企业内部管理急需掌握的管理基本技能等。

6. 实践性

实践性即指培训应根据员工的生理、心理以及一定工作经验等特点，在教学方法上应注重的实践教学方法。应针对工作实际多采用启发式、讨论式、研究式以及案例式的教学，使员工培训有效果。

三、员工培训与开发的内容和形式

（一）培训的内容

员工培训的内容与形式必须与企业的战略目标、员工的职位特点相适应，同时考虑适应内外部经营环境变化。一般地，任何培训都是为了提供员工在知识、技能和态度三方面的学习与进步。

1. 知识的学习

知识学习是员工培训的主要方面，包括事实知识与程序知识学习。员工应通过培训掌握完成本职工作所需要的基本知识，企业应根据经营发展战略要求和技术变化的预测，以及将来对人力资源的数量、质量、结构的要求与需要，有计划、有组织地培训员工，使员工了解企业的发展战略、经营方针、经营状况、规章制度、文化基础、市场及竞争等。依据培训对象的不同，知识内容还应结合岗位目标来进行。如对管理人员要培训计划、组织、领导和控制等管理知识，还要他们掌握心理学、激励理论等有关人的知识，以及经营环境如社会、政治、文化、伦理等方面的知识。

2. 技能的提高

知识的运用必须具备一定技能。培训首先对不同层次的员工进行岗位所需的技术性能力培训，即认知能力与阅读、写作能力的培训。认知能力包括语言理解能力、定量分析能力和推理能力等三方面。有研究表明，员工的认知能力与其工作的成功有关系。随着工作变得越来越复杂，认知能力对完成工作显得越来越重要。阅读能力不足会阻碍员工良好业绩的取得。随着信息技术的发展，不仅要开发员工的书面文字阅读能力，而且要培养员工的电子阅读能力。此外，企业应更多培养员工的人际交往能力。尤其是管理者，更应注重判断与决策能力、改革创新能力、灵活应变能力、人际交往能力等的培训。

3. 态度的转变

态度是影响能力与工作绩效的重要因素。员工的态度与培训效果和工作表现是直接相关的。管理者重视员工态度的转变使培训成功的可能性增加。受训员工的工作态度怎样，如何形成，怎样受影响，是一个复杂的理论问题，又是一个实践技巧。通过培训可以改变员工的工作态度，但不是绝对的。关键的是管理者工作本身，管理者要在员工中树立并保持积极的态度，同时善于利用员工态度好的时间来达到所要求的工作标准。管理者根据不同的特点找到适合每个人的最有效的影响与控制方式，规范员工的行为，促进员工态度的转变。

（二）培训的组织形式

为适应不同的培训目的、不同的培训内容、不同的受训者等，员工培训的组织形式也多种多样。

1. 从培训职能部门的组建看

从这个角度划分，培训有学院模式、客户模式、矩阵模式、企业办学模式和虚拟培训组织模式等五种模式。

（1）学院模式。即企业组建培训部门，看起来非常像一所大学结构。培训部门由主管人会同一组对特定课题或特定的技术领域具有专业知识的专家共同领导。专家负责开发、管理和修改培训项目。

（2）客户模式。即企业组建培训部门负责满足公司内某个职能部门的培训需求，使培训项目与经营部门的特定需要而不是与培训者的专业技能相一致。但培训者必须了解经营需要，并不断更新培训课程和内容以适应这种需求。

（3）矩阵模型。即企业组建培训部门能适应培训者既要向部门经理又要向特定职能部门经理汇报工作的模式。培训者具有培训专家和职能专家两个方面的职责。它有助于将培训与经营需求联系起来；培训者可以通过某一特定的经营职能而获得专门的知识。

（4）企业办学模式。利用企业办学组建职能部门趋向于提供范围更广的培训项目与课程。该模式的客户群不仅包括员工和经理，还包括公司外部的相关利益者。企业一些重要的文化和价值观将在企业大学的培训课程中得到重视。

2. 从培训的对象看

从培训对象角度看，培训有管理人员培训、专业技术人员培训、基层员工培训及新员工培训。管理人员培训主要是让他们掌握必要的管理技能，以及新的管理知识与理论、先进的管理方法。专业技术人员培训是让他们提高专业领域的能力，旨在提高其新产品研制能力；同时培训财务、营销知识、时间管理、信息管理、沟通技巧、团队建设、人际能力、指导员工、外语等方面的知识与能力。基层员工培训目的是让员工操作技能提高，培训是针对不同岗位所要求的知识与技能而言。新员工培训，即为新进入企业的员工指引方向，使之对新的工作环境、条件、工作关系、工作职责、工作内容、规章制度、组织期望等有所了解，使其尽快顺利地融入企业并投身到工作之中。

3. 从员工培训的时间看

从员工培训的时间看，培训有全脱产培训、半脱产培训与业余培训等。全脱产培训是受训者在一段时期内完全脱离工作岗位，接受专门培训后，再继续工作。半脱产培训是受训者每天或每周抽出一部分时间参加学习的培训形式。业余培训是受训者完全利用个人业余时间参加培训，不影响正常生产或工作的培训形式。

四、员工的培训方法

要使员工培训更有效，适当的培训方法是必要的。培训方法大致可分为三类：演示法、专家传授法和团队建设法。下面简单一下介绍各种培训方法及其优缺点和适应范围。

（一）演示法

演示法（presentation methods）是指将受训者作为信息的被动接受者的一些培训方法。它主要包括传统的讲座法、远程学习法及视听法。

1. 讲座法

讲座法（lecture）指培训者用语言表达其传授给受训者的内容。讲座的形式多种多样，不管何种形式的讲座，它是一种单向沟通的方式——从培训者到听众。讲座法的成本最低、最节省时间；有利于系统地讲解和接受知识，易于掌握和控制培训进度；有利于更深入地理解难度大的内容；而且可同时对许多人进行教育培训。不同形式的讲座方法如表5-5所示。

表5-5　不同形式的讲座方法

讲座的形式	具体采用的方式
标准讲座	培训者讲，受训者听，并吸取知识
团体讲座	两个或两个以上的培训者讲不同的专题或对同一专题的不同看法
客座讲座	客座发言人按事先约定的时间出席并介绍、讲解主要内容
座谈小组	两个或两个以上的发言人进行信息交流并提问
学生发言	各受训者小组在班上轮流发言

2. 远程学习法

远程学习通常被一些地域上较为分散的企业用来向员工提供关于新产品、企业政策或程序、技能培训以及专家讲座等方面的信息。远程学习包括电话会议、电视会议、电子文件会议，以及利用个人电脑进行培训。培训课程的教材和讲解可通过因特网或者一张可读光盘分发给受训者。受训者与培训者可利用电子邮件、电子留言板或电子会议系统进行交互联系。

3. 视听法

视听法是利用幻灯、电影、录像、录音等视听教材进行培训。这种方法利用人体感觉（视觉、听觉、嗅觉等）去体会，比单纯讲授给人的印象更深刻。录像是最常用的培训方法之一，被广泛运用在提高员工沟通技能、面谈技能、客户服务技能等方面，但录像很少单独使用。

（二）专家传授法

专家传授法是一种要求受训者积极参与学习的培训方法。这种方法有利于开发受训者的特定技能，理解技能和行为如何能应用于工作当中，可使受训者亲身经历一次工作任务完成的全过程。它包括在职培训、情景模拟、商业游戏、个案研究、角色扮演、行为塑造、交互式视频以及互联网培训等。下面分别介绍几种主要的方法。

1. 在职培训

在职培训（on the job training, OJT）是指新员工或没有经验的员工通过观察并效仿同事及管理人员执行工作时的行为而进行学习。与其他方法相比，OJT 在材料、培训人员工资或指导上投入的时间或资金相对较少，因此是一种很受欢迎的方法。

（1）学徒制。学徒制是一种既有在职培训又有课堂培训特点，且兼顾工作与学习的培训方法。该方法是选择一名有经验的员工对受训者进行关键行为的示范、实践、反馈和强化，以达到培训的目的。这些受训者被称为"学徒"。

（2）自我指导培训法。自我指导培训法指受训者不需要指导者，而是需按自己的进度学习预定的培训内容，即员工自己全权负责的学习。培训者不控制或指导学习过程，只负责评价受训者的学习情况及解答其所提出的问题。

2. 情景模拟法

情景模拟是一种代表现实中真实生活情况的培训方法，受训者的决策结果可反映其在被"模拟"的工作岗位上工作会发生的真实情况。该方法常被用来传授生产和加工技能及管理和人际关系技能。

3. 商业游戏

商业游戏是指受训者在一些仿照商业竞争规则的情景下收集信息并将其进行分析、作出决策的过程，它主要用于管理技能开发的培训中。参与者在游戏中所作的决策的类型涉及各个方面的管理活动，包括劳工关系（如集体谈判合同的达成）、市场营销（如新产品的定价）、财务预算（如购买新技术所需的资金筹集）等。游戏能够激发参与者的学习动力。

4. 个案研究法

个案研究法是将实际发生过或正在发生的客观存在的真实情景，用一定视听媒介，如文字、录音、录像等所描述出来，让受训者进行分析思考，学会诊断和解决问题以及决策。它特别适用于开发高级智力技能，如分析、综合及评价能力。

5. 角色扮演

角色扮演法是设定一个最接近现状的培训环境，指定受训者扮演角色，借助角色的演练来理解角色的内容，从而提高积极地面对现实和解决问题的能力。角色扮演有助于训练基本技能，有利于培养工作中所需素质和技能，有利于受训者态度、仪容和言谈举止的改善与提高。

角色扮演不同于情景模拟，主要表现在：角色扮演提供的情景信息十分有限，而情景模拟所提供的信息通常都很详尽；角色扮演注重人际关系反应，寻求更多的信息，解决冲突，而情景模拟注重于物理反应（如拉动杠杆、拨个号码）；情景模拟的受训者的反应结果取决于模型的仿真程度，而在角色扮演中结果取决于其他受训者的情感与主观反应。

6. 行为塑造

行为塑造是指向受训者提供一个演示关键行为的模型，并给他们提供实践的机会。该方法基于社会学习理论，适应于学习某一种技能或行为，不太适合于事实信息的学习。

7. 交互式视频

交互式视频是以计算机为基础，综合文本、图表、动画及录像等视听手段培训员工的方法。它通过与计算机主键盘相连的监控器，让受训者以一对一的方式接受指导，进行互动性学习。受训者可以用键盘或触摸监视器屏幕的方式与培训程序进行互动。

8. 互联网培训

互联网是一种广泛使用的通信工具，是一种快速廉价的收发信息的方法，也是一种获取和分配资源的方式。互联网培训主要是指通过公共的（因特网）或私有的（内部局域网）计算机网络来传递，并通过浏览器来展示培训内容的一种培训方式。

三、团队建设法

团队建设法是用以提高团队或群体成员的技能和团队有效性的培训方法。它注重团队技能的提高以保证进行有效的团队合作。这种培训包括对团队功能的感受、知觉、信念的检验与讨论，并制订计划将培训中所学的内容应用于工作当中的团队绩效上。团队建设法包括探险性学习、团队培训和行为学习。

（一）探险性学习

探险性学习也称为野外培训或户外培训。它是利用结构性的室外活动来开发受训者的团队协作和领导技能的一种培训方法。该方法最适应于开发与团队效率有关的技能，如自我意识能力、问题解决能力、冲突管理能力和风险承担能力等。利用探险性学习的方法，其户外练习应和参与者希望开发的技能类型有关。练习结束后，应由一位有经验的辅导人员组织关于学习内容、练习与工作的关系，以及如何设置目标、将所学知识应用于工作等问题进行讨论。

（二）团队培训

团队培训是通过协调在一起工作的不同个人的绩效从而实现共同目标的方法。团队培训方法多种多样，可以利用讲座或录像向受训者传授沟通技能，也可通过角色扮演或仿真模拟给受训者提供讲座中强调的沟通性技能的实践机会。团队培训的主要内容是知识、态度和行为。

（三）行动学习

行动学习法即给团队或工作群体一个实际工作中所面临的问题，让团队队员合作解决并制订出行动计划，再由他们负责实施该计划的培训方式。一般地，行动学习包括 6～30 个员工，其中包括顾客和经销商。

第五节　员工绩效考评

绩效考评，是指考评者对照工作目标或绩效标准，采用一定的考评方法，评定员工的工作任务完成情况、员工的工作职责履行程度和员工的发展情况，并将上述评定结果反馈给员工的过程。绩效考评是绩效考核和评价的总称。

一、绩效考评的目的

绩效考评是对员工本身和相互之间工作优缺点的系统描述，是人力资源管理中相对棘手的问题之一，但又十分现实，因为企业内任何一个人的工作实绩都直接影响到企业战略目标和任务的实现。如果企业没有一个有效的工作绩效考评机制，就无法保证生产经营活动的顺利进行，企业的战略目标和战略任务也就无法如期实现。具体来说，企业组织绩效考评的目的有以下几点：

（1）为员工的晋升、降职、调职和离职提供依据。

（2）组织对员工的绩效考评的反馈。

（3）对员工和团队对组织的贡献进行评估。

（4）对员工的薪酬决策提供依据。

（5）对招聘选择和工作分配的决策进行评估。

（6）了解员工和团队的培训和教育的需要。

（7）对培训和员工职业生涯规划效果的评估。

（8）为工作计划、预算评估和人力资源规划提供信息。

二、绩效考评的步骤

为使员工绩效考评能真正达到预定目的，必先制定一个严谨且具有可操作性的员工考评流程，一般来说，它包括以下几个步骤：

1. 设定员工工作目标

员工的工作目标就是员工知道做什么，为何做。工作目标的设定依主管与下属的互动而定，这是制定及完成工作目标最可靠的方法。工作目标的制定应与企业目标、所属部门目标及员工工作职责相联系。

2. 制定员工工作标准

工作标准是指应做的事情，应达到的可接受程度。制定此项标准有以下几项要求：

（1）此项标准是员工可以达到的。

（2）可以量化并且可以衡量的。

（3）可以诉诸文字。

（4）主管与下属双方同意制定。

（5）可以随环境而改变的。

3. 平时加强沟通

主管与下属双方在工作进行过程中，必须不断以各种沟通方式了解工作执行的进度，并预防或解决各项可能产生的问题，确保各项工作的有效执行。

4. 评价员工绩效

主管人员应每隔一段时间与下属员工举行考核面谈，以追踪其各项工作目标情况并对工作执行成果予以记录，在考核时双方应共同讨论，以谋求改进绩效或重新拟定工作目标及标准。

5. 人事行政作业

依据各级主管考核员工的结果，即可拟定执行工资晋升、职位调整或训练发展的各项人力资源作业，以有效达成员工考核工作的目的。

三、绩效考评的方法

1. 关键法

关键法要求保存最有利和最不利的工作行为的书面记录。当这样一种行为对部门的效益产生无论是积极还是消极的重大影响时,管理者都把它记录下来,这样的事件便称为关键事件。在考核后期,评价者运用这些记录和其他资料对员工业绩进行评价。

2. 叙述法

叙述法只需评价者写一篇简洁的记叙文来描述员工的业绩。这种方法集中倾向员工工作中的突出行为,而不是日常每天的业绩。这种评价方法与评价者的写作能力关系较大,一些主管由于其优秀的写作技巧,甚至能将一名勉强合格的工人描述得像一个工作模范。因为没有统一的标准,所以叙述评价法操作可能是很困难的。

3. 硬性分布法

硬性分布法需要评价者将工作小组中的成员分配到一种类似于一个正态频率分布的有限数量的类型中去。例如,把最好的10%的员工放在最高等级的小组中,次之20%的员工放在次一级的小组中,再次之的40%放在中间等级的小组中,再次之的20%放在倒数第二级的小组中,余下的10%放在最低等级的小组中。

4. 择业报告

择业报告法要求评价者从一系列的个人陈述中进行选择,且这些人应是被受到最多或最少描述的员工。缺点:这种方法的一个困难在于,描述性陈述实质上可能都是相同的。

5. 考核报告

评价者完成一份类似于强制选择业绩报告的表格,但对不同的问题会赋予不同的权数。

6. 作业标准法

作业标准法是用预先确定的标准或期望的产出水平来评比每位员工业绩的方法。标准反映着一名普通工人按照平均速度操作而取得的一般产出。作业标准可以直接应用在各种工作中,但它们主要频繁地用于生产工作中。

7. 排列法

评价者只要简单地把一组中的所有员工按照总业绩的顺序排列起来。例如,部门中业绩最好的员工被排列在最前面,最差的被排在最后面。缺点:这种方法的主要问题是,当个人的业绩水平相近时难以进行排列。

8. 平行比较法

平行比较法是排列法的一种演变。在这种方法中,将每个员工的业绩与小组中的其他员工相比较。这种比较常常基于单一的标准,如总业绩。获得有利的对比结果最多的员工,被排列在最高的位置。

第六节　薪酬管理

在现代企业人力资源管理与开发中,薪酬是一个最敏感的问题,薪酬方案是否合理,直接影响企业管理目标的实现以及员工工作积极性的高低。完善的薪酬管理是人力资源管理的核心，对企业的发展影响巨大。

一、薪酬管理的定义

薪酬是指员工向其所在单位提供所需要的劳动而获得的各种形式的补偿，是单位支付给员工的劳动报酬。薪酬包括经济性薪酬和非经济性薪酬两大类，经济性薪酬又分为直接经济性薪酬和间接经济性薪酬。

直接经济性薪酬是单位按照一定的标准以货币形式向员工支付的薪酬。

间接经济性薪酬不直接以货币形式发放给员工，但通常可以给员工带来生活上的便利、减少员工额外开支或者免除员工后顾之忧。

非经济性薪酬是指无法用货币等手段来衡量，但会给员工带来心理愉悦效用的一些因素。

所谓薪酬管理，是指一个企业针对所有员工所提供的服务来确定他们应当得到的报酬总额以及报酬结构和报酬形式的一个过程。在这个过程中，企业就薪酬水平、薪酬体系、薪酬结构、薪酬构成以及特殊员工群体的薪酬作出决策。同时，作为一种持续的组织过程，企业还要持续不断地制订薪酬计划、拟定薪酬预算，就薪酬管理问题与员工进行沟通，同时对薪酬系统的有效性作出评价而后不断予以完善。

薪酬管理对几乎任何一个组织来说都是一个比较棘手的问题，主要是因为企业的薪酬管理系统一般要同时达到公平性、有效性和合法性三大目标。企业经营对薪酬管理的要求越来越高，但就薪酬管理来讲，受到的限制因素也越来越多，除了基本的企业经济承受能力、政府法律法规外，还涉及企业不同时期的战略、内部人才定位、外部人才市场，以及行业竞争者的薪酬策略等因素。薪酬构成如表5-6所示。

表5-6　薪酬构成

薪酬	经济性薪酬	直接经济薪酬	基本薪酬
			可变薪酬
		间接经济薪酬	带薪非工作时间
			员工个人及其家庭服务
			健康以及医疗保健
			人寿保险
			养老金
	非经济性薪酬	满足感	
		赞扬与地位	
		雇用安全	
		挑战性的工作机会	
		学习的机会	

二、薪酬管理的特殊性

薪酬管理比起人力资源管理中的其他工作而言，有一定的特殊性，具体表现在三个方面。

1. 敏感性

薪酬管理是人力资源管理中最敏感的部分，因为它牵扯到企业中每一位员工的切身利益。特别是在人们的生存质量还不是很高的情况下，薪酬直接影响他们的生活水平；另外，薪酬是员工在企业中工作能力和水平的直接体现，员工往往通过薪酬水平来衡量自己在企业中的地位。所以，薪酬问题对每一位员工都会很敏感。

2. 特权性

薪酬管理是员工参与最少的人力资源管理项目，它几乎是企业老板的一个特权。老板，包括企业管理者，认为员工参与薪酬管理会使企业管理增加矛盾，并影响投资者的利益。所以，员工对于企业薪酬管理的过程几乎一无所知。

3. 特殊性

由于敏感性和特权性，所以每个企业的薪酬管理差别会很大。另外，薪酬管理本身就有很多不同的管理类型，如岗位工资型、技能工资型、资历工资型、绩效工资型等，因此不同企业之间的薪酬管理几乎没有参考性。

三、薪酬管理的原则

企业及人事管理在进行薪酬管理时必须遵循一定的薪酬管理原则，做到公平、适度、平衡、刺激等，才能有效地激励员工。

（1）公平性原则要求薪酬分配全面考虑员工的绩效、能力及劳动强度、责任等因素，考虑外部竞争性、内部一致性要求，达到薪酬的内部公平、外部公平和个人公平。

（2）透明性原则薪酬方案公开。

（3）激励性原则要求薪酬与员工的贡献挂钩。

（4）竞争性原则要求薪酬有利于吸引和留住人才。

（5）经济性原则要求比较投入与产出效益。

（6）合法性原则要求薪酬制度不违反国家法律法规。

（7）方便性原则要求内容结构简明、计算方法简单和管理手续简便。

（8）补偿性原则要求补偿员工恢复工作精力所必要的衣、食、住、行费用，和补偿员工为获得工作能力以及身体发育所先行付出的费用。

四、薪酬管理的内容

薪酬管理，是在组织发展战略指导下，对员工薪酬支付原则、薪酬策略、薪酬水平、薪酬结构、薪酬构成进行确定、分配和调整的动态管理过程。企业越来越关注薪酬管理的功能，但实际运用的时候，其成效如何就要看是否把握好薪酬管理的内容。

（1）薪酬的目标管理，即薪酬应该怎样支持企业的战略，又该如何满足员工的需要。

（2）薪酬的水平管理，即薪酬要满足内部一致性和外部竞争性的要求，并根据员工绩效、能力特征和行为态度进行动态调整，包括确定管理团队、技术团队和营销团队薪酬水平，确定跨国公司各子公司和外派员工的薪酬水平，确定稀缺人才的薪酬水平以及确定与竞争对手相比的薪酬水平。

（3）薪酬的体系管理，这不仅包括基础工资、绩效工资、期权期股的管理，还包括如何给员工提供个人成长、工作成就感、良好的职业预期和就业能力的管理。

（4）薪酬的结构管理，即正确划分合理的薪级和薪等，正确确定合理的级差和等差，还包括如何适应组织结构扁平化和员工岗位大规模轮换的需要，合理地确定工资带宽。

（5）薪酬的制度管理，即薪酬决策应在多大程度上向所有员工公开和透明，谁负责设计和管理薪酬制度，薪酬管理的预算、审计和控制体系又该如何建立和设计。

五、薪酬的形式

在企业薪酬管理实践中，根据薪酬支付依据的不同，有基本薪资、绩效工资、激励工资、福利和服务等薪酬构成元素。通常企业选择一个或两个为主要形式，其他为辅助形式。选择并确定工资制度形式是很关键的，这体现着公司的价值导向。

1. 基本薪资

基本薪资是雇主为已完成工作而支付的基本现金薪酬。它反映的是工作或技能价值，而往往忽视了员工之间的个体差异。某些薪酬制度把基本工资看作是雇员所受教育、所拥有技能的一个函数。对基本工资的调整可能是基于以下事实：整个生活水平发生变化或通货膨胀；其他雇员对同类工作的薪酬有所改变；雇员的经验进一步丰富；员工个人业绩、技能有所提高。

2. 绩效工资

绩效工资是对过去工作行为和已取得成就的认可。作为基本工资之外的增加，绩效工资往往随雇员业绩的变化而调整。调查资料表明，美国 90% 的公司采用了绩效工资。我国的广大企业在 2000 年前后开始的新一轮工资改革中也都纷纷建立了以绩效工资为主要组成部分的岗位工资体系，事业单位在 2006 年的工资改革中也都设置了绩效工资单元。

研讨与思考：如果你是公司职员，你希望公司在哪些地方可以设置奖金？

3. 激励工资

激励工资也和业绩直接挂钩。有时人们把激励工资看成是可变工资，包括短期激励工资和长期激励工资。短期激励工资，通常采取非常特殊的绩效标准。例如：在普拉克思航空公司的化学与塑料分部，每个季度如果达到或者超过了 8% 的资本回报率目标，就可以得到一天的工资；回报率达到 9.6%，在这个季度工作了的每个员工可得到等于两天工资的奖金；如果达到 20% 的资本回报率，任何员工都可以得到等于 8.5 天的工资奖金。而长期激励工资，则把重点放在雇员多年努力的成果上。高层管理人员或高级专业技术人员经常获得股份或红利，这样，他们会把精力主要放在投资回报、市场占有率、资产净收益等组织的长期目标上。

4. 福利和服务

福利和服务包括休假（假期）、服务（医药咨询、财务计划、员工餐厅）和保障（医疗保险、人寿保险和养老金），福利越来越成为薪酬的一种重要形式。

5. 五险一金制度

对职工而言社会保险现在通常说的是"五险一金"，具体"五险"即养老保险、医疗保险、失业保险、生育保险和工伤保险；"一金"即住房公积金。

"五险"方面，按照职工工资，单位和个人的承担比例一般是：养老保险单位承担20%，个人承担8%；医疗保险单位承担6%，个人2%；失业保险单位承担2%，个人1%；生育保险1%全由单位承担；工伤保险0.8%也是全由单位承担；职工个人不承担生育和工伤保险。

"住房公积金"：具体单位和个人承担的比例是各承担50%，那是按照个人全年平均工资计算的。国家规定：住房公积金不低于工资的10%，效益好的单位可以高些，职工和单位各承担50%，因此交住房公积金对职工是很划算的。

研讨与思考：哪些人员和哪些单位会有津贴呢？请举例说明。

本章小结

人是生产力中最积极、最活跃的因素。人力资源管理就是通过人力资源的合理配置和开发，充分发挥人力资源的主体作用，调动人力资源的潜力，促进人力资源与非人力资源的有机结合，来实现企业的战略经营目标。本章就人力资源管理的内容与特点进行简要的概述，并对岗位分析、人员招聘与使用、员工培训与开发、绩效考评、薪酬管理和工资分配制度和福利保险制度进行了系统的介绍。

本章知识结构网络图

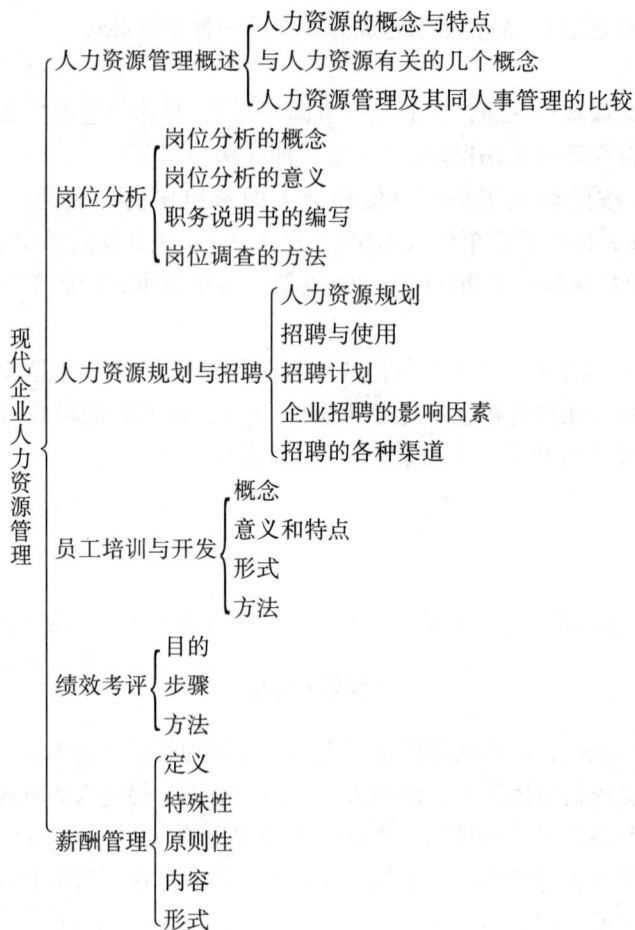

现代企业人力资源管理
- 人力资源管理概述
  - 人力资源的概念与特点
  - 与人力资源有关的几个概念
  - 人力资源管理及其同人事管理的比较
- 岗位分析
  - 岗位分析的概念
  - 岗位分析的意义
  - 职务说明书的编写
  - 岗位调查的方法
- 人力资源规划与招聘
  - 人力资源规划
  - 招聘与使用
  - 招聘计划
  - 企业招聘的影响因素
  - 招聘的各种渠道
- 员工培训与开发
  - 概念
  - 意义和特点
  - 形式
  - 方法
- 绩效考评
  - 目的
  - 步骤
  - 方法
- 薪酬管理
  - 定义
  - 特殊性
  - 原则性
  - 内容
  - 形式

练习与思考题

一、单选题

1. 人力资源区别于非人力资源的最重要的特征是（　　）。

A. 时效性　　　　　　　B. 差异性　　　　　　　C. 能动性　　　　　　　D. 社会性

2. 企业的人力资源是一种（　　）。

A. 战略性　　　　　　　B. 物质性　　　　　　　C. 资本性　　　　　　　D. 技术性

3. 最早提出职业化理念，被称为中国职业化培训第一人的是（　　）。

A. 李彦宏　　　　　　　B. 李宏飞　　　　　　　C. 卡耐基　　　　　　　D. 德鲁克

4. 我国劳动保障制度改革以后，企业职工养老保险和医疗保险由（　　）。

A. 职工个人承担　　　　　　　　　　　B. 政府承担

C. 企业和个人共同承担　　　　　　　　D. 企业和政府共同承担

5. 人力资源可以自我补偿、自我更新、自我丰富和持续开发，此特征属于（　　）。

A. 时效性　　　　　　　B. 能动性　　　　　　　C. 可激励性　　　　　　D. 再生性

6. 绩效考评的方法中，要求保存最有利和最不利的工作行为的书面记录属于（　　）。

A. 关键法　　　　　B. 叙述法　　　　　C. 择业报告　　　　D. 排列法

7. 在招聘的方式中，费用低、选择余地大的是（　　）。

A. 报刊广告　　　　B. 招聘会　　　　　C. 猎头公司　　　　D. 网络招聘

8. 人员使用最根本的目标是（　　）。

A. 有利于"人尽其才"　　　　　　　　B. 有利于实现组织目标

C. 有利于提高组织士气　　　　　　　　D. 有利于公平竞争

9. 在结构工资中所占比重最大的是（　　）。

A. 职务工资　　　　B. 基础工资　　　　C. 年功工资　　　　D. 浮动工资

10. 一般地，任何培训都是为了提供员工在知识、技能和（　　）三方面的学习与进步。

A. 观念　　　　　　B. 态度　　　　　　C. 智力　　　　　　D. 文化

二、多选题

1. 工作说明的基本内容包括（　　）。

A. 工作识别　　　　B. 工作编号　　　　C. 工作概述　　　　D. 工作职责

E. 工作关系　　　　F. 工作绩效标准　　G. 工作条件与环境　H. 工作任职资格

2. 系统的人力资源管理工作包括的内容有（　　）。

A. 人力资源规划　　B. 调整与培训　　　C. 职务分析　　　　D. 考核与激励

E. 招聘与使用　　　F. 评估与检测

3. 下列项目中，属于薪酬管理特点的有（　　）。

A. 特殊性　　　　　B. 敏感性　　　　　C. 特权性　　　　　D. 普遍性

E. 灵活性

4. 五险一金包括了哪几项？（　　）

A. 养老保险　　　　B. 医疗保险　　　　C. 失业保险　　　　D. 生育保险

E. 住房公积金　　　F. 工伤保险

5. 员工培训中的专家讲授法包括了以下哪几个项目？（　　）

A. 在职培训　　　　B. 情景模拟法　　　C. 商业游戏　　　　D. 个案研究法

E. 角色扮演　　　　F. 行为塑造　　　　G. 互联网培训

三、名词解释

1. 人力资源管理　　2. 岗位分析　　3. 猎头公司　　4. 津贴　　5. 绩效考评

四、简答题

1. 员工培训与开发的意义有哪些？

2. 绩效考评的目的有哪些？

3. "五险一金"缴纳的比例应该如何核算？

五、案例分析题

G 公司的薪酬管理

G 公司是一家电信企业，在创业初期，一批志同道合的朋友不怕苦、不怕累，从早到晚拼命干，公司发展迅速。几年之后，员工由原来的十几人发展到几百人，业务收入由原来的每月 10 多万元发展到每月 1 000 多万元，企业大了，人也多了，但公司领导明显感觉到，大家的工作积极性越来越低，也越来越计较报酬。

G公司的总经理陈先生一贯注重思考和学习，为此特地到书店买了一些有关成功企业经营管理方面的书籍来研究。他在《松下的用人之道》一文中看到这样一段话："经营的原则自然是希望能做到'高效率、高薪资'。效率提高了，公司才可能支付高薪资，但松下幸之助提倡'高效率、高薪资'时，却不把高效率摆在第一个努力的目标，而是借助提高薪资，来激发员工的工作意愿，以此达到高效率的目的。"陈先生想，公司发展了，确实应该考虑提高员工的待遇，这一方面是对老员工为公司辛勤工作的回报；另一方面也是吸引高素质人才加盟公司的需要。为此，G公司聘请一家知名的咨询公司为企业重新设计了一套符合公司老总要求的薪酬制度。大幅度提高了公司各类员工的薪酬水平，并对工作场所进行了全面整修，改善了各级员工的劳动环境和工作条件。

新的薪酬制度推行以后，其效果立竿见影，G公司很快就吸引了一大批有才华、有能力的人，所有的员工都很满意，工作十分努力，工作热情高涨，公司的精神面貌焕然一新。但这种好势头没有持续多久，员工的旧病复发，又逐渐地恢复到以前懒洋洋、慢吞吞的状态。

公司的高薪没有换来员工持续的高效率，公司领导陷入两难的困境，既痛苦又彷徨，问题的症结到底在哪儿呢？

（案例选自于EMBA案例管理文库）

请根据本案例，回答以下问题：
1. 该公司应采取哪些措施对员工的薪酬制度进行再设计、再改进？
2. 为了持续保持公司员工旺盛的斗志，应当采取哪些配套的激励措施？

技能实训

杭州新新科技集团公司招聘规划

1. 实训内容

杭州新新科技集团公司现向社会公开招聘2名人力资源部人事培训专员，要求35～45岁，男性，大学本科以上学历，有3年以上大中型企业或外资企业的相关岗位工作经历，具有人力资源管理、员工培训管理、法律行政管理等方面的专业知识，了解国家有关政策法规、人力资源管理新知识新动向、国际国内人力资源管理的新政策与新发展趋势。

2. 实训目的

（1）了解招聘的各种途径及优缺点。

（2）请你给该公司设计招聘流程。

3. 实训组织

分小组制订招聘计划；设计面试人员登记表；设计面试题及笔试题；制定人事专员的职务说明书。

4. 实训考核

（1）以小组为单位通过讨论撰写设计报告方案。

（2）老师组织全班同学分组宣讲招聘方案，当场评价打分。

模块三

经营篇

第六章 现代企业战略管理

【学习目标】

A. 知识点

1. 理解企业战略基本概念与层次体系

2. 理解战略管理概念与战略管理过程

3. 掌握企业战略环境分析

4. 掌握企业战略类型划分

5. 掌握企业战略决策的定量方法

B. 技能点

1. 学会计算风险型决策的收益值

2. 运用量本利分析法进行决策分析

3. 能够恰当运用 SWOT 分析对企业战略环境分析

【引导案例】伊莱克斯的销售战略

外国品牌进入中国市场不仅面临产品本土化的问题，也面临着营销策略本土化的问题。年销售额为 147 亿美元的国际家电巨人伊莱克斯很好地把握住了这一点。

在我国目前的冰箱市场上，海尔、容声、美菱、新飞四大品牌的市场占有率已高达71.9%。在产品功能方面，海尔正在大力推广其抗菌冰箱；容声和新飞在节能、环保、除臭方面已取得领先地位；美菱则独树一帜，大力开发保鲜冰箱。在这些难以撼动的强大对手面前，伊莱克斯针对自己目标消费群的特征和产品风格，精心设计了一条充满亲情色彩的营销策略，并以"静音冰箱"作为进入千家万户的切入点。伊莱克斯提出"冰箱的噪音你要忍受的不是一天、两天，而是十年、十五年……""好得让您一生都能相依相靠，静得让你日日夜夜觉察不到"。这种极富亲情色彩的营销语言，除使中国消费者感觉到温馨和真诚外，品牌形象和产品形象也随之得到了认可——"静音"就是伊莱克斯的个性和风格。

伊莱克斯历来遵循广告宣传低姿态、科研开发高投入的经营宗旨。伊莱克斯在产品导入期的广告投放很有节制，据北京中企市场研究中心统计，在 1998 年电冰箱品牌的平面广告投放上，伊莱克斯的广告费用仅及海尔、容声的 1/3。在广告投放地域分布上，海尔的特点是全国遍地开花，表明它雄心勃勃，以征服天下为己任；伊莱克斯则主攻北京、上海以及东北、华东、华南地区的大城市。在西北地区，伊莱克斯的广告投放仅为 0.8 万元，海尔则为9.22 万元。伊莱克斯在甘肃、青海、云南、内蒙古等地区投入很少甚至没有投入，而在北京的广告投入量却高达 10.56 万元，海尔在北京则为 9.22 万元。可见，两个品牌广告投放策略不同，重点城市的高收入家庭是伊莱克斯既定的目标消费群体。

（资料来源：http：//wenku. baidu. com/view，MBA 案例文库）

【分析与思考】

1. 从广告宣传的切入点来看，伊莱克斯采取的是何种战略？这种战略有何好处？
2. 从目标市场的选择上看，伊莱克斯采取的是何种战略？有何好处？

企业战略问题是企业面临的未来发展方向的重大问题。企业战略包含着各种重要因素，企业决策者必须从中判断出哪些因素才是决定企业生死存亡的现实的关键因素。企业战略管理是从企业长期发展着眼，确定企业发展的总方向和总目标，制定实现这一目标的步骤及综合计划的科学。它着重研究企业的内在因素对外在环境的适应性，并根据企业自身条件对企业外部环境的变化作出有利于企业生存和发展的长期决策。本章要求学生在对战略管理基本理论了解的基础上，正确认识影响战略决策的因素，掌握企业战略分析与决策方法。

第一节 现代企业战略管理概述

一、企业战略的定义、特点、构成要素及层次体系

（一）企业战略的定义

战略一词来源于希腊语 strategos，其含义是指"将军指挥军队的艺术"。它的本义是指基于对战争全局的分析而作出的总体谋划。古人将其效果概括为"运筹于帷幄之中，决胜于千里之外"，能使自己在战争中处于主动，充分利用天时、地利、人和的有利条件，赢得战争的胜利。中外军事战争史已经雄辩地证明了战争的胜负首先取决于战略制定得正确与否。

战略一词运用于企业经营管理，是指一个企业为了实现它的长远目标和重要使命而作出的长期计划。企业要在复杂多变的环境中求得生存和发展，必须对自己的经营管理行为进行长期的、通盘的谋划。

在西方国家，从 20 世纪 50 年代起，企业战略研究就成为管理课程中的一个有机部分。20 世纪 60 年代，美国安索夫的《企业战略论》一书出版后，企业战略才作为一个科学性的概念，开始在企业管理学中使用。

关于战略的定义至今没有明确统一，许多学者从多种角度对其进行探讨，赋予企业战略不同定义。认识这些不同的描述，有利于加深对企业战略的理解。

1. 安索夫的观点

安索夫指出，企业在制定战略时，有必要首先确定自己的经营性质。不论是以产品系列的性质还是按照构成产品系列的技术来确定企业的经营，企业目前的产品和市场与企业未来的产品和市场之间一定存在着一种内在的联系，安索夫将这种内在的联系称为"共同的经营主线"。通过分析这种共同的经营主线可以把握企业运行的方向，寻找企业发展的新天地。

他认为，使命是现有产品的一种需求，而用户是产品的实际购买者。因此，企业的使命

与用户之间是有区别的，一个用户往往会有一系列不相关的需求，在制定战略的过程中，企业应该在用户需求既定的情况下寻找出存在于用户使命中的产品特征、技术或者需求相似性，作为企业的共同经营主线。企业的战略必须一方面能够指导企业的生产经营活动，另一方面能够为企业的发展提供足够的空间。

2. 安得鲁斯的观点

哈佛大学商学院的教授安得鲁斯认为，战略是由目标、意志和目的以及为达到这些目的而制定的主要方针和计划所构成的一种模式。即战略＝目的＋实现手段。

安得鲁斯的观点指出了企业总体战略要解决的主要问题——企业长远发展的使命与实现使命的有机结合，使企业能够形成自己的特殊战略属性和竞争优势，将不确定的环境因素与企业的经营活动很好地结合起来，以便能够集中企业的各种资源形成企业产品和市场的"生长圈"，并且能够在较长的时期内相对稳定地执行企业的战略。

3. 明茨伯格的观点

明茨伯格认为，战略即计划（plan）、计谋（ploy）、模式（pattern）、定位（position）、与观念（perspective）。战略要强调计划性，凡事谋划在先；战略模式要重在行动，战略可以通过计划设计出来，也可以自发产生；战略作为观念应贯穿在战略行为的各个方面，战略定位应该是战略活动中的重要出发点。

4. 迈克尔·波特的观点

迈克尔·波特在 1996 年《哈佛商业评论》上发表的文章《什么是战略》中指出：战略就是创造一种独特、有利的定位，涉及各种不同的运营活动。战略就是在竞争中作出取舍，选择不做哪些事情，战略定位的实质就是选择与竞争对手不同的经营活动。

结合理论与实际，可以把企业战略定义为：企业战略是企业面对激烈变化、严峻挑战的企业内外环境，为求得企业的生存和不断发展而进行的总体性谋划。

（二）战略的特点

1. 全局性

企业战略是以企业全局为研究对象，根据企业的总体发展需要而制定的，它规定了企业的总体目标与行为。它从全局实现对局部的指导，使局部达到最优的结果，使全局目标得以实现。

2. 长远性

企业的战略立足于未来，对较长时期内企业的生存和发展问题进行通盘谋划，从而决定企业当前的行动。凡是为适应环境的变化所确定的、长期基本不变的目标和实现目标的行动方案，都是企业战略。而那种针对当前形式灵活适应短期变化、解决基本问题的方法都是企业战术。企业战略要实现战略与战术的有机统一。

3. 竞争性

企业在激烈的市场竞争中，必须参与两极对抗或多极对抗，对抗的对手具有一定实力和智力，因此企业战略的竞争性就是其非常显著的特征。两极对抗双方都有排他性意志，努力争取达到自己的目的，战略竞争必然激烈，企业的竞争者必须时刻关注战略的竞争性特征。双方已经制定了某种战略，尚未开始正式进入竞争的局面，但也许竞争的胜败在那时就已经决定了。

4. 风险性

战略决策所涉及的是未来，而未来是不确定的。这种不确定性往往包含着风险。而高风险可能带来高收益或者高损失，如果具有很高的风险性，那么在制定企业战略的时候就必须采取防范风险的措施。同时，企业战略既是关于企业在激烈的竞争中如何与竞争对手进行竞争的行动方案，也是针对来自企业外部各个方面的压力应对各种变化的方案，具有明显的抗击风险特征。

5. 创新性

企业战略的创新性源于企业内外部环境的发展变化，因循守旧的企业战略是无法适应时代发展的。

6. 社会性

企业战略不能仅仅立足于企业的赢利目标，还要兼顾国家和民族的利益，兼顾社会的利益，兼顾社会文化、环境保护等各个方面的利益。企业战略还要特别注意自己所应承担的社会和法律责任，注意树立良好的社会形象，维护企业的品牌。

（三）企业战略的构成要素

企业战略涉及的环节和要素十分复杂。根据著名战略学家安索夫的观点，企业战略的构成要素包括产品与市场领域、成长方向、竞争优势和协同效应四个方面，这四个方面的要素形成合力，推动企业发展。

1. 产品与市场领域

产品与市场领域是指在企业战略中要描述清楚现在企业生产经营的产品类型，这些产品服务的顾客是谁，其市场范围多大；将来企业生产经营的产品类型，产品服务的顾客是谁，其市场范围多大。并且，要明确现在企业产品和市场领域和未来产品和市场领域之间的联系。安索夫把这种联系称为"共同的经营主线"。企业只有遵循这条"共同的经营主线"，才能实现更好的发展。因此，在一般情况下，无论汽车厂的产品结构如何变化，只能在汽车制造及相关行业内寻求发展空间，食品生产企业只能在食品及相关的行业内寻求发展，不可能跨度太大，这就是"共同的经营主线"的作用。

2. 成长方向

成长方向是指企业在发展过程中可选择的发展方式。安索夫根据企业的产品范围和市场范围，把成长方向分为四种方式，如表6-1所示。

表6-1 企业成长方向组合

市场产品	现有产品	新产品
现有市场	市场渗透	产品开发
新市场	市场开拓	多角化经营

（1）市场渗透。市场渗透是指现有产品与现有市场相结合的成长方向，产品与市场都没有变化。这种成长方向较常见的方式就是企业在现有的市场范围内挖掘新的顾客，提高老顾客对产品的使用频率或使用量，以达到提高现有产品的销售额和产品市场占有率的目的。

（2）市场开拓。市场开拓是指企业利用现有产品开拓新的市场。这种形式可以增加产品的市场覆盖面，利用不同区域市场的差异性提高产品的销售业绩，如我国的海尔家电出口到日本、东南亚、欧洲、中东等国家和地区市场，就属于市场开拓。成功的市场开拓可以为企业带来更大的发展空间。

（3）产品开发。产品开发是指企业服务的市场不变，而产品不断更新换代。这种形式与前两种形式比有一定难度，它要求企业具备较强的研发能力，以保证产品的改良和更新换代，计算机、手机、汽车、家电、服装等产品的发展大多依赖这种方式。

（4）多角化经营。多角化经营是指由新产品和新市场领域组合而形成的企业成长方向。多角化又称为多样化，即企业经营业务种类的增加。多角化不但可以为企业带来利润，更为重要的是，其可以为企业分散风险，达到"东方不亮西方亮"的效果，以确保企业稳定发展。这种形式比前三种形式的成长方向难度更大，它要求企业具有很强的实力。多角化经营方式在企业中较为多见，但多角化也容易导致企业分散实力，影响产品的竞争优势。

3. 竞争优势

竞争优势是指企业在与同行企业竞争时所表现出来的优势项目或强项，它反映了企业的竞争实力，决定了企业在行业中的竞争地位，决定了企业的经营业绩。在制定企业战略时，必须明确本企业的竞争优势和竞争对手的竞争优势，以便达到"知己知彼，百战不殆"的效果。竞争优势的形式是多元化的，常见的竞争优势有低成本优势、技术优势、生产优势、品牌优势、资源优势和服务优势等。不同企业的竞争优势一般是不同的。

4. 协同效应

协同效应就是通过若干因素的有效组合，以达到比单个因素的单独作用更大的效果。简单地说，就是通过联合和合作，来实现更大的发展目标，即达到 $1+1>2$ 的效果。例如，甲乙两家企业是同行业中的竞争对手，甲企业的优势体现在产品研发和生产能力上，乙企业的优势体现在产品销售上。这两家企业可以通过协同，走合作之路，由竞争者变为同盟者，以达到优势互补、互利双赢的目的。企业中的协同效应主要表现在以下三个方面：

（1）销售协同。销售协同即企业利用共同的销售渠道、共同的销售组织和共同的产品品牌以及市场资源等来提高产品的销售业绩。

（2）生产协同。生产协同即两家或几家企业共用现有的生产技术、设备、人员及费用等生产资源，从而为各家企业带来低成本、高效益的经营效果。

（3）管理协同。管理协同即企业充分发挥管理系统的作用，特别是通过各级管理人员的通力合作而产生的协同效应。例如，企业集团、企业战略联盟就属于管理协同。

企业战略构成要素的各个部分不是孤立的，而是相辅相成、彼此配合的有机体。它们共同决定着企业的生存与发展。

（四）战略的层次体系

企业战略可以划分为三个层次：公司战略、业务单位（竞争）战略和职能战略。一般而言，在竞争领域的三个层面上，公司战略指导和影响业务单位战略，业务单位战略则统领和整合职能战略。战略的层次体系如图 6 - 1 所示。

1. 公司战略

公司战略，或称总体战略，是企业最高管理层指导和控制企业的一切行为的最高行动纲领。总体战略的对象是企业整体。在大中型企业里，特别是多种经营的企业里，总体战略是企业经营战略中最高层次的战略。它需要根据企业的目标，选择企业可以竞争的经营领域，合理配置企业经营所必需的资源，使各项经营业务相互支持、相互协调。可以说，从公司的经营发展方向到公司各经营单位之间的协调；从有形资源的充分利用到整个公司价值观念、文化环境的建立，都是总体战略的重要内容。

从企业战略管理的角度来看，总体战略的侧重点有以下三个方面：第一，企业使命的确定。即企业最适合于从事哪些业务领域，为哪些消费者服务以及向哪些领域发展。第二，战略经营单位的划分以及战略事业的发展规划。第三，关键的战略经营单位的战略目标。

正如安得鲁斯教授所指出的那样，企业总体战略决定和揭示企业的目的和目标，以确定企业重大的方针与计划、企业经营业务类型和人文企业类型，以及企业对员工、顾客和社会作出的贡献。

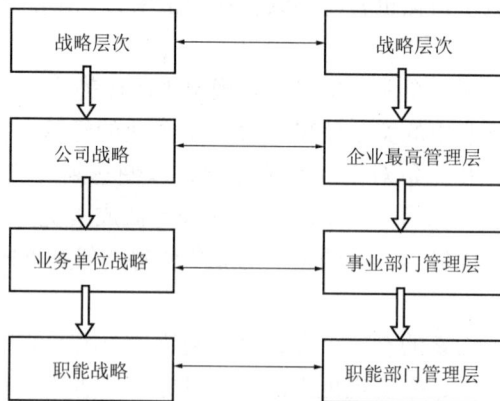

图 6-1 企业战略的结构层次

2. 业务单位（竞争）战略

企业竞争战略能够解决企业如何选择所经营的行业和如何选择企业在一个行业中的竞争地位等问题，包括行业吸引力和企业的竞争地位。行业吸引力是指行业中企业长期平均盈利能力和决定长期平均盈利能力的各种因素所决定的各个行业对企业的吸引能力，一个企业所处行业内的平均盈利能力是决定这个企业盈利能力的一个重要因素。同时，在一个行业中，不管长期平均盈利能力怎样，总是有一些企业因其有利的竞争地位而获得比行业平均利润更高的获利，这就是企业的竞争地位。

行业吸引力和竞争地位两者都可以因企业进入或退出行业而改变。行业吸引力部分地反映了一个企业几乎无法施加影响的那些外部因素，而通过竞争战略的选择，企业可以在相当程度上增强或削弱一个行业的吸引力；同时，一个企业也可以通过对其竞争战略的选择显著地改善或减弱自己在行业内的地位。因此，竞争战略不仅是企业对环境作出的反应，而且是企业从对自己有利的角度去改变自己的环境。

3. 企业职能战略

企业职能战略是为实现企业总体战略而对企业内部的各项关键的职能活动作出统筹安排。企业的总体战略和竞争战略分层次地表明了企业的产品、市场、竞争优势和基本目标，规定了企业的核心任务和总的方向。而企业要实现这样的战略设想，必须通过有效的职能活动来运用资源，使企业的人力、物力和财力与其生产经营活动的各个环节密切结合，与企业的总体战略和竞争战略协调一致才有可能成功。企业的职能战略包括财务战略、人力资源战略、研究与开发战略、生产战略、营销战略等。在职能战略的指导下，在职能部门中表现出的专业管理包括：企业财务管理、人力资源管理、技术研究与开发管理、生产管理、销售管理。

研讨与思考：企业战略理论有哪些观点，如何理解战略的内涵？

二、企业战略管理的定义、战略管理的过程

（一）企业战略管理的定义

"战略管理"一词最早由安索夫提出，它是一种崭新的管理思想和管理模式。安索夫最初在其1976年出版的《从战略规划到战略管理》一书中提出了"企业战略管理"。他认为：企业的战略管理是指将企业的日常业务决策同长期计划决策相结合而形成的一系列经营管理业务。

吉纳在他1982年出版的《企业政策与战略》一书中则认为：企业战略管理是确定企业使命，根据企业外部环境和内部经营要素确定企业目标，保证目标的正确落实并使企业使命最终得以实现的一个动态过程。

现在我们通常将战略管理定义为：企业确定其使命，根据组织外部环境和内部条件设定企业的战略目标，为保证目标的正确落实和实现进行谋划，并依靠企业内部能力将这种谋划和决策付诸实施，以及在实施过程中进行控制的一个动态管理过程。

（二）战略管理的过程

战略分析、战略选择和战略实施共同构成了企业的战略循环（见图6-2）。

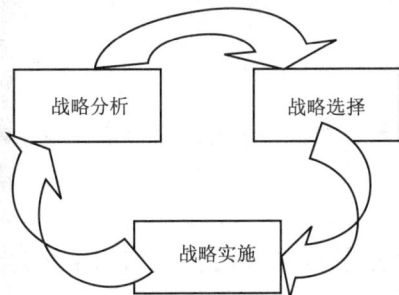

```
战略分析    →    战略选择
    ↖              ↓
        战略实施
```

图6-2 战略循环

1. 战略分析

战略分析的主要目的是评价影响企业目前和今后发展的关键因素，并确定在战略选择步骤中的具体影响因素。战略分析的内容主要包括两个方面：

（1）外部环境分析。企业处在复杂的商品、经济、政治、文化、社会环境中，环境变

化对企业的影响较为复杂。外部环境将给企业带来机会或是威胁，了解环境对企业的影响对企业战略分析至关重要。

（2）内部环境分析。内部环境分析可以从企业的资源与能力、企业的核心能力等几个方面展开。战略分析要了解企业自身所处的相对地位，具有哪些资源以及战略能力；还需要了解与企业有关的利益相关者的利益期望，在战略选择和实施过程中，这些利益相关者会有哪些反应，这些反应又会对企业行为产生怎样的影响和制约。

2. 战略选择

企业在战略选择阶段要考虑可选择的战略类型和战略选择过程两个方面的问题。

（1）可选择的战略类型。

①总体战略选择。总体战略选择包括发展战略、稳定战略、收缩战略三种基本类型。

②业务单位战略选择。业务单位层面的竞争战略包括成本领先战略、差异化战略、集中化战略三种基本类型。

③职能战略选择。职能战略包括市场营销战略、生产运营战略、研究与开发战略、人力资源战略、财务战略、信息战略等多个职能部门的战略。

（2）战略选择过程。

制定战略选择方案。在制定战略过程中，可供选择的方案越多越好。企业可以从对企业整体目标的保障、对中下层管理人员积极性的发挥以及企业各部门战略方案的协调等多个角度考虑，选择自上而下的方法、自下而上的方法或上下结合的方法来制定战略方案。

评估战略备选方案。评估备选方案通常使用三个标准：一是适宜性标准，即考虑选择的战略是否发挥了企业的优势，克服了企业的劣势，是否利用了外部环境提供的机会，将外部威胁削弱到了最低程度，是否有助于企业实现目标；二是可接受性标准，即考虑选择的战略能否被企业利益相关者所接受；三是可行性标准，即考虑企业是否有相应的资源和能力来实施该战略。

选择战略。即最终的战略决策，确定准备实施的战略。如果由于用多个指标对多个战略方案的评价产生不一致的结果，最终的战略选择可以考虑以下几种方法：①根据企业目标选择战略。②提交上级管理部门审批。③聘请外部机构。

制定战略政策和计划。制定有关研究与开发、资本需求和人力资源等部门的政策和计划。

3. 战略实施

战略实施就是将战略转化为行动，为了将战略付诸实施，需制定一些关键的决策。

（1）为使战略成功，企业需要有一个有效的组织结构。制定组织结构涉及如何分配企业内的工作职责范围和决策权力，需要作出如下决定：①企业的管理层次数目是高长型还是扁平型结构。②决策权力集中还是分散。③企业的组织结构类型能否适应公司战略的定位，等等。

（2）人员和制度的管理颇为重要。人力资源关系到战略实施的成功与失败，而采用什么样的体制管理企业也是不可忽视的问题。

（3）公司政治扮演着重要角色。企业内部各种团体有其各自的目标和要求，而许多要求是互相冲突的，因而公司政治活动是企业的一部分。这些利益冲突会导致各种争斗和结盟，在企业战略管理过程中发挥一定的作用。

（4）战略实施涉及选择适当的组织协调和控制系统。战略实施离不开企业内各单位的集体行动和协调，企业必须确定采用什么标准来评价各下属单位的效益，控制他们的行动。

（5）要保证战略实施成功，必须要协调好企业战略、结构、文化和控制诸方面。不同的战略和环境对企业的要求不尽相同，所以要求要有不同的结构设置、文化价值观和控制体系。

战略管理不是一次性的工作，要不断监控和评价战略实施过程，修正原来的分析、选择与实施工作，这是一个循环往复的过程。

第二节　企业战略环境分析

一、企业宏观环境分析

宏观环境分析包括：政治法律环境分析、经济环境分析、社会文化和自然环境分析、科学技术环境分析四个方面。

1. 政治法律环境分析（p—political）

政治法律环境是指一个国家或地区的政治制度、体制、方针政策、法律法规等方面。这些因素常常制约、影响企业的经营行为，尤其是影响企业较长期的投资行为。

政治环境分析的主要因素。政治环境主要分析国内的政治环境和国际的政治环境。

国内的政治环境包括以下一些要素：政治制度；政党和政党制度；政治性团体；党和国家的方针政策；政治气氛。

国际政治环境主要包括：国际政治局势；国际关系；目标国的国内政治环境。

（2）法律环境分析的主要因素。

① 法律规范，特别是和企业经营密切相关的经济法律法规，如《公司法》《中外合资经营企业法》《合同法》《专利法》《商标法》《税法》《企业破产法》等。

② 国家司法执法机关。在我国主要有法院、检察院、公安机关以及各种行政执法机关。与企业关系较为密切的行政执法机关有工商行政管理机关、税务机关、物价机关、计量管理机关、技术质量管理机关、专利机关、环境保护管理机关、政府审计机关。此外，还有一些临时性的行政执法机关，如各级政府的财政、税收、物价检查组织等。

③ 企业的法律意识。企业的法律意识是法律观、法律感和法律思想的总称，是企业对法律制度的认识和评价。企业的法律意识，最终都会物化为一定性质的法律行为，并造成一定的行为后果，从而构成每个企业不得不面对的法律环境。

④ 国际法所规定的国际法律环境和目标国的国内法律环境。

2. 经济环境分析（E—economic）

经济环境是指构成企业生存和发展的社会经济状况和国家经济政策。社会经济状况包括经济要素的性质、水平、结构、变动趋势等多方面的内容，涉及国家、社会、市场及自然等多个领域。国家经济政策是国家履行经济管理职能，调控国家宏观经济水平、结构，实施国家经济发展战略的指导方针，对企业经济环境有着重要的影响。

企业的经济环境主要由社会经济结构、经济发展水平、经济体制和宏观经济政策等四个要素构成。

（1）社会经济结构。社会经济结构指国民经济中不同的经济成分、不同的产业部门以及社会再生产各个方面在组成国民经济整体时相互的适应性、量的比例及排列关联的状况。社会经济结构主要包括五方面的内容，即产业结构、分配结构、交换结构、消费结构、技术结构，其中最重要的是产业结构。

（2）经济发展水平。经济发展水平是指一个国家经济发展的规模、速度和所达到的水准。反映一个国家经济发展水平的常用指标有国民生产总值、国民收入、人均国民收入、经济发展速度、经济增长速度等。

（3）经济体制。经济体制是指国家经济组织的形式。经济体制规定了国家与企业、企业与企业、企业与各经济部门的关系，并通过一定的管理手段和方法，调控或影响社会经济流动的范围、内容和方式等。

（4）宏观经济政策。宏观经济政策是指国家、政党制定的一定时期国家经济发展目标实现的战略与策略，它包括综合性的全国经济发展战略和产业政策、国民收入分配政策、价格政策、物资流通政策、金融货币政策、劳动工资政策、对外贸易政策等。

企业的经济环境分析就是要对以上的各个要素进行分析，运用各种指标以准确地分析宏观经济环境对企业的影响，从而制定出正确的企业经营战略。

3. 社会文化及自然环境分析（S—social）

社会文化环境包括一个国家或地区的社会性质、人们共享的价值观、人口状况、教育程度、风俗习惯、宗教信仰等各个方面。自然环境包括地区或市场的地理、气候、资源、生态等因素。

从影响企业战略制定的角度来看，社会文化环境可分解为人口、文化两个方面。

（1）人口因素。人口因素对企业战略的制定有重大影响。例如，人口总数直接影响着社会生产总规模；人口的地理分布影响着企业的厂址选择；人口的性别比例和年龄结构在一定程度上决定了社会需求结构，进而影响社会供给结构和企业生产；人口的教育文化水平直接影响着企业的人力资源状况；家庭户数及其结构的变化与耐用消费品的需求和变化趋势密切相关，因而也就影响到耐用消费品的生产规模等。对人口因素的分析可以使用以下一些变量：离婚率、出生和死亡率、人口的平均寿命、人口的年龄和地区分布、人口在民族和性别上的比例变化、人口和地区在教育水平和生活方式上的差异等。

（2）文化环境。文化环境对企业的影响是间接的、潜在的和持久的。文化的基本要素包括哲学、宗教、语言与文字、文学艺术等，它们共同构筑成文化系统，对企业文化有重大的影响。

① 哲学。哲学是文化的核心部分，在整个文化中起着主导作用。我国的传统哲学基本上由宇宙论、本体论、知识论、历史哲学及人生论（道德哲学）五个方面构成，它们以各种微妙的方式渗透到文化的各个方面，发挥着强大的作用。

② 宗教。宗教作为文化的一个侧面，在长期发展过程中与传统文化有密切的联系，在我国文化中，宗教所占的地位并不像西方那样显著，宗教情绪也不像西方那样强烈，但其作用仍不可忽视。

③ 语言和文化艺术。语言文字和文化艺术是文化的具体表现，是社会现实生活的反映，它对企业职工的心理、人生观、价值观、性格、道德及审美观点的影响及导向是不容忽视的。

企业对文化环境的分析过程是企业文化建设的一个重要步骤，企业对文化环境分析的目的是要把社会文化内化为企业的内部文化，使企业的一切生产经营活动都符合环境文化的价值检验。另外，企业对文化的分析与关注最终要落实到对人的关注上，从而有效地激励员工，有效地为顾客服务。

（3）自然环境。自然环境是企业赖以生存的基本环境。自然环境的优劣不仅影响企业的生产经营活动，而且影响一个国家的经济结构和发展水平，使经济环境和人口环境等均受到连动影响。

4. 科学技术环境分析（T—technological）

企业的科学技术环境指的是企业所处的社会环境中的科技要素及与该要素直接相关的各种社会现象的集合。

粗略划分企业的科技环境，大体包括四个基本要素：社会科技水平、社会科技力量、国家科技体制、国家科技政策和科技立法。

（1）社会科技水平。社会科技水平是构成科技环境的首要因素，它包括科技研究的领域、科技研究成果门类分布及先进程度和科技成果的推广和应用三个方面。

（2）社会科技力量。社会科技力量是指一个国家或地区的科技研究与开发的实力。

（3）国家科技体制。科技体制是指一个国家或地区的科技研究与开发实力。科技体制指一个国家社会科技系统的结构、运行方式及其与国民经济其他部门的关系状态的总称。主要包括科技事业与科技人员的社会地位、科技机构的设置原则与运行方式、科技管理制度、科技推广渠道等。

（4）国家科技政策和科技立法。国家的科技政策与科技立法指的是国家凭借行政权力与立法权力，对科技事业履行管理、指导职能的途径。

二、企业产业环境分析

迈克尔·波特认为，在每一个产业中都存在五种基本竞争力量，即潜在进入者、替代品、供应者、购买者与现有竞争者间的抗衡，这五种力量共同决定产业竞争的强度以及产业利润率。最强的一种或几种力量占据着统治地位并且从战略形成角度来看起着关键性作用，产业中众多经济技术特征对于每种竞争力的强弱都是至关重要的。如图 6 – 3 所示。

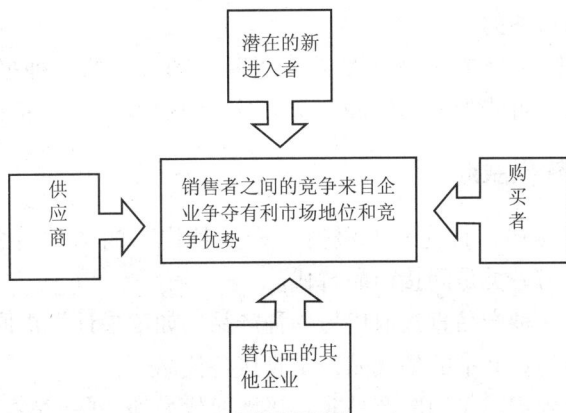

图 6 – 3　波特的竞争五力图

（一）潜在进入者的进入威胁

潜在进入者将从两个方面减少产业内现有企业的利润：第一，进入者瓜分原有的市场份额获得一些业务；第二，进入者减少了市场集中，从而激发现有企业间的竞争，将导致整个行业内平均利润的下降。

对于一个产业来说，进入威胁的大小取决于呈现的进入障碍与准备进入者可能遇到的现有在位者的反击，统称为进入障碍，前者称为"结构性障碍"，后者称为"行为性障碍"。

1. 结构性障碍

波特指出存在七种主要的结构性障碍：规模经济、产品差异、资金需求、转换成本、分销渠道、其他优势及政府政策。这七种主要障碍又可归纳为三种主要进入障碍：规模经济、现有企业对关键资源的控制以及现有企业的市场优势。

（1）规模经济。规模经济是指在一定时期内，企业所生产的产品或劳务的绝对量增加时，其单位成本趋于下降。当产业规模经济很显著时，处于最小有效规模或者超过最小有效规模经营的老企业对于较小的新进入者就有成本优势，从而构成进入障碍。

（2）现有企业对于关键资源的控制。现有企业对于关键资源的控制一般表现为对资金、专利或专有技术、原材料供应、分销渠道、学习曲线等资源及资源使用方法的积累与控制。如果现有企业控制了生产经营所必需的某种资源，那么它就会受到保护而不被进入者所侵犯。

（3）现有企业的市场优势。现有企业的市场优势主要表现在品牌优势上。这是产品差异化的结果，产品差异化是指由于顾客或用户对企业产品的质量或商标信誉的忠实程度不同而形成的产品之间的差别。

2. 行为性障碍（战略性障碍）

行为性障碍是指现有企业对进入者实施报复手段所形成的进入障碍。报复手段主要有两类：

（1）限制进入定价。限制进入定价往往是在位的大企业报复进入者的一个重要武器，特别是在那些技术优势正在削弱而投资正在增加的市场上，情况更是如此。在限制价格的背后包含有一种假定，即从长期看，在一种足以阻止进入的较低价格条件下所取得的收益，将比一种会吸引进入的较高价格条件的收益大。在位企业企图通过低价来告诉进入者自己是低成本的，进入将是无利可图的。

（2）进入对方领域。进入对方领域是寡头垄断市场常见的一种报复行为，其目的在于抵消进入者首先采取行动可能带来的优势，避免对方的行为给自己带来风险。

（二）替代品的替代威胁

研究替代品的替代威胁，首先需要澄清"产品替代"的两种概念。产品替代有两类，一类是直接产品替代，另一类是间接产品替代。

直接产品替代即某一种产品直接取代另一种产品。如苹果计算机取代王安计算机。前面所引用的波特关于产业的定义中的替代品，是直接替代品。

间接替代品即能起到相同作用的产品非直接地取代另外一些产品。波特在这里所提及的对某一产业而言的替代品的威胁，是指间接替代品。

替代品往往是新技术与社会需求的产物。老产品能否被新产品替代，主要取决于两种产品的"性能—价格"比的比较。如果新产品的"性能—价格"比高于老产品，新产品对老产品的替代就具有必然性。如果新产品的"性能—价格"比低于老产品的"性能—价格"比，那么，新产品还不具备足够的实力与老产品竞争。

由于老产品和新产品处于不同的产品生命周期，所以提高新老产品价值的途径不同。当替代产品的威胁日益严重时，老产品往往处于成熟期或衰退期，此时，产品的设计和生产标准化程度较高，技术已相当成熟。因此，老产品提高产品价值的主要途径是降低价格与成本。

当然，替代品的替代威胁并不一定意味着新产品对老产品的最终取代。几种替代品长期共存也是很常见的情况。但是，替代品间的竞争规律仍然是不变的，即价值高的产品获得竞争优势。

（三）供应商的讨价还价能力

供方主要通过其提高投入要素价格与降低单位价值质量的能力，来影响行业中现有企业的盈利能力与产品竞争力。供方力量的强弱主要取决于他们所提供给买主的是什么投入要素，当供方所提供的投入要素价值构成了买主产品总成本的较大比例，对买主产品生产过程非常重要，或者严重影响买主产品的质量时，供方对于买主的潜在讨价还价力量就大大增强。一般来说，满足如下条件的供方集团会具有比较强大的讨价还价力量：

（1）供方行业为一些具有比较稳固市场地位而不受市场剧烈竞争困扰的企业所控制，其产品的买主很多，以致每一单个买主都不可能成为供方的重要客户。

（2）供方各企业的产品各具有一定特色，以至于买主难以转换或转换成本太高，或者很难找到可与供方企业产品相竞争的替代品。

（3）供方能够方便地实行前向联合或一体化，而买主难以进行后向联合或一体化。

（四）购买者的讨价还价能力

购买者主要通过其压价与要求提供较高的产品或服务质量的能力，来影响行业中现有企业的盈利能力。一般来说，满足如下条件的购买者可能具有较强的讨价还价能力：

（1）购买者的总数较少，而每个购买者的购买量较大，占了卖方销售量的很大比例。

（2）卖方行业由大量相对来说规模较小的企业所组成。

（3）购买者所购买的基本上是一种标准化产品，同时向多个卖主购买产品在经济上也完全可行。

（4）购买者有能力实现后向一体化，而卖主不可能前向一体化。

（五）产业内现有企业的竞争

产业内现有企业的竞争是指一个产业内的企业为市场占有率而进行的竞争。产业内现有企业的竞争是通常意义上的竞争，这种竞争通常是以价格竞争、广告战、产品引进以及增加对消费者的服务等方式表现出来。

产业内现有企业的竞争程度取决于很多因素：

1. 产业内企业的数量和力量对比

当数量较多而且力量比较均衡的时候，总会有企业自以为是地采取某些竞争手段，引发行业的动荡。企业数量很多而且力量又不平衡时，中小企业则以龙头老大的领导所建立的游戏规则行事，这样的行业比较稳定。而当企业数量很少而规模都很大时，行业表面比较平静，竞争潜流在深处涌动，直到发生引发行业结构变化的"大地震"。

2. 产业发展缓慢

市场增长迅速时期，竞争强度弱一些，各自都在忙着收获。而当市场增长放缓或衰退时，市场份额之争就非常激烈。

3. 产业内企业的差异化与转换成本

当企业营销战略差异化较高时，即每个企业都服务于一个差异化的细分市场时，竞争程度较低。而当差异化程度很低时，竞争就较为激烈。如果一个企业可以轻易地转换到另一个企业的细分市场上，这时行业竞争就会激烈，会有很多的模仿者；反之，一个企业能够形成别的企业无法模仿的差异化，这时竞争压力就会弱一些。

4. 产业的分散与集中程度

分散与集中，指的是销售额在产业内企业间的分配比例。当少数几家企业控制了销售额很大一部分时，我们称这个产业具有很高的集中度；反之，则称为分散的。分散产业竞争比较弱，而集中度高的产业则具有比较高强度的竞争，尤其是在由分散向集中过渡的时期。

5. 退出壁垒

退出壁垒既有经济上的、战略上的，也有感情上的。经济上的投入越大，特别是固定的资产投入越大，退出就越困难，就容易形成死守阵地的殊死搏斗。员工安置等成本过高，也是影响退出的重要壁垒。感情也是一种退出壁垒，它包括主要领导的感情、员工的感情、顾客的感情、公众的感情和政府的感情。退出壁垒高，竞争就激烈；反之，则相对和缓。

根据上面对于五种竞争力量的讨论，企业可以尽可能地将自身的经营与竞争力量隔绝开来、努力从自身利益需要出发影响行业竞争规则、先占领有利的市场地位再发起进攻性竞争行动等来对付这五种竞争力量，以增强自己的市场地位与竞争实力。

三、企业内部因素分析

（一）企业内部因素的构成

1. 企业资源

企业资源是指企业所拥有或控制的有效因素的总和，包括资产、生产或其他作业程序、技能和知识等。按照竞争优势的资源基础理论，企业的持续竞争优势主要是由资源禀赋决定的。企业资源的定义、内容具体如表6-2所示。

表6－2　企业资源的定义及内容

资源分类	定义及内容	注意的问题
有形资源	有形资源指可见的、能用货币计算的资源，主要包括物质资源和财务资源。物质资源包括企业的土地、厂房、生产设备、原材料等，是企业的实物资源。财务资源是企业可用来投资或生产的财务资金，包括应收账款、有价证券等	有形资源一般反映在企业的资产中。不过，由于会计核算的要求，负债资产表所记录的账面价值并不能完全代表有形资源的战略价值
无形资源	无形资源是指企业长期积累的、没有实物形态的，甚至无法用货币精确度量的资源。通常包括品牌、商誉、技术、专利、商标、企业文化及组织经验等	由于会计核算的原因，资产负债表的无形资产并不代表企业全部的无形资源，甚至可以说，有一部分企业的无形资源是游离在企业资产负债表之外的
组织资源	组织资源是指企业协调、配置各种资源的技能	组织资源比有形资源和无形资源更加难以准确界定，它蕴含于企业的规章制度、组织结构、业务流程和控制系统中，是企业实现目标的经营风格和行为方式，决定着企业个人互动、协作和决策方式

2. 企业能力

钱德勒认为，企业能力是企业在历史发展过程中，充分利用规模经济和范围经济获得的生产能力、营销能力和管理技能，是企业内部组织起来的物质设施和人的能力的集合。企业的长期投资产生了规模经济和范围经济，同时产生了庞大的组织结构。能力来源于企业有形资源、无形资源和组织资源的整合，是企业各种资源有机组合的结果。企业能力主要由研发能力、生产管理能力、营销能力、财务能力和组织管理能力等组成。

（1）研发能力。

随着市场需求的不断变化和科学技术的持续进步，研发能力已成为保持企业竞争活力的关键因素。企业的研发能力主要从研发计划、研发组织、研发过程和研发效果几个方面进行衡量。

（2）生产管理能力。

生产活动是企业最基本的活动。生产管理能力主要涉及五个方面，即生产过程、生产能力、库存管理、人力管理和质量管理。

（3）营销能力。

企业的营销能力是指企业引导消费，以获取产品竞争能力、销售活动能力和市场决策能力。企业的营销能力可分为以下的三种能力：产品竞争能力、销售活动能力和市场决策能力。

（4）财务能力。

企业的财务能力主要涉及两方面：一是筹集资金的能力；二是使用和管理所筹集资金的能力。

（5）组织管理能力。

组织管理能力主要可以从以下一些方面进行衡量：职能管理体系的任务分工；岗位责

任；集权和分权的情况；组织结构（直线职能、事业部等）；管理层次和管理范围的匹配。

3. 企业核心竞争力

（1）核心竞争力又称核心能力，根据普拉哈德和哈默尔的定义，核心能力是"组织中的积累性学识，特别是关于如何协调不同的生产技能和有机结合多种流派的学识"。其要点是：核心能力的载体是企业整体，而不是企业的某个业务部门、某个行业领域；核心能力是在企业过去成长过程中积累而产生的，而不是通过市场交易获得的；核心能力关键在于"协调"和"有机结合"，而不是某种可分散的技术和技能；核心能力存在的形态基本上是结构性的、隐性的，而非要素性的、显性的。

综合地说，核心能力是指企业依据自己独特的资源（资本资源、技术资源或其他方面的资源以及各种资源的综合），培育创造本企业不同于其他企业的最关键的竞争能量与优势。这种竞争能力与优势是本企业独创的，也是企业最根本、最关键的经营能力，是以知识、技术为基础的综合能力，是支持企业赖以生存和稳定发展的根基。

（2）企业具备多种资源，但是，并不是所有的资源都能形成核心竞争力。相反，有的可能会削弱企业的竞争能力。能够建立企业核心竞争力的资源主要包括：建立竞争优势的资源、稀缺资源、不可被模仿的资源、不可替代的资源和持久的资源。战略分析的一个重点是识别哪些资源可以形成企业的核心竞争力。

企业的能力能同时满足以下三个关键测试则可称为核心竞争力：

① 它对顾客是否有价值？

② 它与企业的竞争对手相比是否有优势？

③ 它是否很难被模仿或复制？

（二）企业价值链分析

价值链是一种将企业在向顾客提供产品过程中的一系列活动分为在战略上相互关联的活动类，从而理解企业的成本变化以及引起变化的原因和方法。价值链分析把企业内外价值增加的活动分为基本活动和支持性活动，基本活动涉及企业生产、销售、进料后勤、发货后勤、售后服务。支持性活动涉及人事、财务、计划、研究与开发、采购等。基本活动是指以企业购进原材料进行加工生产成为最终产品，将其运出企业、上市销售、到售后服务的一系列活动。支持性活动始终贯穿在这些活动之中。基本活动和支持性活动构成了企业的价值链。如图6-4所示。

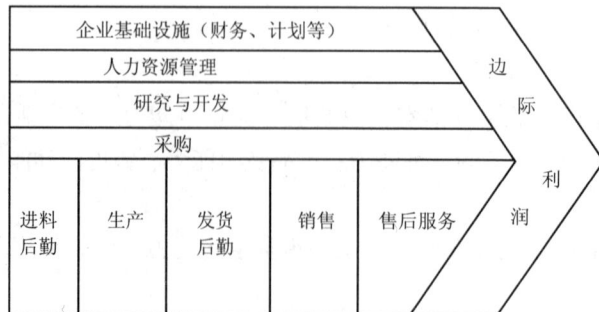

图6-4 波特价值链

价值链列示了总价值，还包括价值活动和利润。价值活动是企业所从事的物质上和技术上的界限分明的各项活动，这些活动是企业创造对买方有价值的产品的基石。利润是总价值与从事各种价值活动的总成本之差。

价值活动分为两大类：基本活动和支持性活动。基本活动是涉及产品的物质创造及其销售、转移买方和售后服务的各种活动。支持性活动辅助基本活动，并通过提供采购投入、技术、人力资源以及各种公司范围的职能来支持基本活动。

涉及任何产业内竞争的各种基本活动有五种类型。

进料后勤：与接收、存储和分配相关联的各种活动，如原材料搬运、仓储、库存控制、车辆调度和向供应商退货。

生产作业：与将投入转化为最终产品形式相关的各种活动，如机械加工、包装、组装、设备维护、检测等。

发货后勤：与集中、存储和将产品发送给买方有关的各种活动，如产成品库存管理、原材料搬运、送货车辆调度等。

销售：与提供买方购买产品的方式和引导他们进行购买相关的各种活动，如广告、促销、销售队伍、渠道建设等。

服务：与提供服务以增加或保持产品价值有关的各种活动，如安装、维修、培训、零部件供应等。

在任何产业内所涉及的各种支持性活动可以分为四种基本类型。

采购与物料管理：购买用于企业价值链各种投入的活动，采购既包括企业生产原料的采购，也包括支持性活动相关的购买行为，如研发设备的购买等。另外，亦包含物料的管理作业。

研究与开发：每项价值活动都包含着技术成分，无论是技术诀窍、程序，还是在工艺设备中所体现出来的技术。

人力资源管理：涉及所有类型人员的招聘、雇用、培训、开发和报酬等各种活动。人力资源管理不仅对基本和支持性活动起到辅助作用，而且支撑着整个价值链。

企业基础制度：企业基础制度支撑了企业的价值链条。如：会计制度、行政流程等。

对于企业价值链进行分析的目的在于分析公司运行的哪个环节可以提高客户价值或降低生产成本。对于任意一个价值增加行为，关键问题在于：

（1）是否可以在降低成本的同时维持价值（收入）不变。

（2）是否可以在提高价值的同时保持成本不变。

（3）是否可以在降低工序投入的同时保持成本收入不变。

价值链的框架是将链条从基础材料到最终用户分解为独立工序，以理解成本行为和差异来源。通过分析每道工序系统的成本、收入和价值，业务部门可以获得成本差异、累计优势。

四、企业内部因素的分析方法

对企业内部战略进行评价，是为了发现在企业所有可控因素中，哪些是企业核心能力的战略因素以及哪些是劣势的战略因素。对不同企业内部条件的战略因素评价方法如下：

1. 波士顿矩阵分析法

企业经营者应根据以上的分析，认识所面临的机会和威胁，并按照威胁程度和机会程度发生的可能性对企业的所处地位进行分类。目前有四种类型，即风险型、理想型、成熟型、困难型。

这四种类型的基本特点是：a. 风险型：机会多，威胁大，敢冒风险，争取成功。b. 理想型：面临良机，稳操胜券。c. 成熟型：风平浪静，等待时机。d. 困难型：风雨飘摇，危在旦夕。

企业经营者应根据企业面临的机会和威胁，评价自己企业在外部环境中所处的地位，并采取不同的对策，以利用机会，避开风险。这一理论也叫作波士顿矩阵分析图（见图6-5）。波士顿矩阵认为一般决定产品结构的基本因素有两个：市场引力与企业实力。

机会程度		
多	风险型	理想型
少	困难型	成熟型

大 ←————————————————————— 小

威　胁　程　度

图6-5　波士顿矩阵分析

市场引力包括企业销售量（额）增长率、目标市场容量、竞争对手强弱及利润高低等。其中最主要的是反映市场引力的综合指标——销售增长率，这是决定企业产品结构是否合理的外在因素。

企业实力包括市场占有率、技术、设备、资金利用能力等，其中市场占有率是决定企业产品结构的内在要素，它直接显示出企业竞争实力。销售增长率与市场占有率既相互影响，又互为条件：市场引力大，销售增长率高，可以显示产品发展的良好前景，企业也具备相应的适应能力，实力较强；如果仅有市场引力大，而没有相应的高销售增长率，则说明企业尚无足够实力，则该种产品也无法顺利发展。相反，企业实力强，而市场引力小的产品也预示了该产品的市场前景不佳。

波士顿矩阵对于企业产品所处的四个象限有不同的定义和相应的战略对策。

（1）明星产品（stars）。它是指处于高增长率、高市场占有率象限内的产品群，这类产品可能成为企业的现金牛产品，需要加大投资以支持其迅速发展。采用的发展战略是：积极扩大经济规模和市场机会，以长远利益为目标，提高市场占有率，加强竞争地位。明星产品的管理与组织最好采用事业部形式，由对生产技术和销售两方面都很内行的经营者负责。

（2）现金牛产品（cash cow），又称厚利产品。它是指处于低增长率、高市场占有率象限内的产品群，已进入成熟期。其财务特点是销售量大，产品利润率高、负债比率低，可以为企业提供资金，而且由于增长率低，也无须增大投资，所以成为企业回收资金，支持其他产品，尤其明星产品投资的后盾。对这一象限内的大多数产品，市场占有率的下跌已成不可阻挡之势，因此可采用收获战略：即所投入资源以达到短期收益最大化为限。a. 把设备投资和其他投资尽量压缩。b. 采用榨油式方法，争取在短时间内获取更多利润，为其他产品提供资金。对于这一象限内的销售增长率仍有所增长的产品，应进一步进行市场细分，维持现存市场增长率或延缓其下降速度。对于现金牛产品，适合于用事业部制进行管理，其经营者最好是市场营销型人物。

现金牛业务指低市场成长率、高相对市场份额的业务，这是成熟市场中的领导者，它是企业现金的来源。由于市场已经成熟，企业不必大量投资来扩展市场规模，同时作为市场中的领导者，该业务享有规模经济和高边际利润的优势，因而给企业带来大量财源。企业往往用现金牛业务来支付账款并支持其他三种需大量现金的业务。若公司只有一个现金牛业务，说明它的财务状况是很脆弱的。因为如果市场环境一旦变化导致这项业务的市场份额下降，公司就不得不从其他业务单位中抽回现金来维持现金牛的领导地位，否则这个强壮的现金牛可能就会变弱，甚至成为瘦狗。

（3）问号产品（question marks）。它是指处于高增长率、低市场占有率象限内的产品群。前者说明市场机会大、前景好，而后者则说明在市场营销上存在问题。其财务特点是利润率较低、所需资金不足、负债比率高。例如在产品生命周期中处于引进期、因种种原因未能开拓市场局面的新产品即属此类产品。对问题产品应采取选择性投资战略，即首先确定对该象限中那些经过改进可能会成为明星的产品进行重点投资，提高市场占有率，使之转变成"明星产品"；对其他将来有希望成为"明星"的产品则在一段时期内采取扶持的对策。因此，对问题产品的改进与扶持方案一般均列入企业长期计划中。对问题产品的管理组织，最好是采取智囊团或项目组织等形式，选拔有规划能力、敢于冒风险、有才干的人负责。

（4）瘦狗产品（dogs），也称衰退类产品。它是指处在低增长率、低市场占有率象限内的产品群。其财务特点是利润率低、处于保本或亏损状态、负债比率高，无法为企业带来收益。对这类产品应采用撤退战略：首先应减少批量，逐渐撤退，对那些销售增长率和市场占有率均极低的产品应立即淘汰。其次是将剩余资源向其他产品转移。再次是整顿产品系列，最好将瘦狗产品与其他事业部合并，统一管理。

2. SWOT 分析法

SWOT 即利害关系分析，是环境分析的一个重点，通常包括消费者、供应商、竞争者、当地政府、上级主管、银行、各种利益团体等。因利害关系者能采取有利于或不利于企业的行动，所以要慎重对待。在制定战略和执行战略时，都要考虑利害关系者的反应，要分析假设对方会有哪几种及什么样的反应、态度和行动，收集利害关系者的信息，想办法消除或防范对企业有威胁或危害的利害关系者的影响，利用有助于企业发展的利害关系者及力量以利于企业战略目标的实现。

企业在制定战略规划时，除了要进行经营环境的分析以外，还必须对企业内部条件进行分析。所谓企业内部条件，是指企业所具有的客观物质条件和主观工作情况。其目的是要知己知彼，进一步明确本企业在外部环境中相对应的有哪些优势和劣势，以及查清造成优势和劣势的确切原因，以便为制定经营战略提供可靠的、客观的依据。

企业内部条件分析的内容主要有企业基本状况的分析；生产状况的分析；科技状况的分析；销售状况的分析；财务状况的分析；职工队伍状况分析等。

SWOT 是一种分析方法，用来确定企业本身的竞争优势（strength），竞争劣势（weakness），机会（opportunity）和威胁（threat），从而将公司的战略与公司内部资源、外部环境有机结合。因此，清楚确定公司的资源优势和缺陷，了解公司所面临的机会和挑战，对于制定公司未来的发展战略有着至关重要的意义。

SWOT 分析的步骤：

（1）罗列企业的优势和劣势，可能的机会与威胁。

（2）优势、劣势与机会、威胁相组合，形成 SO、ST、WO、WT 策略。

（3）对 SO、ST、WO、WT 策略进行甄别和选择，确定企业目前应该采取的具体战略与策略，SWOT 矩阵如图 6-6 所示。

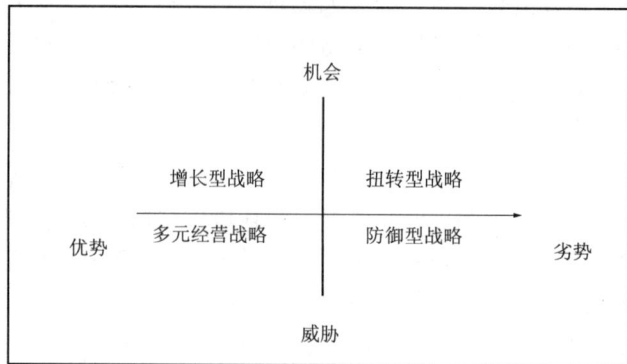

图 6-6 SWOT 矩阵

①竞争优势（S）。

竞争优势是指一个企业超越其竞争对手的能力，或者指公司所特有的能提高公司竞争力的东西。例如，当两个企业处在同一市场或者说它们都有能力向同一顾客群体提供产品和服务时，如果其中一个企业有更高的赢利率或赢利潜力，那么，我们就认为这个企业比另外一个企业更具有竞争优势。

竞争优势可以是以下几个方面：

• 技术技能优势：独特的生产技术、低成本生产方法、领先的革新能力、雄厚的技术实力、完善的质量控制体系、丰富的营销经验、上乘的客户服务、卓越的大规模采购技能

• 有形资产优势：先进的生产流水线、现代化车间和设备、拥有丰富的自然资源储存、吸引人的不动产地点、充足的资金、完备的资料信息

• 无形资产优势：优秀的品牌形象、良好的商业信用、积极进取的公司文化

• 人力资源优势：关键领域拥有专长的职员、积极上进的职员、很强的组织学习能力、丰富的经验

• 组织体系优势：高质量的控制体系、完善的信息管理系统、忠诚的客户群、强大的融资能力

• 竞争能力优势：产品开发周期短、强大的经销商网络、与供应商良好的伙伴关系、对市场环境变化的灵敏反应、市场份额的领导地位

② 竞争劣势（W）。

竞争劣势是指某种公司缺少或做得不好的东西，或指某种会使公司处于劣势的条件。

可能导致内部弱势的因素有：

• 缺乏具有竞争意义的技能、技术

• 缺乏有竞争力的有形资产、无形资产、人力资源、组织资产

• 关键领域里的竞争能力正在丧失

③公司面临的潜在机会（O）。

市场机会是影响公司战略的重大因素。公司管理者应当确认每一个机会，评价每一个机会的成长和利润前景，选取那些可与公司财务和组织资源匹配，可使公司获得竞争优势潜力最大的最佳机会。

潜在的发展机会可能是：

- 客户群的扩大趋势或产品细分市场
- 技能技术向新产品、新业务转移，为更大客户群服务
- 前向或后向整合
- 市场进入壁垒降低
- 获得购并竞争对手的能力
- 市场需求增长强劲，可快速扩张
- 出现向其他地理区域扩张，扩大市场份额的机会

④ 危及公司的外部威胁（T）。

在公司的外部环境中，总是存在某些对公司的盈利能力和市场地位构成威胁的因素。公司管理者应当及时确认危及公司未来利益的威胁，作出评价并采取相应的战略行动来抵消或减轻它们所产生的影响。

公司的外部威胁可能是：

- 出现将进入市场的强大的新竞争对手
- 替代品抢占公司销售额
- 主要产品市场增长率下降
- 汇率和外贸政策的不利变动
- 人口特征、社会消费方式的不利变动
- 客户或供应商的谈判能力提高
- 市场需求减少
- 容易受到经济萧条和业务周期的冲击

由于企业的整体性和竞争优势来源的广泛性，在做优劣势分析时，必须从整个价值链的每个环节上，将企业与竞争对手做详细的对比。如产品是否新颖，制造工艺是否复杂，销售渠道是否畅通，价格是否具有竞争性等。

如果一个企业在某一方面或几个方面的优势正是该行业企业应具备的关键成功因素，那么，该企业的综合竞争优势也许就强一些。需要指出的是，衡量一个企业及其产品是否具有竞争优势，只能站在现有潜在用户角度上，而不是站在企业的角度上。

企业在维持竞争优势过程中，必须深刻认识自身的资源和能力，采取适当的措施。因为一个企业一旦在某一方面具有了竞争优势，势必会吸引到竞争对手的注意。一般地说，企业经过一段时期的努力，建立起某种竞争优势；然后就处于维持这种竞争优势的态势，竞争对手开始逐渐做出反应；而后，如果竞争对手直接进攻企业的优势所在，或采取其他更为有力的策略，就会使这种优势受到削弱。所以，企业应保证其资源的持久竞争优势。

资源的持久竞争优势受到两方面因素的影响：企业资源的竞争性价值和竞争优势的持续时间。

评价企业资源的竞争性价值必须进行四项测试：

（1）这项资源是否容易被复制？一项资源的模仿成本和难度越大，它的潜在竞争价值就越大。

（2）这项资源能够持续多久？资源持续的时间越长，其价值越大。

（3）这项资源是否能够真正在竞争中保持上乘价值？在竞争中，一项资源应该能为公司创造竞争优势。

（4）这项资源是否会被竞争对手的其他资源或能力所抵消？

影响企业竞争优势持续时间的主要因素有三点：

（1）建立这种优势要多长时间？

（2）能够获得的优势有多大？

（3）竞争对手做出有力反应需要多长时间？

如果企业分析清楚了这三个因素，就可以明确自己在建立和维持竞争优势中的地位。当然，SWOT分析法不是仅仅列出四项清单，最重要的是通过评价公司的强势、弱势、机会、威胁，最终得出以下结论：在公司现有的内外部环境下，如何最优地运用自己的资源；如何建立公司的未来资源。

研讨与思考：辩论赛辩题"大学毕业应该创业还是就业？"说说你的观点，请运用SWOT分析法阐述你的观点。

第三节　企业战略的类型

一、企业的使命与战略目标

（一）企业的使命

企业使命，就是企业在社会进步和社会经济发展中所应担当的角色和责任。企业使命的思想建立在彼得·德鲁克在20世纪70年代中提出的一些原则的基础上。德鲁克认为，问"我们的业务是什么？"就等于问"我们的任务是什么"，以此作为使一个企业区别于其他类似企业的经营目标的叙述。使命陈述是对企业存在理由的宣言，它回答"我们的业务是什么？"这一关键问题，明确的使命陈述对于有效地树立目标和制定战略具有重要意义。

企业使命是要说明企业根本性质与存在的理由，说明企业的宗旨、哲学、信念和原则，根据企业服务对象的性质揭示企业长远发展的前景，为企业战略目标的确定与战略制定提供依据。

企业的使命一般包括三个方面：企业目的、企业宗旨、经营哲学。

1. 企业目的

企业目的是企业组织的根本性质和存在理由的直接体现。组织按其存在理由可以分为两大类：营利组织和非营利组织。以营利为目的而成立的组织，其首要目的是为其所有者带来经济价值。相反，以非营利目的成立的组织，其首要目的是提高社会福利、促进政治和社会变革，而不是营利。一般而言，企业是最普通的营利组织，红十字会是最普通的非营利组织。

2. 企业宗旨

企业宗旨旨在阐述企业长期的战略意向，其具体内容主要说明企业目前和未来所要从事的经营业务活动，以及应成为什么性质的企业或组织类型。企业宗旨反映出企业的定位，明确了企业采取什么措施适应所处的环境。如美国艾维斯汽车租赁公司将其宗旨表述为：我们希望成为汽车租赁行业中发展最快、利润最多的公司。这一宗旨规定着艾维斯汽车租赁公司的经营业务，它排除了该公司开设租赁旅馆、经营房地产等业务的考虑。

3. 经营哲学

经营哲学是企业为其经营活动方式所确立的价值观、态度、信念和行为准则，是企业文化的高度概括，是企业在社会活动及经营过程中起何种作用或如何起这种作用的一个抽象反映。经营哲学主要通过企业对利益相关者的态度，企业提倡的共同价值观、政策和目标以及管理风格等方面体现出来。经营哲学同样影响着企业的经营范围和经营效果。

（二）企业的战略目标

企业在规定了使命，进行了外部环境分析和内部条件调研之后，下一步的工作就是确定企业的战略目标。所谓战略目标是企业在一定时期内，执行其使命时所预期达到的成果，战略目标是企业的长期目标。正确的战略目标对企业的行为具有重大指导作用，它是企业制定战略的基本依据和出发点，表明了企业的行动纲领，是企业战略控制的评价标准。

战略目标必须是具体的和可衡量的，以便对目标是否最终实现进行比较客观的评价考核。企业目标是一个体系，建立目标体系的目的是将企业的使命转换成明确具体的业绩目标，从而使企业的进展有一个可以测度的标准。

从整个企业的角度来看，需要建立两种类型的业绩标准：和财务业绩有关的业绩标准以及和战略业绩有关的标准。获取良好的财务业绩和良好的战略业绩要求企业的管理层既建立财务目标体系又建立战略目标体系。

财务目标体系表明公司必须致力于达到下列结果：市场占有率、收益增长率、满意的投资回报率、股利增长率、股票价格评价、良好的现金流以及企业的信任度，等等。

战略目标体系建立的目的在于为企业赢得下列结果：获取足够的市场份额，在产品质量、客户服务或产品革新等方面压倒竞争对手，使整体成本低于竞争对手的成本，提高企业在客户中的声誉，在国际市场上建立更强大的立足点，建立技术上的领导地位，获得持久的竞争优势，抓住诱人的成长机会等。

战略目标体系的作用是让人密切注意，企业的管理层不但要提高企业的财务业绩，还要提高企业的竞争力量，改善企业长远的业务前景。

财务目标体系和战略目标体系都应该从短期目标和长期目标两个角度体现出来。

短期目标体系主要是集中精力提高企业的短期经营业绩和经营结果；长期目标体系则主要是促使企业的管理者考虑现在应该采取什么行动，才能使企业进入一种可以在相当长的一段时期内经营得好的状态。

目标体系的建立需要所有管理者的参与。企业中的每一个单元都必须有一个具体的、可测度的业绩目标，其中，各个单元的目标必须与整个企业的目标相匹配。

二、企业总体战略

（一）企业总体战略的概念

企业总体战略是指为实现企业总体目标，对企业未来发展的方向所做的长期的、总体的谋划。它是统筹企业各项分战略的全局性的指导纲领。企业总体战略一般包括四种要素：产品与市场范围、增长向量、竞争优势和协同作业。

在企业战略体系中，总体战略处于最高地位，起着统领全局的作用。它规定了企业的发展思路与方向，明确了企业当前及未来业务的增长方式，是企业战略成功的关键。企业总体战略指导企业战略期内的总体发展，是企业制定竞争战略和职能战略的依据和基础。一般情况下，企业总体战略由包括企业董事会成员、总经理、关键业务单元的负责人和其他高级管理人员组成的战略层共同制定，须经企业最高管理层或董事会评审同意后，方可实施。

（二）企业总体战略的类型

1. 稳定型战略

稳定型战略又称防御型战略、维持型战略。它是指企业遵循与过去相同的战略目标，保持一贯的成长速度，同时不改变基本产品或经营范围的经营战略。这种战略在实际中又被分为不变战略、维持战略、休整战略和谨慎战略。不变战略是指企业战略没什么变化的战略。企业内部和外部环境不发生变化，企业每项经营活动都进行得很顺利，企业战略就不必改变；维持战略是指企业为了维持目前的利润水平而牺牲未来成长的战略，这种战略在经济形势不景气时采用，重短期效果而忽视长期利益；休整战略是指企业放慢快速成长的步伐，进行内部整顿的方法；谨慎战略是指企业外部环境难以预测或变化趋势不明显，企业有意降低战略进度的方法。

稳定型战略的风险小，一般适用于外部环境和内部条件处于劣势或相对稳定，经营中无突出优势，又无明显不利因素的企业，但一些在资金、技术、原材料供应或销售方面存在着较大困难的企业，在一定时期内通过维持现状而惨淡经营，以便为今后的发展创造条件，也可采用这种稳定发展战略。

2. 发展型战略

发展型战略又称增长型战略、进攻型战略。它是指企业依靠自身的力量或与其他企业进行联合，以促进企业经营不断增长、发展的一种战略。它是在企业现有战略基础水平上向更高一级的目标发展的战略。按企业发展方向的不同，又分为单一经营发展战略、多样化发展战略和一体化发展战略。

（1）单一经营发展战略又称为集中型发展战略。它是指公司为将自己的经营业务集中在某一个确定的行业而进行的总体谋划。采用单一经营发展战略的优点：企业可在一定时期内拓展企业的某种产品的销售，使企业的销售额、利润额或市场占有率得以快速增长，同时企业可深入了解市场的需求，从而节省开支、增加盈利，提高企业的信任度及产品的社会声誉和知名度，而且相对稳定的顾客群能使企业获得较为持久的竞争优势。缺点是目标过于集中和暴露，风险大，一旦市场需求发生突变，就会造成企业经营不稳定，甚至导致亏损，或者引发企业危机。

（2）多样化发展战略又称为多元化发展战略，是企业为了更多占领市场和开拓新市场，或避免经营单一的风险，而选择进入新的领域的战略。多样化发展战略的一个企业的经营业务已经超出一个行业的范围，从而在多个行业中谋求企业的发展。根据现有业务领域和新业务领域之间的关联程度不同，分为水平多样化、同心多样化和复合多样化。

①水平多样化又称为专业多样化。它是指以现有用户为出发点，向其提供新的、与原有业务不相关的产品或服务。水平多样化基于原有产品、市场和服务的变革，因而在开发新的产品、服务和开拓新市场时，可以较好地了解顾客的需求及偏好，风险较小。比较适合于原有产品信誉高、市场广且发展潜力还很大的企业。

②同心多样化又被称为相关多元化或集中多元化。即利用原有的技术、特长和经验等增加新的，但与原有业务相关的产品与服务。这些产品、业务在价值链上形成了有价值的战略匹配关系，它们可以共用企业的技术、产品线、销售渠道或顾客基础等。同心多样化的实现途径有：市场开发型、产品开发型、产品市场开发型。

③复合多样化又称为混合多样化、不相关多样化或集团多样化。它是指企业扩展或增加的新产品、新服务等为原有产品、服务、技术和市场诸方面，不存在关联性。只要存在富有吸引力的市场机会，能提高企业的绩效，改善企业的整体盈利能力和灵活性，能给企业带来风险的分散，任何企业都可进入任何适当的行业及项目。

采用多样化发展战略的优点是：可以实现范围经济，分散企业经营风险，拓展企业发展空间。缺点是易导致企业资源分散，加大管理难度，提高企业运作费用。

（3）一体化发展战略是指企业充分利用自身产品（业务）的生产、技术和市场的优势，沿着其产品（业务）生产经营链条的纵向或水平方向，不断地扩大其业务经营的深度和广度来扩大经营范围，提高其收入和利润水平，使企业得到发展壮大。此战略主要包括纵向一体化战略和水平一体化战略。

①纵向一体化战略是在企业业务链上向前后两个方向延伸、扩展的一种战略。具体又包括前向一体化战略和后向一体化战略。前向一体化战略是以企业初始生产经营的产品项目为基准，企业生产经营范围的扩展沿着其生产经营链条向前延伸，使企业的业务活动更加接近最终用户，即发展原有产品的深加工业务，提高产品的附加值后再出售，或者直接涉足最终产品的分销和零售环节。后向一体化战略是以初始生产经营的产品项目为基准，企业生产经营范围的扩展沿着其生产经营链条向后延伸发展企业原来生产经营的配套供应项目，即发展企业原有业务生产经营所需的原料、配件、能源、包装和服务业务的生产经营。

采用前向一体化战略的优点：使企业提高其生产经营活动的深度，从而提高原有产品的商品化程度，提高附加值，增加收益水平；对于原材料、半成品生产商来讲，通过前向一体化战略还可能使其摆脱初级产品市场上激烈的加工竞争以及由此导致的经营困难局面，转向一个新的、以差别化竞争为主的、更为宽松有序的市场；对于最终产品生产商来讲，通过前向一体化控制产品的分销、零售渠道可能会带来明显的成本节约，降低产品的销售价格，提高产品的销售效率，从而使企业保持较高的生产能力利用率。

后向一体化的优点：使企业获得价格、相对低廉的原材料供应，降低产品生产成本；对于那些关乎企业生产稳定正常进行的需求量大及主要原料能源性的产品和企业所需的关键性技术、配套产品来讲，控制它们生产将使企业摆脱供应商的控制和影响，减少企业生产经营停顿的风险；可使企业提高产品和服务的质量，改善企业对用户的服务能力，或者提高企业最终产品的性能，从而提高其差别化程度，增强其差别化竞争优势。

②水平一体化指企业生产经营范围的扩张是通过发展与原有产品（业务）同类的产品、业务项目，它们之间虽属同类，但在功能、用途等方面是有差异的。成长发展的结果并不改变企业原有所属的主业，只是企业经营的产品及业务的品种增多，市场覆盖面和市场占有率提高，规模扩大，收益增加。

水平一体化战略的优点：可使企业迅速地扩张能力，扩大生产经营规模；可使企业获得规模经济的好处，新增产品业务可与原有产品业务共用企业的某些资源，从而大大降低全部产品的生产、管理、营销成本，取得竞争优势；可提高企业产品、业务的覆盖，提高市场占有率，增强企业实力及抵御市场竞争力量的能力。

水平一体化战略的缺点：增加了企业运营的行业风险；有可能导致对企业竞争优势的不利影响；有可能降低企业生产经营的灵活性。

发展型战略具有较大的风险，适用于处于有利发展的环境，在产品、技术、市场上占有很大优势的企业。实施发展战略，一方面会改善企业的经营效果，扩大企业的产品与市场范围，制造新的需求特点，能动地改造市场战略环境，与处于同样环境的其他企业相比而言，销售收入和利润的增长都快得多。但另一方面，发展也能对企业形成风险。当企业在资源和能力尚不足以支撑发展的企业时采用发展型战略，风险将更为巨大，一不小心"馅饼"就变成了"陷阱"。

【小资料】长虹始创于1958年，公司前身国营长虹机器厂是我国"一五"期间的156项重点工程之一，是当时国内唯一的机载火控雷达生产基地。历经多年的发展，长虹完成由单一的军品生产到军民结合的战略转变，成为集电视、空调、冰箱、IT、通信、网络、数码、芯片、能源、商用电子、电子产品、生活家电等产业研发、生产、销售、服务为一体的多元化、综合型跨国企业集团，逐步成为在全球具有竞争力和影响力的3C信息家电综合产品与服务提供商。

---

3. 紧缩型战略

紧缩型战略又称为撤退型战略、退却型战略。它是指企业在一定时期内缩小生产规模或取消某些产品生产的一种战略。最常用的紧缩型战略是转变战略、放弃战略、清算战略。转变战略是指企业经营由危机状况转变为正常状况的战略，其重点是改善企业的经营效益。在企业经营充满问题，但还不是很严重的情况下，采取这种战略是适宜的。放弃战略是指企业卖掉其下属的某个战略经营单位，或将企业的一个主要部门转让、出卖或停止经营。清算战略是指企业受到全面威胁濒临破产时，通过将企业的资产转让、出卖或者停止全部经营业务结束企业的生命。

紧缩型战略一般在经济不景气、资源紧缩、产品滞销、出现重大的内部矛盾、财务状况恶化以及原来的经营领域处于不利竞争地位时最常采用，但有时企业在经营时出现了更加有利的机会，为了抓住和利用这一机会，去实现长远的营运目标时也常常采用紧缩型战略。

【小资料】三九集团的前身是 1986 年退伍军人赵新先创立的南方药厂。1991 年，总后勤部出资 1 亿元从广州第一军医大学手中收购了南方制药厂，成立了以三九医药、三九生化和三九发展为一体的三九集团，总资产达 200 多亿元。此后三九集团为加快发展，偏离了经营医药的主业，持巨资投向房地产、进出口贸易、食品、酒业、金融、汽车等领域，采取承债式收购了近 60 家企业，积淀了大量的债务风险。由于涉足过多陌生领域，且规模过大，难以实施有效管理，集团面临着巨大的财务窟窿。截至 2003 年年底，三九集团及其下属公司欠银行 98 亿元。2005 年 4 月 28 日，为缓和财务危机，三九集团不得不将旗下上市公司三九发展卖给浙江民营企业鼎立建设集团，三九生化卖给山西民营企业振兴集团。

三、企业竞争战略

迄今为止，比较权威的对企业竞争战略类型的总结是哈佛大学的迈克尔·波特教授提出的三种"基本竞争战略"，即成本领先战略、差异化战略、集中化战略。

企业必须从这三种战略中选择一种作为其主导战略。要么把成本控制到比竞争者更低的程度；要么在企业产品和服务中形成与众不同的特色，让顾客感觉到你提供了比其他竞争者更多的价值；要么企业致力于服务于某一特定的市场细分、某一特定的产品种类或某一特定的地理范围。这三种战略架构上差异很大，成功地实施它们需要不同的资源和技能，由于企业文化混乱、组织安排缺失、激励机制冲突，夹在中间的企业还可能因此而遭受更大的损失。

（一）成本领先战略（overall cost leadership）

1. 成本领先战略的定义

成本领先战略也称为低成本战略，是指企业通过有效途径降低成本，使企业的全部成本低于竞争对手的成本，甚至为同行业中最低的成本，从而获取竞争优势的一种战略。根据企业获取成本优势的方法不同，我们把成本领先战略概括为如下几种主要类型：

（1）简化产品型成本领先战略，就是使产品简单化，即将产品或服务中添加的花样全部取消。

（2）改进设计型成本领先战略。

（3）材料节约型成本领先战略。

（4）人工费用降低型成本领先战略。

（5）生产创新及自动化型成本领先战略。

2. 成本领先战略的适用条件与组织要求

成本领先战略的适用条件：

（1）现有竞争企业之间的价格竞争非常激烈。

（2）企业所处产业的产品基本上是标准化或者同质化的。

（3）实现产品差异化的途径很少。

（4）多数顾客使用产品的方式相同。

（5）消费者的转换成本很低。

（6）消费者具有较大的降价谈判能力。

企业实施成本领先战略，除具备上述外部条件之外，企业本身还必须具备如下技能和资源：

（1）持续的资本投资和获得资本的途径。

（2）生产加工工艺技能。

（3）认真的劳动监督。

（4）设计容易制造的产品。

（5）低成本的分销系统。

3. 成本领先战略的收益与风险

采用成本领先战略的收益在于：

（1）抵挡住现有竞争对手的对抗。

（2）抵御购买商讨价还价的能力。

（3）更灵活地处理供应商的提价行为。

（4）形成进入障碍。

（5）树立对于替代品的竞争优势。

采用成本领先战略的风险主要包括：

（1）降价过度引起利润率降低。

（2）新加入者可能后来居上。

（3）丧失对市场变化的预见能力。

（4）技术变化降低企业资源的效用。

（5）容易受外部环境的影响。

（二）差异化战略（differentiation）

1. 差异化战略的定义

所谓差异化战略，是指为使企业产品与竞争对手产品有明显的区别，形成与众不同的特点而采取的一种战略。这种战略的核心是取得某种对顾客有价值的独特性，企业要突出自己产品与竞争对手产品之间的差异性。此战略主要有四种基本的途径：

（1）产品差异化战略产品。

差异化的主要因素有：特征、工作性能、一致性、耐用性、可靠性、易修理性、式样和设计。

（2）服务差异化战略。

服务的差异化主要包括送货、安装、顾客培训、咨询服务等因素。

（3）人事差异化战略。

训练有素的员工应能体现出下面的六个特征：胜任、礼貌、可信、可靠、反应敏捷、善于交流。

（4）形象差异化战略。

2. 差异化战略的适用条件与组织要求

差异化战略的适用条件。

（1）可以有很多途径创造企业与竞争对手产品之间的差异，并且这种差异被顾客认为是有价值的。

（2）顾客对产品的需求和使用要求是多种多样的，即顾客需求是有差异的。

（3）采用类似差异化途径的竞争对手很少，即真正能够保证企业是"差异化"的。

（4）技术变革很快，市场上的竞争主要集中在不断地推出新的产品特色。

除上述外部条件之外，企业实施差异化战略还必须具备如下内部条件：

（1）具有很强的研究开发能力，研究人员要有创造性的眼光。

（2）企业具有以其产品质量或技术领先的声望。

（3）企业在这一行业有悠久的历史或吸取其他企业的技能并自成一体。

（4）很强的市场营销能力。

（5）研究与开发、产品开发以及市场营销等职能部门之间要具有很强的协调性。

（6）企业要具备能吸引高级研究人员、创造性人才和高技能职员的物质设施。

（7）各种销售渠道强有力的合作。

3. 差异化战略的收益与风险

实施差异化战略的意义在于：

（1）建立起顾客对企业的忠诚。

（2）形成强有力的产业进入障碍。

（3）增强了企业对供应商讨价还价的能力。这主要是由于差异化战略提高了企业的边际收益。

（4）削弱购买商讨价还价的能力。企业通过差异化战略，使得购买商缺乏与之可比较的产品选择，降低了购买商对价格的敏感度。另外，通过产品差异化使购买商具有较高的转换成本，使其依赖于企业。

（5）由于差异化战略使企业建立起顾客的忠诚，所以这使得替代品无法在性能上与之竞争。

差异化战略也包含一系列风险：

（1）可能丧失部分客户。如果采用成本领先战略的竞争对手压低产品价格，使其与实行差异化战略的厂家的产品价格差距拉得很大，在这种情况下，用户为了大量节省费用，放弃取得差异的厂家所拥有的产品特征、服务或形象，转而选择物美价廉的产品。

（2）用户所需的产品差异的因素下降。当用户变得越来越老练时，或对产品的特征和差别体会不明显时，就可能发生忽略差异的情况。

（3）大量的模仿缩小了感觉得到的差异。特别是当产品发展到成熟期时，拥有技术实力的厂家很容易通过逼真的模仿，减少产品之间的差异。

（4）过度差异化。

（三）集中化战略（focus）

1. 集中化战略的类型

集中化战略也称为聚焦战略，是指企业或事业部的经营活动集中于某一特定的购买者集团、产品线的某一部分或某一地域市场上的一种战略。这种战略的核心是瞄准某个特定的用户群体、某种细分的产品线或某个细分市场。具体来说，集中化战略可以分为产品线集中化战略、顾客集中化战略、地区集中化战略、低占有率集中化战略。

2. 集中化战略的适用条件、收益与风险

具备下列四种条件，采用集中化战略是适宜的：

（1）具有完全不同的用户群，这些用户或有不同的需求，或以不同的方式使用产品。

（2）在相同的目标细分市场中，其他竞争对手不打算实行重点集中战略。

（3）企业的资源不允许其追求广泛的细分市场。

（4）行业中各细分部门在规模、成长率、获利能力方面存在很大差异，致使某些细分部门比其他部门更有吸引力。

集中化战略的收益主要表现在：

（1）集中化战略便于集中使用整个企业的力量和资源，更好地服务于某一特定的目标。

（2）将目标集中于特定的部分市场，企业可以更好地调查研究与产品有关的技术、市场、顾客以及竞争对手等各方面的情况，做到"知彼"。

（3）战略目标集中明确、经济效果易于评价、战略管理过程也容易控制，从而带来管理上的简便。

集中化战略的风险主要表现在：

（1）由于企业全部力量和资源都投入到了一种产品或服务或一个特定的市场，当顾客偏好发生变化，技术出现创新或有新的替代品出现时，这部分市场对产品或服务的需求会下降，企业就会受到很大的冲击。

（2）竞争者打入了企业选定的目标市场，并且采取了优于企业的更集中化的战略。

（3）产品销量可能变小、产品要求不断更新，造成生产费用的增加，使得采取集中化战略的企业成本优势削弱。

【小资料】韩国银行2012年发布的《日本企业长寿的秘密及启示》报告书称，日本拥有3 146家历史超过200年的企业，是全世界最多的；世界最长寿的企业同样出自日本，即位于大阪的"金刚组"建筑公司，该公司自日本飞鸟时代（公元600—710年）就开始建造寺庙，历史已近1 400年，其传人也已历经40余代。这些企业在经营方面都保持相当的专注。日本是一个特别重视"工匠达人"文化的国度，多数企业在经营中都恪守本分，全力做好分内的事情，追求精益求精，不盲目扩大经营。金刚组千年来就是一家建筑企业，而生产酱油的龟甲万公司，已有近400年的历史，一直以酱油为主打产品，没有过分染指其他业务，如今，它已经是一个年销售额20亿美元的酱油公司了。恪守自己的核心专业，使企业容易化繁就简，把产品做到极致。相反，不少企业过分追求多条腿走路，结果往往适得其反。百年老企业雅马哈历史上就是做音乐器材的，但一度把业务扩展到电子产品甚至摩托车上，结果在20世纪亏损严重，幸亏新任企业领导人果断回归音乐主业，才起死回生。像索尼这样的企业巨头，下设音乐、电影、电视机、电脑等多个产品线，近年来也是连续亏损。

研讨与思考：日本企业的长寿给我们什么启示？我国企业应如何制定自身的发展战略？

第四节 企业战略决策制定的定量方法

一、确定型决策方法

盈亏平衡分析法是通过分析产量（Q）、成本（C）和利润（E）三者之间的数量依存关系，确定项目盈亏平衡的界限（BEP），分析和预测产销量、价格和成本等因素的变动对项目盈亏影响的一种分析方法。在一定生产能力条件下，生产一定数量的产品必须消耗一定数量的生产费用，这些生产费用就构成了产品的生产成本。按照生产费用与产量的关系不同，可以将生产成本划分为固定生产成本（F）和变动生产成本（V）两部分，即：产品成本$C = F + V$。固定成本是不随产量变动而变动的费用，如设备折旧、企业管理费等；变动成本是与产量变动成正比例变化关系的费用，如原材料费、人工费等。

若以 C_V 表示单位变动成本，则总成本为：$C = F + Q \cdot C_V$

以 P 表示产品的销售价格，则产品销售收入为：$S = PQ$

当项目收入等于支出时，亦即盈亏平衡时，$PQ = F + Q \cdot C_V$，即 $E = PQ - (F + QC_V) = 0$，则有盈亏平衡时的年销量：

$$Q_0 = \frac{F}{P - C_V}$$

此时，盈亏平衡时的销售收入（销售额）为：

$$S_0 = PQ_0 = \frac{PF}{P - C_V} = \frac{F}{1 - \frac{C_V}{P}}$$

销售收入、成本与产量之间的关系，如图 6-7 所示。

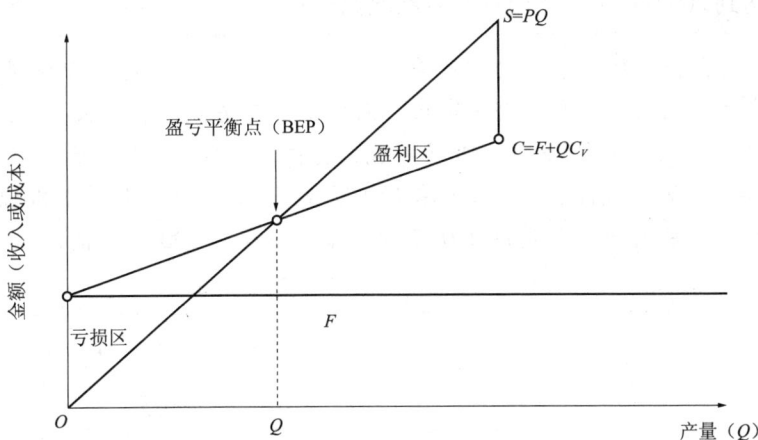

图 6-7 盈亏平衡分析图

由图 6-7 可见，在售价和成本一定的情况下，产量必须保证在盈亏平衡点以上方案才能盈利，否则就亏损，即：当 $Q > Q_0$ 时，盈利；当 $Q < Q_0$ 时，亏损。

如果要实现企业的目标利润（E），则产品生产量（Q）应当为：$Q = \frac{F + E}{P - C_V}$

盈亏分析在经营决策中的应用范围非常广，如销售决策、价格决策、成本控制以及企业经营状况分析等。企业的经营状况可通过计算经营安全率来判定，其公式为：

$$D = \frac{Q_1 - Q_0}{Q_1} \times 100\%$$

式中，D 表示经营安全率；Q_1 表示实际销量（销售额）；Q_0 表示盈亏平衡点的销售量（销售额）。经营安全率的数值越大，说明企业的经营数值越大，企业的经营状况越好。

例 6-1：某企业生产一种新产品，其年固定成本为 50 000 元，售价 20 元/件，若销售 5 000 件产品时，将亏损 15 000 元。如果企业计划年实现盈利 20 000 元，则本年应生产多少件产品？此时销售额应是多少？

解：已知：$F = 50\,000$ 元，$P = 20$ 元/件，$Q_1 = 5\,000$ 件，$E_1 = -15\,000$ 元，$E_2 = 20\,000$ 元

①先求单位变动成本 C_V：

$Q_1 = \dfrac{F + E}{P - C_V}$，即：$5\,000 = \dfrac{50\,000 - 15\,000}{20 - C_V}$ 解之，得 $C_V = 13$ 元/件

②求盈亏平衡时的产量 $Q_0 = \dfrac{F}{P - C_V} = \dfrac{50\,000}{20 - 13} = 7143$（件）

③求实现目标利润 $E_2 = 2\,000$ 元时的销售量：

$$Q_2 = \frac{F + E_2}{P - C_V} = \frac{50\,000 + 20\,000}{20 - 13} = 10\,000 \text{（件）}$$

④求实现目标利润的销售额：

$$S_2 = PQ_2 = 20 \times 10\,000 = 200\,000 \text{（元）}$$

⑤求经营安全率：$D = \dfrac{Q_2 - Q_0}{Q_2} \times 100\% = \dfrac{10\,000 - 7\,143}{10\,000} \times 100\% = 28.57\%$

即企业保本销售量为 7 143 件；要实现目标利润 20 000 元，应生产 10 000 件新产品，销售额至少应达到 200 000 元；此时的经营状况比较安全。

【小资料】俞尧昌：格兰仕整个的成本控制，应该说它首先是一种规模化、专业化、集约化加技术进步，这是格兰仕的整个定位，它也是这样去做的，那么具体反映在市场上的策略叫薄利多销。实际上 1996 年、1997 年我们打仗的时候，我们当时还不是这样打的，我们当时作为第一品牌，规模最大，我们有 150 万台产能的时候，我是用 80 万台保本，来定价；达到 400 万台的时候，我是用 250 万台保本定价；到 800 万台的时候，我是用 500 万台保本定价。

研讨与思考：试调查我们身边的一家服务型小企业，测算它的成本与销售收入，算出它的保本销售额？

二、风险型决策方法

风险型决策是指虽然未来事件的自然状态不能肯定，但是发生概率为已知的决策，又称

随机性决策。判断的特征是：存在明确的决策目标；存在多个备选方案；存在不以决策者意志为转移的多种未来事件的各自然状态；各备选方案在不同自然状态下的损益值可以计算；可推断各自然状态出现的概率。

风险型决策未来事件各自然状态出现的概率为：

$$1 \geqslant P(Y_i) > 0 \quad (i = 1, 2, \cdots, n)$$

1. 期望值法

期望值法就是通过计算备选方案的期望值，以期望值的大小进行决策的方法。当损益值为收益值时，要取期望值中的最大值作为决策方案；当损益值为损失值时，要取期望值中的最小值作为决策方案。期望值计算公式为：

$$E(S_i) = \sum U_j P(Q_j)$$

式中，$E(S_i)$ 为 S_i 方案的期望值；U_j 为第 j 个自然状态（j 列）所表示的损益值；$P(Q_j)$ 为第 j 个自然状态发生的概率。

可见，该式是以概率为权数，表示各不同自然状态下的加权平均值的和（见表6-3）。

表 6-3　损益值表　　　　　　　　　　　　　　　　万元

方案	产品销售			期望值
	Q_1（畅销）	Q_2（一般）	Q_3（滞销）	$E(S_i)$
	$P(Q_1) = 0.5$	$P(Q_2) = 0.2$	$P(Q_3) = 0.3$	
甲产品	20	18	-15	9.1
乙产品	18	10	-10	8
丙产品	16	7	-8	7

故选择生产甲产品方案。

2. 决策树法

决策树法是用树状图来描述各种方案在不同情况（或自然状态）下的收益，据此计算每种方案的期望收益从而作出决策的方法。

例6-2： 某企业为了扩大某产品的生产，拟建设新厂。据市场预测，产品销路好的概率为0.7，销路差的概率为0.3。有三种方案可供企业选择：

方案一：新建大厂，需投资300万元。据初步估计，销路好时，每年可获利100万元；销路差时，每年亏损20万元。服务期为10年。

方案二：新建小厂，需投资140万元。销路好时，每年可获利40万元；销路差时，每年仍可获利30万元。服务期为10年。

方案三：先建小厂，3年后销路好时再扩建，需追加投资200万元，服务期为7年，估计每年获利95万元。

哪种方案最好？画出该问题的决策树，如图6-8所示。

图6-8中的矩形结点称为决策点，从决策点引出的若干条树枝表示若干种方案，称为方案枝；圆形结点称为状态点，从状态点引出的若干条树枝表示若干种自然状态，称为状态

枝；图中有两种自然状态：销路好和销路差，自然状态后面的数字表示该种自然状态出现的概率；位于状态枝末端的是各种方案在不同自然状态下的收益或损失。据此可以算出各种方案的期望收益。

方案一（结点①）的期望收益为：$[0.7 \times 100 + 0.3 \times (-20)] \times 10 - 300 = 340$（万元）

方案二（结点②）的期望收益为：$[0.7 \times 40 + 0.3 \times 30] \times 10 - 140 = 230$（万元）

至于方案三，由于结点④的期望收益为 $95 \times 7 - 200 = 465$ 万元大于结点⑤的期望收益 $40 \times 7 = 280$（万元），所以销路好时，扩建比不扩建好。结点③的期望收益为：$(0.7 \times 40 \times 3 + 0.7 \times 465 + 0.3 \times 30 \times 10) - 140 = 359.5$（万元）

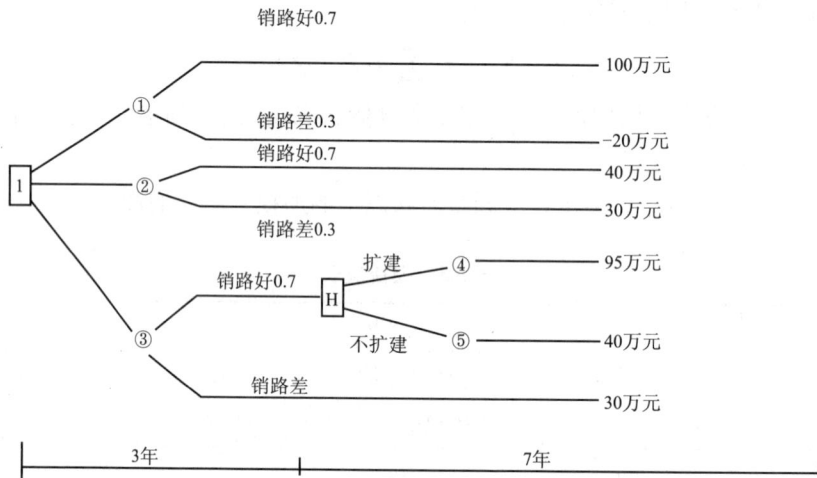

图6-8　决策树

计算结果表明，在三种方案中，方案三最好。

需要说明的是，在上面的计算过程中，我们没有考虑货币的时间价值，这是为了使问题简化，但在实际中，多阶段决策通常要考虑货币的时间价值。

三、不确定型决策方法

不确定型决策是指未来事件的自然状态是否发生不能肯定，而且未来事件发生的概率也是未知情况下的决策，即它是一种没有先例的、没有固定处理程序的决策。

不确定型决策一般要依靠决策者的个人经验、分析判断能力和创造能力，借助于经验方法进行决策。常用的不确定型决策方法有小中取大法，大中取大法和最小最大后悔值法等。下面通过举例来介绍这些方法。

例6-3：某企业打算生产某产品。据市场预测，产品销路有三种情况：销路好、销路一般和销路差。该产品有三种方案：a. 改进生产线。b. 新建生产线。c. 与其他企业协作。据估计，各方案在不同情况下的收益见表6-4，问企业选择哪个方案？

表 6 – 4　损益值表　　　　　　　　　　万元

自然状态 收益 方案	销路好	销路一般	销路差
a. 改进生产线	180	120	– 40
b. 新建生产线	240	100	– 80
c. 与其他企业协作	100	70	16

1. 小中取大法

采用这种方法的管理者对未来持悲观的看法，认为未来会出现最差的自然状态，因此不论采取哪种方案，都只能获取该方案的最小收益，并找出各方案所带来的最小收益，即在最差自然状态下的收益，然后进行比较，选择在最差自然状态下收益最大或损失最小的方案作为所要的方案。

在本例中，a 方案的最小收益为 – 40 万元，b 方案的最小收益为 – 80 万元，c 方案的最小收益为 16 万元，经过比较，c 方案的最小收益最大，所以选择 c 方案。

2. 大中取大法

采取这种方法的管理者对未来持乐观的看法，认为未来会出现最好的自然状态，因此不论采取哪种方案，都能获取该方案的最大收益。采用大中取大法进行决策时，首先计算各方案在不同自然状态下的收益，并找出各方案所带来的最大收益，即在最好自然状态下的收益，然后进行比较，选择在最好自然状态下收益最大的方案作为所要的方案。

在本例中，a 方案的最大收益为 180 万元，b 方案的最大收益为 240 万元，c 方案的最大收益为 100 万元，经过比较，b 方案的最大收益最大，所以选择 b 方案。

3. 最小最大后悔值法

管理者在选择了某方案后，如果将来发生的自然状态表明其他方案的收益更大，那么他（或她）会为自己的选择而后悔。最小最大后悔值法就是使后悔值最小的方法。采用这种方法进行决策时，首先计算各方案在各自然状态下的后悔值（某方案在某自然状态下的后悔值 = 该自然状态下的最大收益 – 该方案在该自然状态下的收益），并找出各方案的最大后悔值，然后进行比较，选择最大后悔值最小的方案作为所要的方案。

在本例中，在销路好这一自然状态下，b 方案（新建生产线）的收益最大，为 240 万元。在将来发生的自然状态是销路好的情况下，如果管理者恰好选择了这一方案，他就不会后悔，即后悔值为 0。如果他选择的不是 b 方案，而是其他方案，他就会后悔（后悔没有选择 b 方案）。比如，他选择的是 c 方案（与其他企业协作），该方案在销路好时带来的收益是 100 万元，比选择 b 方案少带来 140 万元的收益，即后悔值为 140 万元。各个后悔值的计算结果见表 6 – 5。

由表 6 – 5 看出，a 方案的最大后悔值为 60 万元，b 方案的最大后悔值为 96 万元，c 方案的最大后悔值为 140 万元，经过比较，a 方案的最大后悔值最小，所以选择 a 方案。

表6-5　后悔值表　　　　　　　　　　　万元

自然状态 后悔值 方　案	销路好	销路一般	销路差
a. 改进生产线	60	0	56
b. 新建生产线	0	20	96
c. 与其他企业协作	140	50	0

本章小结

战略管理是企业管理中最核心的部分，是企业高层管理者所担负的主要职责。企业战略管理的水平高低对企业的生存和发展起着决定性作用，因此必须高度重视。本章着重对战略的基本含义、特点与层次体系，战略管理含义与战略管理过程，企业战略的环境分析，企业战略的类型以及战略决策制定的定量方法等重大问题进行论述。

企业在制定战略之前进行企业的战略环境分析是企业出奇制胜的一个"法宝"，企业战略环境分析可从宏观环境分析、产业环境分析和企业内部环境分析入手，运用 PEST 分析法、波特的"五力"分析法、价值链分析法以及 SWOT 分析等工具进行分析。确定企业战略首先必须明确企业使命与企业战略目标，企业战略分为企业总体战略和企业竞争战略，运用确定型决策方法、风险型决策方法和不确定型决策方法有利于企业战略决策的制定。

本章知识结构网络图

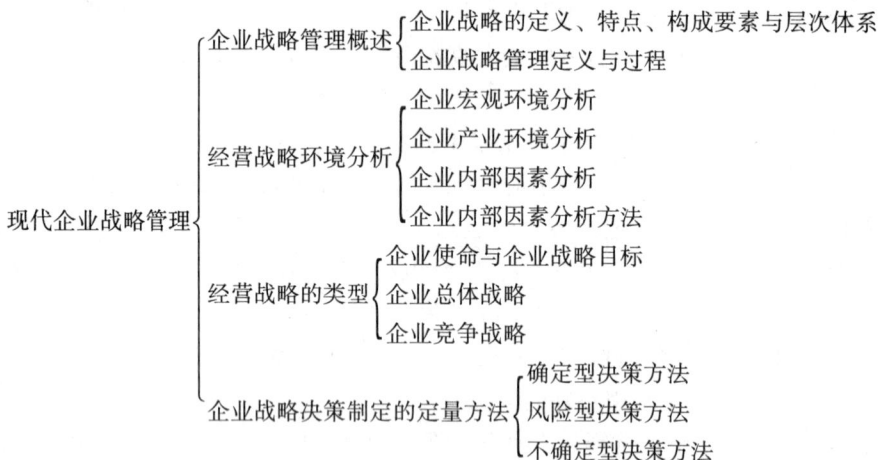

现代企业战略管理
- 企业战略管理概述
  - 企业战略的定义、特点、构成要素与层次体系
  - 企业战略管理定义与过程
- 经营战略环境分析
  - 企业宏观环境分析
  - 企业产业环境分析
  - 企业内部因素分析
  - 企业内部因素分析方法
- 经营战略的类型
  - 企业使命与企业战略目标
  - 企业总体战略
  - 企业竞争战略
- 企业战略决策制定的定量方法
  - 确定型决策方法
  - 风险型决策方法
  - 不确定型决策方法

练习与思考题

一、单选题

1. 企业战略最终要确定企业的总目标，规定企业的总行动，追求企业的总效果。这一特征属于（　　）。

A. 全局性　　　　　　B. 长远性　　　　　　C. 社会性　　　　　　D. 风险性

2. 生产塑料编织袋的企业用塑料编织袋挤占麻袋市场，它在竞争结构中属于（　　）。

A. 行业内现有竞争者　B. 潜在竞争者　　　　C. 原材料供应者　　　D. 替代品的生产者

3. 战略体现环境适应特征的是（　　　）。

A. 计划　　　　　　　B. 定位　　　　　　　C. 计谋　　　　　　　D. 模式

4. （　　　）是属于竞争战略层面，并归属于事业部门管理层。

A. 公司战略　　　　　B. 职能战略　　　　　C. 业务单位战略　　　D. 战略层次

5. 企业的目的、性质、任务及其应当承担的责任就是（　　　）。

A. 企业使命　　　　　B. 经营哲学　　　　　C. 企业宗旨　　　　　D. 经营战略

6. 价值链分析把企业内外价值增加的活动分为基本活动和支持性活动，（　　　）是基本活动。

A. 生产　　　　　　　B. 人事　　　　　　　C. 财务　　　　　　　D. 采购

7. 宝洁公司针对不同的消费需求开发出海飞丝、潘婷、飘柔等洗发产品，其竞争战略采用了（　　　）。

A. 低成本战略　　　　B. 差异化战略　　　　C. 集中化战略　　　D. 一体化战略

8. PEST 分析中的 S 是指（　　　）环境分析。

A. 政治法律　　　　　B. 经济　　　　　　　C. 社会文化　　　　　D. 技术

9. 波士顿矩阵分析中处于低增长率、高市场占有率象限内的产品群是（　　　）。

A. 明星产品　　　　　B. 现金牛产品　　　　C. 瘦狗产品　　　　　D. 问号产品

10. 战略目标通常为（　　　）。

A. 具体的可衡量的　　B. 难以具体衡量的　　C. 十年以上的　　　　D. 一年以下的

二、多选题

1. 企业战略管理过程包括哪几个阶段？（　　　）

A. 战略制定　　　　　B. 战略分析　　　　　C. 战略实施　　　　　D. 战略布局

E. 战略计划

2. 有关公司战略正确的说法是（　　　）。

A. 战略一词起源于军事术语

B. 战略具有目标导向作用

C. 战略反映了公司长期发展方向

D. 战略是商业世界的取胜之道

3. 有关公司战略要素正确的说法是（　　　）。

A. 战略需要体现公司愿景

B. 战略决策持续性可以比较灵活，可长可短，关键是要与企业发展相适应

C. 战略目标并非一定获取竞争优势

D. 战略设定必须考虑企业所处的环境

4. 关于企业使命和企业目标相比，正确的论述是（　　　）。

A. 目标为使命服务，使命为目标的基础

B. 目标比使命更具体化

C. 目标可以层层分解，落实到各个部门或个人

D. 企业使命的确定由高层管理人员负责

5. 下列属于公司总体战略的是（　　　）。

A. 差异化战略　　　　B. 清算战略　　　　　C. 一体化战略　　　D. 无变战略

三、名词解释题

1. 战略管理　　2. 总体战略　　3. 差异化战略　　4. SWOT 分析　　5. 量本利分析

四、简答题

1. 波特的竞争战略理论包含哪些具体的观点？

2. 企业竞争战略有哪些类型？

3. 波士顿矩阵图四个象限的产品各有何特征？

五、案例分析题

"格兰仕"进军空调业的决策可取吗？

我国生产微波炉这种制"热"产品的龙头企业——格兰仕集团公司，于 2000 年 9 月在北京正式宣布将投资 20 亿元巨资进入空调制冷业，其空调产品将在国庆节前后批量投放市场，并将在短时间内使空调产品成为该公司的第二主导产品，还决策将进入电冰箱行业。格兰仕公司为什么要进入制冷行业，该公司一负责人说：①空调产品处于成长期，市场空间大；②有拓展国际市场的空间；③该公司有能力对空调产品进行巨额投资。

分析讨论：

1. 空调行业竞争已很激烈，格兰仕进入该行业能站得住阵脚吗？

2. 该公司负责人对国内外空调市场的预测准确吗？进入空调业能获得成功吗？

某企业中的风险决策方案计算

某企业打算生产某产品。根据市场预测分析，产品销路有三种可能性：销路好、销路一般和销路差，这三种情况出现的概率分别为：0.3、0.45、0.25。生产该产品有三种方案：改进生产线、新建生产线和外包生产。请用风险型决策方法找出最佳方案。单位：万元。

项目	销路好	销路一般	销路一般
（1）改进生产线	180	120	-40
（2）新建生产线	240	100	-80
（3）外包生产	100	70	16

技能实训

1. 实训内容

BM 公司是一家大型企业，多年来，随着实力的不断增强，其经营领域也在不断拓宽。进入 21 世纪，BM 公司与其他企业一样，面临着严峻的挑战。为了在竞争中立于不败之地，正确地进行经营战略和策略的选择，BM 公司对现有的各经营领域进行了综合分析。结果发现，公司经营的甲产品虽然一直具有较高的相对市场占有率，但该产品的市场需求增长率已经开始呈下降趋势；现在市场需求增长率较高的是乙产品，而 BM 公司的乙产品相对市场占有率较低。再进一步调查发现，乙产品的目标市场需求潜量很大，且公司有实力与竞争对手抗衡。

2. 实训目的

（1）展开波士顿矩阵分析方法理论分析实际中遇到的问题。

（2）提高工商管理专业学员的市场观察能力。

3. 实训组织

将全班同学分成 4~5 个小组，每小组限定 10 分钟以内完成以下两道题目：

（1）请画出波士顿矩阵图，在图中标出产品甲和乙的位置；并为这两种产品提出今后经营领域发展的建议。

（2）如果 BM 公司准备进一步开拓乙产品的市场，请你为公司选择乙产品的市场定位策略和进入市场的方法策略。

4. 实训考核

（1）以班委为单位通过每小组的方案阐述和上交上来的方案策划书来评定等级。

（2）任课老师点评每一个小组的优缺点，让大家在学习讨论中得到更多的启发，任课老师记录每一位同学的实训分数。

第七章 现代企业市场营销管理

【学习目标】

A. 知识点

1. 理解市场营销的概念、观念，了解市场营销的发展

2. 理解市场营销的工作内容

3. 掌握市场分析、市场细分，选择目标市场

4. 掌握市场营销常用策略

B. 技能点

1. 能进行市场分析、细分，选择目标市场

2. 会运用常用的产品策略、价格策略、分销策略和促销策略

3. 能设计初步的营销策划方案

【引导案例】 创新营销管理是安踏的必杀技

翻开安踏体育 2009 年的财报，很难看到金融危机冲击的影响：2009 年上半年安踏的营业额实现了同比 27.7% 的增长，达到约 28.2 亿元人民币，毛利率增长 2.6 个百分点达到 41.5%。此外，安踏第三季零售折扣率为 20%，与上半年水平持平。

作为一家体育用品生产企业，安踏也有品牌创立、品牌推广、品牌上市这三个重要时期。品牌创立是 1991 年创办了安踏体育用品有限公司，品牌推广则始于签约孔令辉、进军央视开展品牌营销，同时也掀起了中国体育品牌进军央视广告和签约明星的大潮。

2009 年，安踏携手中国奥委会，成为"2009—2012 年中国奥委会体育服装合作伙伴""2009—2012 年中国体育代表团合作伙伴"，赢得了未来 4 年内包括亚运会、冬奥会、夏季奥运会在内的全部 11 项国际奥林匹克重大赛事的领奖服赞助权。由此，安踏获得了全面提升产品设计和企业文化的重要契机，也成为首个获得中国奥委会整体打包的"黄金权益"的受益者。成功签约中国奥委会，安踏随后相继签约了水上运动管理中心下辖的 5 支水上运动国家队，正式成为水上运动中心及国家队的战略合作伙伴。

为了让运动员更好地发挥自身水平，安踏除了为赛事提供资金保证外，还在技术研究上大力投入。安踏与比利时的 RSscan 公司、北京体育大学生物力学教研室共同建立的安踏运动科学实验室，通过现代化的手段，提取 CBA 赛场上 180 多名运动员脚部的数据，建立了中国第一个运动力学脚型库。

多年来，安踏技术中心的研发经费投入都在销售收入的 3% 以上，以确保科研开发实力持续得到加强。科技创新正在成为安踏的核心竞争力之一，从安踏试验室走出的众多核心技术和核心产品，能够针对不同人群，满足消费者的不同需求，提升市场占有率。

安踏的一线市场占自身市场总体的 20%，而二线和三线则占 60%，这一相对合适的市场组合比例，让安踏在金融危机中度过了"暖冬"。

"聚焦中国并度身优化业务运营模式、采取有竞争力的产品策略、创新的营销管理、有

特色的企业文化"，安踏副总裁张涛从四个方面分析安踏的危机应对之道。与国际流行的"轻资产运营"模式不同，安踏向来是生产、销售一起抓，针对中国的实际情况，安踏开创了垂直整合的业务模式，将研发、生产、销售的整个链条牢牢掌控在自己手中，也使得自身的研发优势、生产优势和品牌优势在这一模式下最大化地凸显。

为了增强市场竞争力，安踏在三大主营业务——功能运动产品、时尚运动产品、儿童运动产品的基础上增加了产品款式，并提供丰富的产品组合，同时，专注特定热门领域如篮球、网球、综训产品线也是安踏的策略。

创新营销管理一直是安踏的必杀技。安踏不仅开创了"央视＋体育明星代言"的广告模式，其卓越的分销网络也使其在市场立于不败之地。"大城市多开店、小城市开大店，因地制宜地升级分销渠道，这是安踏建立分销网络的基本策略，"张涛介绍道，"三线城市以下地区城市化进程仍在加快，基建投入、扩大就业等措施将提高当地居民的消费能力，根据其消费习惯，结合现代渠道流通特点，开设聚客效应良好的大店，在增强品牌效应的同时，促进销售；另一方面一线城市及部分二线城市消费潜力已被充分挖掘，应根据其消费快速、善变、理性的特点，开设多家店面，方便其就近消费。"

（资料来源：2010 年 1 月 11 日 中国纺织报）

【分析与思考】

1. 安踏创新营销管理，采取了哪些措施？
2. 谈谈营销管理对企业的作用。

市场是竞争的市场，营销是企业成功的要素。伴随着经济发展和企业营销管理需要而出现的市场营销学，是 20 世纪发展最快的管理学科之一，也是现代企业和企业家营销实践的总结。市场营销学的研究对象是以满足消费者需求为中心的企业市场营销活动过程及其规律。本章将着重介绍市场营销的基本概念、市场分析、市场细分与目标市场选择、市场营销策略等内容。

第一节　市场营销概述

市场是企业生产经营的起点和终点，也是企业生产经营活动的成功与失败的最终评判者，现代企业的首要任务就是认识市场、开发布场、满足市场进而驾驭市场。因此，市场营销管理是现代企业管理中一项非常重要的内容。

一、市场

（一）市场的概念

市场是商品经济的范畴，是一种以商品交换为内容的经济联系形式。在社会产品存在不同所有者的情况下，生产活动的社会分工使它们各自的产品互相成为商品，从而形成商品交换市场。哪里有商品生产和商品交换，哪里就有市场。同时，市场又是一个历史的范畴，市场的概念随着市场活动的发展和市场范围的扩大而变化。

到目前为止，市场的概念主要有三种：

（1）在商品交换产生以后相当长的时期内，人们认为市场是指买方和卖方聚集在一起进行商品交换的场所。在目前情况下，有些人在有些情况下仍使用这一概念。

（2）随着商品经济的发展，商品交换已不仅在某一固定的时间和地点进行，涉及的人员已不仅仅是买方、卖方和商业中介人。这时，经济学家从揭示事物的本质出发，把市场的概念表述为：市场是买方和卖方交换关系的总和。这一概念由于是从生产关系的角度说明问题，无法指导市场实践，因而很少使用。

（3）买方市场出现以后，使商品销售成为"致命的跳跃"，为了便于指导实践，应站在卖方的角度看问题，从而形成了新的市场概念：市场就是具有特定需要和欲望，并且愿意和可能通过交换来满足的全部潜在顾客。有人把这一市场概念简化为：市场等于消费者人口加购买力再加购买欲望。这一概念的范围和内容虽然比较狭窄，但实践性很强。

随着市场经济的发展，企业的生产进一步专业化，企业对市场的理解也因此而细化。按营销活动对象，划分为消费品市场、生产资料市场、服务市场、资金市场、技术市场、劳动力市场、房地产市场和信息市场；按购买者的购买特点划分为消费者市场、生产者市场、转卖者市场和社会集团市场；按市场营销的方式，分为现货市场和期货市场；按照市场所在的地理位置，分为国内市场和国际市场。每一类市场还可以进一步划分，如消费品市场可按年龄分为少年儿童市场、青年市场、中年市场和老年市场。

从市场营销的角度来看，市场是对某种商品或服务具有需求、有支付能力并且希望进行某种交易的人或组织。市场包含三个主要因素：有某种需要的人、为满足这种需要的购买能力和购买欲望。用公式表示为：

$$市场 = 人口 + 购买力 + 购买欲望$$

市场的这三个因素是相互制约、缺一不可的，只有三者结合起来才能构成现实的市场，才能决定市场的规模和容量。例如，一个国家或地区人口众多，但收入很低，购买力有限，则不能构成容量很大的市场；又如，购买力虽然很大，但人口很少，也不能成为很大的市场。人口既多，购买力又高，才能成为一个有潜力的大市场。但是，如果产品不适合需要，不能引起人们的购买欲望，对销售者来说，仍然不能成为现实的市场。所以，市场是上述三个因素的统一。市场是指具有特定需要和欲望，而且愿意并能够通过交换来满足这种需要或欲望的全部潜在顾客。因此，市场的大小，取决于那些有某种需要，并拥有使别人感兴趣的资源，同时愿意以这种资源来换取其需要的东西的人数。

（二）市场的作用

在商品经济条件下，市场的基本功能是相同的，即市场具有反馈功能、交换功能、竞争功能、调节功能。在我国实行市场经济的条件下，市场通过其功能对社会经济生活起着重要作用。

（1）市场是企业连接生产和消费的纽带。一方面企业从市场上获得生产经营活动所需的各种生产要素；另一方面它又通过市场实现其商品或劳务的价值，使企业再生产过程顺利进行。同时，只有随着市场的扩大，企业才能实现扩大再生产。

（2）市场是企业竞争的场所。通过市场交换，利用价格与非价格竞争，最终结果是优胜劣汰，使那些不善经营和管理的企业在市场上被淘汰，经营得法的企业得以生存和发展。

（3）市场可以起到调节、引导生产，满足消费的作用，进而实现社会资源利用的最优化。

二、市场营销

（一）市场营销的概念

市场营销英文的原文为"marketing"。我国在引进这门学科的过程中，对其翻译的方法有好几种。而一些翻译恰恰反映了当时人们对市场营销在理解上的偏差与局限。曾经有人将"marketing"翻译为"销售学"，译者可能认为这门学科主要研究的是企业如何将生产出来的产品更好地销售出去，这种认识是很不全面的，销售只是营销活动的组成部分之一；后来又有人将"marketing"翻译为"市场学"，但是这种译法也会使人产生误解，以为"marketing"只是单纯从客观的角度研究市场，同企业的经营决策活动关系不大；而"市场营销学"的译法，则比较准确地反映了"marketing"这门学科是企业以市场为导向，以实现潜在交换为目的，去分析市场、进入市场和占领市场这样的一种基本特征，所以是现有的译法中比较能被接受的一种；此外，在我国的台湾比较普遍地将"marketing"翻译为"行销学"，而在我国香港，则曾将其翻译为"市务学"，其语义也同"市场营销学"比较类似。对于"marketing"不同的翻译方法，反映了对市场营销概念的认识过程。

有不少人将市场营销仅仅理解为销售（sales），从我国不少企业对营销部的利用中就可以看到这一点，他们往往只是要求营销部门通过各种手段设法将企业已经生产的产品销售出去，营销部的活动并不能对企业的全部经营活动发挥主导作用和产生很大影响。然而，事实上，市场营销的含义是比较广泛的。它重视销售，但它更强调企业应当在对市场进行充分的分析和认识的基础上，以市场的需求为导向，规划从产品设计开始的全部经营活动，以确保企业的产品和服务能够被市场所接受，从而顺利地销售出去，并占领市场。

美国市场营销学专家菲利普·科特勒（Philip kotler）对市场营销的定义："市场营销是个人和群体通过创造并同他人交换产品和价值以满足需求和欲望的一种社会和管理过程。"在这个核心概念中包含了：需要、欲望和需求，产品，效用，交换和交易，关系，市场，营销和营销者等一系列的概念。如图7-1所示。

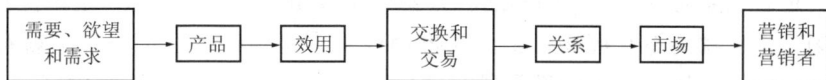

图7-1　市场营销的核心概念

1. 需要、欲望和需求

（1）需要是指人类与生俱来的基本需要。如人类为了生存对食品、衣服、住房、安全、归属、受人尊重等的需要。

（2）欲望是指想得到上述基本需要的具体满足品的愿望，是个人受不同文化及社会环境影响表现出来的对基本需要的特定追求。

（3）需求是指人们有能力购买并愿意购买某个具体产品的欲望。需求实际上也就是对某特定产品及服务的市场需求。

2. 产品

产品是能够满足人的需要和欲望的任何东西。

3. 效用

效用是消费者对产品满足其需要的整体能力的评价。

消费者通常根据这种对产品价值的主观评价和要支付的费用来作出购买决定。

4. 交换、交易和关系

交换是指从他人处取得所需之物，而以其某种东西作为回报的行为。

人们对满足需求或欲望之物，可以通过自产自用、强取豪夺、乞讨和交换等方式取得，只有交换方式才存在市场营销。

交换的发生，必须具备五个条件：

（1）至少有交换双方。

（2）每一方都有对方需要的有价值的东西。

（3）每一方都有沟通和运送货品的能力。

（4）每一方都可以自由地接受或拒绝。

（5）每一方都认为与对方交易是合适或称心的。

交易是交换的基本组成单位，是交换双方之间的价值交换。交换是一种过程，在这个过程中，如果双方达成一项协议，我们就称之为发生了交易。交易通常有货币交易和非货币交易。

关系营销是市场营销者与顾客、分销商、经销商、供应商等建立、保持并加强合作关系，通过互利交换及共同履行诺言，使各方实现各自目的的营销方式。与顾客建立长期合作关系是关系营销的核心内容。

5. 市场营销与市场营销者

在交换双方中，如果一方比另一方更主动、更积极地寻求交换，我们就将前者称之为市场营销者，后者称为潜在顾客。换句话说，所谓市场营销者，是指希望从别人那里取得资源并愿意以某种有价值的东西作为交换的人。市场营销者可以是卖方，也可以是买方。当买卖双方都表现积极时，我们就把双方都称为市场营销者，并将这种情况称为相互市场营销。

（二）市场营销与推销

市场营销是研究如何运作市场的学问。只要存在市场经济，无论哪一个单位和部门，谁也离不开市场，谁也就离不开市场营销。而推销或销售是在计划经济条件下就存在的。因此，市场营销与推销（销售）虽然都要研究销售策略和技巧，但存在着根本区别。

1. 出发点不同

推销的出发点是企业，企业有什么就卖什么。因此，工厂的生产是起点，市场销售是终点，研究的范围是有始有终的一条线。营销的出发点是顾客，顾客需要什么，就生产什么，就卖什么；需要多少就卖多少。因此，市场是工作的起点，但市场又是终点，生产只是中间环节，研究的范围是循环往复的一个圆。

2. 目标不同

推销和营销都要取得利益。但推销的目的是目前利益，工作上是短期行为，销售上是一锤子买卖，只要今天吃饱饭，明天、后天饿肚子也在所不惜。营销的目的是长远利益，工作上是长远设计，要与顾客建立长期的互利关系，不强调一次的得失，而追求长期的利益最大化。

3. 手段不同

推销和营销都要运用多种手段。但推销为了达到目的，可以不择手段。营销则强调多种手段的组合运用，并以有利于消费者为条件。因此，不能单凭是否运用广告手段来区分是搞推销还是搞营销。

4. 理论内容不同

推销和营销都要研究策略与技巧，但推销只是市场营销研究内容的组成部分之一。市场营销是一个完整的理论体系，包含着丰富的内容。从运作对象的角度，营销包括资本运营（货币营销）、资产运营（资产营销）和产品营销三个层次。资本运营是以企业的整体为对象，以价值形态经营为特征，以资本结构的动态调整为手段而进行运作；资产运营以企业的各个部分为对象，以实物形态经营为特征进行运作；产品营销是以经营成果为对象，以多种形态进行运作。从理论上说，资本运营、资产运营和产品营销是企业营销活动不可分割的整体，其中资本运营是企业营销的前提和起点，资产运营是关键环节，产品营销是基础和结果。只有产品营销搞得好的企业才有资本进行资本运营和资产运营；资本运营和资产运营的效益最终要通过提高产品营销的能力来体现。因此，三者关系必须处理恰当，否则，尽管资本运营搞得很好，但也不一定取得好的效益。

从管理的角度，市场营销管理包括三个层次：一是策划，其工作主要是制定市场战略，规划未来。这是单位一把手做的工作。二是管理，其工作主要是进行市场调研与预测，并搞好市场、人员等管理工作。这是单位的中层管理者干的工作。三是推销，其工作主要是进行市场调查、搜集信息、销售商品、回收货款。这是单位的推销人员干的工作。从三个层次看，如果一把手的工作做不好，再能干的推销员也很难把产品销售出去。正是这一原因，美国市场营销学专家彼得·德鲁克指出："某些推销工作总是需要的，然而营销的目的就是要使推销成为多余。"

5. 过程不同

市场营销是一个完整的循环过程，而推销仅仅是市场营销的一个环节。

　　　　研讨与思考：市场是什么？市场有哪些要素？市场营销的核心概念是什么？市场营销和推销相同吗？

三、市场营销的观念

企业的市场营销管理是在特定的指导思想或经营观念指导下进行的。它是人们在从事市场营销活动时对客观市场环境的认识。任何企业的市场营销活动，都要受到一定的营销观念的支配。

市场营销观念，也叫市场营销哲学，指企业对其营销活动及管理的基本指导思想。它是一种观念，但更是一种态度，也是企业的一种思维方式。市场营销观念的核心是正确处理企业、顾客和社会三者之间的利益关系。因此，企业的营销观念是否正确，关系着企业经营的成功与失败。

市场营销观念从总体上分析，主要有两大类观念：一类是以企业为中心的观念，一类是以消费者为中心的观念。

（一）以企业为中心的观念

以企业为中心的观念就是以企业利益为根本取向和最高目标来处理市场营销问题的观念。

1. 生产观念

生产观念是20世纪20年代在西方资本主义国家占统治地位的企业经营思想。它是指企业的一切经营活动以生产为中心，围绕生产来安排所有业务活动，而不去考虑市场需求和消费者的需要。比如，1921年美国的福特汽车公司生产一种T型车，该种车当时在美国市场上占有较大的比重，他们当时的营销观念是如何使T型车生产效率提高，至于消费者对汽车的颜色与款式的要求，则没有更多的顾及。因为当时福特车供不应求，清一色的黑色车也能卖得出去。福特公司采用的就是生产观念，难怪亨利·福特说，不论顾客需要什么类型的车，我们只供黑色T型车。生产观念强调以企业生产为中心。在这种观念的指导下，企业的中心任务是集中一切力量增加产量、降低成本、提高销售效率，很少考虑或没有去考虑消费者的不同需求，更谈不上开展市场调研活动。

2. 产品观念

产品观念类似于生产观念，这种观念的指导思想是企业应把营销活动的重点放在提高产品质量上，坚信只要企业能提高产品的质量，增加产品的功能就会顾客盈门，而不必讲究其他销售方式。如果说生产观念强调的是"以量取胜"，产品观念强调的则是"以质取胜"。"质量比需要更重要"是这一观念的突出表现。曾经有一家办公用公文柜生产商，过分迷恋自己的产品质量，并且追求精美。他的生产经理认为，他们生产的公文柜是全世界质量最好的，从四楼扔下来都不会损坏。当产品拿到展销会上推销时却遇到了强大的销售阻力，这就使得生产经理难以理解，他觉得产品质量好的公文柜理应获得顾客的青睐。销售主管告诉他，顾客需要的适合是他们工作环境和条件的产品，没有哪一位顾客打算把公文柜从四楼扔下去。产品观念，由于过分重视产品而忽略顾客需求，最终将导致"营销近视症"。需要指出的是，产品观念本质上仍然是以生产为中心的，以产定销，围绕生产安排业务活动，但它比生产观念多了一层竞争的色彩，开始考虑消费者对产品品质、性能、特色的愿望。这种观念在商品经济不甚发达，产品供求大体平衡，竞争不激烈的情况下，常常成为一些企业经营的指导思想。

3. 推销观念

推销观念是以销售为中心的企业指导思想，这种观念重点考虑如何将产品卖出去，把销售当成了企业经营活动的核心。这种观念产生于20世纪30年代到50年代以前，资本主义工业革命完成以后，生产成倍地增长，商品的品种大量增加，市场发生了重大变化。总的趋势是市场逐渐由"卖方市场"向"买方市场"转变，市场竞争加剧，产品的销售问题成了企业生存和发展的关键，这就要求企业转变营销观念，把主要精力由生产转向销售。为争夺顾客，甚至出现了许多欺骗和硬性推销的行为，招致消费者的反感。这种观念认为，消费者通常有一种购买惰性或抗衡心理，不会购买本企业的产品，所以，企业必须积极推销和大力促销。当时比较经典的口号是：我们卖什么，就让人们买什么。

推销观念从一定意义上说，仍然属于以企业生产为主的观念，是旧观念的一种。它仍然认为潜在的顾客只要在大量的广告和推销人员的强大攻势下，就会接受销售。事实上，销售只不过成为市场营销活动中一个直观的部分。这种观念不以市场为中心，强化的只是推销，最终会给企业埋下巨大的隐患。

（二）以消费者为中心的观念

以消费者为中心的观念是商品经济发展史上一场全新的革命，这种观念产生于 20 世纪 50—70 年代。这一阶段，随着科学技术的发展，劳动生产率迅速提高，社会物质财富有了较大的增长，产品更新换代的周期迅速缩短，竞争日益激烈，整个市场处于供过于求的状况。这个时期，一些发达国家实行高物价、高工资、高消费政策，以刺激消费者购买，社会经济环境迅速发生了变化。同时，消费者有了较多的可以支配的收入，对产品有了更高的要求。于是，要求企业能够提供可以满足不同消费者需要的适销对路的产品。这种观念，强调以消费者为中心，市场上消费者需要什么，企业就生产什么和销售什么，按需生产，以销定产；并且在产品销售出去后，还要了解消费者对产品有什么意见与要求，每个企业都在想尽一切办法，为消费者提供更好的产品和售后服务，力争使自己的产品比竞争对手更好，更充分地满足消费者需要，以获得消费者的信任与长期的利润。在这种观念指导下，市场已不是生产过程的终点，而是起点，不是供应决定需求，而是在创造需求。第二次世界大战以前，福特汽车公司靠老福特的黑 T 型车取得了辉煌的成就，但老福特过分相信自己的经营哲学，不管市场环境的变化、需求的变动。而通用汽车公司的创始人斯隆，觉察到战争给全世界人民所带来的灾难，特别是年轻人从战场上回来，厌倦了战争的恐怖与血腥，期望充分的享乐，珍惜生命，因而，对汽车的需求不再是只满足于单调的黑色 T 型车，希望得到更多款式多样、色彩鲜艳、驾驶灵活、体现个性、流线型的汽车。通用正是抓住了这一时机，适时地设计产品的风格，适应了市场当时的需求，很快占领了市场。因此，对于任何企业，不论在什么条件下，只要能充分地进行市场分析，掌握市场机会，不断改变以往单纯以产品满足顾客需要的观念，把思维转向认真研究消费需求，正确选择为之服务的目标市场，以满足目标顾客的需要及其变动，不断调整自己的营销策略上来，将企业营销管理的重点放在善于发现和了解目标顾客的需要上，并千方百计去满足需求，使顾客满意，就能实现企业目标。

（三）以社会利益为目标的社会营销观念

在市场营销观念的基础上，出现了以社会利益为目标的社会营销观念。这种观念认为，企业提供的产品，不仅要满足消费者的需求与欲望，而且要考虑企业与社会的长远利益。它强调的是企业市场营销活动应与企业发展、公众需要和社会长期发展协调一致，保持社会资源的可持续性，使社会生产和经济发展处于最佳状态。这种观念产生的背景是：随着商品经济的发展，企业的发展水平得到了极大的提高。但由于企业的盲目发展，生产规模不断扩大，产量过多，竞争加剧，造成了资源的巨大浪费。加之粗放型的生产方式，给社会带来了极大的危害，环境被污染，资源被破坏，特别是生态环境的进一步恶化，使人们越来越认识到保护自然、保护环境的重要性。在这种情况下，企业开始用社会营销观念来补充和完善市场营销观念的不足。因此说，社会营销观念是市场营销观念的一种补充与完善。

在社会营销观念的指导下，公共关系活动也就成为市场营销的一种重要手段。企业提高产品的知名度和美誉度，就是为了给企业塑造一个良好的社会形象。因此很多企业提出了"用户是上帝"的口号，而且把维护和增进社会利益，推动人类进步和文明作为企业重要的职责。

四、市场营销的发展

以互联网、知识经济、高新技术为代表，以满足消费者需求为核心的新经济迅速发展，企业营销活动的环境因素发生了深刻的变化。与环境的变化相适应，企业的营销活动也发生了很大的变化，主要表现为：提供的产品从有形产品转向提供系统的问题解决方案；营销目标从注重市场占有率转向注重客户感受和加强客户关系；沟通媒介从大规模的大众媒体转向特色化的网络媒体等。市场营销的新领域和新理论层出不穷，其中最重要的发展方向包括网络营销、服务营销、绿色营销和体验营销。

1. 网络营销

网络营销是利用计算机网络、现代通信技术以及数字交互式多媒体技术来实现营销的现代营销方式。网络营销是利用计算机互联网作为实现交易的手段；网络营销是企业通过计算机网络对目标顾客直接营销；网络营销的本质是以计算机网络为基础，实现企业与目标顾客的互动性市场接触，实施定制营销，即根据顾客特定的要求提供相应的产品或服务；网络营销是伴随信息技术的发展而发展的有别于传统市场营销的新营销手段，它使企业在控制成本费用、开拓市场以及与顾客保持关系等方面具有很大竞争优势。

与传统的营销策略和营销手段相比，网络营销具有以下特点。

（1）虚拟性。网络营销本身依附于虚拟空间，营销活动的全过程是在一种"虚拟"的网络环境中进行。网络营销活动不受空间的限制，节约大量的开店成本，可以在短时间内扩大销售规模。

（2）互动性。营销过程中具有信息交流的互动性、产品交易的互动性以及服务的互动性。顾客可以主动参与到产品的设计、生产和销售过程中。

（3）便利性。网络延伸到哪里，网络营销就可以延伸到哪里，没有地域的限制，没有时间的延迟。顾客可以非常方便地找到所需要的产品，还可以很容易地进行价格比较。

（4）服务性。提供全方位、全过程和全天候的服务。利用网络，企业可以同时向大量顾客提供服务，极大地提高了服务的效率。同时，异地服务成为可能，企业的服务人员可以向顾客提供远程服务，在很大程度上克服了地域上的限制。

（5）低成本。网络营销无店面租金成本，减少了流通环节，节省流通成本。网络还是一种低成本的媒体，在网络上发布企业的广告，成本要比传统的大众媒体低得多。

2. 服务营销

服务是指一方能够向另一方提供的基本上是无形的行为和绩效，并且不导致任何所有权的产生。它的产生可能与某种物质产品相联系，也可能毫无联系。服务作为一种无形产品，它具有的无形特征可以给人带来某种利益或满足感，同时它也是提供有偿转让的一种或一系列活动。服务渗透在人们生活中的方方面面，随着人类社会的发展，服务在社会经济中的地位和作用与日俱增。近年来，在发达国家中，服务业占总就业的比例和占国民经济的比重均在60%以上，个别国家接近80%；在发展中国家的GDP和人均生活费支出中，服务的比重也不断上升，新增就业机会大多数来自服务业，服务已成为国际贸易的重要组成部分。

服务营销是指以提供服务为主的企业或从事附加服务的部门的营销活动。服务是无形产品，它与有形产品有着明显的不同，因而，服务市场营销与有形产品的市场营销相比，有其自身的特点，主要表现为以下几个方面。

（1）营销对象复杂。针对同样的服务产品，不同的消费者的购买动机和购买目的是不同的。因为他们可能来自于不同的社会阶层，每个人的生活方式有较大的差异。

（2）具有较大的需求弹性。马斯洛需求层次理论指出，人的需求结构是多层次的，人的需求随着社会的进步和个人生活环境的改变而不断向高层次变化。人类的低层次的生理和安全上的需求，可以通过有形产品来满足，但是对高层次的精神文化需求仅仅依靠有形产品是远远不够的。现代人在追求生活质量的同时，更多的是看购买产品（无形或有形）时所获得的利益，这就是对服务的需求。社会向前发展，人们在追求美好生活的过程中，对服务的需求会不断地提高。需求弹性是服务行业研究的永恒课题。

（3）营销方式的单一性。有形产品可以有经销、代销和直销等多种营销方式，无形产品则没有这些方式。服务过程是在产品生产与消费的同一时点发生的。服务过程的这一特点决定了服务营销方式只能是单一的，即生产者与消费者面对面的直接营销方式。如顾客不与理发师直接接触，就不能享受到理发师给他带来的理发服务。服务营销方式的单一性使得服务产品的某一生产者不可能同时在多个市场上出售自己的产品。

3. 绿色营销

绿色营销的概念有广义和狭义之分。广义的绿色营销是指企业在营销活动中体现的社会价值观、伦理道德观，充分考虑社会效益，既自觉维护自然生态平衡，又自觉抵制各种有害营销。狭义的绿色营销是指企业在营销活动中，谋求消费者利益、企业利益和环境利益的协调，既充分考虑了消费者的要求，实现企业利润的目标，也充分考虑到了保持生态平衡。实施绿色营销的企业，在产品创意、设计、生产以及促销等环节都要以保护生态环境为前提，力求减少和避免环境污染，保护和节约自然资源，维护人类长远利益，实现经济与环境的可持续发展。

绿色营销是在传统营销的基础上发展起来的，它强调企业在营销全过程中充分考虑到环境保护的要求，从而实现企业的可持续发展，因此它不同于传统营销。绿色营销的特点主要表现在以下几个方面。

（1）绿色营销以绿色消费为前提。消费需求是由低层次向高层次发展的，绿色需求是较高层次的消费观念。人们的温饱问题得到基本解决后，便会产生对清洁环境和绿色产品的需求。

（2）绿色营销以绿色观念为指导。绿色营销以满足消费者的绿色需求为中心，为消费者提供能有效防止资源浪费、环境污染以及损害健康的产品。绿色观念追求的是人与自然的和谐发展，强调人类的长远利益和可持续发展。

（3）绿色营销以绿色法制为保障。绿色营销是着眼于社会整体利益的新观念，在竞争性市场上，必须有完善的法律制度作为保障，以法律制约市场行为主体的行为，从而维护全社会的长远利益。

（4）绿色营销以绿色科技为支撑。技术进步是产业进步的决定因素，绿色产业的形成必然以绿色科技为支撑。绿色科技促进绿色产品的开发，节约能源和促进资源再生是绿色营销的技术保证。

4. 体验营销

体验营销是指企业通过采用让目标顾客观摩、聆听、尝试、试用等方式，使其亲身体验企业提供的产品或服务，让顾客实际感知产品或服务的品质和性能，促使顾客认知、喜好并购买这种产品或服务，最终创造满意交换，实现双方目标的一种营销方式。体验营销在方式上是一个大胆的创举，因其具有的优越性而备受关注。它作为企业用来拉近消费者距离的一种重要经营手段，开始被广泛运用。

体验营销是企业以服务为舞台，以商品为道具，以消费者为中心，创造能够使消费者赞誉，值得消费者回味的活动。体验是企业站在消费者的角度来理解和强调产品，使消费者从体验中获得真实的感受，诱发购买动机的产生。体验营销的特点主要表现在以下几个方面。

（1）以顾客需求为导向。企业从顾客的真正需要出发，用顾客能接受的方式对产品进行多方面沟通，即从过去的"拉"转为"推"，增强了企业的主动性。

（2）以顾客沟通为手段。企业要想满足顾客的需要，尤其是顾客个性化的需要，就要建立与顾客的双向沟通，尽可能地收集顾客信息，及时地反映在顾客所购买的商品上。这样才能有效地推动消费者的购买。

（3）以顾客满足为目标。在现代社会，人们已不满足于单纯地购买产品，而更注重于购买过程带来的满足。因此，企业在提高产品本身的使用价值时，更要注重开展各种沟通活动，满足顾客的体验需求，从而使顾客在物质上和精神上得到双重的满足。

研讨与思考：试举出网络营销、体验营销的例子。

第二节 市场营销管理的主要工作

一、市场营销的工作内容

随着我国市场经济体制的确立，企业已成为市场竞争的主体，营销管理工作的内容也不断丰富和扩大，主要工作内容包括以下几个方面：

（一）市场分析

当今世界，科技发展迅速，新发明、新创造、新技术和新产品层出不穷，日新月异。技术进步自然会在商品市场上以产品的形式反映出来。同时，市场竞争日益激烈，不断地发生变化。促使市场发生变化的原因很多，有产品、价格、分销、广告、推销等市场因素和政治、经济、文化、地理条件等市场环境因素。这两类因素往往是相互联系和相互影响的，而且不断地发生变化。企业为适应这种变化，就只有通过市场调查与分析，及时地了解各种环境因素的变化，并适时适当地采取应变措施，这是企业取胜的关键。

（二）目标市场选择

在市场营销过程中，目标消费者居于中心地位。企业识别总体市场，将其划分为较小的细分市场，选择最有开发价值的细分市场，并集中力量满足和服务于这些细分市场，企业设计由其控制的四大要素所组成的市场营销组合。为找到和实施最好的营销组合，企业要进行市场营销分析、计划、实施和控制。通过这些活动，企业观察并应变于市场营销环境。

（三）产品开发

当消费者需求发生变化或者环境条件改变，预示着企业的现有产品已出现衰退可能时，企业必须寻找可代替的产品，这往往是开发新产品最直接的原因。企业的竞争优势取决于企业能否向市场提供满足需求的新产品。市场竞争的加剧迫使企业不断开发新产品，企业源源不断地推出领先产品，不仅可以提高市场份额，提高产品价值，同时积聚超越竞争者的优势，迫使竞争者产品过时进而退出市场。因此，要使企业成为"百年老店"，必须要充分把握时机开发新产品。

（四）产品定价

当企业开发完成一个产品，在确定名称、包装、规格后，确定合理的价格就成为企业的一个重要工作。产品价格是企业向外界发出的营销信息，传递了企业营销的战略、战术意图，而且价格的变动对企业的利润具有很强的放大效应，是关系到产品能否生存或成功的关键，定价是对企业市场判断能力、应变能力、竞争能力的综合考验。因此，产品定价是企业营销管理的重要内容。

（五）销售渠道选择

销售渠道是企业最重要的资产之一，同时也是变数最大的资产。它是企业把产品向消费者转移的过程中所经过的路径。这个路径包括企业自己设立的销售机构、代理商、经销商、零售店等。对产品来说，它不对产品本身进行增值，而是通过服务增加产品的附加价值；对企业来说，销售渠道起到物流、资金流、信息流、商流的作用，完成厂家难以完成的任务。营销渠道是靠外部力量的结合，要投入大量的时间才能建立起来的，它代表公司与中间商之间的长期承诺，也代表着公司的一项营销组合策略的选择。我们在选择营销渠道时，必须要注意营销环境的变化趋势，以长远的眼光来规划企业的营销渠道。

（六）促销

在任何社会化大生产和商品经济条件下，一方面，生产者不可能完全清楚消费者的需要；另一方面，广大消费者也不可能完全了解商品的供应信息，客观上存在着这种生产者与消费者间"信息分离"的产销矛盾。企业必须利用广告宣传、人员推销等促销手段，把生产、产品等信息传递给消费者和用户，以增进其了解、信赖并购买本企业产品，达到扩大销售的目的。随着企业竞争的加剧和产品的增多，消费者收入的增加和生活水平的提高，在买方市场上的广大消费者对商品要求更高，挑选余地更大，因此企业与消费者之间的沟通更为重要，企业更需加强促销，利用各种促销方式使广大消费者和用户加深对其产品的认识，以使消费者愿意花钱来购买其产品。

二、市场分析

（一）市场营销环境分析

1. 微观环境

微观环境是指企业对所服务的顾客构成直接影响的各种力量，包括企业本身及市场营销渠道企业、市场、竞争者和公众，这些都会影响企业为其目标市场服务的能力。

（1）企业。

企业本身包括市场营销管理部门、其他职能部门和最高管理层。企业为实现其目标，必须进行制造、采购、研究与开发、财务、市场营销等业务活动。而市场营销部门一般由市场营销副总裁、销售经理、推销人员、广告经理、市场营销研究经理、市场营销计划经理、定价专家等组成。市场营销部门在制定决策时，不仅要考虑到企业外部环境力量，而且要考虑企业内部环境力量。首先，要考虑其他业务部门（如制造部门、采购部门、研究与开发部门、财务部门等）的情况，并与之密切协作，共同研究制订年度和长期计划。其次，要考虑最高管理层的意图，以最高管理层制定的企业任务、目标、战略和政策等为依据，制订市场营销计划，并报最高管理层批准后执行。

（2）市场营销渠道企业。

市场营销渠道企业包括供应商、商人中间商、代理中间商、辅助商。在现代市场经济条件下，生产企业一般都通过市场营销中介机构（即代理中间商、商人中间商、辅助商等）来进行市场营销研究、推销产品、储存产品、运输产品等，因为这样分工比较经济。

（3）市场。

市场营销学是根据购买者及其购买目的进行市场划分的。它包括消费者市场、生产者市场、中间商市场、政府市场、国际市场。

（4）竞争者。

企业要想在市场竞争中获得成功，就必须比竞争者更有效地满足消费者的需要与欲望。因此，企业所要做的并不仅仅是迎合目标顾客的需要，而是要通过有效的产品定位，使本企业产品与竞争者产品在顾客心目中形成明显差异，从而取得竞争优势。竞争者包括愿望竞争者、一般竞争者、产品形式竞争者、品牌竞争者。

（5）公众。

公众是指对企业实现其市场营销目标构成实际或潜在影响的任何团体，它包括金融公众、媒体公众、政府公众、市民行动公众、地方公众、一般群众、企业内部公众。

2. 宏观环境

宏观环境是指那些给企业造成市场机会和环境威胁的主要社会力量，包括人口环境、经济环境、自然环境、科学技术环境、政治法律环境以及社会文化环境。这些主要社会力量代表企业不可控制的变量。

（1）人口环境。

市场由同时具有购买欲望和购买能力的人组成，这种人越多，市场规模就越大，即人口的多少直接决定市场的潜在容量。企业市场营销的人口环境因素通常包括人口总量、人口地理分布、人口结构（包括年龄结构、性别构成、籍贯构成、民族构成）、婚姻家庭状况、受教育程度及职业特点、人口增长速度、人口密度、流动性等。人口环境对市场的影响具有整体性和长远性的特点，并直接反映到消费需求的变化上。

（2）经济环境。

经济发展水平和发展速度，决定市场规模及其增长速度。经济环境指企业营销活动所面临的外部社会经济条件，其运营状况和发展趋势会直接或间接地对企业营销活动产生影响。经济环境研究一般包括经济发展阶段、消费者收入水平、消费者支出模式及消费结构、消费者储蓄和信贷水平等。

（3）自然环境。

自然环境是指企业发展过程中所需的生态环境以及人民和政府对生态环境所采取的态度。随着经济的快速增长，自然资源遭到严重破坏，再加上环境保护意识相对淡漠，企业面临的生态环境不断恶化。企业面临的主要问题有：某些自然资源短缺或即将短缺、环境污染日益严重、公众的生态意识不断提高、政府对自然资源管理的干预日益加强。

（4）科学技术环境。

科学技术是社会生产力中最活跃的因素。科学技术环境是指企业在产品的设计、开发、制造和营销过程中所受到的科技发展的影响。科学技术进步对企业营销活动的影响主要表现在：科技进步正在影响着人们的生活方式，影响零售商业和消费者的购物习惯；科技进步的速度加快，使得产品不断更新换代，科技实力和科技水平对人们的需求和产业结构产生了巨大的冲击；科技创新创造出更多的机会；由于研究开发的投资越来越大，投资的风险也在加大等。

（5）政治法律环境。

企业的市场营销决策在很大程度上受政治和法律环境变化的影响。政治法律环境直接与一个国家的体制、宏观经济政策联系起来，它规定了整个国家的发展方向及政府采取的措施。政治法律环境主要是指影响和制约企业营销活动的政府机构、法律法规及公众团体等。

（6）社会文化环境。

社会文化环境是指在一种社会形态下已经形成的信息、价值、观念、宗教信仰、道德规范、审美观念及世代相传的风俗习惯等被社会所公认的行为规范。文化是影响人们欲望和行为的一个很重要的因素。社会文化因素通过影响消费者的购买行为间接地影响企业营销活动。社会文化环境因素主要包括物质文化、教育状况、宗教信仰、价值观念、风俗习惯、审美观念等。

（二）消费者市场购买行为分析

所谓消费者市场，是指所有为了个人消费而购买物品或服务的个人和家庭所构成的市场。消费者市场是现代市场营销理论研究的主要对象。成功的市场营销者是那些能够有效开发对消费者有价值的产品，并运用富有吸引力和说服力的营销方法将产品有效地呈现给消费者的企业和个人。因此，研究影响消费者购买行为的主要因素及其购买决策过程，对于有效开展市场营销活动至关重要。

1. 影响消费者购买行为的主要因素

消费者不可能凭空作出购买决策，他们的购买决策在很大程度上受到文化、社会、个人和心理等因素的影响。

（1）文化因素。

文化、亚文化和社会阶层等因素，对消费者的行为具有最广泛和最深远的影响。文化是人类欲望和行为最基本的决定因素，低级动物的行为主要受其本能的控制，而人类行为大部分是通过学习而来的，在成长过程中，通过其家庭和其他机构的影响学到了一系列基本的价值、知觉、偏好和行为。每一文化都包含着能为其成员提供具体认同感和社会化的较小的亚文化群体，如民族群体、宗教群体、种族群体、地理区域群体等。

在人类社会中，还存在着社会层次。它有时以社会等级制形式出现，不同等级的成员都被培养成一定的角色，而且不能改变他们的等级成员资格。然而，更为常见的是，层次以社会阶层的形式出现。所谓社会阶层是指一个社会中具有相对的同质性和持久性的群体，他们是按等级排列的，每一阶层的成员具有类似的价值观、兴趣爱好和行为方式。

（2）社会因素。

消费者购买行为也受诸如参照群体、家庭、社会角色与地位等一系列社会因素的影响。

①参照群体是指那些直接或间接影响人的看法和行为的群体。直接参照群体又称成员群体，即某人所属的群体或与其有直接关系的群体。成员群体又分为首要群体和次要群体两种。首要群体是指与某人直接、经常接触的一群人，一般都是非正式群体，如家庭成员、亲戚朋友、同事、邻居等。次要群体是对其成员影响并不很经常但一般都较为正式的群体，如宗教组织、职业协会等。间接参照群体是指某人的非成员群体，即此人不属于其中的成员，但又受其影响的一群人。这种参照群体又分为向往群体和厌恶群体。向往群体是指某人推崇的一些人或希望加入的集团，例如体育明星、影视明星就是其崇拜者的向往群体。厌恶群体是指某人讨厌或反对的一群人。一个人总是不愿意与厌恶群体发生任何联系，在各方面都希望与其保持一定距离，甚至经常反其道而行之。

参照群体对消费者购买行为的影响，表现在三个方面：参照群体为消费者展示出新的行为模式和生活方式；由于消费者有效仿其参照群体的愿望，因而消费者对某些事物的看法和对某些产品的态度也会受到参照群体的影响；参照群体促使人们的行为趋于某种"一致化"，从而影响消费者对某些产品和品牌的选择。

②家庭是社会组织的一个基本单位，也是消费者的首要参照群体之一，对消费者购买行为有着重要影响。家庭购买决策大致可分为三种类型：一人独自作主；全家参与意见，一人作主；全家共同决定。

③一个人在其一生中会参加许多群体，如家庭、俱乐部及其他各种组织。每个人在各个群体中的位置可用角色和地位来确定。每一个角色都将在某种程度上影响其购买行为。每一角色都伴随着一种地位，这一地位反映了社会对他或她的总评价，而地位标志又随着不同阶层和地理区域而有所变化。

（3）个人因素。

消费者购买决策也受其个人特性的影响，特别是受其年龄所处的生命周期阶段、职业、经济状况、生活方式、个性以及自我观念的影响。生活方式是一个人在世界上所表现的有关活动、兴趣和看法的生活模式。个性是一个人所特有的心理特征，它会导致一个人对其所处环境的相对一致和持续不断的反应。

（4）心理因素。

消费者购买行为要受动机、知觉、学习以及信念和态度等主要心理因素的影响。动机是一种升华到足够强度的需要，它能够及时引导人们去探求满足需要的目标。马斯洛认为，人是有欲望的动物，需要什么取决于已经有了什么，只有尚未被满足的需要才影响人的行为。

所谓知觉是指个人选择、组织并解释信息的投入，以便创造一个有意义行为的过程，它不仅取决于刺激物的特征，而且还依赖于刺激物同周围环境的关系以及个人所处的状况。人们之所以对同一刺激物产生不同的知觉，是因为人们要经历三种知觉过程，即选择性注意、选择性曲解和选择性记忆。

所谓感觉是指通过视、听、嗅、味、触五种感官对刺激物的反应。随着感觉的深入，将感觉到的材料通过大脑进行分析综合，从而得到知觉。人们要行动就得学习。学习是指由于经验而引起的个人行为的改变。人类行为大都来源于学习。一个人的学习是通过驱使力、刺激物、诱因、反应和强化的相互影响而产生的。由于市场营销环境不断变化，新产品、新品牌不断涌现，消费者必须经过多方收集有关信息之后，才能作出购买决策，这本身就是一个学习的过程。

通过行为和学习，人们获得了自己的信念和态度，而信念和态度又反过来影响人们的购买行为。所谓信念是指一个人对某些事物所持有的描述性思想。生产者应关注人们头脑中对其产品或服务所持有的信念，即本企业产品和品牌的形象。人们根据自己的信念做出行动，如果一些信念是错误的，并妨碍了购买行为，生产者就要运用促销活动去纠正这些错误信念。

所谓态度是指一个人对某些事物或观念长期持有的好与坏的认识上的评价、情感上的感受和行动倾向。态度能使人们对相似的事物产生相当一致的行为。一个人的态度呈现为稳定一致的模式，改变一种态度就需要在其他态度方面作重大调整。

综上所述，一个人的购买行为是文化、社会、个人和心理因素之间相互影响和作用的结果。其中很多因素是市场营销者无法改变的，但这些因素在识别那些对产品有兴趣的购买者方面颇有用处。其他因素则受到市场营销者的影响，市场营销者借助有效的产品、价格、地点和促销管理，可以诱发消费者的强烈反应。

2. 消费者购买决策过程

市场营销者在分析了影响购买者行为的主要因素之后，还需了解消费者如何真正作出购买决策，即了解谁作出购买决策、购买决策的类型以及购买过程的具体步骤。

（1）参与购买的角色。

人们在购买决策过程中可能扮演不同的角色，包括以下几方面。

①发起者，是首先提出或有意向购买某一产品或服务的人。②影响者，是其看法或建议对最终决策具有一定影响的人。③决策者，是对是否买、为何买、如何买、何处买等方面的购买决策作出完全或部分最后决定的人。④购买者，是实际采购的人。⑤使用者，是实际消费或使用产品或服务的人。

（2）购买行为类型。

消费者购买决策随其购买决策类型的不同而变化。较为复杂和花钱多的决策往往凝结着购买者的反复权衡和众多人的参与决策。根据参与者的介入程度和品牌间的差异程度，可将消费者购买行为分为四种。

① 习惯性购买行为。对于价格低廉、经常购买、品牌差异小的产品，消费者不需要花时间进行选择，也不需要经过收集信息、评价产品特点等复杂过程，因而，其购买行为最简单。

② 寻求多样化购买行为。有些产品品牌差异明显，但消费者并不愿花长时间来选择和估价，而是不断变换所购产品的品牌。这样做并不是因为对产品不满意，而是为了寻求多样化。

③ 化解不协调购买行为。有些产品品牌差异不大，消费者不经常购买，而购买时又有一定的风险，所以，消费者一般要比较、看货，只要价格公道、购买方便、机会合适，消费者就会决定购买。购买以后，消费者也许会感到有些不协调或不够满意，在使用过程中，会了解更多情况，并寻求种种理由来减轻、化解这种不协调，以证明自己的购买决定是正确的。经过由不协调到协调的过程，消费者会有一系列的心理变化。

④ 复杂购买行为。当消费者购买一件贵重的、不常买的、有风险的而且又非常有意义的产品时，由于产品品牌差异大，消费者对产品缺乏了解，因而需要有一个学习过程，以广泛了解产品性能、特点，从而对产品产生某种看法，最后决定购买。

（3）购买决策过程。

在复杂购买行为中，购买者的购买决策过程由引起需要、收集信息、评价方案、购买决策和买后行为五个阶段构成。

① 引起需要。购买者的需要往往由两种刺激引起，即内部刺激和外部刺激。市场营销人员应及时了解消费者产生需要的原因、类型和强度，制定适当的市场营销策略，促使消费者对企业的产品产生强烈的需求，诱发其产生购买动机。

② 收集信息。一般来讲，引起的需要不是马上就能满足的，消费者需要寻找某些信息。消费者的信息来源主要有个人来源（家庭、朋友、邻居、熟人）、商业来源（广告、推销员、经销商、包装、展览）、公共来源（大众传播媒体、消费者评审组织等）、经验来源（处理、检查和使用产品）四种。市场营销人员应对消费者使用的信息来源认真加以分析，设法扩大对自己有利的信息传播。

③ 评价方案。消费者对产品的判断大都是建立在自觉和理性的基础之上的。消费者的评价行为一般要涉及如下几点：产品属性——产品能够满足消费者需要的特性；属性权重——消费者对产品有关属性所赋予的不同的重要性权数；品牌信念——消费者对某品牌优劣程度的总的看法；效用函数——描述消费者所期望的产品满足感随产品属性的不同而有所变化的函数关系；评价模型——消费者对不同品牌进行评价和选择的程序和方法。

④ 购买决策。评价行为会使消费者对可供选择的品牌形成某种偏好，从而形成购买意图，进而购买所偏好的品牌。但是，在购买意图和决定购买之间，别人的态度、意外情况、可察觉风险的大小都会对购买决策产生不同程度的影响。

⑤ 买后行为。将商品买回家以后，消费者的购买决策过程还没有终止，因为开始使用产品以后，消费者一般要以购前期望为标准，检查、评价自己买回来的商品，为的是看看有没有什么问题或不满意的地方。消费者对其购买的产品是否满意，将影响到以后的购买行为。如果对产品满意，则在下一次购买中可能继续采购该产品，并向其他人宣传该产品的优点。如果对产品不满意，则会尽量减少不和谐感。市场营销人员应采取有效措施尽量降低购

买者买后不满意的程度。

研讨与思考：消费者购买决策的影响因素有哪些？

（三）组织市场购买行为分析

企业的市场营销对象不仅包括广大消费者，也包括各类组织机构，这些组织机构构成了原材料、零部件、机器设备、供给品和企业服务的庞大市场。为此，企业必须了解组织市场，主要是产业市场及其购买行为。

1. 组织市场的构成

组织市场是由各种组织机构形成的对企业产品和劳务需求的总和。它可分为三种类型，即产业市场、中间商市场和政府市场。

（1）产业市场。

产业市场又称生产者市场或企业市场。它是指一切购买产品和服务并将之用于生产其他产品或劳务，以供销售、出租或供应给他人的个人或组织。

（2）中间商市场。

中间商市场又称转卖者市场。它是指那些将购买来的商品和劳务转售或出租给他人，从而获取利润的个人或组织。中间商市场由各种批发商和零售商构成，其中，批发商是指购买产品和服务并将之转卖给其他批发商或零售商及产业用户、非营利性组织用户等，但不面向最终消费者的中间商组织；零售商是指那些把产品或服务直接销售给最终消费者的中间商组织。

（3）政府市场。

政府市场是指那些为执行政府的主要职能而采购或租用商品的各级政府单位。就是说，一个国家政府市场上的购买者是该国各级政府的采购机构。

2. 组织市场的特点

组织市场与一般消费者的购买活动相比，有以下几个特点。

① 组织市场的购买活动所要达到的目标更为多样化。如获取利润、降低成本、满足员工需求、履行社会职能等。

② 组织市场购买决策的参与者更多。在一些重大项目的购买申请中，决策的参与者来自不同部门，使用不同决策标准。

③ 组织市场的购买范围十分广泛。小到办公用品，大到飞机、火箭，且在购买同时往往还连带要求提供相关的配套服务。

④ 组织市场购买所需资金额更大、涉及的产品项目更多。无论是产业用户还是政府用户，其购买往往是大宗的批量购买，需要耗费大量的资金。

⑤ 组织市场在进行购买时，采购人员必须遵守组织所制定的各项政策、限制和要求，在购买中使用报价、建议书、购买合同等复杂的采购工具。

3. 产业市场购买行为分析

在组织市场中，产业市场的购买行为与购买决策具有典型的代表意义，在此仅对产业市场购买行为进行阐述。

（1）产业购买者的决策参与者。

产业用品供货企业不仅要了解谁在市场上购买和产业市场的特点，而且要了解谁参与产业购买者的购买决策过程，他们在购买决策过程中充当什么角色，起什么作用，也就是说要了解其顾客的采购组织。

在任何一个企业中，除了专职的采购人员之外，还有一些其他人员也参与购买决策过程。所有参与购买决策过程的人员构成采购组织的决策单位，称为采购中心。企业采购中心通常由使用者、影响者、采购者、决定者、信息控制者五类成员组成。

当然，并不是任何企业采购任何产品都必须有上述五类人员参加购买决策过程。企业中采购中心的规模大小和成员多少会随着欲采购产品的不同而有所不同。

（2）影响产业购买者购买决策的主要因素。

① 环境因素。即一个企业外部周围环境的因素。诸如一个国家的经济前景、市场需求、技术发展变化、市场竞争、政治等情况。

② 组织因素。即企业本身的因素。诸如企业的目标、政策、步骤、组织结构、系统等。

③ 人际因素。如上所说，企业的采购中心通常包括使用者、影响者、采购者、决定者和信息控制者，这五种成员都参与购买决策过程。这些参与者在企业中的地位、职权、说服力以及他们之间的关系有所不同。这种人事关系势必影响产业购买者的购买决策、购买行为。

④ 个人因素。即各个参与者的年龄、受教育程度、个性等。这些个人的因素会影响各个参与者对要采购的产业用品和供应商的感觉、看法，从而影响购买决策、购买行为。

（3）产业购买行为的类型。

根据购买情况的复杂程度，产业购买者的购买行为分以下三类。

① 直接重购。即企业的采购部门根据过去和许多供应商打交道的经验，从供应商名单中选择供货企业，并直接重新订购过去采购的同类产业用品。此时，组织购买者的购买行为是惯例化的。

② 修正重购。即企业的采购经理为了更好地完成采购工作任务，适当改变要采购的某些产业用品的规格、价格等条件或供应商。这类购买情况较复杂，因而参与购买决策过程的人数较多。

③ 新购。即企业第一次采购某种产业用品。新购的成本费用越高，风险越大，那么需要参与购买决策过程的人数和需要掌握的市场信息就越多。这类购买情况最复杂。

（4）产业购买者的购买过程。

供货企业的最高管理层和市场营销人员还要了解顾客购买过程中各个环节的情况，并采取适当措施，以适应顾客在各个环节的需要，才能成为现实的卖主。产业购买者购买过程的环节多少，也取决于产业购买者购买情况的复杂程度。

在直接重购这种最简单的购买情况下，产业购买者的购买过程的环节最少；在修正重购情况下，购买过程的环节多一些；而在新购这种最复杂的情况下，购买过程的环节最多，大致要经过八个阶段，包括认识需要、确定需要、说明需要、物色供应商、征求意见、选择供应商、选择订货程序、检查合同履行情况。

三、市场细分和目标市场选择

（一）市场细分

人是构成市场的基本要素，哪里有人，哪里就有衣、食、住、行及其他各种需求，从而也就有市场，企业也就有了针对这些需求从事生产经营活动的机会。但是，任何一个企业的能力都是有限的，满足人们各种需求是不可能的，满足世界上所有人对同一种产品的需求也是不可能的。企业所能服务的顾客只是众多顾客中的一小部分，所能生产的也只是一定数量和品种的产品。因此，企业必须找到所能服务的这部分顾客，找到可以生产的产品和可以提供的服务。这就需要进行市场细分。

市场细分又叫市场细分化，是指从区分顾客的不同需求出发，根据顾客购买行为的差异性，把整体市场划分为若干个具有类似需求的子市场的过程。属于不同细分市场的消费者对同一产品的需求存在显著差异，而属于同一细分市场的消费者则具有极为相似的需求。理解市场细分概念，应把握以下三点。

（1）市场细分既不是市场分类，也不是产品分类，而是顾客分类。市场分类是指按照一定的标准将市场分成不同类型，如技术市场、金融市场、服务市场等；产品分类是指按照一定的标准将产品分成不同类型，如消费品市场、产业用品市场。市场细分的实质是顾客细分。

（2）市场细分的基础是顾客需求的差异性。不同类型的顾客在购买方面是各不相同的，这是市场细分的基础。同时，企业受生产经营能力的限制，任何一个企业不可能为市场中所有的顾客服务，不进行市场细分，就不可能构建自身的竞争优势。

（3）市场细分是一个聚集而不是分解的过程。分解的过程就是通过对顾客及其需求的差别分析，将整体市场划分为若干个具有同质需求的子市场级细分市场。聚集的过程就是把对某种产品特性有一致反应的顾客集合成群。聚集的过程可以依据多种变量进行，直到鉴别出规模足以实现企业利润目标的某一顾客群。

（二）消费者市场细分的依据

市场细分要依据一定的细分变量来进行。消费者市场的细分变量主要有地理变量、人口变量、心理变量和行为变量四类。

（1）地理细分。地理细分是指按消费者所处的地理位置、地理条件来细分市场。消费者所处的地理位置不同，其需求特点也不同。地理细分的具体变量有国家、地区、乡村、城市规模、交通条件、人口密度、地形地貌、气候以及其他变量。

（2）人口细分。人口细分是根据人口统计因素，如年龄、性别、家庭规模、家庭收入、职业、教育、宗教、民族、国籍、家庭生命周期等因素来细分市场。

（3）心理细分。心理细分就是按消费者的心理特征对市场进行细分。由于社会阶层、生活方式、性格、购买动机等的不同，同样性别、年龄、收入的消费者会有不同的需求特征，这是受心理因素的影响造成的。心理因素包括生活格调、个性、购买动机、价值取向等。

（4）行为细分。行为细分是指根据消费者购买行为的不同来细分消费品市场。消费行为的细分变量包括：消费者进入市场的程度、对品牌的忠诚程度（品牌偏好）、购买或使用产品的时机、使用数量的多少及使用频率、消费者追求的利益点等。

（三）工业品市场细分

1. 工业品市场的细分依据

对工业品市场的细分主要有以下依据：

（1）客户所在行业。客户所在行业不同，对产品的要求也不同。

（2）客户规模。工业品市场的客户有大用量客户、小用量客户。客户的规模不同企业的营销方案也不同。

（3）客户的地理位置。客户的地理位置不同，其需求会有很大的差异。由于地理区域的条件特点，会形成产业地区按客户地理位置来细分产业市场。选择用户较为集中的地区作为自己的目标市场，则联系起来比较方便，有利于提高销售量，能有效利用营销力量，节省运费，降低营销成本。

（4）客户的购买行为。工业品市场客户的购买行为主要包括追求的利益点、购买批量、品牌忠诚度、渠道忠诚度、购买频率、对价格的敏感程度、对服务的敏感程度、购买方式等。

2. 工业品市场的细分注意事项

在进行细分市场时，应注意的事项主要有：

（1）细分标准应选择准确。影响消费者购买行为的因素很多，然而在细分市场时不能选择过多的标准，宜抓住主要矛盾，否则既不实用，也不经济。

（2）细分后的市场规模应适度。市场细分不是分得越细越好，市场分得太细，影响企业的生产规模和效益。当发现市场分得太细时，要进行反细分化。细分出来的市场必须大到足以使企业实现它的利益目标。

（3）动态地细分市场。市场特性是动态变化的，所以细分市场的标准不能一成不变，应根据市场的变化，进行有创意的市场细分。

（四）目标市场选择

市场细分的目的在于有效地选择并进入目标市场。所谓目标市场，就是企业决定要进入的那个市场部分，也就是企业拟投其所好、为之服务的那个顾客群（这个顾客群有很多相似的需要）。在现代市场经济条件下，任何产品的市场都有各自的顾客群，他们各有不同的需要，且分散在不同地区。因此，一般来说，任何企业（即便是大公司）都不可能满足所有顾客群的不同需要。为了提高企业的经营效益，企业必须细分市场，并且根据自己的任务目标、资源和特长等权衡利弊，进而决定进入哪个市场或哪些市场部分，为哪个市场或哪些市场部分服务。企业在决定为多少个子市场服务，即确定其目标市场涵盖战略时，有以下三种选择。

1. 无差异市场营销

无差异市场营销是指企业在市场细分之后，不考虑各子市场的特性，而只注重子市场的共性，决定只推出单一产品，运用单一的市场营销组合，力求在一定程度上最大可能地适合顾客的需求。

2. 差异市场营销

差异市场营销是指企业决定同时为几个子市场服务，设计不同的产品，并在渠道、促销和定价方面都进行相应的改变，以适应各个子市场的需要。

3. 集中市场营销

集中市场营销是指企业集中所有力量，以一个或少数几个性质相似的子市场作为目标市场，试图在较少的子市场上拥有较大的市场占有率。

上述三种目标市场涵盖战略各有利弊，企业在选择时主要需考虑五个方面的因素，即企业资源、产品同质性、市场同质性、产品生命周期阶段、竞争对手的目标市场涵盖战略。

1. 企业资源

如果企业资源雄厚，可以考虑实行差异市场营销，否则，最好实行无差异市场营销或集中市场营销。

2. 产品同质性

产品同质性是指产品在性能、特点等方面的差异性的大小。对于同质产品或需求上共性较大的产品，一般宜实行无差异市场营销；对于异质产品，则应实行差异市场营销或集中市场营销。

3. 市场同质性

如果市场上所有顾客在同一时期偏好相同，购买的数量相同，并且对市场营销刺激的反应相同，则可视为同质市场，宜实行无差异市场营销；反之，如果市场需求的差异较大，则为异质市场，宜采用差异市场营销或集中市场营销。

4. 产品生命周期阶段

处在介绍期和成长期的新产品，市场营销的重点是启发和巩固消费者的偏好，最好实行无差异市场营销或针对某一特定子市场实行集中市场营销；当产品进入成熟期时，市场竞争激烈，消费者需求日益多样化，可改用差异市场营销战略以开拓新市场，满足新需求，延长产品生命周期。

5. 竞争对手的目标市场涵盖战略

一般来说，企业的目标市场涵盖战略应与竞争者有所区别。如果竞争对手强大且实行的是无差异市场营销，则企业应实行集中市场营销或更深的差异市场营销；如果企业面临的是较弱的竞争者，必要时可采取与之相同的战略，凭借其实力击败对手。

研讨与思考：市场细分是什么？结合生活中的事例，试举出一些市场细分的例子。

第三节 市场营销常用策略

企业在开展市场营销活动时，必须把握住那些基本措施，合理组合，并充分发挥整体优势和效果。影响企业营销活动的因素有很多，归纳起来有两类因素。一类是企业外部环境给企业带来的机会和威胁，这些是企业很难改变的，如人口、经济、政治、法律、政策等；另一类则是企业本身可以通过决策加以控制的，如产品、价格、分销渠道、促销手段等。市场营销组合策略是指企业针对目标市场的需要，对可控制的各种市场手段与营销因素的优化组合和综合运用。

美国市场学家尤金·麦卡锡把各种市场手段或营销因素分成四大类：产品（product）、价格（price）、渠道（place）、促销（promotion）。营销组合主要就是这四个"P"的适当配合，并由此派生出产品策略、价格策略、分销渠道策略和促销策略。市场营销组合策略的基本思想在于：从制定产品策略入手，同时制定价格、促销及分销渠道策略，组合成策略总体，以便达到以合适的商品、合适的价格、合适的促销方式，把产品送到合适地点的目的。企业经营的成败，在很大程度上取决于这些组合策略的选择和它们的综合运用效果。

一、产品策略

现代企业之间的激烈竞争是以产品为中心的，企业的其他营销要素也是围绕产品策略进行的。因此，产品策略是企业市场营销组合中最重要的因素。

（一）整体产品的概念

现代企业营销的核心是满足顾客的需要和欲望。从现代营销观念来考察产品的内涵，产品是一个更加广泛的概念。市场营销学对产品的定义是：产品是指人们提供给市场，以满足某种需要和欲望的任何东西，它包括劳务、实物、场所、组织和构思等，这就是市场营销中的"整体产品概念"。整体产品概念把产品分为三个层次，即核心产品、形式产品和附加产品。如图 7 - 2 所示。

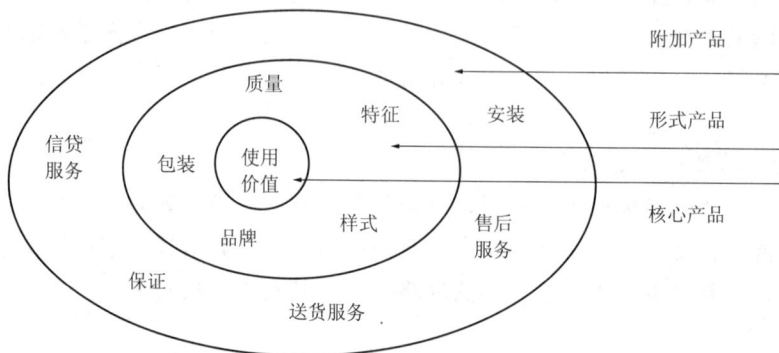

图 7 - 2　整体产品的概念

1. 核心产品

核心产品是指产品的实质性内容，是最基本的层次，它代表消费者在使用产品的过程中和使用后可获得的基本利益和效用，是顾客购买的核心所在。例如，化妆品的核心是满足护肤和美容的需要，食品的核心是满足充饥和营养的需要。所以，营销人员的任务就是要发现隐藏在产品背后的真正需要，把顾客所需要的核心利益和服务提供给顾客。但是，核心产品只是一个抽象的概念，要交给顾客必须通过一定的具体形式。

2. 形式产品

形式产品是指构成产品形态的内容，它是核心产品的转化形式，即转变为有形的东西，以便卖给顾客，在这个层次上的产品就是形式产品，即满足顾客需要的各种具体产品。一般说来，形式产品应具备以下五个方面的特征：质量、功能、款式、品牌和包装。

3. 附加产品

附加产品是指消费者在购买产品时所得到的全部附加利益的总和。它包括提供产品的说明书、保证、包装、维修、运送、信贷、技术培训等。

上述三个层次相互依存，构成完整的产品概念，十分清晰地体现了以顾客为中心这一现代市场营销观念的要求。

（二）产品生命周期

产品生命周期也称产品市场生命周期，它是指产品从投入市场开始直到被市场淘汰为止所经历的整个时期。市场上的产品一般都有一个从无到有，从问世到成长发展，到市场饱和以及最后退出市场的过程；消费者对产品也有一个从接收到放弃的过程。这就是产品的市场生命周期。这一概念是针对产品在市场上的经济寿命而言的，它与产品的使用寿命不同。前者反映了产品在市场上的延续时间，而后者则反映了产品实体的磨损时间。

一种产品从投入市场开始，其销售量和利润额随着时间的变化，呈现出阶段性。典型的产品生命周期表现为四个阶段，即投入期、成长期、成熟期和衰退期。如图 7 - 3 所示。

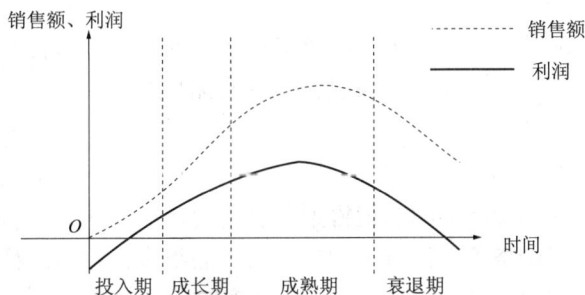

图 7 - 3　产品生命周期

1. 投入期

这是新产品刚投入市场的阶段。由于产品刚进入市场，消费者对它还不太了解，故销售量小，销售增长缓慢；生产批量小，产品生产工艺不成熟，生产成本较高；广告费用和其他销售费用开支较大，利润低，甚至亏损。由于新产品市场风险较大，竞争对手少。在这一阶段中，企业必须设法缩短投入期，搞好宣传，打开销路，并抓好产品定型，改进工艺，努力扩大生产能力。

2. 成长期

这是产品开始被顾客接受、销售量迅速增长的阶段。其主要特点是：消费者对该产品已了解并接受，销售量迅速增长（是整个寿命周期内增长最快的时期），产品基本定型，工艺方法趋于完善，形成批量生产能力，生产成本下降；销路打开，利润增加。由于市场行情看好，故有竞争者不断加入。这一阶段中，企业的经营策略主要是提高产品质量，努力创名牌；继续完善工艺和管理，提高生产率，降低成本；大力促销，扩大市场，提高市场占有率，确保产品进入成熟期。

3. 成熟期

这是产品销售量稳步增长，达到最高峰的时期。这一阶段中产品畅销，但销售增长减慢，市场需求逐渐趋于饱和；由于生产工艺不断完善和大批量生产销售，使成本达到最低水平，利润最佳；市场上同类产品在结构、质量方面的差别越来越小，市场竞争十分激烈；成熟期后期，利润开始下降。在这一阶段中，企业应设法维护和扩大销售量，进行产品和市场改革，努力延长成熟期，争取形成产品生命周期的再循环。

4. 衰退期

这是产品销售量锐减、利润迅速下降的阶段。其主要特点有：产品销售量急剧下降，产品出现积压，价格下跌，利润剧减；产品在技术上、经济上已经老化，消费者偏好已经转移，更新产品已在市场出现；竞争者相继退出市场。这一阶段中，企业必须降低销售费用，减少产品积压损失，尽快更新换代，把主要资源和力量放在新产品开发上。

研讨与思考：谈谈对产品生命周期的理解，试举出身边的例子。

（三）产品组合策略

现代企业经营的产品往往不止一个，经营多种产品就有产品组合问题。企业应根据市场的需要和资源技术条件，确定最佳的产品组合，以便提高经济效益，顺利实现企业目标。

1. 产品组合的概念

产品组合是指企业生产经营的全部产品的结构。它由若干产品线（产品系列）组成。产品线是指产品组合中使用功能相似、销售渠道、消费群体类同的一组产品。每条产品线又由在型号、品种、质量、价格等方面有不同特点的产品组成，称为产品项目。

产品组合包括四个变数：宽度、长度、深度和黏度。产品组合的宽度是指产品组合中所拥有的产品线的数目。产品组合的长度是指产品组合中产品项目的总数。产品组合的深度是指产品线中的每一产品有多少品种。产品组合的黏度是指各条产品线在最终用途、生产条件、分销经过或者其他方面相互关联的程度。

2. 产品组合策略

（1）全线全面型策略。

全线全面型策略又称扩展产品组合策略，它既扩大产品组合的广度，又加深产品组合的深度。扩大产品组合广度，就是调整产品系列，扩大产品经营范围，实现产品多样化。但应注意的是，扩大产品组合广度，应以科学技术作支撑，要特别考虑新产品系列中新科技的含量，只有掌握了其中的专用技术，企业才会在未来的竞争中立于不败之地。加深产品组合的深度，是在原有产品系列中增加新的产品项目和经营品种，其主要目的在于突出企业的特色。值得一提的是，人们的需求按层次发展，精神需要会逐渐凸显出来，因而要特别注意提高产品的文化品位。

采用这种策略，企业的经营范围较广，生产的产品差异性较大，以满足多种细分市场的需求。其优点是：扩大经营范围，有利于充分利用企业的现有资源，扩大销售额，分散经营风险，增加产品线的深度，可以占领更多的细分市场，提高市场占有率和竞争力，可以减少市场季节性的被动需求波动,整个企业发展的稳定性较好。其缺点是:需要投入更多的资金来增加生产线,要求拥有多种生产技术、销售渠道、促销手段,管理更加复杂化。如果经营管理不善,将影响企业的声誉并增加风险。该策略主要适用于大型工业企业。

（2）市场专业型策略。

市场专业型策略即企业向某个专业市场（或某类顾客）提供所需的各种产品,它是以特定专业市场的需求导向来确定产品线和产品项目的,各产品线之间并不强调生产技术的关联度。例如,化妆品公司生产增白霜、保湿霜、洗面奶、洗发水、护发素,以满足消费者护肤护发的需求,服务公司设置旅社、饭店、商店、交通运输、信息咨询等服务项目来满足旅游者的需求。其优点是:利于在特定的专业市场建立相对优势;利于与特定消费者进行信息交流;利于利用相同的销售渠道。缺点是:集中在狭窄的专业市场,风险较大;生产多种产品,批量少,开发成本和生产成本高,要求拥有较多的资金、技术和设备,一般适用于大中型工业企业。

（3）产品专业型策略。

产品专业型策略即企业只生产同一大类不同品种的产品来满足各类消费者。例如电风扇厂只生产电风扇系列产品,但有多种品种规格。这种策略的优点是:充分利用原有生产技术和生产设备,减少了设计成本、管理成本和广告费用,有利于满足不同消费者对电风扇的不同需求,有利于树立品牌形象。其缺点是:生产同一类产品容易受到产品市场生命周期的影响,容易受到替代产品的威胁。例如电费和空调价格的下跌,会使电风扇系列产品销售量下滑,这种策略适用于大中小型企业。

（四）品牌及商标策略

1. 品牌及商标的含义

品牌俗称"厂牌""牌子",是指用于识别产品（或劳务）的某一名称、术语、标记、符号,或它们的组合,其基本功能是把不同产品区别开来,防止发生混淆,便于销售。品牌一般分为两个部分:一是品牌名称,这是品牌中可用语言表达的部分,如"长虹""海尔""康佳"等;二是品牌标志,它是品牌可以被识别但不能用语言表达的部分,包括符号、图案、颜色等。

2. 品牌（商标）策略

（1）无品牌（商标）策略。使用品牌和商标对多数商品来说,可起到积极作用。但不是所有商品都必须采用商标,因为使用和宣传商标是要支付费用的。对某些不易与其他同类产品相区别的商品（如电力、煤炭、水泥、钢材等）、消费者和用户在购买时无任何选择的商品以及临时性或一次性生产的商品,企业可不使用商标,以降低商品的宣传费用。

（2）统一品牌（商标）策略。即企业生产、经营的所有产品都以同一种品牌和商标进入市场。这种策略可利用已成功的品牌推出新产品,以增强顾客的信任感;可节省商标设计制作资源;有利于壮大企业的产势,提高知名度。

（3）不同品牌（商标）策略。即企业的不同产品分别采用不同的品牌和商标进入市场。这种策略能严格区分中、高、低档产品,满足不同顾客需求与爱好,减少市场风险。

（4）不变品牌（商标）策略。即企业长期使用一种或数种品牌而不作任何改变。这样有利于节省费用,保持原有品牌的声誉。这种策略多为传统名牌产品采用。

（5）创新品牌（商标）策略。在需要改变产品形象或原品牌（商标）陈旧的情况下，可对原品牌（商标）进行更新和改进。

二、价格策略

价格是市场营销组合中灵活而又难以控制的因素，也是唯一能产生收入的因素。尽管在现代市场营销过程中非价格因素的作用在增长，但价格仍是市场营销组合的一个非常重要的因素，它直接影响市场对产品的接受程度，还会影响企业的盈利状况。因此，价格策略是企业市场营销组合策略中一个极其重要的组成部分。

（一）影响定价的因素

1. 定价目标的选择

任何企业都不能孤立地制定价格，而必须按照企业选定的目标市场和市场定位来进行。一个企业对它的目标越清楚，制定价格越容易。一个公司可能通过定价来追求六个目标：生存、最大当前利润、最高当期收入、最高销售成长、最大市场份额或产品质量领先。

2. 产品成本因素

企业制定价格时必须考虑成本因素，产品的最低定价取决于这种产品的成本费用。公司想要制定的产品价格，应能包括它的所有生产、摊销该产品的成本，还包括对公司所作的努力和承担风险的一个合理的报酬。

3. 市场因素

市场因素主要指市场供求情况、产品需求特性、市场竞争状况以及其他市场营销环境因素等。

4. 购买者行为因素

购买者行为尤其是心理行为是影响企业定价的一个重要因素。不同的顾客有不同心理，对价格的期望值也不同。因此，企业在定价时，要分析顾客心理和他们对价格的期望。

5. 其他因素

企业定价时还必须考虑其他环境因素，如国家的政策法令、国内外的经济形势、货币流通状况等。通货膨胀、经济繁荣或萧条、利润的高低等，也都会影响产品成本和顾客对产品价格与价值的理解，从而影响企业定价方法和策略的选择。

（二）定价策略

1. 新产品定价策略

新产品定价策略主要有三种：一是高价策略（撇脂定价），目的是在短期内获得较大的收益，尽快地收回对新产品的投资。此策略适用于具有独特功能、能独占市场的产品，以及短期内不足以引起激烈竞争的产品和信誉较高的企业。二是低价策略，即用略高于成本的较低价格投放市场。这种策略有利于打开新产品的销路，薄利多销。它适用于有成本优势的企业。三是适中定价策略。它主要适用于大量生产和销售、市场比较稳定且需求弹性较小的产品的定价。

2. 差别定价策略

对不同地区、不同时间、不同对象实行有差别的价格政策，如根据不同季节采取不同的价格、不同地区采用不同的价格等。

3. 产品组合定价策略

在某一产品线内，依据需求和成本的关联性对不同项目的产品采用不同的价格。如有的产品定低价，以吸引顾客；有的产品定高价，以树立品牌和回收投资；其他产品参照这两种价格，取中间价格。

4. 折扣定价策略

通过折扣的形式，降低产品价格以争取顾客，折扣形式主要有现金折扣（对按期付款或用现金购买者给予折扣）、数量折扣（按购买数量的多少给予折扣）、交易折扣（按各类中间商在销售中的作用给予折扣）。

5. 心理定价策略

心理定价策略即根据消费者购买商品时各种心理动机制定价格的策略。如尾数定价，即将产品的价格以零头数结尾，给人以便宜和定价精确的感觉；整数定价，即将产品价格以整数结尾，适合消费者求名、求方便的心理；声望定价，即对有较高声誉的品牌的产品制定较高的价格，以适应消费者求名的心理。

（三）价格调整策略

企业处于一个动态的市场环境中，产品价格的制定和修改都不是一劳永逸的。在企业的营销活动过程中，会因外部条件的变化而主动降低价格或提高价格。但何时降低价格，何时提高价格，需要考虑多方面因素的影响。

1. 企业降价

企业降价的主要原因有：

（1）企业的生产能力过剩，因而要扩大销量，但是企业又不能通过产品改进和加强销售工作等来扩大销售，在这种情况下，为了摆脱困境，保持生产正常进行，企业就需考虑降价。

（2）由于在激烈的竞争中，企业的市场占有率逐渐降低，为了夺回失去的市场和占有更大的市场，也可采用降价策略。例如，在国际市场上，由于日本竞争者的产品质量较高，价格较低，使美国的汽车、电子产品、照相机、钟表等行业，已经丧失了一些市场阵地。在这种情况下，美国一些公司不得不降价竞销。在国内市场上，1996年彩电行业的降价风潮也说明类似问题。当时，长虹的降价幅度高达30%，TCL曾试图以保持原有价格，通过提高产品质量、加大宣传力度、扩大与竞争者的差异来应对，但因产品的价格弹性较强，未能奏效。为保持其市场占有率，TCL也被迫采取了降价策略。

（3）企业的成本费用比竞争者低，企图通过降价来掌握市场或提高市场占有率，从而扩大生产和销售量，降低成本费用。在这种情况下，企业也往往发动降价攻势。

2. 企业提价

虽然提价会引起消费者、经销商和企业推销人员的不满，但是成功地提价可以使企业的利润大大增加。引起企业提价的主要原因如下：

（1）由于通货膨胀、物价上涨、企业的成本费用提高，所以许多企业不得不提高价格。在通货膨胀条件下，许多企业往往采取种种方法来调控价格，以对付通货膨胀。如：采取推迟报价定价的策略；在合同上规定调整条款；采取不包括某些商品和服务的定价策略；降低价格折扣；取消低利产品；降低产品质量，减少产品特色和服务。企业采取这种策略可保持一定的利润，但会影响其声誉和形象，失去忠诚的顾客。

（2）企业的产品供不应求，不能满足其所有顾客的需要。在这种情况下，企业就必须提价。提价方式包括：取消价格折扣，在产品大类中增加价格较高的项目，或者直接提价。为了减少顾客不满，企业提价时应向顾客说明提价的原因，并帮助顾客寻找节约的途径。

三、分销渠道策略

（一）分销渠道的概念和作用

广义的分销渠道也称营销渠道。在现代市场经济条件下，大部分生产企业并不直接将产品销售给最终用户或消费者，在生产者和最终用户或消费者之间，存在着大量的执行不同功能的营销中介机构，这些机构组成了分销渠道。菲利普·科特勒认为，分销渠道就是指促使产品或服务顺利地被使用和消费的一整套相互依存的组织，包括那些配合起来生产、分销和消费某一生产者的某些货物或劳务的所有企业和个人。

由此可见，分销渠道是企业与市场的桥梁，沟通产品和顾客的纽带。有效地利用中间商业机构来组织市场营销活动，不仅能减少产品的交易次数，提高工作效率，而且可以节省时间和人力的耗费，降低交易成本，提高经济效益。现代企业面临着竞争激烈、日益成熟的买方市场，企业的营销渠道问题变得更加突出和重要，企业间争夺营销渠道的竞争也必将愈演愈烈。因此，生产商不仅要为企业选择设计一个良好的营销渠道系统，还要定期进行改进，以适应市场新的动态。

（二）影响企业分销渠道选择的因素

企业要选择设计有利于企业产品销售的分销渠道策略，首先应对影响分销渠道的各种因素综合分析，以便选择最佳的渠道模式。分销渠道的设计主要受产品、市场、顾客、生产企业自身等因素的制约，如表7-1所示：

表7-1　影响企业分销渠道选择的因素

产品因素	高质量、高价格、工业专卖品、新产品一般采用短渠道，低质量、低价格采用长渠道；长渠道较短渠道可减少销售费用，但提高了销售固定成本
市场因素	大量重复购买、不成熟产品市场多采用短渠道；小批量购买，成熟的产品市场多采用长渠道
顾客因素	顾客要求交货快，需要较强的售后服务的产品通常采用较短的渠道；反之则可用长渠道
企业因素	生产企业的声誉和资金、品牌、规模、财力、现有渠道网络和营销策略

（三）分销渠道策略

企业分销渠道的设计，不仅要求保证产品及时到达目标市场，而且要求选择的分销渠道销售效率高、销售费用少，能取得最佳的经济效益。因此，企业在进行分销渠道选择前，必须综合分析企业的战略目标、营销组合策略以及其他影响分销渠道选择的因素，然后再作出某些相关决策。

1. 分销渠道长度的选择

所谓分销渠道长度，是指产品从生产者到最终用户所经历的环节的多少，也就是渠道层次的多少。当企业决定采用间接分销时，应对渠道的长短作出决定。

越短的分销渠道，制造商承担的销售任务越多，信息传递就越快，销售就越及时，就越能有效地控制渠道。越长的分销渠道，中间商就越要承担大部分销售渠道职能，信息传递就越慢，流通时间就越长，制造商对渠道的控制就越弱。制造商在决定分销渠道长短时，应综合分析制造商的特点、产品的特点、中间商的特点以及竞争者的特点加以确定。

2. 分销渠道宽度的选择

分销渠道的宽度，是指分销渠道中的不同层次使用中间商数目的多少。这主要取决于企业希望产品在目标市场上扩散范围的大小。对此，有三种可供选择的策略。

（1）广泛分销策略。广泛分销策略，也叫密集分销策略，是指制造商广泛利用大量的中间商经销自己的产品。这种策略的优点是产品与顾客接触机会多，广告的效果好，但制造商基本上无法控制这类渠道，与中间商的关系也较松散。

（2）选择性分销策略。选择性分销策略是指制造商从愿意合作的中间商中选择一些条件较好的中间商去销售本企业的产品。这种策略的优点是减少了制造商与中间商的接触，每个中间商可获得较大的销售量，有利于培植工商企业之间的合作关系，提高渠道的运转效率，而且还有利于保护产品在用户中的声誉，有利于制造商对渠道的适应控制。

（3）独家分销策略。独家分销策略指制造商在一定的市场区域内仅选用一家经验丰富、信誉卓著的中间商销售本企业的产品。这种方式主要适用于顾客挑选水平很高、十分重视品牌商标的特殊品，以及需要现场操作表演和介绍使用方法的机械产品。

四、促销策略

（一）促销的概念和作用

促销即促进销售，是指生产经营者向顾客传递有关本企业产品和服务的信息，促使其了解、熟悉、信赖企业的产品和服务，从而达到激发顾客购买欲望，促成顾客购买行为目的的一系列活动。

促销的实质是传递信息，是经营者和购买者之间的信息沟通。在社会化大生产条件下，生产者与消费者之间客观上存在着分离，生产者必须不断向消费者或用户传递产品信息，影响人们的购买行为，才能有效地扩大产品销售。顾客的信任是通过企业提供令人满意的产品与有效的沟通相结合而建立起来的。促销的手段包括人员推销和非人员推销两大类，其中非人员推销又包括广告、营业推广、公共关系三种形式。

促销活动是企业整体市场营销活动中不可缺少的组成部分，它对整个企业战略的实施，树立企业和产品的形象，增加产品销售额，提高市场占有率，强化竞争地位，具有重要作用和意义。具体来说，表现在以下几个方面：

1. 传递信息，沟通情报

在现代市场经济中，生产经营者和消费者用户之间存在着信息分离：一方面，生产经营者不知道消费者需要何种产品，何地、何时需要；另一方面，消费者、用户不知道由谁、何时、何地、供应何种产品。这种产销矛盾，决定了经营者应及时地向市场、消费者传递有关商品和服务方面的信息，采取相适应的方式向消费者推介商品，引起他们的注意，同时消费者也应及时向生产者反馈市场需求信息，沟通情况，促使生产者根据市场需求趋势，生产适销对路的商品，占领并扩大市场，达到促进销售的目的。

2. 突出特点，诱导需求

现代市场的主要特点之一，就是市场竞争激烈。同种类商品在功能、结构式样等方面差别不大，生产经营者要使产品在社会市场上占有一定份额，就必须通过适当的促销方式，突出地介绍商品的显著特点，使消费者产生购买欲望，并使消费者感到购买该产品将给自己带来好处，诱导消费者购买。

3. 增加销售，扩大市场

企业在市场营销活动中，为了在竞争中取胜，必须使企业的产品在性能、花色、价格等方面最大限度地满足消费者和用户的需要，而消费者的需求千差万别，不断变化，这就使销售量增减变化大，产品的市场地位不稳定。企业只有通过促进销售活动，了解消费者需求，沟通与消费者的信息联系，使更多的消费者对该产品产生信赖感，成为该产品的忠实用户，不断增加购买量，才能提高企业产品的市场占有率。

4. 优化竞争，增加利润

市场经济条件下，经营的各方面都存在着十分激烈的竞争，作为经营者必须认识到，要想在激烈的市场竞争中立于不败之地，就必须把产品销售出去，就必须采取各种促销手段，以促成供销旺盛的局面，达到增加企业营利的目的。

（二）促销的两种基本策略

在具体介绍各种促销方法和促销组合之前，我们首先来考察促销的两种基本方式，即推动策略和拉引策略。

1. 推动策略

所谓推动策略，是指企业以中间商为主要促销对象，通过推销人员的工作，把产品推进分销渠道，最终推上目标市场，推向消费者。推动策略运用的条件，是企业与中间商对商品的市场前景一致看好，双方愿意合作。运用推动策略对企业来说风险较小，销售周期短，资金回收快，但同时需要中间商的理解与配合。一般来说，推动策略多用于以下情况的市场促销：传播对象比较集中、目标市场的区域范围较小、品牌知名度较低的产品；需求有较强选择性的商品，如化妆品；顾客购买容易疲软的产品；购买动机偏于理性的产品；需要较多介绍消费、使用知识的产品。

2. 拉引策略

拉引策略是以最终消费者为主要促销对象，通过运用广告、营业推广、公共关系等促销手段，向消费者展开强大的促销攻势，使之产生强烈的兴趣和购买欲望，纷纷向经销商询购这种商品，而中间商看到这种商品需求量大，就会找制造商进货。一些新产品上市时，中间商往往因过高估计市场风险而不愿经销，这时，企业只能先向消费者直接推销，然后拉引中间商经销。拉引策略多用于：目标市场范围较大、销售区域广泛的产品；销量正在迅速上升和初步打开销路的品牌；有较高知名度的品牌；感情色彩较浓的产品；容易掌握使用方法的产品；选择性的产品；经常需要的产品。

（三）促销组合

促销组合是指企业在市场营销过程中对人员推销、广告、营业推广和公共关系等各种促销方式的有机结合，综合运用。企业在进行营销策划时，综合考虑产品的特点、市场状况以及不同促销方式的特点，适当选择促销方式，并进行不同的组合，以实现营销目的。

1. 人员推销

人员推销是企业派销售人员直接与顾客联系，向他们宣传产品以达到推销目的方式。人员推销是一种双向沟通方式，其显著特点是直接性，能根据顾客需要灵活地进行宣传，能与顾客建立良好的关系，容易促成购买行为。同时还能收集市场信息，为企业提供有关情报资料，但其推销范围有限，费用较高。

实行人员推销方式，非常重要的一点是选拔和培训推销人员。因为推销人员既是企业产品的推销者，又是企业形象的代表，其工作的好坏往往关系到企业营销的成败。一名称职的推销员应具备以下基本素质：强烈的责任感、事业心，丰富的业务知识，包括关于企业、产品、顾客、市场等多方面的知识；良好的气质和职业素养；熟练的推销技巧和综合能力，包括观察能力、应变能力、创新能力、沟通能力、说服能力等。

2. 广告

广告是企业通过一定的传播媒介，向公众传递有关产品和劳务的信息从而起到推销作用的促销方式。同人员推销相比，它具有信息传播面广、速度快、信息能多次重复、能强化印象、节省人力和费用等优点。但广告只是单向的信息传递，不易及时得到反馈信息，使其说服力受到一定的限制。因此运用广告促销手段时，一定要注意其针对性和艺术性，注意正确选择广告媒体。广告媒体种类繁多，除了传统广播、电视、报纸、杂志四大媒体外，随着信息社会的发展，互联网已日益成为重要的广告媒体。另外，还有汽车等流动媒体，函件、订单等邮件媒体，路牌、招贴等户外媒体，橱窗、模特等展示媒体，等等。它们各有特点，在实际中要灵活运用。

3. 营业推广

营业推广是指为刺激需求而采用的、能够迅速激励购买行为的辅助性促销方式，如有奖销售、赠送样品、附赠礼品、现场示范、商品展销、折价酬宾、推销竞赛、交易折扣等。同其他促销方式相比，营业推广的针对性强，吸引力强，方式灵活多样，收效迅速，在新产品打开销路、老产品开辟新市场、争取潜在顾客等方面有明显效果。但由于攻势过强，此方式容易使人产生逆反心理，误认为卖主急于出售的产品有问题，从而有损产品或企业的形象。因此，营业推广只能是一种短期的、补充性的促销方式，要与人员推广、广告等方式配合使用。

4. 公共关系

公共关系是指一个社会组织为了与它的各类公众建立有利的双方关系而采取的有计划、有组织的行动。公共关系是近年发展起来的一种"内求团结、外求发展"的管理艺术。作为一种促销手段，公共关系可以理解为：企业通过各种宣传和社会活动，增进社会公众的信任，树立良好的企业形象和信誉，从而促进销售。同人员推销、广告和营业推广等方式相比，公共关系有间接促进销售获得长期效应的特点。建立公共关系的方式很多，主要有利用新闻媒介进行宣传、参与社会公益活动、举办专题活动、利用公关广告、建设企业文化等。

研讨与思考：结合生活中的实例谈谈企业营销策略的运用。

本章小结

从市场营销的角度来看，市场是对某种商品或服务具有需求、有支付能力并且希望进行某种交易的人或组织。市场包含三个主要因素：有某种需要的人、为满足这种需要的购买能力和购买欲望。

市场营销是个人和群体通过创造并同他人交换产品和价值以满足需求和欲望的一种社会和管理过程。在这个核心概念中包含了：需要、欲望和需求、产品、效用、交换和交易、关系、市场、营销和营销者等一系列的概念。市场营销观念，也叫市场营销哲学，指企业对其营销活动及管理的基本指导思想。市场营销观念从总体上分析，主要有两大类观念：一类是以企业为中心的观念，一类是以消费者为中心的观念。

市场营销管理工作的主要内容包括市场分析、目标市场选择、产品开发、产品定价、销售渠道选择、促销。市场营销环境分析包括微观环境分析和宏观环境分析，微观环境是指企业对所服务的顾客构成直接影响的各种力量，包括企业本身及市场营销渠道企业、市场、竞争者和公众。宏观环境是指那些给企业造成市场机会和环境威胁的主要社会力量，包括人口环境、经济环境、自然环境、技术环境、政治和法律环境以及社会和文化环境。消费者市场是现代市场营销理论研究的主要对象。企业的市场营销对象不仅包括广大消费者，也包括各类组织机构，这些组织机构构成了原材料、零部件、机器设备、供给品和企业服务的庞大市场。市场细分又叫市场细分化，是指从区分顾客的不同需求出发，根据顾客购买行为的差异性，把整体市场划分为若干个具有类似需求的子市场的过程。市场细分要依据一定的细分变量来进行。消费者市场的细分变量主要有地理变量、人口变量、心理变量和行为变量四类。

市场营销组合策略是指企业针对目标市场的需要，对可控制的各种市场手段与营销因素的优化组合和综合运用。常用的市场营销策略包含产品策略、价格策略、分销策略和促销策略。

本章知识结构网络图

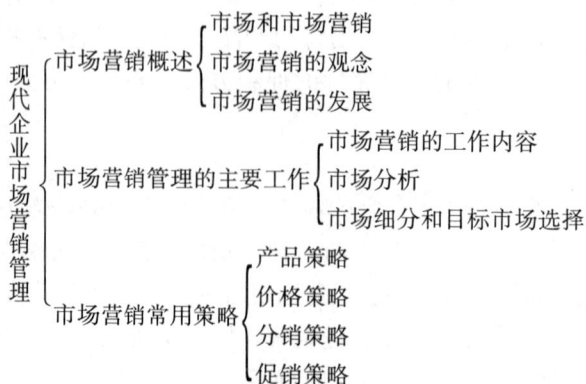

```
              ┌ 市场营销概述 ┤ 市场和市场营销
              │              ├ 市场营销的观念
现            │              └ 市场营销的发展
代
企            │                        ┌ 市场营销的工作内容
业  市场营销管理的主要工作 ┤ 市场分析
市            │                        └ 市场细分和目标市场选择
场
营            │                    ┌ 产品策略
销            │                    ├ 价格策略
管  市场营销常用策略 ┤ 分销策略
理            │                    └ 促销策略
```

练习与思考题

一、单选题

1. （　　）是对某种商品或服务具有需求、有支付能力并且希望进行某种交易的人或组织。

A. 市场　　　　　　　B. 企业　　　　　　　C. 法人　　　　　　　D. 消费者

2. （　　）是指以提供服务为主的企业或从事附加服务的部门的营销活动。

A. 网络营销　　　　　B. 服务营销　　　　　C. 体验营销　　　　　D. 绿色营销

3. （　　）是利用计算机网络、现代通信技术以及数字交互式多媒体技术来实现营销的现代营销方式。

A. 网络营销　　　　　B. 服务营销　　　　　C. 体验营销　　　　　D. 绿色营销

4. （　　）是企业以服务为舞台，以商品为道具，以消费者为中心，创造能够使消费者赞誉，值得消费者回味的活动。

A. 网络营销　　　　　B. 服务营销　　　　　C. 体验营销　　　　　D. 绿色营销

5. （　　）是指企业对所服务的顾客构成直接影响的各种力量。

A. 微观环境　　　　　B. 宏观环境　　　　　C. 政治环境　　　　　D. 经济环境

6. （　　）是指那些给企业造成市场机会和环境威胁的主要社会力量。

A. 微观环境　　　　　B. 宏观环境　　　　　C. 政治环境　　　　　D. 经济环境

7 （　　）是现代市场营销理论研究的主要对象。

A. 生产者市场　　　　B. 消费者市场　　　　C. 销售渠道　　　　　D. 产品供需关系

8. （　　）指企业向某个专业市场（或某类顾客）提供所需的各种产品，它是以特定专业市场的需求导向来确定产品线和产品项目的，各产品线之间并不强调生产技术的关联度。

A. 全线全面型策略　　　　　　　　　　B. 扩展产品组合策略

C. 市场专业型策略　　　　　　　　　　D. 产品专业型策略

9. （　　）即根据消费者购买商品时各种心理动机制定价格的策略。

A. 心理定价策略　　　　　　　　　　　B. 折扣定价策略

C. 产品组合定价策略　　　　　　　　　D. 差别定价策略

10. （　　）的优点是减少了制造商与中间的接触，每个中间商可获得较大的销售量。

A. 广泛分销策略　　　B. 选择性分销策略　　C. 独家分销策略　　　D. 密集分销策略

二、多选题

1. 市场的三个要素是（　　）。

A. 人口　　　　　　　B. 购买力　　　　　　C. 购买欲望　　　　　D. 企业

E. 消费者

2. 菲利普·科特勒对市场营销的定义包含哪些核心概念？（　　）

A. 需要、欲望和需求　B. 产品　　　　　　　C. 效用　　　　　　　D. 交换、交易和关系

E. 用户

3. 市场营销渠道企业包括（　　）。

A. 供应商　　　　　　B. 商人中间商　　　　C. 代理中间商　　　　D. 辅助商

E. 零售商

4. 消费者市场的细分变量主要有哪四类？（　　　）

A. 地理变量　　　　　B. 人口变量　　　　　C. 心理变量　　　　　D. 行为变量

E. 经济变量

5. 市场营销的4P因素是（　　　）。

A. 产品（product）　　B. 价格（price）　　C. 渠道（place）　　D. 促销（promotion）

E. 偏好（preference）

三、名词解释

1. 市场营销　　2. 市场营销观念　　3. 整体产品　　4. 品牌　　5. 市场营销策略

四、简答题

1. 市场营销和推销的区别？

2. 什么是市场细分？进行市场细分时应注意哪些事项？

3. 什么是产品生命周期？主要分为哪几个阶段？

五、案例分析题

特步营销策略：弯道超越　剑走偏锋

让伞兵撞着机枪口跳伞无疑是自杀，在企业开始阶段就与强大对手在主战场进行正面交锋也无疑自寻死路，换个角度，从侧翼包抄，或许能收到奇效。

中国的经济大潮中从来不缺乏奇迹，也从来不缺少"疯狂"。创立于2001年的特步恰逢中国体育在悉尼奥运会上取得辉煌成就之时，体育的辉煌带动了体育服装行业的"疯狂"。特步副总裁叶齐表示："我们当时冷眼一看，所有的国产的体育用品都去模仿耐克，模仿阿迪达斯，模仿李宁，模仿安踏，都去请中国的奥运冠军来做品牌的代言人。疯狂到什么程度，做运动鞋的去请跳水运动员来做代言人，可大家都知道，跳水运动员是根本不穿鞋的。找一个根本不穿鞋的做鞋的代言人，可见当时之疯狂。"

中国体育服装行业从一开始就有着巨头的强大威胁，耐克和阿迪达斯在中国消费者中的品牌影响力早已经让人们将之与体育服装直接联系在了一起。同时，李宁、安踏等本土强势品牌的崛起，也为这个行业的后进入者筑起了高高的防御城墙。此外，以晋江板块为代表的体育服装帮更是让这个江湖鱼龙混杂，要想从中突围，没有奇招恐怕连生存的问题都没办法解决。特步在如此内忧外患的环境下，首要解决的就是生存问题，"作为一个新生品牌，知名度是特步在进军这个市场时第一需要提升的。"

由于不能如同"弱者的战略"所强调的选择一个空白或者较为宽松的细分行业，特步只能进入体育服装的主战场，那么如何能够剑走偏锋，用奇袭的方式在这个竞争激烈的市场中突围呢？面对体育服装界在营销推广中的明星策略，显然在特步2001年起步的时候已经没有太多的新意。更重要的是以特步的实力当时根本无力像那些大品牌一样去邀请超级大牌体育明星代言，因为这些明星的资源毕竟是有限的。面对现实，特步决定打破行业原有的营销模式，放弃运动营销，选择娱乐体育合璧的方式进行侧翼战的包抄。于是，特步以每年450万元人民币签约了当时星光四射的香港艺人谢霆锋作为品牌代言人，然后根据体育服装中的时尚诉求，在产品中也配合加入时尚的元素。

谢霆锋成功代言后，青春、朝气、活力的TWINS演唱组合，针对18岁以下顾客有非凡影响力的BOY'Z组合相继成为特步品牌代言人。同时，谢霆锋、TWINS、BOY'Z的大陆市场推广活动也都成为特步固定的公关推广资源。同时，在设计上每年每季均推出自己的主题概念商品。如：风火、冷血豪情、刀锋、圣火、先锋等，最终让"时尚、自由、个性"的品牌形象及内涵深入特步的顾客群。

作为事实上的第一个采用娱乐营销的方式成功杀入体育服装主流品牌的企业，特步在尝到了体育时尚化的甜头后，如今也在着力强化自身的体育内涵，毕竟体育服装行业的本质就是运动。有业内人士指出，特步在娱乐时尚上的成功可能会让顾客在对其运动品牌的理解上出现混乱或者偏差，特步在如今已经成为国内运动品牌三甲之列，必须集中力量让品牌内涵实现回归，正如特劳特所说，在侧翼战取得成功后，必须乘胜追击，并不断建立防御体系。

（资料来源：当代经理人 2010/2/23/ ）

分析讨论：

1. 市场营销的常用策略有哪些？
2. 特步采取了什么样的营销策略？

技能实训

企业目标市场策划

1. 实训目的

通过策划分析，理解营销要素组合对企业经营的重要性，学会运用市场营销知识分析、解决营销中的实际问题。

2. 实训内容

自选企业背景资料，分析该企业目标市场确定的依据，找出其合理性或者不合理性。

3. 实训组织

将教学班分成四组，每人列举一家熟悉的企业进行分析，每小组精选一家有代表性的企业，经教师比较优选一家企业作为实训对象，小组成员对选定企业资料独立发言进行讨论分析，形成目标市场策划分析方案。要求充分运用理论知识进行论证。

4. 实训考核

用研讨会的形式，每小组派代表阐述、辩论各自策划方案，综合评定成绩。

第八章 现代企业财务管理

【学习目标】

A. 知识点：

1. 理解财务管理的概念、内容和目标
2. 理解资金筹集管理渠道与方式
3. 掌握资金成本和筹资结构优化的分析
4. 理解资金投放与运用管理内容及特点
5. 理解流动资产管理效率评价
6. 理解收益分配管理内容
7. 理解企业盈利能力分析

B. 技能点：

1. 财务活动的内容
2. 资金成本和筹资结构优化的分析
3. 流动资产管理效率评价
4. 企业盈利能力分析

【引导案例】 广东某电子工业公司的筹资方案的确定

广东某电子工业公司为开拓江西市场，派出市场调查人员到江西市场进行调查。通过调查认为，手机支付行业有较大发展空间，但这项投资需要100万元资金，为了这个项目上马，企业需对筹资方式、筹资途径和资金成本进行调查，如果你是这个企业的财务管理人员，请你帮助该公司计划如何筹集这笔资金。

【分析与思考】

1. 该企业可以从哪些渠道获得这笔资金？
2. 每种筹资方式下的资金成本如何计算？
3. 如何优化企业的资本结构？

本章要求学生对现代企业财务管理有一个基本的了解和正确的认识，通过对企业财务管理的目标、内容以及企业的筹资渠道和方式、企业资金投放和企业收益分配的学习，使学生基本了解企业财务管理知识，从而为其今后创业和理财工作打下一个良好基础。

第一节 企业财务管理概述

财务，是指一个相对独立单位的理财事务，是与财产有关的事务。企业财务是企业生产经营过程中的资金运动及其所体现的经济关系。任何企业要想获得经济效益，开展生产经营活动，提供市场所需产品和服务，必须得具有或拥有一定数量、质量的资金或资源。而资金或资源又是有限的、稀缺的，再加上市场的风险性、竞争性，因此，企业必须从理财的角度去做大量的工作，即企业必须搞好财务管理。

一、企业财务管理的概念

1. 基本内涵

财务管理，顾名思义是对一个相对独立单位理财事务所进行的管理。它包括以下含义：

（1）从实践上来讲，财务管理是企业的一项十分具体的工作，即对企业的财务现象、财务行为、财务活动、财务关系所进行的管理。

（2）从理论上来讲，财务管理是研究财务现象、财务规律，对财务活动进行的预测、决策、计划、组织、控制的原理和方法的知识体系。

（3）从内容上来讲，财务管理是基于企业客观存在的财务活动、财务关系而实施的管理。财务活动就是企业的资金运动；财务关系就是企业资金运动所体现的经济关系。企业的资金运动，就是通过筹资、投资、用资和配资的财务活动来实现连续的运动。相应地，财务管理的内容包括筹资管理、投资管理、用资管理和配资管理等四项管理。

2. 财务活动的内容

企业财务活动的内容是由资金运动过程所决定的。资金是生产过程中的价值表现形式，随着企业再生产过程的不间断进行，企业资金也处在川流不息的运动之中。资金的运动过程是借助筹资、投资、用资和配资等活动来实现的，因此企业财务活动包括以下四项基本内容：

（1）筹资引起的财务活动。筹集资金是企业进行生产经营活动的前提，也是资金运动的起点。企业为了开展经营活动或者为了扩大经营规模以及对外投资等，都必须筹集一定数量的资金。因此，筹资是企业的一项重要的经常性的财务活动。企业生产经营所需要的资金，可以采用吸收直接投资，或者发行股票等方式筹集自有资本（即主权资本），也可以向银行申请借款或者发行公司债券等方式筹集负债资本。企业从投资者和债权人那里筹集的主要是货币资金。根据企业生产经营的实际需要也可以有选择地吸收一部分实物资产或无形资产。企业筹资活动所取得的资金形成了资金收入，而支付各项筹资费用、支付利息、偿还借款等是由此引起的资金支出。上述所发生的资金收支活动是由筹资所形成的财务活动。

（2）投资引起的财务活动。投资是企业为了获得未来一定收益或资金增值而投放一定量的资金，经营某项事业的行为。从时间上看，投资不仅包括企业短期投资，而且包括长期投资；从空间上看，投资不仅包括企业外部投资，也包括企业内部投资。也就是说，投资既包括向外购买其他企业发行的股票、债券以及与其他企业所进行的联营投资；又包括向企业内部进行生产经营活动所进行的投资，例如购置固定资产、无形资产、存货等。企业无论进行何种形式的投资，都不仅要支出一定数额的资金，而且要收回一定数额的资金。这类资金收支就是投资所形成的财务活动。

（3）用资引起的财务活动。企业生产经营过程，既是物资产品的生产和形成过程，也是价值的形成和实现过程。在企业生产经营过程中，必然发生一系列的资金收支活动，例如，在采购阶段，购买生产经营所需要的各种材料物资；在生产阶段，支付员工的工资、津贴、奖金等劳动报酬以及支付各项管理费用等，都会发生资金的支出；在销售阶段，企业向市场提供产品或服务，实现经营收入。同时，企业还会与有关客户之间发生债权或债务的资金结算。这些活动所发生的资金收支就是在企业生产经营活动中用资所形成的财务活动。

（4）配资引起的财务活动。所谓配资，是指企业对资金的分配，就是说，对企业生产经营过程中所形成的利润以及对外投资取得的收益，按照法定的程序进行分配。从广义来看，配资包括对收入的分配和对利润的分配；从狭义来看，配资仅仅是指利润分配。按照财务制度规定，企业在一定时期所实现的收益，首先根据税法规定用于弥补以前年度的亏损，并且依法交纳所得税；其次按照规定的办法和标准提取盈余公积金和公益金；最后在企业投资者之间对剩余部分进行分配。

因此，财务管理的内容包括四项：筹资管理、投资管理、用资管理、配资管理。

研讨与思考：企业有哪些财务管理的活动？如何实现企业财务管理？

二、企业财务管理的目标

目前，根据财务管理的实践总结和理论研究，企业财务管理目标逐步形成了下列三种目标：

（1）利润最大化的目标。利润最大化的目标，指企业财务管理工作的最终目的是不断增加企业利润，并且使利润在一定时期内达到最大。其中，利润是企业在一定时期内的全部收入扣除费用、成本后的差额。这个差额就是经济学上的剩余产品的价值转化形式。但是，以利润最大化作为企业财务管理的目标，在实践中存在一些缺陷：①导致企业短期行为。如果企业一味追求近期利润而忽视企业的长远稳定发展，例如，拼设备、拼消耗，不创新技术；不提高员工素质，那么，其结果必然会损害企业的长远利益。②忽视资金时间价值。利润最大化一般是指企业在一定时期利润达到最大。只是强调利润而没有考虑到资金的时间价值，也就是说，未考虑到资金在周转使用中由于时间因素而形成的差额价值。③没有考虑风险因素。报酬总是和风险紧密相关。高报酬必然伴随高风险。如果企业一味追求近期利润而忽视了风险，提高负债比率或进行高风险投资，那么，必然会导致经营风险及财务风险。④数据缺乏可比性。不同时期的利润没有反映其与投入资本额之间的比例关系，因此，利润最大化目标不利于在企业不同时期之间以及不同资本规模之间进行比较。⑤决策缺乏科学性。由于利润最大化目标的行为导致数据缺乏可比性、没有考虑风险因素、忽视资金时间价值等缺陷，必然使得企业的财务决策缺乏科学性。

（2）股东财富最大化的目标。所谓股东财富最大化的目标，是指企业通过有效地组织财产活动，为股东带来更多财富。股东是公司的所有者，对公司的投资目的就是取得尽可能多的投资收益。在股份制公司中，股东财富最大化取决于两个因素：一是发行在外的普通股股数；二是股票市场价格。在前者规定的情况下，股东财富的大小是由股票市场价格所决定的。股票市场价格是公众对公司价值的评价。因此，股东财富最大化也就是股票市场价格最大化。尽管股东财富最大化的目标过分强调了公司股东的利益，而可能忽视或损害其他有关方面的利益，但是，股东财富最大化的目标还是具有较多的优点：①数据具有可比性。股票市场价格基本上反映了资本投入与获利之间的关系。公司获利越多，分配的股利增加，股票市场价格越高，股东获利也就越多。②考虑了风险因素。股票市场价格越高，意味着股票的风险越大。③克服了短期行为。股票市场价格既受公司当前盈利水平的影响，又受公司预期盈利水平的影响。股票市场价格反映了每股盈利的大小及取得盈利的时间。股东财富最大化的目标，考虑了资金时间价值，在一定程度上克服了企业的短期行为。④决策趋向有效性。由于股东财富最大化的目标具有数据可比性、考虑风险性、克服短期行为等优点，从而使公司的财务决策趋向有效性。

（3）企业价值最大化的目标。所谓企业价值，是指企业的市场价值，它是社会对企业总价值的市场评价。这种评价既不是银行根据企业资产的账面价值，也不是企业已实现的利润水平，而是企业未来的获利能力。企业价值最大化的目标，就是充分发挥财务管理的职能，促进企业长期地、协调地、全面地发展，提高企业盈利能力和水平，实现企业资产总价值的最大化。企业价值最大化的目标，强调企业在长期、协调、全面发展基础上，实现企业资产总价值的最大化。在市场经济条件下，企业是市场竞争的主体，市场环境为企业的生存和发展提供了可能性。

企业价值最大化的目标，能够使企业较好地克服利润最大化、股东财富最大化等财产管理目标的缺陷，是现代企业财产管理目标的较好选择。其优点主要有：①利于克服短期行为。企业价值最大化的目标，着眼于企业长远的获利能力，并且以此为标准，对各种财务方案进行分析、判断和选择。②利于协调企业各个利益集团的利益。企业的生产经营离不开企业投资者、债权人、企业员工、政府部门等有关各个利益集团的相互合作、支持、帮助。企业价值最大化目标，能够使企业从长远的角度全面和谐地发展，提高企业盈利能力，满足投资者资本保值增值和提高投资收益的需要；能够使企业具有较强的偿债能力，保证债权人的切身利益；能够使企业员工在企业发展中提高工资和福利；能够使企业在稳定发展中向国家缴纳更多税收，提供更多的社会就业机会。③利于增长企业的价值。企业价值最大化的目标考虑了资金时间价值，同时又考虑了经营风险。因此，企业的收益越多，实现收益的时间越近，概率越高，企业价值越高。

研讨与思考：企业最优财务目标是什么？主要用什么指标来衡量？

第二节 企业筹资及管理

一、企业筹资

（一）企业筹资的要求

企业筹资的基本要求，是要分析评价影响筹资的各种因素，讲求资金筹集的综合经济效益。企业筹资要综合考虑资金量的大小、资金期限长短、资金来源、资金的债权或股权性质、筹资对企业权力结构的影响以及融资关系稳定性并使融资成本最小化。企业筹资具体化的要求包括：

(1) 合理确定资金的需要量，做到以"投"定筹，以"用"定筹。

(2) 控制资金的投放时间，使筹资和用资在时间和数量上得到保证。

(3) 认真选择筹资来源，力求降低资金成本。

(4) 合理安排资金结构，保持适当的偿债能力。

(5) 遵守国家有关法规，维护各方合法权益。

上述五点具体要求是相互联系又相互制约的，在进行筹资决策时要综合考虑，在中间进行平衡，力求找出适合企业的最佳筹资方案。

（二）企业筹资的渠道与方式

企业筹资需要通过一定的渠道，运用一定的筹资方式来进行。不同的渠道和方式各有各的特点和实用性，在遵循上述筹资要求的基础上，合理寻找适合企业在不同阶段的筹资渠道和筹资方式，是企业在筹资活动中应加以重视的。

1. 筹资渠道

筹资渠道是指筹集资金的来源和通道。当前，企业的资金来源渠道主要有：国家财政资金、银行信贷资金、非银行金融机构资金、其他企业和单位资金、职工资金和民间资金、企业自留资金、外商资金。

(1) 国家财政资金。国家财政资金，是指国家以财政拨款、财政贷款、国有资金入股等形式向企业投入的资金，国家投资历来是我国国有企业包括国有独资公司的主要资金来源。

(2) 银行信贷资金。银行对企业的各种贷款，是各类企业重要的资金来源。工商银行、农业银行、中国银行、建设银行等商业性银行以及国家开发银行、进出口信贷银行、中国农业发展银行等政策性银行，可分别向企业提供各种短期贷款和长期贷款。银行信贷资金有居民储蓄、单位存款等经常性的资金来源，贷款方式多种多样，可以适应各类企业的多种资金需要。

(3) 非银行金融机构资金。非银行金融机构主要有信托投资公司、融资租赁公司、保险公司、企业集团的财务公司等。它们为了一定的目的集聚资金，可以为一些企业直接提供部分资金或为企业筹资提供服务。其资金供应灵活方便，具有广阔的发展前景。

(4) 其他企业和单位资金。企业和其他合业单位在生产经营过程中，往往有部分暂时闲置的资金，甚至可较长时期地腾出部分资金。随着经济横向联合的开展，企业和企业之间的资金联合和融通有了极大发展，包括联营、入股、购买债券及各种商业信用，既有长期的稳定的联合，又有短期的临时的融通，这都为筹资企业提供了资金来源。

(5) 职工资金和民间资金。企业职工和城乡居民的节余货币，可以对企业进行投资，形成民间资金渠道，为企业所用。

(6) 企业自留资金。企业内部形成的资金，主要是计提折旧、提取公积金和未分配利润所形成的资金，这是企业的"自动化"筹资渠道。

(7) 外商资金。外商资金是外国投资者以及我国香港、澳门和台湾地区投资者投入的资金，是外商投资企业的重要资金来源。

2. 筹资方式

筹资方式是指企业筹集资金的具体形式，体现着不同的经济关系。一般企业的资金来源可分为投入资金和借入资金。前者形成企业的所有者权益，后者形成企业的债务。认识筹资方式的种类及每种筹资方式的特点，有利于企业选择适宜的投资方式，有效地进行筹资组合。

（1）投入资金的筹集。投入资金，即所有者权益中的资本金，是指企业在工商行政管理部门登记的注册资金，也即企业的自有资金。按照规定，企业总资产中必须包含一定比例的、由出资方实缴的资金，这部分资金对企业法人而言属非负债资金。根据国家法律法规，企业资本金的筹措方式有下列几种形式。

① 吸收直接投资。吸收直接投资是企业按照"共同投资、共同经营、共担风险、共享利润"的原则直接吸收国家、其他企业单位、个人和外商投入资金的一种筹资方式。吸收直接投资无须公共发行证券，出资者是企业的所有者，他们对企业具有经营管理权。吸收直接投资有利于增强企业信誉，有利于尽快形成生产能力，有利于降低财务风险，但其资金成本较高，容易分散企业控制权。

② 发行股票。股票是股份有限公司为筹措股权资本而发行的有价证券，是持股人拥有公司股份的凭证，它代表持股人在公司中拥有的所有权。股票持有者称为公司的股东。公司股东按其股本在公司总额中所占的比重拥有相应的权利和承担必要的义务，而公司则利用股东的股本开展经营，为股东增加财富。作为出资人投入的资本享有所有者的资产收益、公司重大决策和选择管理者的权利，并以其所持股份为限对公司承担责任。公司发行的股份根据股东享有权利的不同可以分为普通股与优先股，运用普通股筹集资本是股份制企业筹集权益资金的一种最常见、最普遍的方式。其优点：没有固定的股利负担；没有固定的到期日，无须偿还；筹资的风险小；提高公司的举债能力，增强公司的信誉。其缺点：资金成本较高；容易分散控制权；增发新股可能导致股票价格的下跌。

（2）借入资金的筹集。借入资金会形成企业的负债。企业的负债是指企业承担的、能够以货币计量的、需要以资产或劳务方式偿还的债务。企业负债筹资一般有以下一些筹资渠道：

① 银行借款。银行借款是指企业根据借款合同向银行或非银行金融机构借入的需要还本付息的款项。其优点是：筹资速度快；筹资成本低；借款弹性较大。其缺点是：筹资风险较高；限制条件较多；筹资数量有限。

② 发行企业债券。公司债券是企业根据法定程序发行的约定在一定期限内还本付息的有价证券，是债券持有人拥有公司债权的债权证书。它代表持券人同公司之间的债权债务关系。持券人可按期取得固定利息，到期收回本金，但无权参与公司经营管理，也不参加分红，持券人对企业的盈亏不承担责任。其优点是：资金成本（利息）低于股票的成本（投利）；具有财务杠杆作用；保障股东的控制权；便于调整资本结构。其缺点是：财务风险较高；限制条件较多；筹资数量有限。

③ 融资租赁。融资租赁亦称资本租赁，其基本形式是根据承担人选定所需要设备的货样，由承租人出资购买，并在契约或合同规定的较长期限内提供给承租人使用，它是现代租赁的主要形式。承租人采用融资租赁的主要目的是为了融资。一般融资方式的对象是资金。而融资租赁涉及租物和融资，它也是一种借贷关系，是承租人筹集长期借入资金的一种特殊

方式。融资租赁的优点是：能迅速获得所需资产；租赁筹资限制较少；免遭设备陈旧过时的风险；到期还本负担轻；税收负担轻；租赁可提供一种新资金来源。其缺点是：资金成本高，租金通常比银行借款或发行债券所负担的利息高得多。

④ 商业信用。商业信用是指商品交易中以延期付款或预收贷款方式进行购销活动而形成的借贷关系，是企业之间的直接信用行为。企业之间商业信用的形式多种多样，主要有赊购商品（应付账款）、商业汇票、票据贴现、预收货款等，还包括应付水电费、应付福利费、应付税金、应付工资等应付费用。商业信用融资的优点：筹资便利；筹资成本低；限制少。其缺点是：资金使用时间短。

二、资金成本和筹资结构优化分析

（一）资金成本

1. 资金成本的概念及构成

资金成本，是指企业为筹措和使用一定量的长期资金而付出的代价，它包括资金的筹措费用和使用费用两部分。

资金的筹措费用是企业在筹资过程中所发生的各种费用，如向银行及非银行金融机构借款所发生的手续费、发行股票与债券所发生的印刷费、广告费、资信评估费、公证费、佣金等。筹措费用与筹资的次数相关，与所筹资金数量关系不大，一般属于一次性支付项目，可以看作固定成本。

资金的使用费用是指企业因占用资金而向资金提供者支付的代价，如向债权人支付的利息，向投资人支付的利润或股息、红利等。资金的使用费用具有经常性、定期性支付的特征，它与筹资金额、使用期限成同向变动关系，可视为变动成本。

2. 资金成本的表示

资金成本可用绝对数表示，也可用相对数表示，后者为使用费用与筹得的资金之间的比率，即资金成本率。为了便于分析比较，资金成本通常用相对数表示，其公式为：

$$资金成本率 = \frac{每期资金的使用费}{筹资总额 - 资金筹措费用}$$

资金成本有多种形式。在比较各种筹资方式时，使用个别资金成本，例如，长期借款成本、债券成本、股票成本等；在企业全部资金结构决策时，使用综合资金成本；在追加筹资决策时，还可以使用边际资金成本。

3. 资金成本的确定

（1）债务资金成本的计算。

［例 8 -1］某企业取得长期借款 150 万元，年利率 10.8%，期限 3 年，每年付息一次，到期一次还本。筹措这笔借款的费用为 0.2%，企业所得税为 25%。试计算该企业的长期借款成本率：

［解］：根据上述公式，该企业长期借款的资金成本率为：

$$资金成本率 = \frac{每期资金的使用费}{筹资总额 - 资金筹措费用}$$

$$= \frac{150 \times 10.8\% \times (1 - 25\%)}{150 \times (1 - 0.2\%)} = 8.27\%$$

［**例 8 - 2**］某公司发行 100 万股票面值为 1 元的优先股，每股发行价格 1.25 元，预计年股利率为 14%，发行费用是实收金额的 6%。试计算该公司发行优先股的成本。

［**解**］：该公司发行优先股的成本为：

$$资金成本率 = \frac{每期资金的使用费}{筹资总额 - 资金筹措费用}$$

$$= \frac{100 \times 1 \times 14\%}{125 \times (1 - 6\%)} \times 100\% = 11.67\%$$

（2）综合资金成本的计算。

［**例 8 - 3**］某企业账面反映的长期资金共 500 万元，其中长期借款 100 万元，应付长期债券 50 万元，普通股 250 万元，保留盈余 100 万元；其成本分别为 6.7%、9.17%、11.26%、11%。则该企业的综合资金成本为：

$$6.7\% \times \frac{100}{500} + 9.17\% \times \frac{50}{500} + 11.26\% \times \frac{250}{500} + 11\% \times \frac{100}{500} = 10.09\%$$

（二）资金结构的含义

资金结构是企业筹资的核心问题。资金结构是企业各种资金的构成及其比例关系，尤其是指长期资本的构成。例如，某企业的资金总额 1000 万元，由银行借款 200 万元、债券 200 万元、普通股 350 万元、留存收益 250 万元组成，其比例分别为银行借款 0.2、债券 0.2、普通股 0.35、留存收益 0.25。由此可见，一个企业资金结构，可以用绝对数（金额）反映，也可以用相对数（比例）来表示。

企业的资金结构是由企业采用各种筹资方式筹资而形成的。各种筹资方式的不同组合类型决定着企业的资金结构及其变化。通常情况下，企业都采用债务筹资和权益筹资的组合，由此形成的资金结构实质上就是企业负责及所有者权益之间的比例关系。因此，资金结构问题总的来说是债务资本比率问题，即债务资本在资金结构中安排多大的比例。

（三）最佳资金结构的确定

在现实活动中，制约企业资金结构决策的因素主要有：资金成本；财务风险；企业投资者与管理人员的经营态度；企业获利能力；企业现金流量状况；企业的增长率；税收因素；行业差别等。

最佳资金结构，是指企业在一定的条件下，使企业综合资金成本最低，同时使企业价值最大的资金结构。它应是企业的目标资本结构。根据现代资本结构理论分析，企业最佳资金结构是存在的。在资金结构决策中，确定最佳资金结构，可以运用比较资金成本法、每股利润分析法和比较公司价值法等方法。在此以企业初始资金结构决策为例介绍比较资金成本法。

［**例 8 - 4**］某企业初创时有如下三个筹资方案可供选择。有关资料经测算后如表 8 - 1 所示：

表 8 – 1　企业筹资方案

筹资方式	筹资方案 1		筹资方案 2		筹资方案 3	
	筹资额/万元	资本成本/%	筹资额/万元	资本成本/%	筹资额/万元	资本成本/%
长期借款	40	6	50	6.5	80	7.0
债券	100	7	150	8.0	120	7.5
优先股	60	12	100	12.0	50	12.0
普通股	300	15	200	15.0	250	15.0
合计	500	—	500	—	500	—

下面分别预算三个方案的加权平均资金成本，并比较其高低，从而确定最佳筹资方案，亦即最佳资本结构。

（1）方案 1 的加权资金成本：

$$\frac{40}{500} \times 6\% + \frac{100}{500} \times 7\% + \frac{60}{500} \times 12\% + \frac{300}{500} \times 15\% = 12.32\%$$

（2）方案 2 的加权资金成本：

$$\frac{50}{500} \times 6.5\% + \frac{150}{500} \times 8\% + \frac{100}{500} \times 12\% + \frac{200}{500} \times 15\% = 11.45\%$$

（3）方案 3 的加权资金成本：

$$\frac{80}{500} \times 7\% + \frac{120}{500} \times 7.5\% + \frac{50}{500} \times 12\% + \frac{250}{500} \times 15\% = 11.62\%$$

以上三个筹资方案的加权平均资金成本相比较，方案 2 最低，在其他有关因素大体相同的条件下，方案 2 是最好的筹资方案。其形成的资金结构可确定为该企业的最佳资金结构。企业可按方案筹集资本，以实现其资金结构的最优化。

研讨与思考：企业如何筹资？如何使企业的筹资成本最低？

第三节　企业投资及运用管理

一、企业投资的分类

在市场经济条件下，企业能否将筹集到的资金投放到收益高、回收快、风险小的项目上去，对企业的生存和发展是十分重要的。对企业资金的投放和使用过程的管理就是企业的投资管理，通常可作如下分类：

1. 按照投资与企业经营的关系

按此标准投资可分为直接投资与间接投资。直接投资是指资金投放于生产经营性资产，以便获取利润的投资。间接投资又称证券投资，是指把资金投放于证券等金融资产，以便取得股利或利息收入的投资，随着我国金融市场的完善和多渠道筹资的形成，企业间接投资将越来越广泛。

2. 按照投资回收时间的长短

按投资回收时间长短，投资可分为长期投资与短期投资。短期投资又称流动资产投资，是指能够并且也准备在一年以内收回的投资，主要指对现金、应收账款、存货、短期有价证券等的投资，长期证券如能随时变现也可作为短期投资。长期投资则是指一年以上才能收回的投资，主要指对厂房、机器设备等固定资产的投资，也包括对无形资产和有价证券的投资。

3. 根据投资的方向

根据投资方向，投资可分为对内投资和对外投资。对内投资又称内部投资，是指把资金投在企业内部，购置各种生产经营用资产的投资。对外投资是指企业以现金、实物、无形资产等方式或者以购买股票、债券等有价证券方式向其他单位的投资。对内投资都是直接投资，对外投资主要是间接投资，也可以是直接投资。随着企业横向经济联合的开展，对外投资越来越重要。

4. 按照投资对未来的影响程度

按照投资对未来的影响程度，可分为战略性投资和战术性投资。战略性投资是指对企业全局及未来有重大影响的投资，如新产品投资、转产投资、建立分公司等，这种投资往往要求投资数量大、回收时间长、风险程度高，因此，方案的提出、分析、决策和实施都要按严格的程序进行；战术性投资是指不影响企业全局的投资，如更新设备、改善工作环境、提高生产效率等的投资，这种投资一般涉及的投资量不大，风险较低，见效较快，而且发生次数比较频繁，因此，一般由企业的部门经理经过研究分析后提出，经过批准即可实施，不必花很多的研究、分析费用。

5. 按照投资的风险程度

按照风险程度，投资可分为确定性投资、风险性投资和不确定性投资。确定性投资是指风险小、未来收益可以预测的比较准确的投资，在进行这种投资决策时，可以不考虑风险问题；风险性投资是指风险较大、未来收益难以准确预测的投资，但未来情况发生的可能性——概率分布为已知的投资，大多数战略性投资属于风险性投资，在进行决策时，应考虑到投资的风险问题，采用一定的分析方法，以便作出正确的投资决策；不确定性投资是指未来情况不甚明了——概率分布为未知的投资。

二、流动资产管理

（一）流动资产的概念和特点

流动资产是指可以在一年内或超过一年的一个营业周期内变现或者运用的资产。流动资产投资又称短期投资。流动资产主要由五个项目组成，即货币资金、应收账款、预付款项、存货、短期投资。其特点为：

（1）流动资产流动性大，不断改变形态。每一批流动资金都是不断地变动的，从货币资金经储备资金、在产品资金、成品资金，再转化为货币资金。

（2）流动资产的价值一次消耗、转移或实现。完成一个生产经营周期，流动资产也就一次性地被消耗，同时也一次性地被转移。

（3）流动资产占用资金数量具有波动性。企业在生产经营过程中，随着供产销的变化，资金占用数量有高有低，起伏不定。所以，企业在筹资方式上，既要考虑流动资金来源的稳定性，又要考虑流动资金来源的灵活性，以保证流动资金的供需平衡。

（二）流动资产管理

企业要管好用好流动资产，必须贯彻三条要求：一是要保证流动资产的需要量；二是要尽量控制流动资产的占用数量；三是要加速流动资金的周转。

流动资产管理的内容主要包括现金管理、应收账款管理、存货管理等。

1. 现金管理

现金是指企业拥有的现钞和流通票据，包括现金、银行存款、银行本票和银行汇票等。企业持有现金的原因在于：交易性需要、预防性需要和投机性需要。

现金是企业资产中流动性最强的资产，它可以立即有效地用于购买商品、劳务或偿还债务。企业缺乏必要的现金，将无法满足正常生产经营的需要，可能会导致丧失购买机会甚至难以购买原材料、支付职工工资而对生产经营造成损失，也可能会因为无力还债而使企业的信誉受损。但现金也是企业资产中收益性最低的资产，现金存置过量将会造成企业收益的降低。这样，企业便会面临现金不足和现金过量两方面的威胁。

企业现金管理的目的，就是要在资产的流动性和收益性之间作出选择，以获取最大的长期利润。具体地说，就是要确定一个既可以满足企业正常的生产经营需要，又可以维持合理收益的最佳的现金持有量。

2. 应收账款管理

应收账款是指因对外销售产品、材料、提供劳务及其他原因，应向购货单位或接受劳务的单位及其他单位收取的款项，包括应收销售款、其他应收款、应收票据等。

应收账款实质上是反映企业和客户之间的信用关系。在竞争激烈的市场经济条件下，出于扩大销售和减少存货的需要，企业普遍采用赊销方式销售产品，由此形成了大量的应收账款。应收账款的发生意味着企业有一部分资金被顾客占用，因此将发生一定的管理成本、机会成本和坏账损失成本，也有的企业因为大量的应收账款无法收回而导致破产清算。所以，企业管理应收账款不能只看它的促销收入，而应全面看待应收账款带来的收入与成本。

应收账款赊销的效果好坏，一方面取决于企业的信用政策，应收账款信用政策是企业财务管理政策的一个重要组成部分，包括信用条件、信用标准和收账政策；另一方面取决于企业对应收款的日常监控管理。

由此可见，应收账款的管理目标就是：权衡由于应收账款所带来的收入与成本，力求用最小的成本获得最大的收入。

3. 存货管理

存货是指企业在生产经营过程中为销售或者耗用而储备的各种有形资产，包括原材料、燃料、包装物、低值易耗品、在产品、委托加工材料、半成品、产成品、协作件、库存商品等。

存货在企业生产经营过程中具有重要的作用：防止停止待料损失、适应市场变化；降低成本、储存成本和缺货成本。但是存货超储积压，不仅会占用过多的流动资金，而且会增加存货成本，因此，存货的管理目标就是要尽力在各种存货成本与存货效益之间权衡，达到两者的最佳结合，以最小的存货投资获取最大的利润。

存货的决策，是指依据存货的管理目标要求对存货进行控制的过程，涉及四项内容：决定进货项目、选择供应单位、决定进货时间和决定进货批量。其中，前两项是企业销售部门、生产部门和采购部门的职责，财务部门的职责是决定进货时间和决定进货批量。有关进货项目和经济订货批量的管理方法请参见本书第六章。

（三）流动资产管理效率评价

1. 存货周转率

存货周转率，也称存货周转次数，是指销售成本与平均存货的比率，其计算公式为：

$$存货周转率 = \frac{销售成本}{平均存货}$$

$$平均存货 = \frac{期初存货 + 期末存货}{2}$$

存货周转率主要用于衡量企业销货能力，说明企业的销售效率。一般来讲，一定时间里存货周转率越大，则说明企业存货转换成销售收入即现金和应收账款的速度越快，那么企业一定时间的收益就越显著，企业的偿债能力也会因此相应增强；反之，如果存货周转率低，则说明存货周转速度慢，企业的存货管理水平差，相应会削弱企业的获利能力与偿债能力。

如果存货周转率用时间表示，就称为存货周转天数，表示存货周转一次所用的时间。其公式如下：

$$存货周转天数 = \frac{计算期天数（360 天）}{存货周转率}$$

[**例 8 - 5**] 根据甲公司 2004 年资产负债表（表 8 - 2，附本章后）和损益表（表 8 - 3，附本章后）的资料，其年初的存货是 80.8 万元，年末的存货是 88 万元，全年销售成本为 24 万元。存货周转率及周转天数是多少？

[**解**]：存货周转率及周转天数分别是：

$$存货周转率 = \frac{24}{(80.8 + 88) \div 2} \times 100\% = 0.28（次）$$

$$应收账款周转率 = \frac{销售收入}{平均应收账款}$$

$$存货周转天数 = \frac{360}{0.28} = 1285（天）$$

需要注意的是，两个指数虽然都能反映企业存货的效率和管理水平，但存货周转率同存货周转天数成反比。

2. 应收账款周转率

应收账款周转率，是反映企业应收账款的流动程序，它是赊销收入净额与平均应收账款余额的比率。其计算公式如下：

$$应收账款周转天数 = \frac{360}{应收账款周转率}$$

其中，$平均应收账款 = \frac{期初应收账款 + 期末应收账款}{2}$

销售收入是指扣除销售折扣和销售折让后的销售净额，是指损益表中的主营业务收入；应收账款，是指未扣除坏账准备的应收账款余额。

应收账款周转率高（或应收账款周转天数短），说明企业应收账款周转速度快，收账迅速，降低了坏账损失的可能性；反之，说明企业应收账款的周转速度慢，对应收账款的管理较差。同时，企业资产的偿债能力也会因应收账款周转速度快慢而增强或减弱。

［例8-6］仍以甲公司为例（表8-2，表8-3），2004年年初应收账款是108万元，年末应收账款是120万元，全年产品销售收入是1460万元。应收账款周转率与周转天数是多少？

［解］：应收账款周转率与周转天数分别是：

$$应收账款周转率 = \frac{1460}{(108+120) \div 2} \times 100\% = 12.8 （次）$$

$$应收账款周转天数 = \frac{360}{12.8} = 28 （天）$$

3. 营业周期

营业周期是指从取得存货开始到销售存货并收回现金为止的时间，其计算公式为：

$$营业周期 = 存货周期天数 + 应收账款周转天数$$

一般情况下，营业周期越短，说明企业周转资金速度越快。

［例8-7］根据前例的计算结果，试计算甲公司的营业周期。

［解］：甲公司的营业周期是：

营业周期 = 1285 + 28 = 1313 （天）

4. 流动资产周转率

流动资产周转率，可以反映流动资产的流动速度和利用效果。它有两种表现形式，其计算公式如下：

$$流动资产周转率 = \frac{销售收入}{平均流动资产}$$

其中，销售收入是指扣除销售折扣和折让后的销售净额。

$$平均流动资产 = \frac{年初流动资产 + 年末流动资产}{2}$$

［例8-8］以甲公司为例（表8-2，表8-3），2004年年初流动资产是292万元，年末流动资产是394万元，全年产品销售收入是1460万元。流动资产周转率是多少？

［解］：

$$流动资产周转率 = \frac{1460}{(292+394) \div 2} \times 100\% = 4.26 （次）$$

三、固定资产管理

（一）固定资产的概念和特点

固定资产是指使用期限超过一年，单位价在规定标准以上并且使用过程中保持原有实物形态的资产，其中包括房屋及建筑物、机器设备、运输设备、工具和器具等。

企业的固定资产是沿着固定资产的购建、价值转移与补偿、实物更新的顺序进行循环的。固定资产周而复始循环，就是固定资产的周转。其特点主要表现在它的价值转移和价值补偿上。使用中的固定资产在全部使用年限内，随着价值的转移，实物形态上的价值逐渐减少，而脱离实物形态转化为货币准备金的积存价值逐年增加，直到固定资产报废时，垫支在固定资产上的资金才实现价值的补偿，在实物形态上进行全部更新。这样，货币资金同固定资产再度统一起来，开始另一个周期的循环。固定资产的价值运动具有以下特点：

1. 投资的集中性和回收的分散性

购建固定资产是固定资产价值运动的起点，也是企业重要的投资活动。这种投资往往是一次性进行的，需要耗费相当数量的资金。但由于固定资产投入使用后能在多个生产周期内发挥作用，其价值是逐步转移，分次逐步回收的。这个特点表明，对固定资产投资既要论证投资项目的必要性，又要考虑技术上的先进性和经济上的合理性。必须把一次性投资和需要多少时间收回两者结合起来研究，对各种投资方案的经济效益进行预测分析，对投资支出、投资来源和投资效果进行科学合理的计划。

2. 价值补偿和实物更新分别进行

固定资产的价值补偿是实现固定资产实物更新的条件，实物更新是价值补偿的最终目的，两者在经济上有着密切的联系，但在时间上却是分别进行的。因此，企业必须正确计提固定资产折旧，合理地确定固定资产的补偿数额，加强对固定资产的保管和更新管理。

3. 循环周转速度慢

固定资产的价值完成一次循环需要较长时间，同流动资产相比周期速度较慢。固定资产的循环周期是由固定资产的使用年限决定的，使用年限越长，它的循环周期就越长。而其使用年限又受到很多因素的制约，如使用状况、使用条件、质量及耐用程度、维修保养好坏以及科学技术的进行情况等。

（二）固定资产管理的要求

企业的固定资产管理，应遵循以下基本要求：

1. 科学地进行固定资产投资的预测

在进行固定资产投资时，必须研究投资项目的必要性、可行性以及经济上的效益性，在考虑收益的同时认真考虑风险情况，以便为投资决策提供依据。

2. 正确核定固定资产需要量

企业随着生产经营的发展，固定资产需要量也会相应增加。正确核定固定资产需要量，做到心中有数，固定资产管理的各个环节才有可靠依据，才能合理配置各类固定资产，形成生产能力，提高固定资产利用效果。

3. 正确计算固定资产折旧额，有计划地计提固定资产折旧

企业要根据实际情况，选用合适的计算固定资产折旧额的方法，正确计算固定资产折旧额，编制固定资产折旧额，编制固定资产折旧计划，按规定计提固定资产折旧，保证固定资产更新需要的资金。

4. 保证固定资产完整无缺

这是管好用好固定资产的基础，是保证生产经营正常进行的客观要求。为此，企业必须做好固定资产管理的各项基础工作，包括：制定固定资产目录，明确固定资产的管理范围；做好固定资产的收入、发出和保管工作，正确、全面、及时地反映固定资产的增减变化；定

期进行清查盘点，切实做到账、卡、物三相符。在此基础上，还要建立、健全固定资产竣工验收、调拨转移、清理报废等各项管理制度。

5. 提高固定资产的完好程度和利用效果

加强对固定资产的保管和维修工作，使之保持良好的技术状态和合理利用，提高固定资产的完好率和利用率，这有利于减少资金占用，节省固定资产寿命周期的费用支出。

（三）固定资产的折旧管理

1. 固定资产折旧的含义

固定资产在使用期限内会不断发生损耗，固定资产的损耗分有形损耗和无形损耗两种形式。固定资产有形损耗是指固定资产由于使用和自然力的作用而逐渐丧失其物理性能。固定资产的无形损耗指由于劳动生产率提高和科学技术进步所引起的固定资产价值的损耗。

2. 固定资产的折旧方法

固定资产折旧额是对固定资产损耗进行价值补偿的依据。计算固定资产折旧的方法主要如下：年限平均法、工作量法、年数总和法或双倍余额递减法。

（1）年限平均法。年限平均法是根据固定资产原价、预计残值和预计清理费用，按预计使用年限平均计算折旧的一种方法。具体计算公式如下：

$$固定资产年折旧额 = \frac{固定资产原价 - 预计残值 + 预计清理费}{预计使用年限}$$

（2）工作量法。工作量法是按预计固定资产使用的时间平均分摊固定资产折旧额的方法，具体计算公式如下：

$$每小时年折旧额 = \frac{固定资产原价 - 预计残值 + 预计清理费}{预计使用年限可能完成的工作时间总量}$$

某年（月）折旧额 = 该固定资产年（月）工作量 × 每小时年折旧额

（3）年数总和法。这种方法是根据折旧总额乘以递减分数（折旧率）确定年折旧额。具体计算公式如下：

$$固定资产年折旧率 = \frac{折旧年限 - 已使用年限}{折旧年限 \times （折旧年限 + 1） \div 2} \times 100\%$$

固定资产年折旧 = 固定资产原价 × 固定资产年折旧率

（4）双倍余额递减法。双倍余额递减法是根据年初固定资产折余价值乘以双倍余额递减法折旧率，确定年折旧额，最后两年进行平均折旧。具体计算公式如下：

固定资产年折旧率 = 2 ÷ 折旧年限 × 100%

固定资产年折旧 = 年初固定资产净值 × 固定资产年折旧率

四、无形资产管理

（一）无形资产的概念和特点

企业的无形资产是指不具有实物形态的非货币资产，包括专利权、商标权、版权、土地使用权、专有技术、商誉等。这些资产一般具有较大的经济价值，且能为企业在较长期内带来经济效益。随着科学技术的进步和市场竞争的加剧，无形资产对企业越来越重要，无形资产的管理是财务管理的重要内容。

无形资产是一种特殊资产，一般具有以下特点：

（1）无形资产不具有物质实体，是隐形存在的资产。无形资产不同于有形资产，它没有特定的物质实体，通常表现为企业所拥有的一种特殊权利。

（2）无形资产能带来超额利润。无论是自创还是购入的无形资产，它都能为企业在较长时期内获得超出一般水平的经济效益，企业拥有无形资产价值越高，其获利能力就越强。

（3）无形资产可在较长时期内发挥作用。无形资产一经取得或形成，就为企业长期所拥有，可以在较长时期内使用，并为企业带来收益。

（4）无形资产所提供的未来经济效益具有很大的不确定性。这主要表现在有的无形资产只有在特定的情况下存在并发挥作用，有的无形资产受益期难以确定等。

（5）无形资产具有流动性。一般来说，无形资产是与企业结合在一起的，固定地属于某个企业。如果该企业因某种原因而不复存在时，则无形资产亦随之消失。除非在此以前，企业将此无形资产出售或转让给其他企业，成为另一企业的资产。

加强无形资产的管理，必须根据无形资产的特点，保护无形资产的安全、完整，充分发挥其潜在能力。

（二）无形资产的管理

为了不断提高无形资产的使用效果，保证无形资产投资目标的实现，必须加强无形资产的管理。企业对无形资产的管理包括计价、摊销和转让三个方面：

1. 无形资产入账价值的确定

无形资产应按取得时的实际成本计价。各种来源的无形资产计价原则分别是：

（1）外部购入的无形资产，按实际支付的价款计价。

（2）投资者投入的无形资产，按评估确认或者合同、协议约定的金额计价。

（3）自行开发研制的无形资产，按照开发过程的注册费、律师费等直接费用计价。

（4）接受捐赠的，按照发票单所列金额或者同类无形资产的市价计价。

在上述计价中，非专利技术和商誉的计价应当经法定评估机构评估确认。

2. 无形资产的摊销

无形资产从开始使用之日起的有效使用期限，按照下列原则确定。

（1）法律和合同或者企业申请书分别规定有法定有效期和受益期限的，按照法定有效期限与合同或者企业申请书规定的受益年限孰短的原则确定。

（2）法律没有规定有效期限，企业合同或者企业申请书中规定有受益期限的，按合同或者企业申请书中规定的受益年限确定。

（3）法律和合同或者企业申请书中均未规定法定有效期限或者受益年限的，按不少于10年的期限确定。

在确定了无形资产的有效使用年限和原始价值以后，无形资产可按下列公式计算摊销额：

$$无形资产月摊销额 = \frac{年摊销额}{120}$$

3. 无形资产的转让

无形资产的转让有两种方式：一是转让所有权；二是转让使用权。转让无形资产所有权，出让企业不再对转让的无形资产拥有占用、处理、处置的权利；转让无形资产使用权，出让企业拥有对无形资产的所有权，并保留对无形资产的使用权，仅将使用权部分或全部让渡给受让企业，转让后，根据受让企业使用情况索取收入。

转让无形资产是提高无形资产使用效益的途径之一。转让无形资产管理的重点在于确定转让无形资产的价值。常见的转让价值确认方法有协商估价法和提成法。后者一般只适用于转让无形资产使用权的情况。

研讨与思考：如何使用企业的资金？如何使企业资金使用效率最大？企业的资产如何管理？

第四节 企业收入及分配管理

一、企业收入管理

企业的收入，又称营业收入，是企业在日常生产经营过程中，通过销售商品、提供劳务及转让资产所有权等所形成的现金流入，由主营业务收入和其他业务收入两部分构成。主营业务收入是指企业从事主要经营活动取得的收入，如工业企业的产品销售收入、商品流通企业的商品销售收入等。其他业务收入指企业在主要经营活动以外从事其他业务活动取得的收入，如企业的固定资产出租、包装物出售等获得的收入。

收入是衡量企业生产经营成果的重要标志，是企业现金流入量的主要组成部分，也是企业再生产顺利进行的必要条件，更是企业实现利润的主要源泉。企业取得收入后的分配体现在两个方面：一是从取得的收入中扣除成本、费用、税金等以补偿生产经营中的各种耗费，维护简单再生产；二是将扣除成本、税金后剩余的利润进行再分配。

二、利润管理

（一）利润及其构成

利润是企业在一定时期内生产经营的最终成果。利润是收入扣除成本费用后的余额，是企业是净收益。利润的基本公式为：

$$利润 = 收入 - 成本$$

1. 利润总额

企业的利润总额是由三部分构成的：营业利润、对外投资净收入和营业外净收益。其公式为：

$$利润总额 = 营业利润 + 其他业务利润 - 管理费用 - 财务费用 - 营业费用$$

$$主营业务利润 = 主营业务收入 - 主营业务成本 - 主营业务税金及附加$$

投资净收益是指企业对外投资收益扣除对外投资损失后的数额；营业外收支净额是指与企业生产经营无直接关系的收入支出的差额。

2. 净利润

净利润也称税后利润，是指企业缴纳所得税后形成的利润，是企业进行利润分配的依据。计算公式为：

$$净利润 = 利润总额 - 所得税$$

其中，所得税 = 应纳税总额 × 所得税率。

（二）利润分配的原则

企业的利润分配，指的是税后利润即企业净利润的分配，包括法定分配和企业自主分配两部分。利润分配管理，主要是合理确定投资者的当期资产收益和企业的留存收益。它涉及投资者、企业和债权人以及职工等各方面的经济利益；投资者的近期得益和企业的长远发展等问题。利润分配应遵循的主要原则如下：

1. 规范性原则

受益分配必须严格遵守国家的财经法规，依照法定程序进行分配：利润分配前，必须依法纳税；向投资者分配利润以前，必须按规定的法定比率提留，以备扩大再生产及抵御风险所需。

2. 公平性原则

企业的受益分配要符合市场经济的要求，讲求市场经济的等价交换、公平合理、公平竞争的原则。企业无论经济成分、规模大小如何，都应遵守同样的法律法规，履行同样的社会责任，避免因为利润分配而造成不合理、不公平的市场竞争。

3. 分配与积累并重的原则

积累与分配的关系，也是企业长远发展和投资者近期利益的关系。企业不能为了短期内激发投资者的投资热情而过多地分配利润，而应在提取法定公积金之后，适当地留存一部分利润作为积累，这样，既可以提高企业经营的安全性、稳定性，又可以增强企业的发展后劲。

4. 投资与收益对等原则

利润分配应体现"谁投资、谁受益""投资多、受益多"的基本原则，这是正确处理与投资者利润关系的关键。

（三）利润分配的顺序

企业的税后利润分配，必须严格遵守国家制定的《公司法》《企业财务通则》等相关财经法规，依照法定程序进行分配。按照规定，企业的税后利润分配应坚持以丰补歉的原则，并按下列顺序进行分配：

1. 弥补以前年度亏损

将本年净利润（或亏损）与年初未分配利润（或亏损）合并，计算出可供分配的利润。如果可供分配的利润为负数（即亏损），则不能进行后续分配；如果可供分配利润为正数（即本年累计盈利），则进行后续分配。

2. 计提法定盈余公积金

法定盈余公积金按税后净利润扣除弥补以前年度亏损后的 10% 提取。按规定，当法定盈余公积金达到注册资本金的 50% 时，可以不再提取。

3. 计提法定公益金

法定公益金专门用于职工集体福利设施建设，按照税后净利润扣除弥补以前年度亏损后的 5% ~ 10% 的比例提取。

4. 提取任意盈余公积金

任意盈余公积金按照企业章程或股东会议决议提取和使用，其目的是为了控制向投资者分配利润的水平以及各年利润的波动，通过这种方法对投资者分利加以限制和调整。任意盈余公积金的提取由企业最高管理层决定。

5. 向投资者分配利润

企业以前年度未分配的利润，可以并入本年度向投资者分配。

收益分配是企业的一项重要工作，它不仅会影响企业的筹资政策、未来的投资计划，而且涉及国家、企业、投资者、职工等多方面的利益关系的协调，以及企业长远利益与近期利益、整体利益与局部利益的协调。一个合理、有效的受益分配政策，不仅可以调动企业职工的积极性，激发投资者的投资热情，还可以改善企业的财务风险，为企业未来的投资做好准备。

三、企业盈利能力分析

盈利能力是企业赚取利润的能力，是企业组织生产活动、销售活动和财务管理水平高低的综合体现。由于企业获得利润是以投入并耗费资源为代价的，只有把所得利润与付出的代价作对比，才能客观地反映企业的盈利水平。盈利能力的各项指标是激励性指标，指标越高越好。用于监督管理企业盈利情况的主要指标有：资金利润率、销售利税率、成本费用利润率等。

1. 资金利润率

资金利润率，又叫资本收率，是企业一定期间所实现的税后利润与资本金总额的比率。其计算公式如下：

$$资金利润率 = \frac{净利润}{资本金总额} \times 100\%$$

资金利润率用来衡量企业运用所有者投入资本获取收益的能力，该比率越高，说明企业运用资金的获利能力强，通过与同行业平均水平相比较，可以反映企业的生产经营状况。

2. 销售利税率

销售利税率是企业一定期间内的利税总额与销售净额的比率。其计算公式为：

$$销售利税率 = \frac{利税总额}{销售净额} \times 100\%$$

销售利税率可以衡量企业销售收入的收益水平，它不仅能反映企业的盈利水平，还可以反映企业对国家或社会的贡献大小。销售利税率越高，企业的获利能力越强，对国家或社会的贡献也越大。

3. 成本费用利润率

成本费用利润率是企业一定期间的利润总额与成本费用总额的比率。其计算公式为：

$$成本费用利润率 = \frac{利润总额}{成本费用总额} \times 100\%$$

其中，成本费用总额包括营业成本（即主营业务成本与其他业务成本之和）、销售费用、管理费用和财务费用。成本费用利润率是反映企业所费与所得对比关系的指标，表明企业每支出1元成本费用所获得的利润额。成本费用利润率越高，说明企业以低消耗得到高产出，企业的获得能力越强，也说明企业对成本费用控制的能力强，经营管理水平高。

研讨与思考：企业的损益是如何计算的？如何分配企业收益？

本章小结

财务管理即对企业的财务现象、财务行为、财务活动、财务关系所进行的管理。财务活动就是企业的资金运动；财务关系就是企业资金运动所体现的经济关系。

财务管理的内容包括筹资管理、投资管理、用资管理和配资管理等四项管理；企业财务管理目标包括利润最大化的目标、股东财富最大化的目标和企业价值最大化的目标。企业价值最大化的目标是比较理想的企业财务管理目标。

企业资金筹集的渠道包括国家财政资金、银行信贷资金、非银行金融机构资金、其他企业和单位资金、职工资金和民间资金、企业自留资金、外商资金；企业资金筹集的方式：投入资金的筹集包括吸收直接投资、发行股票；借入资金的筹集包括银行借款、发行企业债券、融资租赁和商业信用。资金成本和筹资结构优化分析包括资金成本、资金结构及最佳资金结构的确定。

企业资金的投放分类有：按照投资与企业经营的关系，投资可分为直接投资与间接投资；按照投资回收时间的长短，投资可分为长期投资与短期投资；根据投资的方向，投资可分为对内投资和对外投资；按照投资对未来的影响程度，可分为战略性投资和战术性投资；按照投资的风险程序，投资可分为确定性投资、风险性投资和不确定性投资。流动资产管理的内容主要包括现金管理、应收账款管理、存货管理等；流动资产管理效率评价指标主要有存货周转率、应收账款周转率、营业周期和流动资产周转率。固定资产管理主要介绍了固定资产的概念和特点、固定资产管理的要求、固定资产的折旧管理。无形资产管理要求主要介绍了无形资产的概念和特点、无形资产管理的要求。

在企业收益分配中主要介绍收入管理，利润管理中的利润及其构成、利润分配的原则及利润分配的顺序，企业盈利能力分析中的企业盈利情况的主要指标有：资金利润率、销售利税率、成本费用利润率等。

本章知识结构网络图

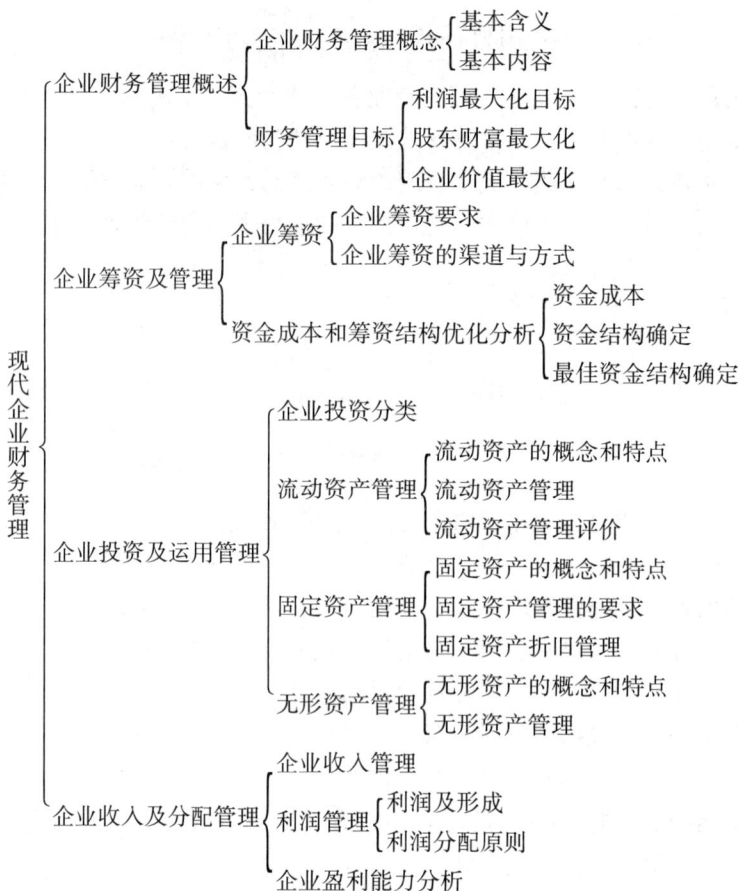

现代企业财务管理
- 企业财务管理概述
  - 企业财务管理概念
    - 基本含义
    - 基本内容
  - 财务管理目标
    - 利润最大化目标
    - 股东财富最大化
    - 企业价值最大化
- 企业筹资及管理
  - 企业筹资
    - 企业筹资要求
    - 企业筹资的渠道与方式
  - 资金成本和筹资结构优化分析
    - 资金成本
    - 资金结构确定
    - 最佳资金结构确定
- 企业投资及运用管理
  - 企业投资分类
  - 流动资产管理
    - 流动资产的概念和特点
    - 流动资产管理
    - 流动资产管理评价
  - 固定资产管理
    - 固定资产的概念和特点
    - 固定资产管理的要求
    - 固定资产折旧管理
  - 无形资产管理
    - 无形资产的概念和特点
    - 无形资产管理
- 企业收入及分配管理
  - 企业收入管理
  - 利润管理
    - 利润及形成
    - 利润分配原则
  - 企业盈利能力分析

练习与思考题

一、单选题

1. 可以在一年内或超过一年的一个营业期内变现或运用的资产为（　　　）。

A. 流动资产　　　　　B. 固定资产　　　　　C. 无形资产　　　　　D. 长期资产

2. 企业长期使用但没有实物形态的资产是（　　　）。

A. 流动资产　　　　　B. 固定资产　　　　　C. 无形资产　　　　　D. 长期资产

3. 企业投入资金的筹集方式是（　　　）。

A. 发行股票　　　　　B. 发行债券　　　　　C. 应付账款　　　　　D. 应收账款

4. 筹集资金的来源与渠道叫（　　　）。

A. 筹资工具　　　　　B. 筹资渠道　　　　　C. 筹资方式　　　　　D. 资金渠道

5. 资金成本一般用（　　　）表示。

A. 绝对数　　　　　　B. 相对数　　　　　　C. 都可以　　　　　　D. 两者均要

6. 企业在筹资时优先考虑（　　　）。

A. 内部筹资　　　　　B. 债券筹资　　　　　C. 股票筹资　　　　　D. 银行借款

7. 下列不属于固定资产的是（　　　）。

A. 建筑物　　　　B. 机器设备　　　　B. 加工设备　　　　C. 开办费

8. 下列不属于流动资产的是（　　　）。

A. 应收账款　　　B. 库存现金　　　C. 直接材料　　　D. 汽车

9. 税后净利润是指（　　　）扣除上缴所得税后的利润。

A. 销售利润　　　B. 净利润　　　　C. 利润总额　　　D. 营业收入

10. 企业在一定期间所实现的税后利润与资本金总额的比例叫（　　　）。

A. 资金利润率　　B. 销售利润率　　C. 成本利润率　　D. 销售利税率

二、多选题

1. 企业财务管理的内容有（　　　）。

A. 筹资管理　　　B. 投资管理　　　C. 用资管理　　　D. 配资管理

2. 筹资的渠道主要有（　　　）资金。

A. 国家财政　　　B. 银行信贷　　　C. 企业自留　　　D. 外商投入

3. 按资金投放时间的长短，投资可分为（　　　）。

A. 直接投资　　　B. 间接投资　　　C. 长期投资　　　D. 短期投资

4. 流动资产具有（　　　）的特点。

A. 流动性大　　　B. 价值一次回收　　C. 波动性大　　　D. 价格稳定

5. 利润分配的原则有（　　　）原则。

A. 规范性　　　　B. 公平性　　　　C. 分配与积累并重　D. 投资与收益对等

三、名词解释

1. 财务管理　　2. 资金成本　　3. 固定资产　　4. 盈利能力

四、简答题

1. 企业筹资渠道和筹资方式有哪些？各种筹资方式有何特点？

2. 简述流动资产、固定资产、无形资产的特点与分类。

3. 利润总额是由哪些项目构成的？

4. 简述利润分配的顺序。

五、计算及案例分析题

1. 某企业取得 3 年期长期借款 400 万元，年利率 12%，每年付息一次，到期一次还本。筹资费用率为 0.25，企业所得税率为 33%，这笔长期借款的资金成本是多少？

2. 某公司共有长期资金账面价值 1000 万元，其中长期借款 100 万元、债券 250 元、优先股 100 万元、普通股 350 万元、留存利润 200 万元，其成本分别为 5.65%、7.00%、10.63%、15.80%、15.15%。试计算该公司的综合资金成本。

3. 试根据甲公司 2008 年度资产负债表（表（8－2））和损益表（表（8－3））的数据资料，计算该公司本年度的资金利润率、销售利税率和成本费用利润率。

表 8 - 2　甲公司资产负债表　　　　　　　　　万元

资产	年初数	年末数	负债及所有者权益	年初数	年末数
流动资产			**流动负债**		
货币资金	80	155	短期借款	16	12
短期投资	3	5	应付票据	4	3
应收票据	0.2	1	应付账款	60	40
应收账款	108	120	应付工资	18	30
预付账款	19	24.5	未付股利	50	80
其他应收款	1	0.5	一年内到期长期负债流动负	12	15
存货	80.9	88	债合计	160	180
流动资产合计	292	394	长期负债		
长期投资			**长期借款**	20	35
长期投资	40	45	应付债券	10	15
固定资产			长期负债合计	30	50
固定资产原值	250	280	**所有者权益**		
减：累计折旧	75	88	实收资本（股本）	150	180
固定资产净值	175	192	资本公积	50	70
无形资产			盈余公积	60	80
无形资产	5	4			
其他资产			未分配利润	70	80
长期待摊费用	5	3	所有者权益合计	330	410
其他资产	3	2	**负债及所有者权益**		
资产总计	520	640	**总计**	520	640

表 8 - 3　甲公司损益表

2004 年 12 月　　　　　　　　　　　　　　　　　　　　万元

项　目	本年数
产品销售收入	1460
减：产品销售成本	840
产品销售费用	24
产品销售税金及附加	256
产品销售利润	340
加：其他业务利润	8
管理费用	160
财务费用	54
营业利润（亏损以"-"表示）	134
加：投资收益（损失以"-"表示）	215
营业外收入	27
减：营业外支出	76

续表

项 目	本年数
利润总额（亏损以"－"表示） 减：所得税	300 90
净利润	210

技能实训

校园企业投资调查

1. 实训内容

在学校校园内或周边找一家企业，调查该企业的投资决策。

2. 实训目的

（1）弄清一家企业投资决策的基本程序，创业计划书的编写。

（2）如何选择一个投资项目？

（3）投资决策过程中需要调查的事项。

（4）对投资收集各种资料的整理。

3. 实训组织

（1）调查前，由班干部弄清学校校园内或周边有多少家企业、主要进行一些什么类型的投资。

（2）以6～8人为一组，组织学生分别对不同类型企业分组调查。

4. 实训考核

（1）以小组为单位通过讨论撰写实训报告。

（2）老师组织全班同学分组分别宣讲实训报告，当场评价打分。

模块四
生产篇

第九章　现代企业技术管理

【学习目标】

A. 知识点

1. 理解技术创新的相关概念

2. 理解技术开发的相关概念

3. 理解技术引进的相关概念

4. 理解价值工程的概念，工作程序

5. 掌握价值分析的方法

B. 技能点

1. 掌握技术创新、技术开发、技术引进特点

2. 会运用价值工程方法进行分析

【引导案例】海信　技术创新成发展法宝

以"技术立企"著称的海信集团，其发展得益于技术上的长期积累和不懈追求，形成了海信特色的技术创新体系，从根本上保证了企业的健康快速发展。

海信研究发展中心是国家级企业技术中心，拥有数字多媒体技术国家重点实验室、国家级博士后科研工作站、国家"863"成果产业化基地、国家火炬计划软件产业基地以及国家级生产力示范促进中心。

海信历来重视研发投入，每年投入的研究与发展经费占产品销售收入的5%以上。而且坚持每涉足一个新的领域，首先占据技术优势，成立研究机构，进行技术研发和人才储备，待时机充分成熟后，再正式进入这个产业。对此，海信称之为"技术孵化产业"，正是这个技术强大的"孵化器"，让海信一直在行业里确保了"原创优势"。

实践证明，技术创新已成为海信的核心竞争力，而核心竞争力的保持和强化，离不开技术创新体系的建设和完善。海信1997年始建自己的技术创新体系，后几经完善形成了海信特色的、科学高效的技术创新体系，使技术创新工作始终走在国内同行的前列。

特别是近10年，海信在多媒体、通信、家电等领域成就了"信芯"、液晶模组、LED液晶电视、光模块、智能交通、3G手机、矢量变频技术、双模变频技术、节能保鲜技术等十余项领先核心技术突破。正是这些核心技术上的创新和突破，不仅让海信保持了持续健康的较快发展，而且有力地支撑了海信"高端产业和产业高端"战略，形成了较强的抗风险能力，在席卷全球的金融危机中实现逆势增长。

早在金融危机尚未显现时，海信就进行了产业战略调整，布局"高端产业"，进军"产

业高端"。在海信的业务体系里，既有智能交通和光通信这些高端产业，也有变频空调、液晶电视等这些传统家电产品中的高端产品。同时，海信还积极研发生产自己的音视频处理芯片和液晶模组，这些都是国内首创，海信将其定位为"产业高端"。

在过去的 5 年间，海信申请并获得了 3 000 多项专利。其中与 LED 背光相关的技术就有100 多项。IEC/TC110 年度会议还专门选择海信来领导起草 LED 背光分规范标准，同时海信也是 LED 背光总规范的共同负责人。这是中国企业首次牵头起草这一领域的一系列国际标准。中国电视企业正在开发一个由中国电子视像协会筹划发起的名为 DiiVA 的新标准，DiiVA 第一版已经在 2009 年 4 月份公布。这是一个由三星、松下、LG、夏普、富士康等知名企业共同参与的联合项目，海信是这个团队的领导者。

作为中国消费电子行业的领军企业，海信正在履行它的作用和责任，塑造着中国消费电子行业的未来。

（资料来源：http：//www. cenn. cn 2010 - 03 - 11 中国企业新闻网）

【分析与思考】

1. 为什么说技术创新是海信的核心竞争力？
2. 技术管理对企业有什么作用？

企业技术管理是在实现企业生产最大化目标过程中开发和实现产品技术能力的问题。也就是组织起有效的技术系统，获得企业的最大利润，不断增强其竞争力。技术管理活动主要包括：识别和评价技术选择；将技术组合到企业的全部活动中；取代和废弃老技术；在产品和工艺过程中实施新技术、开发新产品。本章重点讨论技术管理活动中的技术创新、技术开发、技术引进和价值工程等内容。

第一节　企业技术开发及其管理

一、技术创新

（一）技术创新的定义

所谓新技术，是指在一定时间和空间范围内，第一次出现的技术，或者说原有技术经过改革、创新，在性能上、技术上有新突破、新进步的技术。通常包括以下三种情况：第一，运用新的科学原理，实现了新的技术突破，创造了新材料、新设备、新工艺流程或未曾有过的新产品；第二，科学原理虽然相同，但是技术水平发展到了一个新阶段，同原有技术有着重大的差异，称为换代新技术或技术换代；第三，在生产过程中使用了新的工艺方法和效率更高的劳动手段，称为改革新技术。对于企业来说，创新是企业的灵魂，它包括知识创新、技术创新、管理创新和制度创新。而技术创新，是企业创新的转化层面，也是核心部分。

技术创新是指应用创新的知识和新技术，采用新的生产方式和经营管理模式，提高产品质量，开发生产新的产品，提供新的服务，占据市场并实现市场价值。

"技术创新"与"发明"有很大的区别。发明从本质上说，是一种技术性的创意。发明可以是为了改进产品、工艺、设计和管理而提出的思想、方案，可以是一项新的技术，也可以是某种产品的模型或样品。而技术创新不仅仅是新技术、新产品的发明，技术创新是要将发明的成果应用到经济活动中去，并取得市场成功。一项发明能否成为技术创新，取决于发明能否投入生产，投放市场并取得经济效益。

（二）技术创新的作用

在科学、技术与生产的相互关系中，技术处于承前启后的地位。它一方面把科学发明应用于生产过程，为生产过程提供新的材料、生产手段和工具；一方面又从生产实践中集中人们的智慧和经验，为科学发明提出新课题，提供新思想。

技术创新推动着技术进步，技术进步是经济发展的巨大推动力。就企业来说，技术创新对于企业的生存和发展具有以下重要作用：

（1）企业依靠技术创新才能不断地运用新原理、创造新产品和新的材料，来满足社会日益增长的物质文化生活的需要，从而不断地扩大生产领域，扩大经营范围，使企业具有旺盛的生命力和竞争力。

（2）企业依靠技术创新才能不断改革工艺方法和工艺流程，改革生产工具，从而不断提高劳动效率，节约劳动消耗，合理利用各种资源，全面改善企业生产过程的各项经济指标，降低成本，增加盈利。

（3）企业依靠技术创新才能不断地改善管理方式，实现现代化管理，使生产技术与管理技术同步发展，不断提高企业的管理水平，从而才能使企业的物资资源、人力资源、资金和技术的最有效利用具有可行的条件和保证。

（三）技术创新的要素

技术创新有四个要素：机会、环境、支持系统和创新者。这些要素的相互作用如图9－1所示。

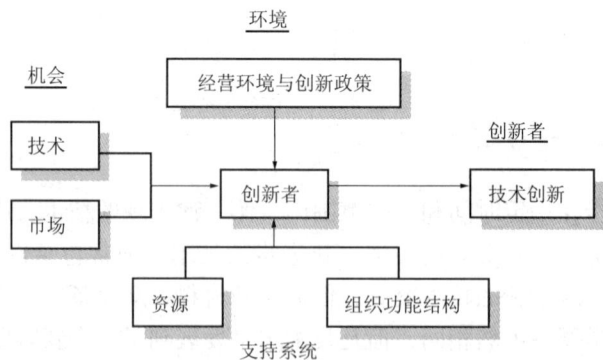

图9－1　技术创新要素

创新者一般是指企业家、科研单位负责人、政府计划管理人员等。这些创新者根据市场需求与技术进步信息，捕捉创新机会，通过把市场需求与技术上的可能性结合起来，产生新的思想。新的思想在合适的经营环境与创新政策的鼓励下（包括合理的价格、公平的竞争、对技术创新的鼓励政策等），利用可用的资源（包括资金、科技人员）和内部的组织功能（研究开发、试生产、设计与生产、营销），从而发展成技术创新。这四要素是技术创新活动得以开展的必不可少的因素，而其中创新者是最主要的。

虽然创新者一般是企业家，但并非所有的企业家都是创新者。

研讨与思考：技术创新和发明的区别？技术创新的要素是什么？

（四）技术创新的过程

技术创新总体上说是一个过程，是一个在市场需求和技术发展的推动下，将发明的新设想通过研究开发和生产，演变成为具有商品价值的新产品、新技术的过程，如图9-2所示。

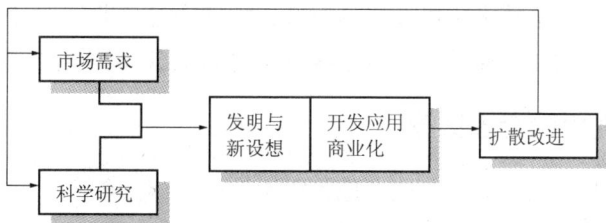

图9-2　技术创新过程

（五）技术创新的过程

创新过程在逻辑上可以分为七个阶段。

（1）产生创新构思。创新构思可能来自科学家或从事某项技术活动的工程师的推测或发现，也可能来自市场营销人员或用户对环境、对市场需要或机会的感受。

（2）根据技术、商业、组织等方面的可能条件对创新构思进行评价。综合已有的科学知识与技术经验，扩充创新构思，提出实现创新构思的设计原型。

（3）开发试验模型，即在实验室中将设计原则转变为实验原型，从而验证设计原型的可实现性。

（4）按商业化规模要求进行工业原型开发，制定完整的技术规范，进行现场工艺试验和新产品试生产，并进行市场测试和营销研究。

（5）创新技术的初步实际应用或创新产品的初次商业化生产。

（6）创新技术的广泛采用或创新产品的大规模生产，创新产生显著的商业效果或社会效果。

（7）创新技术扩散，创新技术被赋予新的用途，进入新的市场。

二、技术开发

企业技术开发指以企业为主体将基础理论研究和应用研究成果应用于生产的全过程产品、工艺、材料装备进行革新和创新，转化为现实生产力的科学技术活动。

（一）技术开发的选择

技术开发的选择就是对什么技术进行开发的选择，一个企业如果选择了技术开发，从开发的指导思想而言，要开发的技术应该是对企业整体战略贡献最大的技术，而且应该是开发成功率最大的技术。从技术开发的内容上而言，是应该进行产品技术开发，还是进行工艺技术开发，应该和企业所选择的特定企业战略保持一致。

企业活动所涉及的技术不是一种，任何企业都是一个包含多种技术分支的技术系统。因此，在酝酿技术开发方案的时候，应该尽可能地彻底审视企业产品价值链中的各种技术，集中力量开发那些对产品价值影响大，具有改进余地的技术。

开发技术的选择不应仅仅着眼于那些能够产生重大突破的根本性创新上。重大的根本性创新的成功固然会为企业带来重大利益，但它往往同巨大的风险相伴随，当它涉及新的多种科学原理和技术原理的时候就更是如此，因为这通常意味着在研究→设计→试制→生产→销售的创新主链条中的更多不确定性，意味着需要很高的研究开发能力和大量的科技开发投入。对那些难度不大的若干技术予以适当的改进，往往会给企业带来可观收益，这种渐进性变化不但可以取得累积效益，而且通过技术积累，可以减少开发风险。

（二）技术开发中的考虑因素

在企业进行技术开发的选择时，应考虑到以下四个因素：

1. 分析确认科学发展和产业内外正在发展着的技术变革潜力

如果重要的技术变革主要来自产业内部，则为渐进性的连续性的技术变革机会，此时的企业应当仔细分析现有的技术体系，确认它的薄弱环节或技术上的其他改进机会。如果重要技术变革主要来自产业外部，这些技术可能成为非连续性变化和破坏原有技术体系的根源。

因此，企业必须考虑是否存在可以应用的外部技术，应当特别关注信息技术、微电子技术、新材料技术的发展情况，因为这三个方面的技术正在对创造新技术或新旧技术结合产生革命性的影响。

2. 确认需要变革的关键技术

企业的技术变革不可能在其所用的所有技术上展开，变革的重点应放在企业战略优势贡献最大的关键技术上，它或者有利于成本优势的形成，或者有利于差别化优势的形成，或者两者兼有。关键技术的确认，不仅仅是技术可能性的确认，而且是对企业需要和市场需要的确认，诸如节约或替代稀缺资源的需要，改进生产瓶颈环节的需要，改善生产工艺可靠性的需要，响应需求变化的需要，等等，这都和关键技术的确认相关。

3. 决定关键技术的获取方式

获取方式包括外部购买或进行技术开发。获取方式的决定依赖于诸如成本、时间、能力培育、可行性和风险等因素的考虑。

4. 评估企业技术能力和实施技术变革所需资源的调用能力

一个企业应当切实对自己在技术能力和相关能力方面的优势与欠缺的能力作出切实评价，以便更好地印证战略选择的适宜性。

三、技术引进

技术引进，又称技术输入或技术转让，是指在国际间的技术转移活动中引进技术的一方通过贸易、合同、交流等途径，以各种不同的合作形式，引进外国的技术知识、管理知识、管理经验以及先进设备的活动。采用引进先进技术与提高自主开发能力相结合的方式，是提高本国技术水平的最佳途径。

（一）引进技术的选择

引进技术面临的首要问题就是引进什么样的技术，引进的技术是否适宜直接关系引进技术会产生多大的效益。一般来说，一个国家在引进技术时，为达到某一目的，往往有多种技术可供选择，而不同的技术所产生的效益和作用是不尽相同的。只有那种最适合本国各方面条件和情况的技术，才能起到最好的效果。在引进技术的选择上，通常要考虑以下几个方面的条件：

1. 技术条件

技术条件包括本国技术人员的素质、工人的技术水平、科研人员的能力、技术装备水平，甚至于技术管理水平等。一般来说，越是先进的技术，往往越需要高水平的科技人员、管理人员、操作人员才能掌握和有效使用，并加以消化创新。

2. 资金条件

一般越是先进的技术，在研究开发中所耗费的资金也越多，引进这些技术就需要大量资金。对于许多国家来说，特别是对发展中国家，往往资金有限，如引进最先进的技术，就会加重经济负担。

3. 资源条件

任何一项技术都是在特定的资源条件下产生的，如消耗何种能源，使用何种原料，需要何种辅助材料等，如果在引进技术时不考虑这些因素，则在引进后往往无法使用，造成失误。

4. 环境条件

有些技术，从单纯技术角度看可能是十分先进的，但往往会造成环境污染，破坏生态环境。在技术引进时，这样的技术就是不适宜的，如果仍需引进，也应考虑将治理此类污染的技术同时引进。此外，在引进时还应考虑综合利用、变废为宝的措施。

5. 社会经济条件

社会经济条件有十分广泛的含义，如从评价角度来看，衡量技术引进的适宜与否，主要应从经济效益和社会效果方面加以分析；从劳动角度看，应根据人口状况，考虑就业与失业等的因素；从社会需求来看，应分析引进技术所产产品是否有较好的市场；此外，还应考虑与引进技术相关的交通、气候等外部因素。

（二）技术引进的途径

企业在引进技术时可从如下几种途径中进行选择：

（1）由外国投资者在技术引进国开设企业。

（2）与外国企业进行合资经营，根据双方情况确定各自所占股份。

（3）由外国提供技术，从设计、设备、人员培训，一直到建厂全部承包。若干年后投资者收回投资和一定利润，工厂转交给技术引进国。

（4）由外国负责提供设计、制图和服务，本国投资、进行土建等。

（5）只引进关键技术，而规划、设计、设备、土建等由本国负责完成。

（6）购买专利，根据特许进行生产。另外，还有购买数据与信息，赴现场参观人员及签订项目开发合同。

（7）本国具有规划、设计能力，技术上也不存在大的困难，但是缺少一些关键设备，这时只需进口所需设备，就可实现技术引进，因为设备本身物化了一定的技术。但从引进技术的角度看，对方提供的技术在数量上是有限的。

（8）获取有关科技文献，交流科学家和技术人员，在国外培养科技人员，开展合作研究或参加国际会议。

上述引进技术的途径可进一步归结为直接引进方式和间接引进方式两种。间接引进就是通过中间商进行引进，中间商可以是一家外国经营机构，也可以是本国的公司、研究所或咨询机构。

（三）引进技术的消化、吸收与创新

引进技术是一种手段，要为提高本国的技术水平和促进经济发展服务。因此，除引进技术要适应本国国情和本地区、本企业的特点外，企业还要花大力气对引进的技术加以消化吸收和发展创新。

四、技术改造

（一）技术改造的概念及意义

1. 技术改造的概念

技术改造，是指在坚持科学技术进步的前提下，在企业现有基础上，用先进的技术改造落后的技术，用先进的工艺和装备代替落后的工艺和装备，以改变企业落后的生产技术面貌，实现以内涵为主的扩大再生产，从而提高产品质量，促进产品更新换代，增加品种，适应市场需求，并节约能源，降低消耗，扩大生产规模，提高经济效益的活动。

从资源配置角度讲，它是通过调整技术资源配置带动其他资源流动的扩大再生产。从这个意义上来讲，凡是着眼于技术资源配置，为提高现有企业生产能力、技术水平和经济效益的优化资源配置工作，都可归入技术改造的范畴。

2. 技术改造的意义

有计划地推进技术改造，把现有企业转移到一个新的、先进的技术基础上来，意义非常重大。它体现在以下几个方面：

（1）企业开展技术改造，能适应社会主义市场经济的需要，提高企业整体素质，推动产业结构优化和规模经济效益，发挥企业优势和竞争能力，提高适应能力。

（2）企业开展技术改造，是扩大再生产的主要途径。

（3）企业开展技术改造是使企业改革顺利推进的一个重要条件。加强技术改造有利于推动生产力的发展，促进企业生产水平，调整产业结构和产品结构，提高产品质量，从而有利于巩固新的生产关系，也使企业改革成果不断加以巩固。

（4）企业开展技术改造是促进技术结构合理化的重要保证。

（5）企业开展技术改造是增强企业发展能力的重要措施。随着市场经济的逐步深入，外部环境对企业生产经营活动的影响愈来愈大，通过技术改造，不断提高企业应变能力，已

成为决定企业经营成败和影响企业发展的重要因素。

（6）企业开展技术改造是提高经济效益的重要手段，对现有企业技术改造可以使用和利用的东西较多，比新建企业花费较小、难度较小。

（二）技术改造内容、原则、工作程序

1. 技术改造的内容

技术改造，就是将研究与发展的成果应用于企业生产的各个领域，用先进的技术改造落后的技术，用先进的工艺和装备代替落后的工艺和装备，使企业产品在技术性、质量和成本方面保持先进水平。

一般来说，技术改造包括以下内容：老产品改造和新产品开发；设备和工具的更新改造；生产工艺的改革；节约能源和合理利用原材料的改造；厂房建筑和公用设施的改造；劳动条件和生产环境的改造；技术管理方法和手段的改造等。

2. 技术改造的原则

技术改造是一项政策性、技术性、组织性很强的工作。必须在正确原则的指导下进行，才能切实收到成效。

（1）企业开展技术改造，必须符合市场经济规律，围绕市场需求、产品需要来进行。

（2）技术改造必须以提高经济效益为目标，通过内涵扩大再生产，实现效益的增长。

（3）技术改造必须从我国国情出发，结合国家、企业的具体情况，充分利用资源，同时积极吸取国外先进的东西来开展。

（4）技术改造要与企业的改革紧密结合在一起。

（5）技术改造必须坚持以技术进步为前提，要在企业积极开展科研活动，将科研成果转化为实际产品、工艺等。要积极地进行学习和吸收国内外先进技术。

（6）技术改造要统筹规划，分清主次，抓住重点，围绕对企业影响大的，抓一项能带动多项的项目进行，要量力而行。

（7）技术改造要坚持专群结合，充分发动和依靠群众，形成有觉悟、有技术、素质高的开展技术改造的队伍。

3. 技术改造的管理

技术改造工作直接影响到企业的经济效益，因此，必须加强科学的组织管理，主要有下列几个方面：

（1）广泛调查，全面规划。在进行技术改造之前，要掌握国内外同行业在产品、生产工艺、设备等各个方面的科学技术发展趋势，以及各种科研成果应用于生产的情况和效果；又要深入细致地掌握本企业已有产品的生产技术水平，存在哪些薄弱环节，在广泛调查的基础上全面规划。

（2）突出重点择优而上。一般来说，企业技术改造的重点，应当是影响企业生产发展水平和企业经济效益的主要矛盾方面。解决了这些矛盾，就能改变企业落后的生产面貌，培育新的经济增长点，增加生产后劲，从而使企业获得更大的经济效益。

（3）讲求全面的经济效益。技术改造要以提高全面经济效益为目标。因此，对重大的技术改造项目还要进行多方案的技术经济论证，作出科学判断。只有确定方案的可行性，才能投资实施。这样可以减少技术改造工作中的盲目性，保证可靠性和经济性，避免造成

损失。

4. 技术改造项目工作程序

技术改造项目工作程序一般可归纳为三个阶段。

第一阶段为前期准备阶段：

（1）提出并申报技术改造项目建议书。

（2）编制和申报设计任务书或可行性研究报告或技术改造方案，有些项目要进行可行性论证、评估后才能够进行申报。

（3）在上级批准设计任务书、可行性研究报告或技术改造方案后，进行初步设计或扩初设计的编制和申报。

第二阶段为项目实施阶段：

（1）按照年度计划组织实施。

（2）技术改造项目施工完成后，进行试生产运行，运行合格，经验收、办理验收合格手续，正式交付使用。

第三阶段为考核阶段。在技术改造项目正式交付使用后，还必须进行效益上的考核，保证该项目能真正具备预定目标，并借此加以总结经验和进行改进。

（1）竣工投产项目的效益跟踪，以求达到原设计或合同的要求。

（2）竣工投产后项目的后评估，以便不断总结开展技术改造的经验、教训，从而提高技术改造的操作和管理水平。

第二节　价值工程原理与方法

一、价值工程的概念

价值工程（value engineering，VE）是一种以提高企业经济效益为目的的技术经济方法，它从分析产品或事物功能与成本之间的关系出发，力求以最少的成本实现必要的功能。随着科学技术的迅速发展和企业生产经营上的需要，价值工程已经形成了一套科学的理论和方法，在开发新产品、改造老产品、物资采购以及改进企业管理工作等方面，日益得到广泛的应用，并取得良好的经济效益。

价值工程最初于1947年由美国通用电器公司的设计工程师麦尔斯提出。它指出用不同的材料满足相同的功能，以代替短缺物资和降低产品成本为目的。国标 GB 8223—87 中给出的价值工程的定义为："价值工程是通过各相关领域的协作，对所研究对象的功能结构与费用进行系统研究，以提高对象价值的思想和想法。"也就是说，价值工程是从产品的功能与其成本的最佳组合出发，研究以最低的成本实现必要的功能，从而达到提高产品价值目的的一门科学。价值工程中的"价值"是产品的功能与其成本的比值，可用公式表示：

$$价值（V）＝功能（F）/成本（C）$$

从这一定义可以看出，价值工程具有以下特点：

（1）以提高价值为目的。即以最低的寿命周期成本，使某种产品获得必要的功能。它不是单纯地提高产品功能，也不是片面地追求降低成本，而是致力于提高两者的比值。因此，价值工程要兼顾用户利益、社会利益和企业利益，从事产品的开发与改进。

（2）以功能分析为核心。功能分析是以功能为对象，分析产品的功能是否适合用户的要求以及适合的程度，如何用较少的人力、物力资源实现产品的功能。

（3）活动领域侧重在设计和设计阶段。据不完全统计，产品成本的70%～80%是由研制阶段决定的，所以，侧重在设计和设计阶段开发工作，是价值工程的一项特征。

（4）依靠集体智慧进行，技术与经济相结合。价值工程涉及产品设计、制造、销售、使用和财务会计等各方面，因此需要加强各方面的配合，有组织地开展这一活动。

研讨与思考：价值工程的目的是什么？价值与功能和成本的关系如何？

二、价值工程的工作程序和方法

（一）价值工程的工作程序

价值工程已发展成为一门比较完善的管理技术，在实践中已形成了一套科学的实施程序，价值工程的工作程序有八步：

1. 选定价值工程的对象

一般来说，价值工程的对象是要考虑社会生产经营的需要，以及对象本身被提高的潜力。选择对象，就是在全部产品中确定以哪种产品作为开展 VE 的对象，再进一步确定在产品中哪些零部件作为重点对象。由于价值分析的目的是提高产品或作业的价值，因此应选择价值低的零部件作为分析对象，据此可以确定选择的两项原则：一是成本高，功能改进潜力大，而且市场需求量大的产品；二是在生产经营上迫切需要改进的产品。

常用的选择方法有 ABC 分类法、百分比法、用户评分法。

2. 收集对象的相关信息情报

相关信息包括情报、销售市场、科技进步状况、经济分析以及本企业的实际资源能力等。收集的信息情报的准确及时全面程度，往往在很大程度上决定了价值分析中是否能够确定的方案与实施的成果。

3. 价值工程的核心阶段——功能分析

功能分析是价值工程活动的核心和基本内容，价值工程就是围绕着对产品和劳务进行功能分析而不断深入展开的，它决定价值工程的有效程度。功能分析的目的是合理确定 VE 活动对象的必备功能，消除多余的、不必要的功能，加强不足功能，消减过剩功能。功能分析包括进行功能定义、功能整理、功能评价三个阶段。

4. 提出改进方案

经过分析和评价，分析人员可以提出多种方案，从中选出最优方案加以实施。

5. 分析和评价方案

6. 制订具体的实施计划

7. 实施方案

8. 对实施的成果进行评价

成果的评价一般以实施的经济效益、社会效益为主。

接下来具体介绍价值工程的核心阶段——功能分析。

（二）功能分析过程和方法

功能分析的过程包括功能定义、功能整理和功能评价三个阶段。

第一，功能定义。

功能就是产品和劳务的效用、任务、分工、作用、目的等。它们是存在于产品或劳务过程中的一种本质。功能定义是对价值工程对象及其组成部分的功能所作的明确表述。这一表述应能明确功能的本质，限定功能的内容。

功能定义要求简明扼要，一般采用"两词法"，即用两个词组成的词组来定义功能。常采用动词加名词的方法，动词是功能承担体发生的动作，而动作的作用对象就是作为宾语的名词。所以，动词加名词的功能定义实际上是动宾词组型功能定义。

例如，手表的功能"显示时间"，这里手表是功能承担体，"显示"是表示功能承担体（手表）发生动作的动词，"时间"则是作为动词宾语的名词。

功能承担体、功能承担体发出的动作及动作的作用对象，三者构成了主、谓、宾关系。例如车床车削工件、钢笔标记字符、电灯提供光源、空调调节温度等。

第二，功能整理。

功能定义完成后就应该加以整理，使之系统化。所谓功能整理就是按照用户对功能的要求，明确已定义的功能类别和性质及相互间的关系。功能整理回答和解决"它的功能是什么？"这样一个问题。

功能整理的方法和步骤如下：

1. 分析出产品的基本功能和辅助功能

依据用户对产品的功能要求，整理出基本功能，并把其中最基本的排出来，称之为上位功能。基本功能一般总是上位功能，它通常可以通过回答以下几个问题来判别：①取消了这个功能，产品本身是不是就没有存在的必要了？②对于功能的主要目的而言，它的作用是否必不可少？③这个功能改变之后，是否需要引起其他一连串的工艺和零部件的改变？如果回答是肯定的，这个功能就是基本功能。除了基本功能，剩下的功能就是辅助功能。

2. 明确功能的上下位和并列的关系

在一个系统中，功能的上下位关系，就是指功能之间的从属关系，上位功能是目的，下位功能是手段。例如，热水瓶的功能中"保持水温"和"减少散热"的关系就是上下位功能关系。"保持水温"是上位功能，而"减少散热"是为了能够"保持水温"，是实现"保持水温"的一种手段，是下位功能。需要指出的是，目的和手段是相对的，一个功能对它的上位功能来说是手段，对它的下位功能来说又是目的。功能的并列关系是指两个功能，谁也不从属于谁，却同用于一个上位功能的关系。例如热水瓶中为了保持水温，有三条减少散热的措施，即：①涂银以减少辐射散热。②抽真空以减少传导散热。③瓶盖（木塞）以减少对流散热。很显然，这三个功能相对于"保持水温"来讲属于下位功能，而这三个功能之间就属于并列关系。

3. 排列功能系统图

在弄清功能之间的关系以后，就可以着手排列功能系统图。所谓功能系统图就是产品应有的功能结构图。如图 9 - 3 所示是一个酒店预订系统的功能结构图。

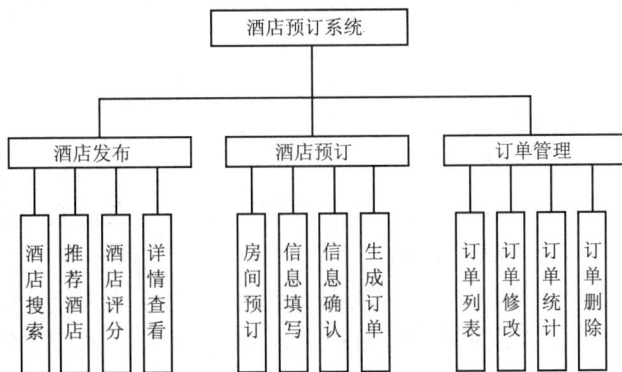

图 9 - 3　酒店预订系统功能结构图

第三，功能评价。

功能定义和功能整理后，能够准确地掌握用户的功能要求，剔除了一些不必要的功能，在这两阶段，仅仅解决了功能的定性问题，这是不够的。还需要根据功能系统图，对各功能进行定量评价，以确定提高价值的重点改进对象。

1. 功能评价的概念

功能评价是在功能分析的基础上，应用一定的科学方法，进一步求出实现某种功能的最低成本（或称目标成本），并以此作为评价的基准。某功能的最低成本（或目标成本）即称功能评价值，通过与实现该功能的现实成本（或称目前成本）相比较，求得两者的比值即为功能价值。现实成本与目标成本的差值即为成本降低幅度，或称为成本改善期望值。

其计算公式为：

$$V = \frac{F}{C}$$

式中，F 为功能评价值（目标成本）；C 为功能现实成本（目前成本）；V 为功能价值（价值系数）；功能改善期望值 $= C - F$。

此时，功能评价值 F，常被作为功能成本降低的奋斗目标，亦称标准成本。

功能评价的基本程序：

（1）计算功能成本的现实成本（目前成本）。

（2）确定功能的评价值（目标成本）。

（3）计算功能的价值（价值系数）。

（4）计算成本改善期望值。

（5）选择价值系数低、成本改善期望值大的功能或功能区域作为重点改进对象。

2. 计算功能现实成本

成本历来是以产品或零部件为对象进行计算的。而功能现实成本的计算则与此不同，它是以功能为对象进行计算的，在产品中，零部件与功能之间常呈现一种相互交叉的复杂情况，即一个零部件往往具有几种功能，而一种功能往往通过多个零部件才能实现。因此，计算功能的现实成本，就是采用适当方法将零部件成本转移分配到功能中去。具体有以下几种情况：

（1）当一个零部件只实现一项功能，且这项功能只由这个零部件实现时，零部件的成本就是功能的现实成本。

（2）当一项功能由多个零部件实现，且这多个零部件只实现这项功能时，这多个零部件的成本之和就是该功能的现实成本。

（3）当一个零部件实现多项功能，且这多项功能只由这个零部件实现时，则该零部件实现各功能所起作用的比重将成本分配到各项功能上去，即为各功能的现实成本。

（4）更多的情况是多个零部件交叉实现了多项功能，且这多项功能只能由这多个零部件的交叉才能实现。此时，计算各功能的现实成本，可通过填表进行。首先将各零部件成本按该零部件对实现各功能所起作用的比重分配到各项功能上去，然后将各项功能从有关零部件分配到的成本相加，便可得出各功能的现实成本。

当然，零部件对实现功能所起作用的比重，可以请几位有经验的人员集体研究确定，或者采用评分方法确定。

［例9-1］：某产品具有 $F_1 \sim F_5$ 共五项功能，由四种零部件实现，功能现实成本计算如表9-1所示。

在表9-1中，A 零部件对实现 F_2、F_4 两项功能所起的作用分别为 66.6% 和 33.4%，故功能 F_2 分配成本为 $66.6\% \times 150 = 100$（元），F_4 分配成本为 $33.4\% \times 150 = 50$（元）。按此方法将所有的零部件成本分配到有关功能中去，再按照功能进行相加，即可以得出 $F_1 \sim F_5$，五种功能的现实成本 $C_{01} \sim C_{05}$。

3. 确定功能的评价值或目标成本（F）

功能评价值，是依据功能系统图上的功能概念，预测出对应于功能的成本。它不是一般概念的成本计算，而是把用户需求的功能换算为金额，其中成本最低的即是功能评价值。

表9-1　功能现实成本计算

零部件			功能									
			F_1		F_2		F_3		F_4		F_5	
序号	名称	成本/元	成本/元	比重/%	成本/元	比重/%	成本/元	比重/%	成本/元	比重/%	成本/元	比重/%
1	A	150			100	66.7			50	33.4		
2	B	250	50	20			150	60			50	20
3	C	500	250	50	50	10			200	40		
4	D	100					100	100				
合计		C_0	C_{01}		C_{02}		C_{03}		C_{04}		C_{05}	
		1000	300		150		250		250		50	

下面以功能重要程度评价法为例来说明其确定方法。首先将产品功能划分为几个功能区域，并根据功能区的重要程度和复杂程度，确定各个功能区的功能重要性系数，然后将产品

的目标成本按功能重要性系数分配给各功能区作为该功能区的目标成本，即功能评价值。

第一步，确定功能重要性系数，以多比例评分法为例来说明。常用的有 0～4 评分法和 1～9 评分法，下面介绍 0～4 评分法。

0～4 评分法分为四种情况，a. 非常重要的（或实现难度非常大的）功能得 4 分，很不重要的（或实现难度很小的）功能得 0 分；b. 比较重要（或实现难度比较大的）功能得 3 分，不太重要的（或实现难度不太大的）功能得 1 分；c. 两个功能重要程度（成实现程度）相同时各得 2 分；d. 自身对比不得分。具体如表 9－2 所示。

表 9－2　功能重要性系数计算表（0～4 评分法）

评价对象	F_1	F_2	F_3	F_4	得分	功能重要性系数
F_1	×	3	4	2	9	0.375
F_2	1	×	3	1	5	0.208
F_3	0	1	×	0	1	0.042
F_4	2	3	4	×	9	0.375
合计					24	1

第二步，确定各功能的功能评价值。见表 9－3。

在第一步求出功能重要性系数之后，可以根据新产品和老产品的不同情况，求出相应的功能评价值。

4. 计算价值系数

如表 9－3 所示，功能 F_1 的现实成本为 562 元，则 F_1 的价值系数为 459/562 = 0.817。

5. 计算成本改善期望值

表 9－3　功能评价计算表

功能①	现实成本②	功能重要性系数③	功能评价值④	价值系数④/②	成本降低期望值②－④	改善优先次序
F_1	562	0.51	459	0.817	103	2
F_2	298	0.26	236	0.792	64	3
F_3	153	0.17	153	1.00	0	
F_4	116	0.06	54	0.466	62	1
合计	1129	1.00	900	－	229	－

6. 选择改进对象

选择改进对象时，考虑的主要因素是价值系数大小和成本改善期望值的大小。

当价值系数等于或趋近于 1 时，功能现实成本等于或接近于功能目标成本，说明功能现实成本是合理的，价值最佳，无须改进，如 F_3。

当价值系数小于 1 时，表明功能现实成本大于功能评价值，说明该项功能现实成本偏高，应该作为改进对象，如 F_1、F_2、F_4。

当价值系数大于1时，表明功能现实成本小于功能评价值，说明功能现实成本偏低。其原因可能是功能不足，满足不了用户的要求。在这种情况下，应该增加成本，更好地实现用户所要求的功能。还有一种可能是功能评价值确定不准确，而以现实成本就能够可靠实现用户要求的功能，现实成本是比较先进的，此时无须再对功能区域进行改进。

在选择改进对象时，需将价值系数和成本改善期望值两个因素综合起来考虑，即选择价值系数低、成本改善期望值大的功能或功能区域作为重点改进对象。例如 F_1 和 F_2 比较，尽管 F_2 的价值系数比 F_1 低，但是成本改善期望值 F_1 明显地要大很多，因此，在选择改进对象排序时 F_1 排在 F_2 的前面。

本章小结

企业技术管理是在实现企业生产最大化目标过程中开发和实现产品技术能力的问题。技术创新指企业推出新产品、新的生产（工艺）方法，开辟新的市场，获取新的原材料或半成品供给来源或建立企业的新的组织的综合过程。技术开发指以企业为主体将基础理论研究和应用研究成果应用于生产的全过程产品、工艺、材料装备进行革新和创新，转化为现实生产力的科学技术活动。技术引进是指在国际间的技术转移活动中引进技术的一方通过贸易、合同、交流等途径，以各种不同的合作形式，引进外国的技术知识、管理知识、管理经验以及先进设备的活动。技术改造，是指在企业现有基础上，用先进的技术改造落后的技术，用先进的工艺和装备代替落后的工艺和装备，从而提高经济效益的活动。

价值工程（value engineering，VE）是一种以提高企业经济效益为目的的技术经济方法，它从分析产品或事物功能与成本之间的关系出发，力求以最少的成本实现必要的功能。价值工程中的"价值"是产品的功能与其成本的比值，可用公式表示：

$$价值（V）=功能（F）/成本（C）$$

价值工程的工作程序有八步：①选定价值工程的对象。②收集对象的相关信息情报。③功能分析。④提出改进方案。⑤分析和评价方案。⑥制订具体的实施计划。⑦实施方案。⑧对实施的成果进行评价。功能分析是价值工程活动的核心和基本内容，价值工程就是围绕着对产品和劳务进行功能分析而不断深入展开的，它决定价值工程的有效程度，包括进行功能定义、功能整理、功能评价三个阶段。

本章知识结构网络图

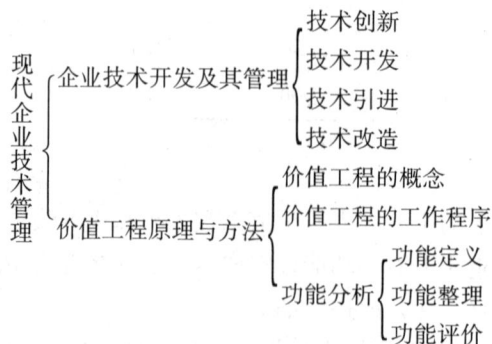

现代企业技术管理
- 企业技术开发及其管理
  - 技术创新
  - 技术开发
  - 技术引进
  - 技术改造
- 价值工程原理与方法
  - 价值工程的概念
  - 价值工程的工作程序
  - 功能分析
    - 功能定义
    - 功能整理
    - 功能评价

练习与思考题

一、单选题

1. （　　）是推出新产品、新的生产（工艺）方法，开辟新的市场，获取新的原材料或半成品供给来源或建立企业的新的组织的过程。

A. 技术创新　　　　B. 技术开发　　　　C. 技术引进　　　　D. 技术改造

2. （　　）是以企业为主体将基础理论研究和应用研究成果应用于生产的全过程产品、工艺、材料装备进行革新和创新，转化为现实生产力的科学技术活动。

A. 技术创新　　　　B. 技术开发　　　　C. 技术引进　　　　D. 技术改造

3. 采用（　　）与提高自主开发能力相结合的方式，是提高本国技术水平的最佳途径。

A. 技术创新　　　　B. 技术开发　　　　C. 技术引进　　　　D. 技术改造

4. 凡是着眼于技术资源配置，为提高现有企业生产能力、技术水平和经济效益的优化资源配置工作，都可归入（　　）的范畴。

A. 技术创新　　　　B. 技术开发　　　　C. 技术引进　　　　D. 技术改造

5. 价值工程最初于 1947 年由（　　）提出。

A. 泰勒　　　　B. 麦格雷戈　　　　C. 麦尔斯　　　　D. 德鲁克

6. 价值工程的核心工作是（　　）。

A. 功能分析　　　　B. 功能定义　　　　C. 功能整理　　　　D. 功能评价

7. （　　）是对价值工程对象及其组成部分的功能所作的明确表述。

A. 功能分析　　　　B. 功能定义　　　　C. 功能整理　　　　D. 功能评价

8. （　　）是按照用户对功能的要求，明确已定义的功能类别和性质及相互间的关系。

A. 功能分析　　　　B. 功能定义　　　　C. 功能整理　　　　D. 功能评价

二、多选题

1. 技术创新的四个要素是（　　）。

A. 机会　　　　B. 环境　　　　C. 支持系统　　　　D. 创新者

E. 生产者

2. 技术引进要考虑的条件有（　　）。

A. 技术条件　　　　B. 资金条件　　　　C. 资源条件　　　　D. 环境条件

E. 社会经济条件

3. 价值工程的特点是（　　）。

A. 以提高价值为目的　B. 以功能分析为核心　C. 侧重设计阶段　　D. 依靠集体智慧

E. 技术与经济相结合

4. 价值工程对象的选择方法有（　　）。

A. ABC 分类法　　　　B. 百分比法　　　　C. 用户评分法　　　　D. 最小成本法

5. 功能分析的过程包括（　　）阶段。

A. 功能定义　　　　B. 功能整理　　　　C. 功能评价　　　　D. 功能选择

E. 功能优化

三、名词解释

1. 技术创新　　2. 技术改造　　3. 技术引进　　4. 价值工程　　5. 功能分析

四、简答题

1. 简述技术创新的过程。

2. 简述价值工程的工作过程。

3. 功能分析包含哪些步骤？

五、案例分析题

技术创新，让 TCL 轻松领跑于同类企业

TCL 集团率先在国内生产销售互联网电视机，在全球是最同步推出互联网电视机的企业之一。2009 年互联网电视机在中国市场上共卖出了 170 万台，其中 110 万台是 TCL 的，占到 70% 的市场份额。之所以能如此轻松领跑于同类竞争企业，一个重要原因是，TCL 拥有一项领先全球的核心技术，自动升级技术。也就是说，当后台开发出一个新的功能的时候，可以通过 TCL 的网络平台，给每个电视自动增加这个新的功能。

让自己家的电视机能随时自动升级，同步拥有企业研发出来的各种最新功能，这无疑对消费者来说是一个极大的诱惑。电视机不再只是一个冷冰冰的播放器，而是能和生产企业互动的一个智能化高科技产品。正是这个颇为人性化的技术创新，让 TCL 在生产同类产品的企业中继续稳固地处于引领地位。

到目前为止，TCL 在互联网电视上的专利技术已经申请了 30 多项。2009 年，TCL 集团还率先推出全球首款商用 3D 立体液晶电视，成为第一个实现 3D 电视商业应用开发的厂商。

（案例来源：中金在线 http：//www. cnfol. com 2010 年 3 月）

分析讨论：

1. 何为技术创新，技术创新有什么作用？

2. TCL 为何能超越竞争者？

技能实训

调查企业技术创新

1. 实训目的

了解新产品与新工艺开发对企业的影响。

2. 实训内容

（1）调查了解企业技术创新的状况。调查企业新工艺与新产品开发的成果。

（2）分析企业新工艺与新产品开发成果给企业带来的影响。

3. 实训组织

（1）全班学员按 5 ~ 6 人为一单位划分小组，每组聘请一名企业的管理人员，请其介绍所在企业技术创新的基本情况。

（2）结合学到的技术创新知识，与企业的管理人员对话。

4. 实训考核

填写实训报告：

（1）介绍管理人员的基本情况。与科技与管理人员就新产品开发与工艺创新进行对话。

（2）对自己听到的内容，结合新工艺与新产品创新知识谈谈自己的认识或想法。

（3）列举管理人员所介绍企业的新工艺与新产品开发成果，并分析其市场前景及对企业可能产生的影响。

第十章 现代企业生产管理

【学习目标】

A. 知识点：

1. 了解企业生产过程的基本概念及构成、准时制及准时制生产的含义

2. 熟悉企业的生产类型及其特征

3. 熟悉生产过程的时间和空间组织及合理组织生产的基本要求

4. 了解生产计划编制方法，掌握生产能力的核定与平衡分析

5. 掌握 MRP/MRP II/ERP 在企业生产中的应用原理

B. 技能点：

1. 能运用基本原理分析企业生产组织的要点

2. 具有分析不同类型企业生产特征的能力

【引导案例】丰田高浜工厂——采用 TPS 生产叉车

丰田叉车的日本生产基地高浜工厂是运用 TPS（Toyota Production System）生产的典范之一。高浜工厂拥有三条叉车装配生产流水线，它根据全世界不同用户的需求，按用户的订单要求（包括品种、规格、数量、甚至颜色等）在生产线上同步装配完成。在车间内，只有为数不多的员工在作业，AGV 小车在有条不紊地运送货物，将车架等大型部件自动运送到生产线的装配工位，中小型零部件则由人工作业牵引车，拖着装有工件的货箱运到装配工位，工位旁流利货架上中小型零部件的货箱都是按用户订单的编码控制物流节奏，到达不同的装配工位进行装配的。装配工人按用户订单编码和流水线上叉车、流利货架上到位的零部件有节奏地完成装配工序。整个工厂没有在制品仓库，在生产工位上也没有待加工的零部件，生产过程中所用的物料及零部件全靠先进的物流系统准时化（JIT）提供，这样既排除了生产中的不必要的流程，又尽力避免了各类浪费，从而最大限度地提高了生产效率。

【分析与思考】

1. 为何丰田高浜整个工厂没有在制品仓库？

2. 准时制（JIT）是如何排除生产中的不必要流程的？

3. 丰田高浜整个工厂是怎样尽力避免各类浪费的？

本章要求学生对企业生产过程有一个基本的了解和正确的认识，初步具备编制生产作业计划，物料需求计划的能力，同时培养学生在企业生产过程组织中的逻辑思维能力。

第一节 生产过程组织

现代企业的核心价值链是制造生产过程。而如何认识和研究现代企业生产过程，有利于企业生产过程的优化，企业核心竞争能力的提高。

一、生产过程及其组成

1. 生产过程的概念

企业的生产过程是社会财富的生产过程，也是工业企业最基本的活动过程。从总体来看，其包括劳动过程和自然过程。

劳动过程是人们为社会所需要的产品而进行的有目的的活动。劳动过程是生产过程的主体，是劳动力、劳动对象和劳动工具（手段）结合的过程；也就是劳动者利用劳动手段作用于劳动对象，同时又是创造具有新价值和使用价值的物质财富的过程。自然过程是指劳动对象借助自然界的力量产生某种性质变化的过程。如铸件的自然时效、油漆的自然干燥等。

生产过程有狭义和广义之分：广义的产品生产过程是指从产品设计、选择并准备生产（生产技术准备）开始到把该产品最终制造出来为止的全部过程；狭义生产过程是指从原材料投入开始到产品制造出来为止的全部过程。

生产过程是劳动过程和自然过程的结合过程，是劳动过程和价值形成过程的结合过程。

2. 生产过程的组成

企业不同，生产过程也千差万别，但生产过程组成有共性，归纳起来可大致划分为以下几部分：

（1）基本生产过程。基本生产过程是指对构成产品实体的劳动对象直接进行工业加工的过程。如机械制造企业的铸造、机械加工和装配等，基本生产过程是企业的主要生产活动。

（2）辅助生产过程。辅助生产过程是指为保证基本生产过程的正常进行而从事的各种辅助生产活动的过程。如为基本生产提供动力、工具和维修工作等。

（3）生产技术准备过程。生产技术准备过程是企业正式生产前所进行的一系列生产技术上的准备工作过程，包括产品设计、工艺设计等。

（4）生产服务过程。生产服务过程是指为保证生产活动顺利进行而提供的各种服务性工作。如供应工作、运输工作和技术检验工作等。

生产过程上述四个组成部分既有区别，又有联系，其中基本生产过程是核心的组成部分。基本生产过程的结构按工艺特点和所使用设备不同，可划分为若干不同的生产阶段。如机械制造企业的铸造、机械加工和装配等生产阶段。而每个生产阶段又可按劳动分工和使用的设备、工具划分为不同的工序。如机械加工阶段可划分为车、铣、钻、磨、刨等工序。基本生产过程便是由许多相互联系的工序构成的。工序是组成基本生产过程的基本单位。工序是指一个工人或一组工人在同一工作地上对同一劳动对象进行连续加工的生产环节。

工序的种类。基本生产过程的工序，按其作用不同，划分为工艺工序、检验工序、运输工序。工艺工序是使劳动对象发生物理或化学变化的工序。检验工序是对原材料、半成品和成品的质量进行检验的工序。运输工序是在工艺工序之间、工艺工序同检验工序之间运送原材料、半成品和成品的工序。

二、合理组织企业生产过程的基本要求

企业生产与企业生产过程的组织紧切相关。如果生产组织水平低，达不到生产要求，即

使生产条件、设备条件再好，也不可能顺利完成生产过程，更谈不上取得较高的经济效益。因此只有合理组织生产过程，才有可能使生产过程处于最佳的状态。

合理组织生产过程的目标是：

（1）提供畅通无阻的物料流转，以保证生产过程的顺利、高效地进行。

（2）减少物料搬运的数量、频率和距离，减小搬运费用，降低成本。

（3）防止物料损坏、丢失，防止人身设备事故。

通过合理组织生产，使产品在生产过程中尽可能行程短、时间省、耗费小、效益高。为此，生产过程组织必须实现以下基本要求：

1. 生产过程的连续性

这指产品在生产过程的各个阶段、各个工序，在时间上紧密衔接、连续进行，不发生或很少发生中断现象。为提高其连续性，首先应合理布局企业的各生产单位，使物料流程合理；其次应组织好生产的各个环节，包括投料、搬运、准备工具、机器维修等，使物料不发生停歇。因此，要求物料能最快、最省地走完各个工序，直至产品形成。

2. 生产过程的平行性

生产过程的平行性，指平行交叉作业。一个企业通常生产多种产品，每种产品又需要多种原材料和零部件。在组织生产时，将各种原材料、零部件分配到各个车间的各个工序上进行生产，而有些工序是可以同时进行的。因此，要求各个生产支流交叉作业，这样可大大缩短产品的生产周期。

3. 生产过程的节奏性、均衡性

生产过程的节奏性、均衡性指生产过程的各工艺阶段、各个工序在相同的时间间隔内，产品产量大致相等或均匀递增，使每个工作地的负荷保持均匀，避免前紧后松现象，保证生产正常进行。尽量减少有时紧有时松、突击加班的现象。

【小资料】以多品种、小批量混流生产为特性的均衡化生产具有一个重要的优点，这就是各工序无须改变其生产批量，只需用看板逐渐地调整取料的频率或生产的频率，就能顺利地适应市场需求的变化。生产工序的合理设计和生产设备的合理布置是实现小批量频繁运输和单件生产、单件传送的一个重要基础。

4. 生产过程的协调性、比例性

生产过程的比例性、协调性，指生产过程各个工艺阶段、各工序之间，在生产能力上和产品劳动量上保持必要的比例关系，以适应产品制造过程中的生产要求。生产过程的比例关系表现在各生产环节的人工数、设备数、开启台班数、车间面积及生产速率等因素之间相互协调和适应。它是生产顺利进行的重要条件。

5. 生产过程的柔性、适应性

它是指加工制造过程的灵活性（弹性）、可变性、可调节性。即在短时间内以最少的资源消耗从一种产品的生产转换为另一种产品的生产，要求生产过程具有较强的应变及适应能力，从而适应市场的多样化、个性化的需求。

6. 生产过程的准时性

它是指生产过程的各阶段、各工序都应按后续阶段和工序的需要生产，即在需要的时候，按需要的数量生产所需要的产品或零部件。

研讨与思考：企业应如何组织生产，使产品在生产过程中尽可能行程短、时间省、耗费小、效益高？

三、企业生产类型

生产类型是影响生产过程组织的主要因素，也是设计企业生产系统首先要确定的重要问题。企业由于产品品种、数量及所使用的设备、工艺方法等因素的不同而各具特点。不同特点的企业对工艺、生产组织与计划工作等方面有不同的要求。因此，有必要按照一定的标准，划分为不同的生产类型，进而找出各种类型企业的特点及规律，以便选择适宜的生产组织形式，合理地组织生产过程及确定计划方法与工艺方法。不同的生产类型，对于生产过程的组织会带来不同的影响与效果。

1. 按生产性质划分可将生产分为物质型生产和服务型生产两大类

物质型生产的生产过程是通过将生产要素输入，经物理、化学变化为有形物品输出的过程。如机械、化工、纺织、煤炭等多种加工形式。

劳动服务型生产的产出不是物质产品，而是无形的产品"服务"。按照与顾客直接接触的程度，可以将服务业划分为：①纯服务业。指哪些与顾客直接打交道或直接交往的服务作业，如医院门诊、旅馆客房服务。②准制造业。指不与顾客直接打交道，而是从事业务和信息处理的服务作业，如会计实务处理、库存管理。③混合型服务业。即性质和内容介于纯服务作业和准制造作业之间的各种服务作业，如银行出纳。

2. 按生产工艺特性可将生产分为加工装配型生产和流程型生产两大类

加工装配型生产是将产品结构中的各种零部件，由工人借助机械手段将它们组合起来，装配成产品的生产过程。产品是由离散的零部件装配而成的，物料的运动呈离散状态。其生产特点是工艺过程的离散性，如机械设备、汽车、家用电器、手表、家具等的生产。这种生产形式的工艺过程多工序、比较复杂，工艺过程之间既是分割的，又是紧密联系的，生产的计划、组织、控制具有一定难度。

流程型生产是指把一种或数种原材料投入生产后，经过一系列设备装置，进行化学或物理处理过程，最后制成工艺产品，如石油化工、钢铁工业皆属这种方式。

3. 按产品或服务的专业化程度分类

该分类方法根据产品在工作地生产的重复程度，将生产过程分为：单件、大量、成批及大规模定制生产四种类型。

单件生产是指车间及各生产环节在一定时期内很少重复制造同种产品的生产类型。生产品种多，但每一品种仅生产一件或几件，生产的重复度低。如大型船舶、模具等的生产。

大量生产是指车间及各生产环节在一定时期内固定大量制造同种产品的生产类型。生产品种单一，产量大，生产重复度高。如美国福特汽车公司曾长达 19 年始终坚持生产 T 型车一个车种，是大量生产的一个典型。

成批生产是指车间及各生产环节在一定时期内重复制造多种产品的生产类型。介于上述两者之间。即品种不单一，每种都有一定批量，生产有一定的重复性。通常划分为大批生产、中批生产、小批生产。

大规模定制生产指生产品种单一或多品种，产量大，生产重复度高，是产需双方以合同等契约形式订立的。

四种生产类型的特点如表 10 - 1 所示。

表 10 - 1 四种生产类型的特点

生产类型特点	单件小批生产	大量流水生产	成批生产	大规模定制生产
产品品种	单一或很少	很多	较多	单一或很多
产品产量	单个或很少	很大	较大	很大
采用设备与工装	通用	专用	专用与通用兼有	专用
设备布置	工艺专业化	对象专业化	对象、工艺专业化	对象专业化
对工人技术水平的要求	较高	较低	一般	较高
生产周期	长	短	较长	短
劳动生产率	低	高	较高	高
单位产量成本	高	低	较高	低
计划管理工作	复杂多变	较简单	较复杂	简单
控制管理工作	复杂	简单	较简单	简单
适应性	强	差	较差	差

4. 按组织生产的特点划分可将生产分为备货型生产和订货型生产两大类

备货型生产是指在没有接到用户的订单时，按已有的产品标准系列进行生产，生产的目的是为了补充成品库存，通过成品库存来满足随时发生的用户需求。一般来说企业应在市场调查、预测的基础上，根据企业生产能力有计划地安排生产，采取"有库存而待售"的存货生产方式。如日用百货、家用电器生产多属于这种生产类型。

订货型生产是指通过签订合同，按订单规定的品种规格、质量要求、交货期、售价等要求组织生产。这种方式具有随机性和不稳定性，属于无存货生产。采取这种方式虽然在品种规格方面有一定的范围，但还要针对用户的具体要求进行设计和组织生产，对企业的生产技术和管理水平有较高的要求。如船舶、大型水轮发电机等属于这种类型。

四、企业生产过程的组织要素

企业从物料投入到产品产出的生产过程，通常包括生产工艺过程、搬运过程、运输过程、检验过程、包装过程、等待停歇过程等。为了提高生产效率，企业可从空间、时间、人员三个要素来组织产品生产。

1. 生产的空间组织要素

生产的空间组织是相对于企业生产区域而言，目标是如何缩短物料在工艺流程中的移动距离。一般有四种专业化组织形式，即对象专业化、工艺专业化、成组技术及定位形式。

（1）按对象专业化形式组织生产。对象专业化形式又称对象原则。它是按照加工产品为主设置生产单位。在一个生产单位中，要集中生产一个产品或一类产品的全部加工或绝大部分加工任务。它是以加工产品、部件、零件为对象的组织生产单位的一种专业化形式。

优点：减少运输次数，缩短运输路线，每种产品的加工路径最短；协作关系简单，从而简化了生产管理；在制品少，生产周期短。

缺点：对品种的变化适应能力差；生产系统的可靠性较低；工艺及设备管理较困难。

适用条件：适宜于企业在专业方向已经确定，产品品种比较稳定，生产类型属于大量、大批生产，设备比较齐全配套的情况下采用。

（2）按工艺专业化形式组织生产。工艺专业化形式又称工艺原则。它是指按照生产与作业过程的工艺特点来布置生产单位。在工艺专业化的生产单位内，布置了大致箱体类型的设备，配备了工种大体相同的工人、进行着基本相同工艺的加工。

优点：产品加工顺序有弹性，对产品品种的变化适应能力强；生产系统的专业化程度高；工艺及设备管理较方便；有利于工人学习提高。

缺点：物料在加工过程中搬运次数多、流经路线长、流动速度慢，不便于小批量运输；协作关系复杂、难以协调；使用的是通用设备，生产效率较低；在制品多、用人多。

适用条件：适宜于企业在专业方向未确定，生产专业化程度低，产品品种不稳定，生产类型属于单件小批生产的情况下采用。

（3）按成组技术（单元式）形式组织生产。成组技术形式是将上述两种相结合的一种形式。即将不同的机器组成加工中心（工作单元）来对形状和工艺相似的零件进行加工。在一个企业（车间）中，有按加工对象布置的车间（班组），也有按加工工艺布置的车间（班组）。其布局一般以产品专业化形式为主，而对特殊的车间可采用加工工艺形式。

【小资料】丰田公司改变了传统的设备布置方式，即按零件的加工工艺要求，把功能不同的机器设备集中布置在一起组成一个一个小的加工单元。显然，合理布置设备，特别是 U 型单元连结而成的"组合 U 型生产线"，可以大大简化运输作业，使得单位时间内零件制品运输次数增加，但运输费用并不增加或增加很少，为小批量频繁运输和单件生产、单件传送提供了基础。

研讨与思考：公司在任何条件下采用 U 型单元式布置方式都能提高效率吗？

优点：可以大大地简化零件的加工流程，即简化物流路线，加快物流速度，减少工序之间不必要的在制品储量。

缺点：企业（车间）设备的布置比较乱。

适用条件：适宜于企业在生产多种系列产品，产品品种有一定调整变化的批量生产的情况下采用。

（4）按定位形式组织生产。定位形式是指产品由于体积或重量庞大而停留在一个固定的地方，生产设备移动到要加工的产品处，而不是产品移动到设备处。

优点：物流量相对小，可灵活操作、调用设备。

缺点：加工过程中设备移动频繁，设备管理较难。

适用条件：适宜于产品庞大的企业，或需利用的资源是不可移动的。在产品品种不稳定，生产类型属于单件生产的情况下采用。如建筑工地、造船厂、电影外景制片场。

生产的空间组织应从企业的全局出发，在编制产品生产工艺流程时，充分考虑到产品的可加工性和企业内部设备等的工艺布局，将相关技术应用于企业的生产工艺流程中。

2. 生产的时间组织要素

生产的时间组织是指一批物料在生产过程中各生产单位、各道工序之间在时间上的衔接和结合方式。合理组织生产物流，不仅可以加快物料流程的速度，减少物料的等待，缩短物料流转的距离，而且可以缩短生产周期。

通常情况下，一批物料在生产加工中可以采用三种典型的移动方式，即顺序移动、平行移动、平行顺序移动。

（1）顺序移动方式。顺序移动方式是指一批物料在上道工序全部加工完毕后才整批地转移到下道工序继续加工。

采用顺序移动方式，一批物料的加工周期为：

$$T_{顺} = n \sum_{i=1}^{m} t_i$$

式中，$T_{顺}$ 为顺序移动方式下一批物料的生产周期；n 为物料批量；m 为物料的工序数；T_i 为每道工序的单件时间。

优点：设备不停顿，工效高；物料加工连续，无等待时间，便于组织生产。

缺点：生产周期较长。

适用条件：适宜于工序的单件加工时间短、产品生产批量不大的情况。

（2）平行移动方式。平行移动方式是指一批物料在前道工序加工完毕之后，立即移送到后道工序继续加工，产品在各道工序上呈平行作业状态，多道工序间总体形成前后交叉作业。

采用平行移动方式，一批物料的加工周期为：

$$T_{平} = n \sum_{i=1}^{m} t_i + (n-1)t_L$$

式中，$T_{平}$ 为平行移动方式下一批物料的生产周期；n 为物料批量；m 为物料的工序数；t_L 为物料中最长的单工序时间。

优点：无物料成批等待现象；整批物料的生产周期最短。

缺点：当各道工序加工时间分配相等时，各工作地可能连续、满负荷进行生产。而当物料在各道工序间时间分配不相等时，则出现设备与人员的停歇现象；物料移动频繁，厂区（车间）间的重复搬运将加大物流工作量。

适用条件：适宜于流水生产。

（3）平行顺序移动方式。平行顺序移动方式是指每批物料在每一道工序上连续加工没有停顿，并且物料在各道工序的加工尽可能做到平行进行。既考虑了相邻工序间加工时间尽量重合，又保持了该批物料在工序上的顺序加工。

采用平行顺序移动方式，一批物料的加工周期为：

$$T_{平顺} = n \sum_{i=1}^{m} t_i - (n-1) \sum_{j=1}^{m-1} \min(t_j, t_{j+1})$$

式中，$T_{平顺}$ 为平行顺序移动方式下一批物料的生产周期；n 为物料批量；m 为物料的工序数；t_i 为每道工序的单件时间。t_j 和 t_j+1 代表相邻的两个工序。

优点：提高了工时与设备的利用率，生产周期介于前两者之间。

缺点：组织管理作业复杂，要求高。

适用条件：适宜于工序的单件加工时间不协调的情况。

3. 生产的人员组织要素

生产的人员组织主要体现在岗位设计与人员的需求方面。要实现生产在空间、时间两方面的组织形式，必须对生产岗位进行合理设计，以保证生产的通畅与优化。

根据人力资源管理理论，倡导岗位设计应该将生产技术因素与人的行为、心理因素相结合进行考虑。

（1）岗位设计原则。根据生产的特点，岗位设计的基本原则应是"因物料流设岗"，而不是"因组织、因人、因设备设岗位"，所以应从以下几方面考虑：

①岗位设置数量是否符合最短物流路径原则？（目标是以尽可能少的岗位设置获得、完成尽可能多的工作任务）

②岗位之间是否实现了各工序之间的有效衔接与配合？（目标是保证生产总目标、总任务的实现）

③设置的每一个岗位是否在生产过程中发挥了积极的作用？（目标是岗位之间做到协调统一）

④生产过程中的每一岗位是否体现了科学、合理、经济的系统原则？（目标是使物流得到优化）

（2）岗位设计内容。根据人的行为、心理特征，岗位设计还应符合员工个人的工作动机需要。可从以下三方面入手：

①工作满负荷。目的在于制定合理的生产定额标准，从而确定岗位数目和人员需求数量。

②合理安排工作任务。目的在于丰富工作内容，使岗位工作范围及责任增加，改变员工对工作的单调感和乏味感，获得身心成熟发展，从而有利于提高生产效率，促进岗位工作任务的完成。可以从横向和纵向两条途径扩大工作范围。

横向途径：将分工很细的作业单位合并，由一个人负责一道工序改为几个人轮流或共同负责几道工序的操作；尽量使员工进行不同工序、设备的操作，即多项操作代替单项操作；采取责任制，由一个人或一个小组负责一项完整的工作，使其看到工作的意义。

纵向途径：生产人员可承担一部分管理人员的职能，如参与生产计划、生产目标、作业程序、操作方法、检验衡量工作质量和数量的制定与调整。不但承担一部分生产任务，而且还可参与产品试验、工艺设计、生产管理等技术工作。

③优化生产环境。目的在于改善生产环境中的各种不利于提高生产效率的因素，建立"人—机—环境"的优化系统。

（3）岗位设计要求。岗位设计体现在生产的四种空间组织形式上，对人员又有不同的要求。

①对按产品专业化形式组织生产，要求员工在工作中具有较强的工作流程协调能力，能自主平衡各工序之间的"瓶颈"，保证生产的均衡性、比例性、实时性要求。

②对按加工工艺专业化形式组织生产，要求员工不仅专业化水平高，而且具有较多的技能与技艺，即一专多能，一人可满足多个岗位要求。

③对按成组技术形式组织生产，要求向员工授权，即从管理和技术两个方面来保证给每位员工都配备适当的技术资料和工具，落实工作职责与权利，改变不利于合理化的工作习惯与动作。

④对按定位形式组织生产，要求员工专业化水平很高，操作熟练，服从统一调配，保证工作流程的连续性。

第二节　生产计划与生产作业控制

一、生产计划

编制生产计划，对于实现企业经营目标，编制企业内部其他各项专业计划，进行各方面平衡工作，统一指挥和组织企业生产活动，提高企业经济效益，保证国民经济的协调发展，满足社会需要都具有重要的现实意义。因此，编好生产计划是企业管理的一项重要工作。

1. 生产计划的概念

生产计划又称生产大纲，它是根据销售计划所确定的销售量，在充分利用生产能力和综合平衡的基础上，对企业所生产的产品品种、数量、质量和生产进度等方面所作的统筹安排，是企业生产管理的依据。

为了保证能按计划规定的时间和数量出产各种产品，要研究物料在生产过程中的运动规律，以及在各工艺阶段的生产周期，以此来安排经过各工艺阶段的时间和数量，并使系统内各生产环节的在制品的结构、数量和时间相协调。总之，通过生产计划中的物流平衡以及计划执行过程中的调度、统计工作，来保证计划的完成。

2. 生产计划的指标体系

企业生产计划的内容是通过一系列指标来反映的。主要有品种、产量、质量和产值指标。

（1）品种指标是指企业在计划期内出产的产品品名、型号、规格和种类数，它涉及"生产什么"的决策。确定企业品种指标是编制生产计划的首要问题，关系企业的生存和发展。

（2）产量指标是指企业在计划期内出产合格产品的数量，它涉及"生产多少"的决策，关系企业获得利润的多少。产量可以用台、件、吨等表示。对于品种规格很多的系列产品，可以用主要技术参数计量，如拖拉机用马力、电动机用瓦等。

（3）质量指标是指企业计划期内产品应达到的水平，常采用统计指标来衡量，如一等品率、合格品率、废品率、返修率等。

（4）产值指标是指用价值量表示的产量指标，能综合反映企业生产经营活动的成果，以便不同行业比较。根据具体内容与作业不同，分为商品产值、总产值与净产值三种。

①商品产值是企业在计划期内出产的可供销售的产品价值。商品产值反映计划期内企业可以获得的货币收入。只有完成商品产值指标，才能保证流动资金正常周转。它是保证完成财务指标和利润计划的基础。

②总产值是指企业计划期内完成的以货币计算的生产总量。总产值指标一般按不变价格和现行价格两种价格计算，常用它反映发展规模、发展速度，以便计算劳动生产率等。

③净产值是企业在计划期内通过生产活动新创造的价值。它反映企业计划期内为社会提供的国民收入。净产值指标算法有两种：生产法和分配法。按生产法：净产值＝总产值－所有转入产品的物化劳动价值；分配法：净产值＝工资总额＋福利基金＋税金＋利润＋属于国民收入初次分配的其他支出。

二、编制生产作业计划

生产作业计划是生产计划的具体执行计划。它是将企业全年的生产任务具体地分配到各车间、工段、班组以至每个工作地和工人，规定他们在月、旬、周、日以至台班和小时内的具体生产任务，从而保证按品种、质量、数量、期限和成本完成企业的生产任务。

生产作业计划是生产计划的核心。即企业根据计划期内规定的出产产品的品种、数量、期限，以及客观实际，具体安排产品及其零部件在各工艺阶段的生产进度。与此同时，为企业内部各生产环节安排短期的生产任务，协调前后衔接关系。

1. 生产作业计划的期量标准

生产作业计划的期量标准是对生产作业计划中的生产期限和生产数量，经过科学分析和计算而规定产品的投入和出产时间。它对实现生产过程各个环节紧密衔接，充分利用企业资源，缩短生产周期，提高企业经济效益具有重要意义。

企业生产类型和生产组织形式不同，期量标准也不相同；大量流水生产的期量标准有节拍、流水线作业指示图表、在制品定额等；成批生产期量标准有批量、生产间隔期、生产周期、生产提前期、在制品定额等；单件生产的期量标准有生产周期、生产提前期等。这里着重介绍批量和生产间隔期、生产周期和生产提前期、在制品定额的制定。

（1）批量和生产间隔期。批量是指同种产品一次投入或产出的数量。生产间隔期是指前后两批产品投入或产出的间隔时间。两者的关系可以用下列公式来表示：

$$批量 ＝ 生产间隔期 \times 平均日产量$$

在生产任务已定的情况下，批量和生产间隔期成正比。确定批量的方法有：

①经济批量法。经济批量是设备调整费和库存保管费用最省的批量。批量大小对设备调整费和库存保管费用具有很大影响。批量大，设备调整次数少，分摊到每个产品的调整费用也就少，但库存保管费用相应增加；批量小，设备调整的次数多，分摊到每个产品的调整费用也就大，但保管费用相应少。

②以期定量法。以期定量法是先确定生产间隔期，然后再确定相应的批量。其优点是当产量变动时，只有调整批量，不必调整生产间隔期，管理较方便。

（2）生产周期和生产提前期。生产周期是产品从原材料投入到产品产出为止的全部时间。确定生产周期的步骤是：首先确定产品在各个工艺阶段上的生产周期，然后再确定产品的生产周期。如机械产品的生产周期，包括毛坯、机加工和装配等各个工艺阶段的生产周期，以及各工艺阶段的保险期。生产提前期是指产品（零件）在各生产环节出产（或投入）的时间与出产成品的时间相比所提前的时间。提前期分为投入提前期和出产提前期。

在前后车间生产批量与生产间隔期相同的情况下：

车间投入提前期＝本车间出产提前期＋本车间生产周期

车间出产提前期＝后车间投入提前期＋保险期

在前后车间生产批量与生产间隔期不同，按规定前车间生产批量与生产间隔期应大于后车间并为倍数关系，也就是说前车间出产一批就可供后车间几批之用。在此情况下：

车间投入提前期＝本车间出产提前期＋本车间生产周期

车间出产提前期＝后车间投入提前期＋保险期＋（本车间生产间隔期－后车间生产间隔期）

（3）在制品定额。在制品定额是指在一定的生产技术组织条件下，为了保证生产的正常进行，生产过程各个环节所需占用的最低限度的在制品数量。

由于企业生产类型不同，常用的在制品定额也不一样。在大量流水生产的条件下在制品定额按其性质和作用有四种不同的形态，分别是工艺在制品、流动在制品、运输在制品和保险在制品。在定期轮番成批生产的条件下，在制品定额有车间内部的在制品定额和车间之间库存半成品定额两种。

2. 生产作业计划的编制方法

生产作业计划的编制，一般是将企业年、季生产任务逐级分配到车间、工段和班组，编制车间内部生产作业计划。车间生产任务的安排，首先要考虑各车间的组织形式。如果车间是对象专业化形式，则各车间的生产任务是独立完成的，这时只需要按车间分工和生产能力负荷情况，将企业生产计划任务直接分配给各个车间。如果车间是工艺专业化形式，则各个车间的关系是依次提供半成品关系，需从企业成品出产任务出发，按工艺过程的反顺序，逐个地决定各个车间的生产任务，并根据企业生产类型，采用不同的方法。

（1）在制品定额法。这种方法适用于生产稳定的大量大批流水生产企业。在这类企业中各车间的联系主要体现在制品提供上。只要按照使在制品数量保持在定额水平的要求来规定各车间投入和出产任务，就可保证生产过程协调顺利进行。

（2）累计编号法。这种方法适用于成品生产企业。其基本原理就是只解决车间之间在生产期限上，即时间上的联系。

（3）生产周期法。这种方法是利用生产周期标准和合同交货期限，来规定产品在各个车间每月投入出产任务的方法。此方法适用于单件小批量生产。

（4）订货点法。订货点法是按仓库储存量定额来安排生产和投入时间的一种方法。当仓库库存量降低到规定订货点时，即向生产部门提出订货并立即组织生产，待加工完成入库时，正好保证需要。它适用于需求较大，但比较便宜，占用资金少，一次可生产一大批，供较长时期内使用的产品。

三、生产能力的核定与平衡

1. 生产能力的概念

企业生产能力水平是反映企业生产可能性的一项重要指标。所谓生产能力一般是指一定时期内直接参与生产过程的固定资产（机器设备、厂房和其他生产性建筑物），经过综合平衡，在一定的组织技术条件下，可能生产一定种类和一定质量产品的最高数量，或者可能加工处理一定原材料的最大数量。

企业的生产能力一般有设计能力、查定能力、实际能力三种。设计能力是企业设计任务书和技术文件中所规定的生产能力。查定能力是企业没有设计能力，或因企业的产品方向和组织技术条件发生重大变化，原设计能力已不能反映实际情况时，重新调查核定的生产能力。实际能力又称计划能力，是企业在计划年度实际可以达到的生产能力。在确定企业生产规模，编制企业长远发展规划，安排基本建设计划，以及进行技术改造时，应以设计能力和查定能力为依据。企业编制年度生产计划，确定生产指标时，则以企业的实际生产能力为依据。

决定企业生产能力的基本因素有以下三个方面：

（1）生产中的固定资产数量，通常指机器设备和生产面积。

（2）固定资产的工作时间，是指它的有效工作时间。计算公式如下：

单台设备的年有效工作时间 = （日历日数 – 节假日数）× 班次 × 每班工作小时数 × （1 – 设备停修率）

（3）固定资产生产效率，是指单位设备（单位面积）的产量定额或制造单位产品的台时定额。

2. 生产能力的核定

在核定企业的生产能力的过程中，必须从最基层开始，先计算相同的、相互可以替代的设备组的能力，再计算工段、车间的能力，最后确定企业的生产能力。

（1）单一品种生产条件下，设备组生产能力的核定。设备组生产能力的核算可按如下公式计算：

①机器设备生产能力的计算：

$$M = F \times S / t \text{ 或 } M = F \times S \times P$$

其中，M 为某设备组生产能力；F 为计划期单位设备的有效工作时间（小时）；S 为设备组内的设备数量；t 为制造单位产品所需设备的台时数；P 为单位设备单位时间产量定额。

②当生产能力由面积大小决定时，其计算公式为：

$$M = F \times A / a \times t$$

其中，M 为某作业组生产能力（台或件）；F 为单位作业面积的有效利用时间总额（小时）；A 为作业面积数量（平方米）；t 为制造单位产品所需时间；a 为制造单位产品所需生产面积（平方米/台或件）。

（2）多品种生产条件下，可按标准产品、代表产品核算生产能力。按标准产品核算是把不同品种、规格的同类产品换算为标准产品后，按单一品种生产条件下的方法进行计算。按代表产品核算是将结构与工艺能反映企业方向的产品作为代表产品。将其他产品用换算系数折合为代表产品后，按单一品种生产条件下的方法计算代表产品的生产能力，再根据计划产量和换算系数计算出各种产品分配的生产能力。

换算系数 = 某产品的台时定额/代表产品台时定额

[**例 10 -1**]：某厂生产 A、B、C、D 四种产品，各种产品在机械加工车间车床组的计划台时定额分别是 40、60、80 和 160 台时。车床组共有车床 12 台，两班制生产，每班工作 8 小时，设备停修率为 5%。如以 C 为代表产品，计算车床组的生产能力。

解：$M = F \times S/t$

$$= (365 - 115) \times 8 \times 2 \times (1 - 5\%) \times 12 \div 80$$

$$= 570（台）$$

为了与生产任务进行平衡，还需要将各种产品的计划产量折合成代表产品产量，将其总和与车床组生产能力比较。其换算如表 10 - 2 所示。

表 10 - 2 产品计划产量换算方法

产品名称	计划产量/台	单位产品台时定额/台时	换算系数	折合为代表产品产量/台
	(1)	(2)	(3) = (2)/80	(4) = (1) × (3)
A	100	40	0.5	50
B	200	60	0.75	150
C	250	80	1	250
D	50	160	2	100
合计				550

将折合成代表产品产量的计划产量除以车床组的生产能力，即可以求得设备的负荷系数。即：

$$设备的负荷系数 = 计划产量/设备组生产能力 = \frac{550}{570} \approx 0.96$$

设备组负荷系数小于 1，即车床组能力大于计划产量。

（3）车间生产能力的确定。各设备组的生产能力一般是不相等的，因此要进行综合平衡工作。它通常是以主要设备组的生产能力作为综合平衡的依据。所谓主要设备组是指加工劳动量比重最大的，或者贵重的而无代用设备的设备组。其他设备组要与主要设备组平衡。对薄弱的环节，应采取措施，可通过技术改造、设备投资或技术组织措施以及外购、外协的办法，及通过富余环节支援薄弱环节的办法提高其生产能力。

（4）企业生产能力的确定。企业生产能力的确定是在车间生产能力综合平衡的基础上确定的。企业生产能力综合平衡的内容主要包括两个方面：一是各基本生产车间能力的平衡；二是基本生产车间与辅助车间及生产服务部门之间的能力平衡。

平衡基本生产车间的能力时，首先要确定主要车间，以其作为平衡依据。在包括各个工艺阶段的机器制造企业中，通常以机器加工车间作为主要车间，其他车间要与之平衡。基本车间与辅助车间生产能力的平衡，一般以基本车间的生产能力为基准，核对辅助车间协调配合的能力。

四、生产作业控制

生产系统由于受系统内部和外部各种因素的影响，计划与实际之间会产生偏差，为了保证计划的完成，必须对企业生产活动进行有效的控制。

1. 生产作业控制的内容

（1）进度控制。生产控制的核心是进度控制，即物料在生产过程中的流入、流出控制，以及物流量的控制。

（2）在制品管理。在生产过程中对在制品进行静态、动态控制以及占有量的控制。在制品控制包括在制品实物控制和信息控制。有效地控制在制品，对及时完成作业计划和减少在制品积压均有重要意义。

（3）偏差的测定和处理。在进行作业过程中，按预定时间及顺序检测执行计划的结果，掌握计划量与实际量的差距，根据发生差距的原因、差距的内容及严重程度，采取不同的处理方法。首先，要预测差距的发生，事先规划好消除差距的措施，如动用库存、组织外协等；其次，为及时调整产生偏差的生产计划，要及时将差距的信息向生产计划部门反馈；再次，为了使本期计划不作或少作修改，将差距的信息向计划部门反馈，作为下期调整的依据。

2. 生产作业控制的程序

对不同类型的生产方式来说，生产控制的程序基本上是一致的。与控制的内容相适应，物料控制的程序一般包括以下几个步骤：

（1）制定期量标准。物料控制从制定期量标准开始，所制定的标准要保持先进与合理的水平，随着生产条件的变化，标准应定期和不定期地进行修订。

（2）制订计划。依据生产计划制订相应的物料计划，并保持生产系统能够正常运转。

（3）物料信息的收集、传送、处理。

（4）短期调整。为了保证生产的正常进行，及时调整偏差，保证计划顺利完成。

（5）长期调整及其有效性的评估。为了企业长远的发展及主导产品的生产调整偏差。

由此可见，制造企业生产作业控制与生产计划及生产控制系统模式有必然的联系。

第三节　MRP/MRP Ⅱ/ERP 在现代企业生产中的运用

一、MRP 在现代企业生产中的运用

所谓物料需求计划（materials requirement planning，MRP），就是要制定这样的原材料、零部件的生产与库存计划：决定外购什么、生产什么、什么物料必须在什么时候订货或开始生产、订多少、生产多少、每次的订货和生产的批量是多少，等等。

1. 基本 MRP 的原理

按需求的来源不同，企业内部的物料可分为独立需求和相关需求两种类型。独立需求是指需求量和需求时间由企业外部的需求来决定，例如，客户订购的产品、科研试制需要的样品、售后维修需要的备品备件等；相关需求是指根据物料之间的结构组成关系，由独立需求

的物料所产生的需求，例如，半成品、零部件、原材料等的需求。

2. 基本任务

①从最终产品的生产计划（MPS）导出相关物料（原材料、零部件、组件等）的需求量和需求时间（相关需求）。

②根据物料的需求时间和生产（订货）周期来确定其开始生产（订货）的时间。例如，对于一个外构件来说，如第5周最终产品的装配要用到它，其订货周期为2周，则最晚第3周应开始订货；对于一个自加工件来说，如第5周需用于装配，而其本身的生产周期为1周，则最晚应第4周开工。由此可见MRP的制定不是基于过去的统计数据，而是基于未来的需求。

3. MRP基本构成

MRP基本构成可用MRP逻辑构成流程图表示，如图10-1所示。

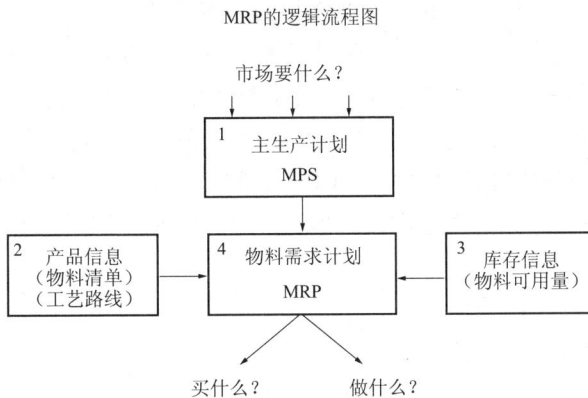

图 10 - 1　MRP 逻辑构成流程图

（1）主生产计划（master production schedule，MPS）。主生产计划是确定每一具体的最终产品在每一具体时间段内生产数量的计划。即是每一最终产品的生产计划，据此可以推算出所需的相关物料。这里的最终产品是指对于企业来说最终完成、要出厂的完工产品，它要具体到产品的品种、型号。这里的具体时间段，通常是以周为单位，在有些情况下，也可以是日、旬、月。主生产计划详细规定生产什么、什么时段应该产出，它是独立需求计划。主生产计划根据客户合同和市场预测，把经营计划或生产大纲中的产品系列具体化，使之成为展开物料需求计划的主要依据，起到了从综合计划向具体计划过渡的承上启下作用。

（2）产品结构与物料清单（bill of materials，BOM）。它说明一个最终产品是由哪些零部件、原材料所构成的，这些零部件在时间数量上的相互关系是什么。

MRP系统要正确计算出物料需求的时间和数量，特别是相关需求物料的数量和时间，首先要使系统能够知道企业所制造的产品结构和所有要使用到的物料。产品结构列出构成成品或装配件的所有部件、组件、零件等的组成、装配关系和数量要求。它是MRP产品拆零的基础。

（3）库存信息。库存信息是保存企业所有产品、零部件、在制品、原材料等存在状态的数据库。它告诉计划人员，现在库存中有哪些物料，有多少，已经准备再进多少，从而在制订新的加工、采购计划时减掉相应的数量。在MRP系统中，将产品、零部件、在制品、原材料甚至工装工具等统称为"物料"或"项目"。为便于计算机识别，必须对物料进行编码。物料编码是 MRP 系统识别物料的唯一标识。

①现有库存量：是指在企业仓库中实际存放的物料的可用库存数量。

②计划收到量（在途量）：是指根据正在执行中的采购订单或生产订单，在未来某个时段物料将要入库或将要完成的数量。

③已分配量：是指尚保存在仓库中但已被分配掉的物料数量。

④提前期：是指执行某项任务由开始到完成所消耗的时间。

⑤订购（生产）批量：在某个时段内向供应商订购或要求生产部门生产某种物料的数量。

⑥安全库存量：为了预防需求或供应方面的不可预测的波动，在仓库中应经常保持最低库存数量作为安全库存量。

根据以上的各个数值，可以计算出某项物料的净需求量：

净需求量 = 毛需求量 + 已分配量 - 计划收到量 - 现有库存量

MRP 的基本内容是编制零件的生产计划和采购计划。然而，要正确编制零件计划，首先必须落实产品的出产进度计划，用 MRP Ⅱ 的术语就是主生产计划（master production schedule，MPS），这是 MRP 展开的依据。MRP 还需要知道产品的零件结构，即物料清单（bill of material，BOM），才能把主生产计划展开成零件计划；同时，必须知道库存数量才能准确计算出零件的采购数量。

MRP 的缺陷：

①仅说明需求，没有说明可能。

②仅说明计划要求，没有说明计划的执行结果。

二、闭环 MRP

MRP 系统的正常运行，需要有一个既现实又可行的主生产计划。它除了要反映市场需求和合同订单以外，还必须满足企业的生产能力约束条件。因此，除了要编制资源需求计划外，还要制订能力需求计划（CRP），同各个工作中心的能力进行平衡。只有在采取了措施做到能力与资源均满足负荷需求时，才能开始执行计划。

而要保证计划的实现就要控制计划，执行 MRP 时要用派工单来控制加工的优先级，用采购单来控制采购的优先级。这样，基本 MRP 系统进一步发展，把能力需求计划和执行及控制计划的功能也包括进来，形成一个环形回路，闭环 MRP 则成为一个比较完整的生产计划与控制系统。

闭环 MRP 的缺陷：

①执行结果是否能为企业带来效益？

②执行结果是否符合企业总体目标？

三、MRP Ⅱ（制造资源计划）在企业生产中的运用

MRP Ⅱ 即制造资源计划，是一种生产管理的计划与控制模式。目的是合理配置企业的制造资源，包括财、物、产、供、销等因素，以使之充分发挥效能，使企业在激烈的市场竞争

中赢得优势，从而取得最佳经济效益。因其效益显著而被当成标准管理工具在当今世界制造业中普遍采用。MRP Ⅱ 实现了物流与资金流的信息集成，是 CIMS 的重要组成部分，也是企业资源计划 ERP 的核心主体，是解决企业管理问题，提高企业运作水平的有效工具。

1. MRP Ⅱ 原理

MRP Ⅱ 的基本思想是将 MRP 同所有其他与生产经营活动直接相关的工作和资源，以及财务计划连接成一个整体，实现企业管理的系统化，如图 10 - 2 所示。其实质是一个企业内部信息集成系统，即将企业的经营计划、销售计划、生产计划、主生产计划、物料需求计划和生产能力计划、现金流动计划、物料需求和生产能力需求计划的实施执行等通过计算机有机结合起来，形成一个由企业各功能子系统有机结合的一体化信息系统，使各子系统在统一的数据环境下运行。这样通过计算机模拟功能，系统输出按实物量表述的业务活动计划和以货币表述的财务报表，从而实现物流与现金流的统一。

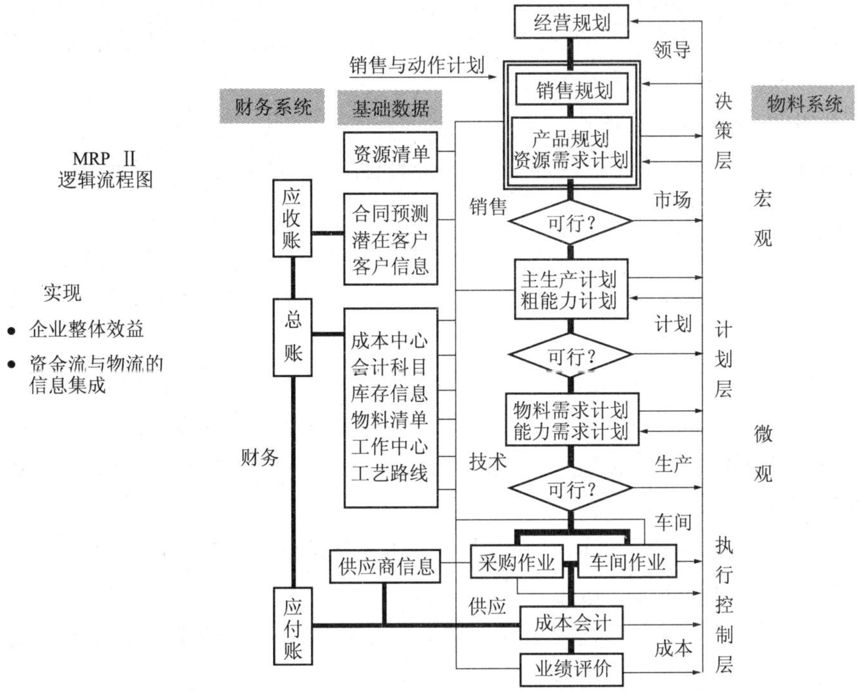

图 10 - 2　MRP Ⅱ 逻辑构成流程图

2. MRP Ⅱ 的适用性

MRP Ⅱ 对于制造业是普遍适用的。关于这一点，经常有人产生疑问。由于制造业有着众多的行业和数不清的产品，所以，产生这样的疑问是不奇怪的。要回答这个问题必须从制造业生产管理的本质规律出发。从以上的介绍可以看出，制造企业的生产管理应循环往复地回答以下 4 个问题，即：

A. 我们将要生产什么？（根据主生产计划）

B. 我们用什么来生产？（根据产品信息、物料清单）

C. 我们已经有什么？（根据库存信息、物料可用量）

D. 我们还缺什么？何时生产或订购？还应得到什么？（MRP 运算后得出的结果：建议的加工及采购计划）

这 4 个问题即分别由主生产计划、物料清单、库存记录和物料需求计划来回答，它们共同构成了一个基本方程式，称为制造业基本方程，这个方程可以用如下的概念公式来表示：

$$A \times B - C = D$$

它对所有的制造企业均是相同的，因此是一种标准逻辑。有关文献指出："这是制造企业中普遍存在的本质规律，正如地心引力，只能面对它，而不能改变它。"

MRP II 以现代计算机为工具，通过对大量的数据进行及时的处理来模拟制造企业的生产经营过程——亦即上述的制造业基本方程。由于制造业基本方程的普遍存在，MRP II 也是普遍适用的。

3. MRP II 特点

（1）MRP II 把企业中的各子系统有机地结合起来，形成一个面向整个企业的一体化的系统。其中，生产和财务两个子系统关系尤为密切。

（2）MRP II 的所有数据来源于企业的中央数据库。各子系统在统一的数据环境下工作。

（3）MRP II 具有模拟功能，能根据不同的决策方针模拟出各种未来将会发生的结果。因此，它也是企业高层领导的决策工具。

以下是 MRP II 管理模式的特点：

（1）计划的一贯性与可行性。即全厂一个计划、层层落实；全厂上下服从企业总体目标。

（2）管理系统性。即各职能部门业务联成一体；协同合作、发扬团队精神。

（3）数据共享性。即统一数据库、统一工作程序；人人自觉维护数据，使其及时、准确、完整。

（4）动态应变性。即闭环系统、响应迅速；各岗位及时输入反馈信息。

（5）模拟预见性。即无限时间跨度、防患于未然；模拟功能辅助决策。

（6）物流、资金流、信息流统一。即生产活动直接产生财务数据；通过资金流监控物流、指导生产经营活动。

MRP II 由闭环 MRP 系统发展而来，在技术上，它与闭环 MRP 并没有太多的区别。但它包括了财务管理和模拟的能力，这是本质的区别。

MRP II 是一个较完整的生产经营管理计划体系，是实现制造业企业整体效益的有效管理模式。

其存在的不足：

①是以面向企业内部业务为主的管理系统。

②不能适应市场竞争全球化、管理整个供需链的需求。

研讨与思考：制造企业的生产管理中应循环往复地回答哪些问题？有何意义？

四、ERP 在企业生产中的运用

进入 20 世纪 90 年代，随着市场竞争的进一步加剧，企业竞争空间与范围的进一步扩大，20世纪80年代MRPⅡ主要面向企业内部资源全面计划管理的思想逐步发展为怎样有效利用和管理整体资源的管理思想，ERP（enterprise resource planning）——企业资源计划也就随之产生。

ERP是在MRPⅡ的基础上扩展了管理范围，给出了新的管理体系结构。把企业的内部和外部资源有机地结合在了一起。ERP充分贯彻了供应链的管理思想，将用户的需求和企业内部的制造活动以及外部供应商的制造资源全部包括进来，体现了完全按客户需求制造的思想。

它是指建立在信息技术基础上，以系统化的管理思想，为企业决策层及员工提供决策运行手段的管理平台。ERP系统整合企业管理理念、业务流程、基础数据、人力物力、计算机硬件和软件于一身，成为现代企业的运行模式，反映时代对企业合理调配资源，最大化地创造社会财富的要求，成为企业在信息时代生存、发展的基石。

ERP是企业资源计划的英文缩写，作为新一代MRPⅡ，其概念由美国Gartner Group于1990年年初首先提出。经过短短几年时间，ERP由概念发展到应用。在制造系统市场上，ERP成了一个流行的名词。

1. 美国Gartner Group关于ERP的定义

Gartner Group是通过一系列功能标准来界定ERP系统的。Gartner Group提出的ERP功能标准包括以下四个方面。

（1）超越MRPⅡ范围的集成功能。包括质量管理、实验室管理、流程作业管理、配方管理、产品数据管理、维护管理、管制报告和仓库管理。

（2）支持混合方式的制造环境。既可支持离散型制造环境又可支持流程型制造环境；按照面向对象的业务模型重组业务过程的能力以及在国际范围内的应用。

（3）支持能动的监控能力，提高业务绩效。在整个企业内采用计划和控制方法、模拟功能、决策支持能力和图形能力。

（4）支持开放的客户机/服务器计算环境。要求客户机/服务器体系结构、图形用户界面（GUI）、计算机辅助软件工程（CASE）、面向对象技术、关系数据库、第四代语言、数据采集和外部集成（EDI）。

以上四个方面分别从软件功能范围、软件应用环境、软件功能增强和软件支持技术上对ERP作了界定。这4个方面反映了至20世纪90年代，对制造系统在功能和技术上的客观需求。

2. ERP与MRPⅡ的主要区别

（1）在资源管理范围方面的差别。MRPⅡ主要侧重对企业内部人、财、物等资源的管理，ERP系统在MRPⅡ的基础上扩展了管理范围，它把客户需求和企业内部的制造活动以及供应商的制造资源整合在一起，形成企业一个完整的供应链并对供应链上所有环节，如订单、采购、库存、计划、生产制造、质量控制、运输、分销、服务与维护、财务管理、人事管理、实验室管理、项目管理、配方管理等进行有效管理。

（2）在生产方式管理方面的差别。MRPⅡ系统把企业归类为几种典型的生产方式进行管理，如重复制造、批量生产、按订单生产、按订单装配、按库存生产等，对每一种类型都有一套管理标准。而在20世纪80年代末90年代初，为了紧跟市场的变化，多品种、小批量生产以及看板式生产等则是企业主要采用的生产方式，由单一的生产方式向混合型生产发展，ERP 则能很好地支持和管理混合型制造环境，满足了企业的这种多角化经营需求。

（3）在管理功能方面的差别。ERP 除了 MRP II 系统的制造、分销、财务管理功能外，还增加了支持整个供应链上物料流通体系中供、产、需各个环节之间的运输管理和仓库管理；支持生产保障体系的质量管理、实验室管理、设备维修和备品备件管理；支持对工作流（业务处理流程）的管理。

（4）在事务处理控制方面的差别。MRP II 是通过计划的及时滚动来控制整个生产过程，它的实时性较差，一般只能实现事中控制。而 ERP 系统支持在线分析处理 OLAP（online analytical processing）、售后服务即质量反馈，强调企业的事前控制能力，它可以将设计、制造、销售、运输等通过集成来并行地进行各种相关的作业，为企业提供了对质量、适应变化、客户满意、绩效等关键问题的实时分析能力。

此外，在 MRP II 中，财务系统只是一个信息的归结者，它的功能是将供、产、销中的数量信息转变为价值信息，是物流的价值反映。而 ERP 系统则将财务计划和价值控制功能集成到了整个供应链上。

（5）在跨国（或地区）经营事务处理方面的差别。现代企业的发展，使得企业内部各个组织单元之间、企业与外部的业务单元之间的协调变得越来越多和越来越重要，ERP 系统应用完整的组织架构，从而可以支持跨国经营的多国家地区、多工厂、多语种、多币制应用需求。

（6）在计算机信息处理技术方面的差别。随着 IT 技术的飞速发展，网络通信技术的应用，使得 ERP 系统得以实现对整个供应链信息进行集成管理。ERP 系统采用客户/服务器（C/S）体系结构和分布式数据处理技术，支持 Internet/Intranet/Extranet、电子商务（e-business，e-commerce）、电子数据交换（EDI）。此外，还能实现在不同平台上的相互操作。

总之，MRP、MRP II、ERP 之间的联系可通过图 10 - 3 和图 10 - 4 来概括。

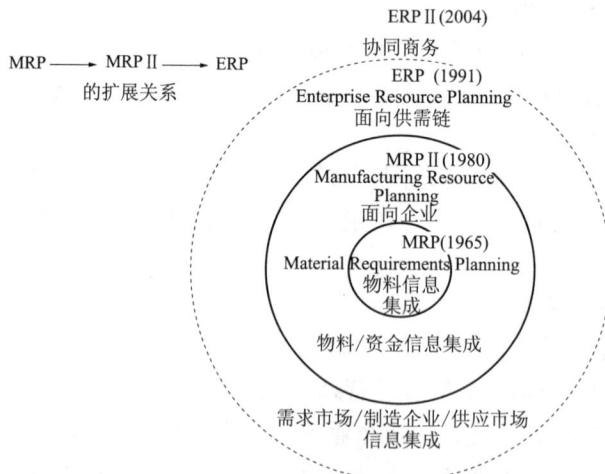

图 10 - 3 MRP MRP II ERP 扩展关系图

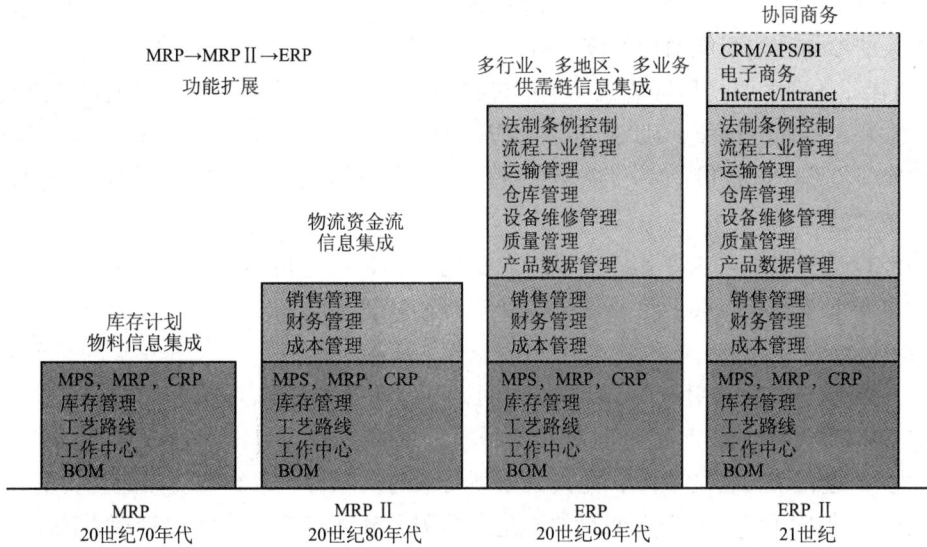

图 10 – 4 MRP MRPⅡ ERP 功能扩展关系图

五、MRP，JIT 和 MRP/JIT 混合式生产管理特点

MRP 的主要任务是根据主生产计划（MPS）编制相关的需求计划，如原材料、零部件、外购件等的需求计划。它也是 MRPⅡ（制造资源计划）系统中的核心环节。总体上，MRP 生产管理方法按照中、长期的生产计划对库存进行管理，而生产计划主要是根据已有订单、预测需求和生产能力制订的。MRP 所包含的管理哲理主要是预测需求和已有需求（订单）相结合生成一个好的计划，生产过程按计划进行，以取得最佳的经济效益。从某种意义上说，MRP 是计划（预测需求）和市场调节（订单）相结合的一种生产管理方法。MRP 的开发和应用取得了一些成功，特别是在 20 世纪 70 年代西方出现高通货膨胀期间，其效果尤为突出。然而，MRP 也暴露出明显的不足，主要包括：

（1）相对于 JIT 而言，库存和在制品量大。其主要原因在于中、长期需求预测的误差较大，计划和实际需求很难达到平衡。为了减少库存短缺造成的损失，往往采用较大的安全库存和生产提前期。

（2）当物料清单 BOM 分级较多时，数据处理任务繁重。数据不准确则会严重影响系统的性能。物料清单、主生产计划等得不到及时更新，就难以及时反映延期交货以及生产和市场等方面的变化。

（3）MRP 的生产是按计划执行的，约束了员工主观能动性的发挥，企业的管理成了少数高层管理人员的事。这就要求计划既要详尽，又要尽可能准确无误，而这往往是相互矛盾难以做到的。

JIT 源于日本丰田公司的"看板"管理系统，其理想追求是"零库存"。如果这种理想追求能实现的话，则可大大减少库存和在制品量，缩短生产提前期，提高企业经营活动的效益。为了达到"零库存"的目标，生产过程必须严格控制（如看板管理系统）并按用户订单执行（市场调节）。为了开发并应用 JIT 生产管理方法，需要使生产过程尽可能简化（包括产品和生产工艺流程的重新设计），强化制造商与供应商（如材料、外购零部件等的供应商）和客户（如批发商、零售商等）之间的联系。JIT 生产管理方法对员工技能要求高，并强调每个人的参与和主观能动性发挥，以便及时解决生产过程中的各种问题和排除故障等。JIT 包含的管理哲理主要是尽可能减少生产过程中一切不必要的浪费并不断地对其进行优化。

在日本和一些西方国家，JIT 的开发和应用取得了很大的成功，尤其是在减小生产提前期、简化物料流程、降低废品率、减少库存和在制品、快速排除生产系统故障等方面。但其明显的不足之处包括：

（1）难以适应大的需求变化。建议需求变化不宜超过正负 10%。过大的需求变化将导致生产能力严重过剩或严重不足，造成生产资源闲置浪费或失去订单（因来不及生产而无法满足订单）。

（2）成功地开发并应用 JIT 需要很长时间，其中包括产品和工艺流程重新设计、员工技能培训等。

（3）生产过程中设备的故障，尤其是瓶颈资源的故障将严重影响产品的交货期。

正是由于 MRP 和 JIT 都存在明显的不足和局限，MRP/JIT 混合式的管理方法应运而生。通常的做法是在生产计划和物料需求方面主要采用 MRP，而生产过程控制则主要采用 JIT 方式，其目的是克服 MRP 或 JIT 在一些条件下单独应用的不足。

第四节　现代先进生产管理模式

随着 MRP Ⅱ、DRP、ERP、JIT、TOC、LP、CIMS、AM 等先进管理技术的产生及不断完善，形成了制造业先进管理模式，并在生产调度、存量控制、订单处理等一系列活动中得到应用。

一、准时制拉动式管理模式

在一些发达国家，许多企业看到了 JIT 的好处。一项对欧洲 200 家企业进行的研究表明，JIT 管理对企业能力的改善包括库存平均减少 50%，产品生产周期缩短 50%~70%，供货时间缩短 50%，生产效率提高 20%~50%。

准时制（JIT）拉动式物流管理已在我国制造企业全面推行。尤其是汽车行业，逐渐形成了以市场需求为中心、以主机总装配线的要求为导向的物流过程控制，逐步建立了一套适合自身发展的物流管理系统，并有足够的柔性去满足企业生产提出的各项要求，适应多变的市场环境。

1. JIT 生产管理的特点

（1）在必要的时候生产必要的产品，不过量生产，因为企业没有必要再投入原材料、精力和时间，在 JIT 情况下理想的批量规模是 1。

（2）JIT 思想与那种依靠额外库存以防止出现工作失误的做法形成了鲜明的对比。当所有的等待数量变为零时，库存投资实现最小化，提前期大大缩短，企业对需求变化快速反应，质量问题得以迅速曝光。

（3）JIT 物流的实施与传统的生产物料管理不同。JIT 物流完善了企业管理，为企业节省了大量的物流成本，产生了巨大的经济效益和社会效益。

2. 准时制生产管理形式

我国制造业大致有三种准时制生产管理形式，即计划管理、看板式管理、同步管理。

（1）计划管理。计划管理就是按生产计划组织生产供货，它实际上是以计划消耗来计算的一种供货方式。遵循的原则是：在第 M 天的需求基础上进行预测，并计算出 M + N 天的供应量，依次循环滚动。它实际比较接近于传统的计划供应方式，之所以也被列入准时制物流管理范围，是因为其预测和计划周期较短。计划管理模式适用于零件品种需求变化较小，且消耗连续的汽车零部件。但计划管理的不足在于：当生产计划调整时，不能作出快速反应，易造成产品库存过多。

（2）看板式管理。看板式管理主要运用于生产加工过程管理中。

看板式管理是电子技术与现代物流的完美结合，同时也是一种需求拉动型的管理模式。它采用条形码技术、网络技术进行生产物流管理，是一种反应速度较快、信息较为准确的新型管理模式。信息的主要载体是看板，在看板上记录着零件号、要货时间、零件名称、零件的储存地点、零件数量、所用工位器具的型号等，以此作为各工序进货、出库、运输、生产、验收的凭证。在看板式管理模式下每一次物料的供应都是对实际消耗的合理补充，充分体现了及时制物流的原则。

下面通过例子说明看板式管理在生产中的应用，如图 10 - 5 所示。（以下各图包含两个工作中心和三个看板，小人图像代表了每个工作中心，方块代表看板。每个看板被分成三部分来代表看板的授权存储水平，圆圈是一个工作部件，工作流向从左到右。）

在一个工厂与供应商、顾客之间，看板是物料运送和队列控制的高度可视化方法。所有物料通过看板方块从一个工作中心移动到下一个工作中心，每个看板方块分配一定数量的单元格（或容器）授权存储在里面，看板方块的工作数量是同它的授权级别有关系的，而授权级别又会影响它上游和下游工作中心的运作。需求拉动对应于其实践有两个原则：

①除非下游看板低于它的授权水平，否则，这个工作中心就不要进行工作。

②进行生产以保持工作中心下游看板是满的。

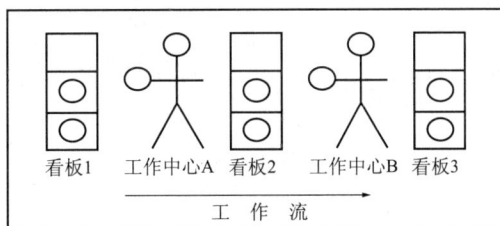

图 10 - 5　看板式管理 1

在图 10 - 5 中，每个工作中心被授权执行它们的分配任务。工作向下游传送，工作中心供应的看板方块都低于它们的授权水平，注意到每个工作中心都在工作并执行必需的操作，当每个工作中心完成了其任务时，产品就向下游看板传送。

这时，如果从看板 3 不拉出物料，那两个工作中心都停止工作。所有的下游看板都保持了它们的授权水平。按原则 1，没有工作中心被授权开始任何工作，仅当下游看板方块打开（看板低于其授权水平），上游工作中心才被授权从其上游看板中拉出一个工作部件，开始执行它的任务。如图 10 - 6 所示，所有的工作都是停止的，在制品库存达到最大。

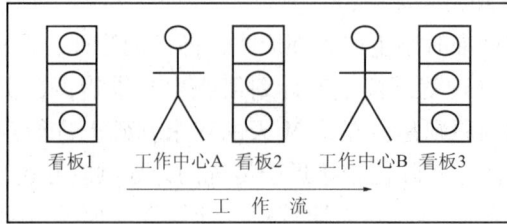

图 10 - 6 看板式管理 2

如图 10 - 7 所示，从看板 3 中拉出了一个部件，工作中心 B 马上被授权开始生产，从看板 2 中拉出物料以进行生产另一个工作部件，这就使得看板 2 低于其授权水平，从而工作中心 A 开始从看板 1 中拉出物料，生产另一个工作部件。再回到图 10 - 5 所示状态，之后不断循环。

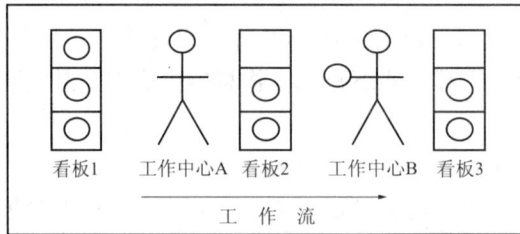

图 10 - 7 看板式管理 3

（3）同步管理。同步管理是 JIT 管理的高级方式，适用于单位价值较高、变化形式多样的零部件制造企业。以汽车制造厂为例说明：供应商与主机厂共享同一软件平台，单一零件按照明确的方式备货，通过取样点对整车数据下载分析，按照装配车间装配工位上零件的准确要求实现供货。信息共享是实现同步管理的前提条件，同步管理需要根据生产线运行情况进行同步供应，以满足工艺需要，减少库存费用和对生产面积的占用。如：在流水线上，当车身通过某一工序时，它立即向下游工序发出所需装配某种零件的需求信息。同样，当生产商收到要货信息后，就会根据要货指令将所需的品种、数量按要求的时间准时地送达，不会产生多余库存，同步管理在企业的应用，标志着准时制拉动式生产方式已经进入了较高级阶段。

现代准时制物流的发展目标是，将电子信息通信技术广泛应用于物流领域，用信息系统整合生产商、经销商、物流公司、供应商之间的管理。

二、精益生产管理模式

企业在产品开发、生产制造、管理及服务顾客整个流程中实施精益生产所产生的巨大优势，已通过 20 世纪 80 年代的丰田汽车公司、90 年代的戴尔公司以及其他一些企业的巨大成功，为世界企业界所公认。

基于 JIT 的精益生产现场的五项活动：

（1）整理——对现场物品进行分类清理，区分有用无用。

（2）整顿——对整理后的有用物品进行合理定置存放。

（3）清扫——将生产现场打扫干净。

（4）清洁——对清扫后的现场加以巩固。

（5）素养——生产现场每个人的良好风气和习惯。

精益生产理念对于汽车乃至一切制造业起到了基石的作用。

1990年，麻省理工大学的国际汽车计划（IMVP）拉开了美国人对丰田研究的大幕，来自通用与丰田新联合汽车公司的约翰·克拉夫奇克（John Krafcik）将此命名为"精益生产理念"。精益生产（LP）是日本丰田汽车公司JIT（准时制生产）的延续，它是以产供销三方紧密协作的一种相对固定的关系为实施背景的，是供应链条上最基本、最简单的设置。

1. 基本原理

精益生产（lean production）是一个基本理念，但已不简单是一种生产理念，一种文化，而是一种思想。精益无处不在，精益改变世界。精益生产指在工作中彻底消除无效劳动。精益生产源自于日本丰田汽车公司的TPS（Toyota production system）。TPS的核心是追求消灭一切"浪费"，以客户拉动和JIT（just-in-time）方式组织企业的生产和经营活动，形成一个对市场变化快速反应的独具特色的生产经营管理体系。

实施精益生产就是决心追求完美的历程，也是追求卓越的过程，它是支撑个人与企业生命的一种精神力量，也是在永无止境的学习过程中获得自我满足的一种境界。其目标是精益求精，尽善尽美，永无止境地追求七个"零"的终极目标。精益生产最大的好处之一，在于其对成本降低的显著功效，要想达到精益生产的成本控制，首先要知道什么是浪费。因为"消灭浪费、创造价值"是精益生产方式核心思想的精髓。

生产现场的七种主要浪费：

①等待的浪费：精益思想认为非增值作业就是无形成本的增加，出现等待原因有哪些呢？生产线上产品种类的切换、工序间的不平衡、机器设备的故障造成的等待，缺料、生产计划安排不均衡使得机器设备闲置。这种对应的差异成本主要体现在整体上，造成的是生产能力浪费，使工人的工资、设备的空转等无形成本增加。

②搬运的浪费：包含放置、堆积、移动、整理等动作的浪费。在不可能完全消除搬运的情况下，应重新调整生产布局，尽量减少搬运的距离。

③不良品的浪费：指的是由于工厂内出现不良品，需要进行处置的时间，人力、物力上的浪费，以及由此造成的相关损失。这类浪费具体包括：材料的损失、不良品变成废品；设备、人员和工时的损失；额外的修复、鉴别、追加检查的损失；有时需要降价处理产品，或者由于耽误出货而导致工厂信誉的下降。

④动作的浪费：重复动作和不必要的动作等将会造成时间和体力上的不必要消耗。

⑤加工的浪费。加工的浪费也叫过分加工的浪费，主要包含两层含义：第一是多余的加工和过分精确的加工，例如实际加工精度过高造成资源浪费；第二是需要多余的作业时间和辅助设备，还要增加生产用电、气、油等能源的浪费，另外还增加了管理的工时。

⑥库存的浪费：库存是没有必要的，甚至认为库存是万恶之源。

⑦制造过多、过早的浪费。精益生产方式所强调的是"适时生产"，也就是在必要的时候，做出必要的数量的必要的东西，此外都属于浪费。而所谓必要的东西和必要的时候，就是指顾客已决定要买的数量与时间。

现在又有人提出第八种浪费，即管理的浪费。

管理的浪费是指问题发生以后，管理人员才采取相应的对策来进行补救而产生的额外浪费。管理的浪费是由于事先管理不到位而造成的问题，科学的管理应该是具有相当的预见性，有合理的规划，并在事情的推进过程中加强管理、控制和反馈，这样就可以在很大程度上减少管理浪费现象的发生。

企业在生产过程中实施精益生产，就是要根据精益思维的原则，在组织、管理、供应链、产品开发和生产运作方面建立有效的生产方式，减少物流环节以消除所有不增加价值的浪费为目标，逐步改善进而最大限度地谋求企业经济效益和竞争力的提高。

2. 精益生产的特点

精益生产管理，是一种以客户需求为拉动，以消灭浪费和不断改善为核心，使企业以最少的投入获取成本和运作效益显著改善的一种全新的生产管理模式。它的特点是强调客户对时间和价值的要求，以科学合理的制造体系来组织为客户带来增值的生产活动环节，使生产周期缩短，从而显著提高企业适应市场变化的能力。

3. 精益生产在生产管理中的实施要点

（1）合理生产布局，优化生产物流。

① 各工序的有机结合，相关联工序集中放置原则。

② 最短距离原则。

③ 流水化作业原则。

④ 尽可能利用立体空间。

⑤ 在作业的角度，安全，便于操作。

⑥ 对于未来变化具有充分应变力，方案有弹性（柔性），对应产量变化、工艺变化、设备更新等情况。

（2）合理分配资源，提高作业效率。

①装配线的改善步骤：

a. 将瓶颈工序的作业内容分担给其他工序。b. 通过动作分析，减少工作时间。c. 工艺改善，减少工作时间。d. 合并相关工序，重新排布生产工序。e. 分解作业时间较短的工序，把该工序安排到其他工序中去。

②加工线的改善步骤：

a. 确定节拍。b. 确定一个单位产品的完成时间。c. 确定标准作业顺序。d. 确定在制品的标准持有量。

在从传统生产企业转变为精益企业的过程中，这种思想对价值体系的指导原则是：

（1）企业要根据市场的变化和客户的需求重新定义价值。

（2）依照价值重新组织企业的生产活动。

（3）让客户的需求拉动价值链，使价值链运作起来并不断进行完善。

研讨与思考：企业应如何减少生产现场的浪费现象？

时至今日，随着制造和管理技术的不断提高，精益生产的含义已经超越了当初的 TPS。美国在研究了包括精益生产在内的各种管理模式后，又提出了 21 世纪的制造企业战略——敏捷制造。可以认为，精益生产是通向敏捷制造的桥梁，没有精益生产管理为基础，企业难以实现敏捷制造。

三、敏捷制造管理模式

制造业的生产模式处于不断的变迁和发展之中，20世纪初竞争的焦点是成本，由此产生的是大批量规模化的生产方式；20世纪70年代中期竞争的焦点是质量和整体效率，柔性自动化生产是主要的生产方式；而21世纪市场的要求是多品种，小批量，具有动态多变的特点，因此敏捷制造AM（agile manufacturing）被认为是主要的生产模式。

1. 敏捷制造的概念

敏捷制造（AM）是根据市场需求个性化发展的趋势，企业为了更有效合理地利用外部资源，将供应及协作组织看成是虚拟企业的一部分而形成的一次性或短期的供应链关系。

敏捷企业是指那些能够充分利用网络技术优势，迅速实现自我调整以适应不断变化的竞争环境，具有敏捷的快速反应能力的企业。

2. 敏捷制造的特点

提出敏捷制造的根本思想是以变应不变，其根本特点是快速响应。因此敏捷制造企业具有灵活多变，快速响应，质量好等特点。

3. 敏捷制造实施的关键

敏捷制造的实现是通过利用信息时代的计算机网络和信息处理技术，将分布在不同地域的各类企业组建动态联盟形成虚拟公司进行优势互补而实现的。因此实施敏捷制造的关键是建立虚拟企业（即动态联盟）和虚拟制造（也称拟实产品开发）。即建立AMS（agile manufacturing system）——敏捷制造系统。

本章小结

生产管理是现代企业管理的核心内容之一，本章系统地阐述了生产类型及特点、生产过程组织、生产计划与生产作业计划编制与控制、MRP的发展及其在生产中的运用、现代先进生产管理方式等内容。

企业生产过程包括生产准备过程、基本生产过程、辅助生产过程和生产服务过程四个部分。生产过程组织的基本要求是连续性、平行性、节奏性、均衡性、比例性、准时性、适应性。生产过程的空间组织一般有产品专业化、加工工艺专业化、成组技术及定位形式四种专业化组织形式。生产过程的时间组织主要采用顺序移动、平行移动、平行顺序移动三种典型的移动方式。

企业生产计划是根据销售计划所确定的销售量，在充分利用生产能力和综合平衡的基础上，对企业所生产的产品品种、数量、质量和生产进度等方面所作的统筹安排，是企业生产管理的依据；生产作业计划的编制根据不同的生产类型采用在制品定额法、累计编号法、生产周期法。

描述了MRPⅡ、ERP、JIT、LP、CIMS、AM等先进的管理技术的产生，形成了制造业的先进管理模式：准时制拉动式管理模式、精益生产管理模式、敏捷制造管理模式等。

本章知识结构网络图

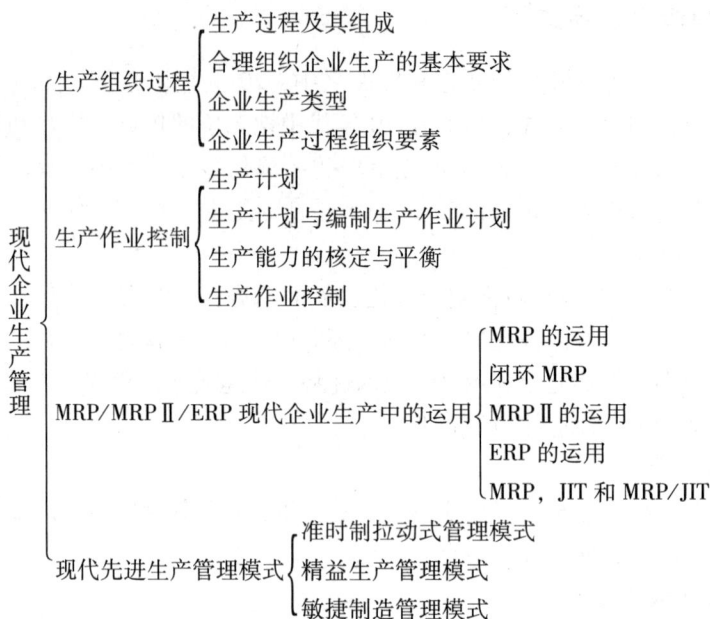

```
                    ┌ 生产过程及其组成
          生产组织过程 ┤ 合理组织企业生产的基本要求
          ┤          ┤ 企业生产类型
          │          └ 企业生产过程组织要素
          │          ┌ 生产计划
          │ 生产作业控制 ┤ 生产计划与编制生产作业计划
  现        ┤          ┤ 生产能力的核定与平衡
  代        │          └ 生产作业控制
  企        │
  业        │                              ┌ MRP 的运用
  生        │                              │ 闭环 MRP
  产  MRP/MRP Ⅱ/ERP 现代企业生产中的运用 ┤ MRP Ⅱ 的运用
  管        │                              │ ERP 的运用
  理        │                              └ MRP，JIT 和 MRP/JIT
          │          ┌ 准时制拉动式管理模式
          └ 现代先进生产管理模式 ┤ 精益生产管理模式
                     └ 敏捷制造管理模式
```

练习与思考题

一、单选题

1. 产品的生产过程是指（　　）。

A. 从原材料进厂开始，到产品生产出来的全部过程

B. 从原材料投入生产开始到成品制造出来为止的全部过程

C. 从准备生产这种产品开始，一直到产品销售为止的全部过程

D. 从准备生产这种产品开始，直到产品使用为止

2. 生产控制的核心是（　　）。

A. 进度控制　　　　　B. 在制品管理　　　　C. 偏差的测定　　　　D. 纠偏控制

3. 累计编号法主要用于（　　）类型的生产作业计划的编制。

A. 大量生产　　　　　B. 成批生产　　　　　C. 单件生产　　　　　D. 装配型生产

4. 在一批零件加工移动过程中，既考虑加工的平行性，又考虑加工的连续性，采用的零件移动方式是（　　）。

A. 顺序移动方式　　　　　　　　　　　B. 平行移动方式

C. 连续移动方式　　　　　　　　　　　D. 平行顺序移动方式

5. 集中着同种类型的设备和同工种的工人的车间组织形式是（　　）。

A. 对象专业化　　　　B. 混合专业化　　　　C. 生产平准化　　　　D. 工艺专业化

6. 实行看板管理，其"看板"作为生产指令是指（　　）。

A. 后道工序按看板规定的零部件品种和数量，在必要时间前道工序领取零件

B. 前道工序只生产被后道工序领走的看板上规定的零件品种和数量

C. 改变了传统的由前道工序向后道工序运送的方式

D. 作为生产数量的信息

7. 某小型产品加工厂，属于单件小批量生产类型企业，企业内部各车间按工艺专业化形式设置，则构成产品的在制品在各道工序中的移动方式宜采用（   ）。

A. 平行移动方式　　　　　　　　　　B. 平行顺序移动方式

C. 顺序移动方式　　　　　　　　　　D. 连续移动方式

8. 产品品种少，每种产品的产量大，工作专业化程度高的生产类型是（   ）。

A. 大量大批生产　　B. 中小批生产　　C. 单件生产　　D. 多品种生产

9. 流水生产线的生产过程具有高度的（   ）。

A. 连续性　　　　　B. 平行性　　　　C. 适应性　　　　D. 比例性

10. MRP 的主要构成是（   ）产品结构与物料清单以及库存信息。

A. 期量标准　　　　B. 生产周期　　　C. 生产批量　　　D. 主生产计划

二、多选题

1. 生产计划的主要指标是（   ）。

A. 产品品种　　　　B. 产品产量　　　C. 产品质量　　　D. 产品成本

E. 产品产值

2. 决定企业生产能力的主要因素是（   ）。

A. 生产中的固定资产数量　　　　　　B. 固定资产的工作时间

C. 员工的熟练程度　　　　　　　　　D. 固定资产生产效率

E. 员工的数量

3. 生产现场的浪费主要是指（   ）。

A. 等待的浪费、搬运的浪费　　　　　B. 动作的浪费、加工的浪费

C. 库存的浪费　　　　　　　　　　　D. 制造过多与过早的浪费

E. 不良品的浪费、管理的浪费

4. 企业的生产过程，就其对产品出产所起的作用来看，主要可分为（   ）。

A. 生产技术准备过程　　　　　　　　B. 基本生产过程

C. 生产服务过程　　　　　　　　　　D. 在制品检验过程

E. 辅助生产过程

5. 成批生产期量标准有（   ）。

A. 批量　　　　　　B. 生产间隔期　　C. 生产周期　　　D. 生产提前期

E. 在制品定额

三、名词解释

1. 生产过程　　2. 生产计划　　3. 精益生产　　4. 生产能力　　5. 准时制

四、简答题

1. 何谓产品生产过程？合理组织生产过程有哪些要求？

2. JIT 的目标是什么？简述 JIT 在生产过程中的应用。

3. 如何进行生产能力的核定与平衡？

五、计算题

假设某种零件的批量 5 件，共有 4 道工序。

（1）若其工艺顺序及单件工序时间为：$t_1 = 10$ 分，$t_2 = 5$ 分，$t_3 = 12$ 分，$t_4 = 6$ 分，试绘制该批零件在工序间移动的三种移动方式图，并计算整批零件的工艺时间（即加工周期）

（2）如果单件工序时间不变，而工艺顺序改变为：$t_1 = 5$ 分，$t_2 = 10$ 分，$t_3 = 6$ 分，$t_4 = 12$ 分，再计算该批零件的工艺时间，与上面的结果相比较，哪一种移动方式下的整批零件的工艺时间改变了？为什么？

六、案例分析题

1. 项目背景

汽车零部件市场的特点是需求多样化、变化快。为了适应这种市场环境，汽车零部件企业通过用多品种、订货生产的生产方式，要使多品种、订货生产的生产方式真正成为企业竞争的有效手段。劳动组织内部各部门之间的协调生产是不可缺少的条件，而要满足这个条件，工人不仅要具备多样化技能，而且还要具备一定程度的决策能力。G企业面临的难题是：由于产品种类不同，批量参差不齐，组装线刚性运作，物流在组装线之间、工序之间时常无法保持均衡流动，导致了组装线之间、工序之间高低峰不均、忙闲不均的局面。如果不尽快解决这一问题，将会延误某种产品的交货期，甚至导致某种产品的生产根本无法进行。这样，一个协调组装线之间、工序之间的方法就显得至关重要。

2. 分析诊断

我们认为，缓解这种局面的最佳办法是利用因低峰而闲置的力量去填补因高峰而引起的力量空缺，具体来讲，就是让"闲着"的工人去"支援""忙着"的工人。通过工人在工序之间、组装线之间的移动，使物流在工序之间、组装线之间保持均衡流动，达到均衡化生产，这就是协调生产的内涵。很显然，协调生产要求工人具备多样化的生产和协调技能。

3. 培养协调技能

丰富的经验是培养协调技能的土壤，因此，要让工人尽可能地多从事不同类型、不同技术难度的作业。为此，智达信顾问的咨询师结合每月的生产计划，系统地安排工人到不同岗位"支援"生产。指导车间管理者首先对每个工人的技能种类、技能水平、技能积累过程作出书面评价，以此为依据，精心设计每个工人每天的作业种类、轮换顺序以及轮换频率，工人的协调技能与优化生产资源配置达到了有机的结合。

4. 项目成果

从指导G企业提高工人协调技能的具体实践中，我们可以得到以下启示：

（1）当企业需要运有多品种、小批量、订货生产的生产方式去适应市场变化时，工人的协调能力就显得格外重要。

（2）技能培训方式、劳动组织结构对于提高工人的协调技能有重要影响。

（来源 http：//blog. sina. com. cn）

技能实训

选定学校所在地的几个不同类型的制造企业，比较大批量生产与小批量多品种生产的不同之处，并写出比较报告。

1. 实训内容

调查××企业的生产过程

2. 实训目的

（1）××企业大批量生产的生产特点与市场环境分析。

（2）××企业小批量多品种生产的生产特点与市场环境分析。

（3）比较大批量生产与小批量多品种生产的不同之处，并写出比较报告。

3. 实训组织

以 4 或 6 人为一组，组织学生分组对不同类型企业调查。

4. 实训考核

（1）以小组为单位通过讨论撰写实训报告。

（2）通过全班同学分组分别宣讲实训报告，当场给予评价并打分。

第十一章　现代企业质量管理

【学习目标】

A. 知识点：

1. 理解质量概念的发展和质量管理的发展阶段

2. 理解21世纪质量管理的特征

3. 掌握ISO 9000：2008族标准的主要内容

4. 掌握全面质量管理的概念、思想理论和基本程序

5. 理解ISO 9000族标准与TQM、质量奖的关系

B. 技能点：

1. 能运用TQM的思想理论分析企业质量管理的现状

2. 能应用PDCA循环为企业的生产控制提出一些建议

【引导案例】食品安全问题

近年来，我国发生的苏丹红、劣质奶粉、陈化粮、地沟油等食品安全问题，不仅严重影响了国内居民的日常生活，也同时给社会、给企业都带来了不可挽回的损失。2008年河北三鹿奶粉集团的"三聚氰胺奶粉"给全国上万家庭带来痛苦；三鹿奶粉集团这个具有50多年历史，中国乳品行业的领头羊，市场占有率连续十五年居全国第一的企业也破产倒闭，原董事长田文化犯生产、销售伪劣产品罪，被判无期徒刑，并处罚金2 000万元。

【分析与思考】

1. "三鹿奶粉事件"对现代企业管理有何启示作用？

2. 现代企业的质量管理对一个国家经济的影响力为何很大？

质量是经济发展的战略问题，质量水平的高低是一个国家经济、科技、教育和管理水平的综合反映。全面、正确理解质量的内涵，掌握质量管理的基本知识，对现代企业提高经营决策效率及企业生存发展壮大有着重要意义。本章要求学生对企业质量管理的两条主线——全面质量管理和2008版ISO 9000族标准有一个基本的了解和正确的认识；培养学生分析和解决现代企业质量管理问题的能力。

第一节　企业质量管理概述

人类社会自从有了生产活动，特别是以交换为目的的商品生产活动，便产生了质量的活动。质量是构成社会财富的关键内容，是经济发展的战略问题。

一、质量概念的发展

1. 符合性质量的概念

质量就是"符合性"。符合性质量观，即以"符合"现行标准的程度作为衡量依据。"符合标准"就是合格的产品标准，这是早期的质量观，质量意味着规范或要求。美国质量管理专家克劳斯比是其主要代表人物之一。这种"合格即质量"的认识，是从生产者角度出发，判断产品是否符合规格，对于实物有形产品的质量管理的具体工作显然是很实用的。但其有局限性，一是不适用对无形产品的质量描述；二是符合性质量不能适合每一位顾客的要求，不可能将顾客的各种需求和期望都规定出来，特别是隐含的需求与期望。

2. 适用性质量的概念

美国著名的质量管理专家朱兰（J. M. Juran）博士认为："质量就是适用性。"它是以适合顾客需要的程度作为衡量的依据。"适用性"观点，是从顾客使用角度定义产品质量，指产品在使用过程中能成功地满足顾客要求的程度。"适用性"的质量概念，要求人们从"使用要求"和"满足程度"两个方面去理解质量的实质。"适用性"观点普遍适用于一切产品或服务。

质量从"符合性"发展到"适用性"，使人们在质量认识中逐渐把顾客的需求放在首位。适用性质量观对于重视顾客，明确企业存在的根本目的和使命具有极为深远的意义。顾客对他们所消费的产品和服务有不同的需求和期望。这意味着组织需要决定他们想要服务于哪类顾客，是否在合理的前提下每一件事都满足顾客的需要和期望。显然，适用性质量观有其适应条件，当顾客个体需求与社会需求的质量要求不一致时，适用性质量观也就显得不完整。

3. 国际标准化组织对质量的定义

ISO 9000：2005《质量管理体系——基础和术语》对质量的定义：一组固有特性满足要求的程度。这一定义的含义十分广泛，既反映了要符合标准的要求（是一种狭义的质量概念），也反映了要满足顾客及相关方的需要，是一种广义质量的概念。理解该定义应把握"固有特性"和"要求"两个关键词。

（1）关于"固有特性"。"特性"是指事物可区分的特征。可以有各种类别的特性，如物的特性（如机械性能）；行为的特性（如：准时性、可靠性）和行为的特性（如礼貌）等。

①特性可分为固有特性和赋予特性。固有特性是指事物本身就有的，是永久的特性。例如，螺栓的直径、机器的生产率等技术特性。

②赋予特性不是事物本身就有的，而是完成产品后因不同的要求对产品增加的特性，如产品的价格、硬件产品的供货时间等。例如，电灯灯泡的功率是灯泡的固有特性，而灯泡的价格是赋予特性。

③产品的固有特性与赋予特性是相对的，某些产品的赋予特性可能是另一些产品的固有特性。例如，供货时间及运输方式对硬件产品而言，属于赋予特性；但对运输服务而言，就属于固有特性。

质量是对顾客需要的反映，而顾客对产品质量的要求是用产品的质量特性描述的。如对硬件耐用产品的质量特性常用产品性能、寿命、可靠性、安全性、经济性五个方面描述；对服务类产品的质量特性常用功能性、经济性、安全性、时间性、舒适性、文明性六个方面描述。

（2）关于"要求"。"要求"是指明示的、通常隐含的或必须履行的需求或期望的要求。如表 11 −1 所示。

表 11 −1　要求分类

"明示的"	规定的要求，如在文件（产品说明书）中阐明的要求或顾客明确提出的要求
"通常隐含的"	指的是组织、顾客或其他相关方的惯例或一般做法，所考虑的需求或期望是不言而喻的。如化妆品对顾客皮肤的保护
"必须履行的"	指法律法规要求的或有强制性标准所要求的。如食品卫生安全法

"要求"可以由不同的相关方提出，不同的相关方对同一产品的要求可能不尽相同。例如，对汽车来说，顾客要求美观、舒适、轻便、省油，但社会要求对环境不产生污染。组织在确定产品要求时，应兼顾所有顾客及相关方的要求。

要求也可以是多方面的，当需要特指时，可以用修饰词表示，如将其定义为产品要求、质量管理要求、顾客要求等。

二、质量管理定义及其发展阶段

（一）质量管理的国际术语定义

质量管理（quality management，QM）的定义：是指在质量方面指挥和控制组织的协调的活动。该定义作如下理解：

（1）质量管理方面的活动，从微观层面，通常包括制定质量方针和质量目标、以及质量策划、质量控制、质量保证和质量改进。其关系如图 11 −1 所示。

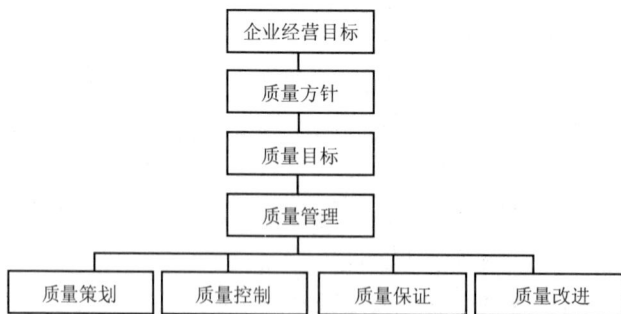

图 11 −1　质量管理的基本范畴

（2）组织在整个生产经营过程中，需要对诸如质量、计划、劳动、人事、设备、财务和环保各方面有序管理。由于组织的基本任务是向市场提供符合顾客和其他相关方要求的产品，围绕产品质量形成的全过程实施质量管理是组织的各项管理的主线。

（3）质量管理是企业经营发展战略的一部分，最高管理者依据企业经营战略目标领导指定企业的质量方针。所以，组织应采取激励措施激发全体员工积极参与，充分发挥他们的才干和工作热情，造就人人争做贡献的工作环境，确保质量策划、质量控制、质量保证和质量改进活动顺利进行。

（二）质量管理的发展阶段

随着社会生产力的发展，质量管理的内涵在不断丰富和扩展，大致经历了以下三个阶段：质量检验阶段、统计质量控制阶段，全面质量管理阶段。质量管理发展的三大阶段，后一阶段并不是对前一阶段质量的否定与取消，而是在前一阶段基础上的带有突破性的发展。

1. 质量检验阶段（从 20 世纪初到 20 世纪 30 年代末）

这是质量管理的初级阶段。其主要特点是以事后检验把关为主。即把住产成品入库关，确保不合格品不入成品库、不出厂。20 世纪初美国的泰罗提出科学管理理论，要求按不同职能合理分工，将质量检验从生产过程中分离出来，建立专职检验制度，为质量管理奠定了组织上的初步基础。同时，大量生产条件下的互换性理论和规格公差的概念也为质量检验奠定了理论基础。根据这些理论规定了产品的技术标准和适宜的加工精度，检验人员利用各种测试手段，对完工的产成品进行检查，判断零件和成品是否合格，起到了把关的作用。

事后检验把关的不足之处：不能预防在生产过程中产生的不合格品；对全部产成品进行全数检验不经济。

2. 统计质量控制阶段（20 世纪 40 年代至 20 世纪 50 年代）

这一阶段的主要特点是从单纯依靠质量检验、事后把关发展到工序控制，突出了质量的预防性控制和事后检验相结合的管理方式。20 世纪 20 年代以后，英国的费希尔提出方差分析和实验设计等理论，美国的休哈特提出统计过程控制理论并首创控制图，道奇和罗米格提出了抽样检验理论，他们把数理统计方法引入了质量管理。但因当时西方处于经济衰退时期，这些理论不受重视。直至第二次世界大战开始，由于国防工业的质量要求，才使上述理论获得广泛应用，进入统计质量控制阶段。在这一阶段里，除了定性分析以外，还强调定量分析，为严格的科学管理和全面质量管理奠定了基础。

统计质量控制阶段的主要特点是：预防为主、预防加把关。利用数理统计原理在生产流程的工序之间进行质量控制，使生产过程处于受控状态，从而预防不合格品的大量产生。同时在产品检验和验收检查中采用了统计抽样方案。

3. 全面质量管理阶段（20 世纪 60 年代至今）

20 世纪 50 年代末，科学技术突飞猛进，各种高科技产品相继问世，并出现了系统科学。同时国际贸易竞争加剧，要求进一步提高产品质量。这些都促使全面质量管理的诞生。同时，质量管理也面临着许多新情况：

（1）人们对产品质量的要求除了注重产品的一般性能外，又增加了耐用性、可靠性、安全性、经济性以及可维修性等更高、更多的要求。

（2）系统分析的概念已得到广泛认同和应用，它要求用系统的观点分析研究质量问题，把质量管理问题看成是处于较大系统中的一个子系统。

（3）管理理论得到新的发展，行为管理学派强调要重视人的因素，实行参与管理，要依靠全员搞好质量管理。

（4）保护消费者利益运动的兴起。

（5）随着市场竞争尤其是国际市场竞争的加剧，各国（地区）企业都很重视"产品责任"和质量保证问题。

面对这些新情况、新要求，仅仅依赖检验和运用数理统计方法显然是很难保证与提高产品质量的。于是，美国通用电气公司的菲根堡姆博士和质量管理专家提出了全面质量管理概念。菲根堡姆于 1961 年出版了《全面质量管理》一书。从此以后，全面质量管理的观点逐渐被世界各国接受，管理的主要特点是防检结合，以防为主，注重全过程。具体内容在第三节论述。

三、21 世纪质量管理的特征

1. 质量管理的理念提升

21 世纪拍浪而来的知识经济和经济全球化进程的飞速发展，对质量管理提出了新的要求。我国企业长期发展了 3σ 质量水平，6σ 管理、"零缺陷""一开始就把任何一件事做好"的质量创新理念被人们广泛接受并积极推行。

2. 着力质量人才的建设

新世纪的质量管理面临构筑质量人才高地的重大任务。质量人才的建设，要以"能力建设"为核心，重点培养质量人才的"学习能力、实践能力和创新能力"。企业应该成为质量的"学习型组织"。

21 世纪以来，我国参考美国质量工程师、质量技术员《考试大纲》，制定了"全国质量专业技术人员职业资格"考试制度。每年吸引几万应届大学毕业生和在职人员报考，现在我国有一批懂质量、懂管理、懂技术、懂顾客需求的质量工程师活跃在工农业生产、流通、服务行业、外经外贸等领域。对我国今后质量工作的发展，对提高我国质量总体水平和市场竞争力，将起到巨大的促进作用。

3. 质量战略是企业职能战略的核心

在知识经济和经济全球化的背景下，国际化市场持续急剧变动。变数、风险使每一位企业家在经营决策中如履薄冰、如临深渊，企业职能战略决策都把质量战略决策放在核心地位。

在全球化的市场竞争中，质量是竞争力的最具威慑力和震撼力的要素，是克敌制胜的最强大武器。质量战略中关于质量方针和质量目标的确定乃至实施的各种活动，以一种全新的理念和模式展示在世人面前，推进产品和服务质量、工作质量、质量体系的全面创新，以超越竞争对手的实际质量成果赢得市场、赢得消费者、赢得社会效益和经济效益。

4. 质量管理的使命和职责是建立与组织生存和发展的质量管理体系

知识经济的最重要成果之一是互联网的构建，互联网已成为经济全球化的一个重要支撑。互联网对企业的组织形式和管理机制产生的影响十分深刻。如果说过去企业追求利润最大化，表现为对企业生产的整个过程的控制和管理，那么，现今企业追求利润最大化，却是把产品的研发、原材料及配件的选购和生产制造、销售及售后服务、消费者使用信息的反馈处理的整个过程分解为环环相扣的链节，并把某些链节的职能转接至能以更高效率、更低成本、更短时间完成的外部企业及组织去完成，从而企业与外部组织间建立了更具相同利益及价值追求的共同体。此时，质量管理的使命和职责是建立与组织生存和发展的质量管理体系，它的运作将对共同体的设计构建质量和运作质量提供最强有力的保证和监控。

第二节　ISO 9000 族标准

企业质量经营的载体是产品（或服务），它是通过"质量"反映"顾客的满意度"，因此质量经营的生命力也就源于此。既然输出的"质量"如此重要，企业强化质量管理体系也就理所当然。

一、ISO 9000 族标准的产生和发展

国际标准化组织（ISO）于 1979 年成立了 ISO/TC176 委员会，即质量管理和质量保证技术委员会，ISO 是世界上最大的非政府性国际化组织。其宗旨是在世界范围内促进标准化工作的发展，以利于国际交流和互助，扩大在知识、科学、技术和经济方面的合作。

ISO 于 1987 年发布了 ISO 9000《质量管理和质量保证标准选择和使用指南》、ISO 9001《质量体系设计、开发、生产、安装和服务的质量保证模式》、ISO 9002《质量体系生产和安装的质量保证模式》、ISO 9003《质量体系最终检验和试验的质量保证模式》、ISO 9004《质量管理和质量体系要素指南》等 6 项国际标准，通称为 ISO 9000 系列标准，或称为 1987 版 ISO 9000 系列国际标准。之所以如此，是因为 ISO 标准是在概括了各国质量体系标准的基本经验的基础上，以国际标准的形式统一了各个公司和国家的自订标准，它的产生适应了国际贸易发展的需要，消除了单纯用技术标准判断产品质量的局限性。除了形成对全过程质量的控制外，质量体系又可以被顾客或第三方进行核查，因而增加了顾客的信任度。

1990 年负责制定 ISO 9000 系列标准的 ISO/TC 176 质量管理和质量保证技术委员会制定了战略计划《2000 愿景》，决定对 1987 年版的 ISO 9000 系列标准进行修订。

1994 年 ISO/TC 176 完成了对标准的第一阶段的修订工作，并由 ISO 发布了 1994 版标准 ISO 8402、ISO 9000—1、ISO 9001、ISO 9002、ISO 9003 和 ISO 19004—16 项国际标准，通称为 1994 版 ISO 9000 族标准。修订同时，ISO/TC 176 提出了"ISO 9000 族"的概念，"ISO 9000 族"是指由 ISO/TC176 制定的所有国际标准。ISO 9000 族国际标准已从 1987 版的 6 项发展到 1994 版的 16 项，到 1999 年年底又陆续发布了共 22 项标准和 2 项技术报告。

根据 ISO（国际标准化组织）于 2007 年 11 月发布的最新调查结果，截至 2006 年年底，世界上 160 多个国家中颁发了 897866 份 ISO 9001：2000 认证证书，中国颁发了 162259 张证书，占总量的 18%，居世界第一位。这说明 2000 版 ISO 9001《质量管理体系要求》在世界范围得到了广泛应用，受到众多组织的关注，中国也成为名副其实的质量管理体系认证大国。

ISO 9000 质量管理体系是由国际标准化组织制定的用于组织进行质量控制的一套科学的管理体系，它渗透了当代先进的科学管理思想，许多国家都竞相采用。这套体系随着发展也在不断地完善和改进，从 1987 版、1994 版、2000 版一直发展到现在的 2008 版（按照国际标准的制修订程序，ISO/TC 176（国际标准化组织/质量管理和质量保证技术委员会）于 2004 年开始起草新版 ISO 9001 标准，历经 4 年，2008 年 11 月 15 日 ISO 正式发布了 ISO 9001：2008《质量管理体系要求》。随后，ISO/TC176/SC2 发布了《关于 ISO 9001：

2008 的实施指南》）。

二、企业实施 ISO 9000 标准的意义

质量管理体系是国际标准化组织（ISO）用其颁布的 ISO 9000 族标准向世界所推荐的一套实用的管理方法模式。这种管理模式总结了工业发达国家先进企业的质量管理的成功经验，使各国的质量管理和质量保证活动统一在 ISO 9000 族标准的基础上。这对推动各类组织和企业的质量管理，实现组织的业绩目标，消除贸易壁垒，提高产品质量和顾客满意程度等产生了积极而重大的作用。通过贯标与认证，企业能够找到一条加快经营机制转换，强化技术基础与完善内部管理的有效途径，企业实施 ISO 9000 标准的意义主要体现在以下方面：

（1）企业的市场意识和质量意识得到增强。

（2）有利于提高产品质量，保护消费者利益。

（3）为提高组织的运作能力提供了有效的方法。

（4）有利于增进国际贸易，消除技术壁垒。

（5）有利于组织的持续改进和持续满足顾客的需求和期望，为实施全面的科学管理奠定基础。

三、2008 版 ISO 9000 族标准的总体结构（表 11 - 2）

表 11 - 2 2008 版 ISO 9000 族标准

类 别	内 容
第一部分： 核心标准	ISO 9000：2005 质量管理体系——基础和术语 ISO 9001：2008 质量管理体系——要求 ISO 9004：2009 质量管理体系——业绩改进指南 ISO 19011：2002 质量和（或）环境管理体系审核指南
第二部分： 其他标准	ISO 10012：2003 测量管理体系 ISO 10019：2005 质量管理体系咨询师选择和使用指南
第三部分： 技术报告或技术 规范或技术协议	ISO/TS 10005 质量计划指南 ISO/TS 10006 项目质量管理指南 ISO/TS 10007 技术状态管理指南 ISO/TR 10014 质量经济性管理指南 ISO/TR 10013 质量管理体系文件 ISO/TR 10017 ISO 9001：2000 中统计技术指南 ISO/TR 10018 顾客投诉 技术协议（1）2002 医疗机构应用 ISO 9000 指南 技术协议（2）教育机构应用 ISO 9000 指南
第四部分： 小册子	ISO/TC176 根据实施 ISO 9000 族标准的实际需要，将陆续编写一些宣传小册子形式的出版物作为指导性文件，包括《质量管理原则》《选择和使用指南》《小型组织实施指南》等，《小型组织实施指南》已于 2002 年正式发布

四、2008 版 ISO 9000 族核心标准主要内容及关系

1. ISO 9000：2005 质量管理体系——基础和术语

若将核心标准比喻为一座金字塔，ISO 9000：2005 质量管理体系——基础和术语标准就是金字塔的塔基，处于最底层（第一层）。该标准明确了八项质量管理原则，并规范了国际通用的 84 条质量术语，提出了以过程为基础的质量管理体系模式。使用了过程导向的模式，替代了以产品（质量环）形式过程为线的 20 个要素，以一个大的过程描述所有的产品，将过程方法用于质量管理，将顾客和其他相关方的需要作为组织的输入，再对顾客和其他相关方的满意程度进行监控，以评价顾客或其他相关方要求是否得到满足。这种过程方法模式可以适用于各种组织的管理和运作。如图 11 - 2 所示。

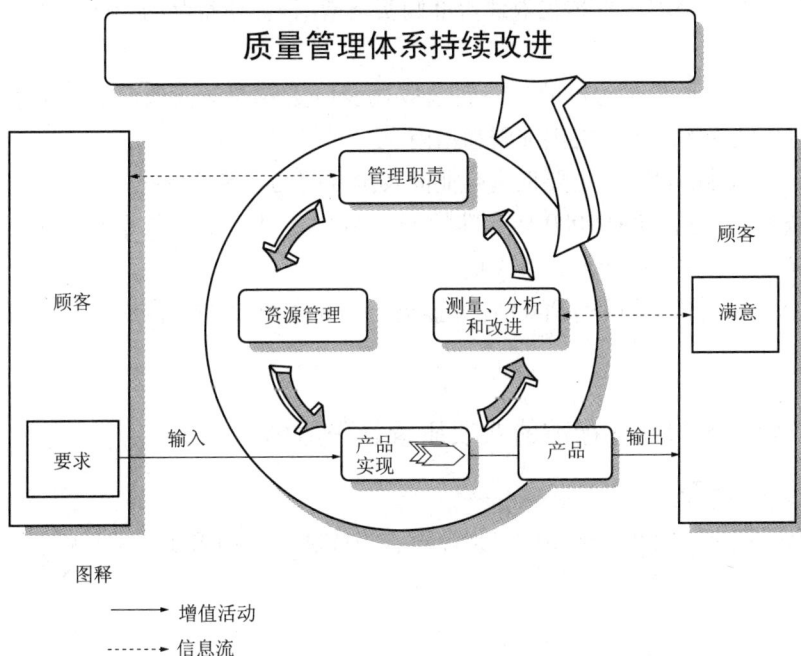

图 11 - 2 以过程为基础的质量管理体系模式

2. ISO 9001：2008 质量管理体系——要求

ISO 9001：2008 质量管理体系——要求标准，处于第二层。该标准是从顾客角度对企业提出的最低要求的标准，达到顾客满意和产品质量目标，使质量管理体系有效。主要用于质量体系认证或用于供需双方的合同目的。

3. ISO 9004：2009 质量管理体系——业绩改进指南

ISO 9004：2009 质量管理体系——业绩改进指南标准，处于第三层。该标准是超越顾客的最低要求的指南性标准，扩展为追求相关方满意和组织业绩的持续改进，不仅使质量管理体系有效，而且还要高效。每个组织都会有几种不同的相关方，除顾客外，组织的其他相关方包括组织的员工、所有者或投资者、供方或合作伙伴、社会等。针对所有相关方的需求实施并保持持续改进其业绩的质量管理体系，可使组织获得成功。

该标准主要为非合同环境下企业追求卓越的经营业绩，接近卓越绩效标准（国家质量

奖），提供业绩改进指南标准。

4. ISO 19011：2002 质量和（或）环境管理体系审核指南

ISO 19011：2002 质量和（或）环境管理体系审核指南标准，将质量管理体系审核指南标准和 ISO 14000 环境管理体系系列标准合并，比 ISO 14000 系列标准具有更好的兼容性。

环境管理体系和质量管理体系两类标准的兼容性主要体现在定义和术语统一、基本思想和方法一致、建立管理体系的原则一致、管理体系运行模式一致以及审核标准一致等方面。

5. 质量奖与 ISO 9000 族标准的关系

核心标准比喻为一座金字塔，金字塔的塔尖就是追求卓越的绩效标准，也称质量奖。世界上有三大质量奖，1951 年日本设立的戴明奖、1987 年美国设立的波德里奇国家质量奖、1992 年设立的欧洲质量奖。我国于 2004 年颁布了我国国家质量奖，GB/T19580《卓越绩效评价准则》和 GB/T19579《卓越绩效评价准则实施指南》。质量奖与 ISO 9000 族标准的关系如下：

（1）目的不同。质量奖的目的：一是选拔代表质量管理最高成就的少数典范；二是为希望实现最高绩效水平的组织提供准则和指南。

ISO 9000 族标准的目的：主要促进企业间及国际间的贸易活动。

（2）审查范围不同。ISO 9000 族标准的 ISO 9001 不涉及经济效果和成本效率；美国质量奖的标准审查七大类组织活动，范围更宽。

（3）ISO 9000 族标准的 ISO 9004 标准接近于质量奖准则的范围和深度，介于 ISO 9001 和质量奖之间。

五、2008 版 ISO 9000 标准的八项质量管理原则

1. 以顾客为关注焦点

组织依存于顾客。因此，组织应当理解顾客当前和未来的需要，满足顾客要求并争取超越顾客期望。

2. 领导作用

这里的领导者就是最高管理者，他确立组织统一的宗旨及方向，领导者应当创造并保存使员工能充分参与实现组织目标的内部环境。

3. 全员参与

各级人员都是组织之本，只有他们的充分参与，才能使各自的才干为组织带来收益。

4. 过程方法

将活动和相关的资源作为过程进行管理，可以更高效地得到期望的结果。ISO 9000 族标准鼓励在建立、实施质量管理体系及改进其有效性中采用过程方法，通过不断满足顾客要求和期望，努力增强顾客的满意程度。

5. 管理的系统方法

将相互关联的过程作为系统加以识别、理解和管理，有助于组织提高实现目标的有效性和效率。

6. 持续改进

持续改进总体业绩应当是组织的永恒目标。"没有最好，只有更好"一个组织要不断取

得成功，就不能故步自封，要承认本组织有不断改进的需要，树立永远进取、持续改进的思想。

7. 基于事实的决策方法

一项活动的成功与否，基础在于决策的理智、可靠；而有效的决策是建立在对有效数据和信息进行合乎逻辑的分析和直观判断的基础上的，组织管理者能否对与质量有关的各个过程作出正确的决策，将直接影响组织和过程的有效性和效率。因此，组织管理者在进行决策前一定要深入调查研究，掌握第一手资料，使组织的各项决策实事求是，有据可依。

8. 与供方互利的关系

通过与供方，特别是关键供方共享专门技术和资源，如共同研究和制定采购过程要求和验收规范，使双方充分认识到双方利益的一致性，从而降低成本，增强创造价值的能力。

六、ISO 9000：2008 标准的主要变化条款

ISO 9000：2008 与 ISO 9000：2000 标准相比变化不大，总体框架和逻辑结构未变，只是部分条款的要求更加明确、更具适用性，对用户更加有利，更加便于使用。基于这样的理解，下面就部分条款的变化作如下说明：

（1）引言 0.1 条款将"强制性要求"明确为"适用于产品的法令或强制性要求"，明确了满足 ISO9001 质量管理体系所关注的法律法规要求是涉及产品特性范畴的要求，避免了过去工作中发生的法律法规适用范围的困扰。

（2）4.1 条款将 a）条和涉及外包过程要求的"对外包过程的控制"中的"识别"修改为"规定"，避免了错误继续错下去，隐含了合理策划的意味。4.1 条款加了一个"注"，即"7.4 条款的要求也可适用于外包过程"，这本身是 ISO/TC 176 SC2 N630 的解释。从前多数组织都是这么做，只是标准没有明确规定而已。

（3）4.2.1 条款"注 1"中增加了"一个单一文件可以包括一个和多个程序的要求，一个文件化程序的要求可被多于一个文件覆盖"的说明。该注解使"文件化的程序"这一术语的含义更加广泛，更加便于操作，避免了原来的"一个要求、一个程序"教条主义烦琐。4.2.3f）条款对外部来源文件增加了一个定语"策划和运作质量管理体系所必需的"，使外来文件的管控范围大大缩小，要求更加明确。

（4）5.5.2 条款在"管理层的一名成员"前增加限定语"该组织的"，明确了管理者代表不得临时外聘。

（5）6.2 条款将"其工作影响产品质量的工作人员"改为"其工作影响产品要求符合性的人员"。6.2.2b）改为"适用时，提供培训或采取其他措施，达成必需的能力"。6.2.2c）条款改为"确保达成必需的能力"。"评价所采取措施的有效性"改为"确保已经获得了所需的能力"。明确了 ISO 9001 标准关注的是确保其工作影响产品要求符合性的人员应具备所需能力，弱化了对采取措施（培训等）进行效果评价的要求。

（6）6.3 条款中，支持性服务举例增列了"信息系统"，反映标准制定者已关注到随时代进步，组织工作的信息系统已是影响组织管理体系运作和满足顾客要求的重要因素。

（7）6.4 条款增加了一个注解："工作环境指达成产品要求符合性必需的条件，如洁净室、防静电措施和卫生控制"。这提示 ISO 9001 标准对工作环境的主要关注点还是物的

因素。

（8）7.3.1 条款增加了一个注解："设计开发评审、验证和确认的目的有区别，可以适于产品和组织的方式分别或结合实施及记录"。这里反映标准制定者已经考虑了不同类型产品的开发过程可能具有相当大的差异，重要的是，标准肯定了"评审、验证和确认"三项活动只是目的不同，它们可以是同一个过程、同一个活动，甚至可以发生在同一个时间。

（9）7.3.3 条款增加了一个注解："产品和服务提供包括产品防护"。这提示了产品设计过程应对产品的防护（如包装、搬运、贮存）予以考虑，并在设计输出中为这些活动提供适宜的信息。

（10）7.5.2 条款增加了两个注解："对许多服务组织，所提供服务不能允许在服务交付前便利验证，此类过程应在策划阶段（7.1）予以考虑和识别""例如焊接、消毒、培训、热处理、呼叫中心服务或紧急响应等过程可能需要确认"。以上注解应能澄清标准的意图——服务的特点就是与顾客直接接口多，服务直接交付顾客。很难设想一个餐厅服务员在接待顾客时先由自己或他人验证服务规范是否得以满足，若有不良反映也肯定在向顾客提交服务后，其质量保证手段只能是确认服务规范本身是否满足顾客要求，确认人员是否掌握服务规范，以保证提供的服务始终满足要求。

（11）7.6 增加了两条注解，新增注解 2 "监视测量装置包括测量设备（无论其用于监视还是测量）及用于监视要求符合性的除测量设备外的其他装置"，明确了 7.6 条款适用的对象范围。新增注解 3 "计算机软件满足期望用途能力的确认典型活动包括对软件的验证和配置管理，以保持其适用性"。软件的验证可包括评审、演示和测试。配置管理是标识、组织和控制修改软件的技术，使软件在软件生命周期中的完整性、一致性和可追溯性得到保证。测试软件工具使用前即应置于配置管理之下。

（12）8.2.2 条款增加了"应保持审核及其结果的记录"的要求，也就是说"检查表"还是需要的。

（13）8.2.3 条款增加了一个注解："在确定适宜方法时，组织应根据其过程对产品要求符合性和质量管理体系有效性的影响，考虑对其每一过程进行监视和测量的适宜类型和程序"。应注意，此注解明确"过程监视和测量"的对象是"每个过程"，澄清了从前在该条款上存在的争论。另外，应注意此注解希望组织确定过程监视测量方法时应考虑到应用的价值。

（14）8.2.4 条款将现行标准"不应放行产品和交付服务"改为"不应向顾客放行产品和交付服务"。明确在组织内部控制下，可以有"紧急放行""例外转序"等活动。但向顾客提交产品时，应保证策划活动均已完成，除非得到有关授权人员的批准，适用时得到顾客批准。本条款还增加了一个注解，说明应保持的"符合接收准则的证据可以是一份记录或其他在策划安排中规定的方式"。这提示应保留的合格证据不限于记录，有时其他方式的证据更为全面客观，如保留样品等。

（15）8.5.2f）、8.5.3e）条款中加入了"有效性"，明确了评审的是措施有效性。纠正/预防措施的有效性评审很大程度上决定了组织的改进活力。

我国历来重视质量管理和标准化工作。1987 年我国确定以等效采用为原则，将ISO 9000 系列标准转化为国家标准 GB/T10300 系列。1994 年由于国际标准化组织又发布了 ISO 9000 系列国际标准的修改版，而我国是等同采用 ISO 9000 族标准。

我国等同采用 ISO 9000 族标准——中华人民共和国国家标准 GB/T19001 - 2008/ISO 9001：2008 质量管理体系于 2008 年 12 月 30 日发布并于 2009 年 3 月 1 日正式实施。对于促进我国经济发展，推动技术进步，扩展国际贸易，加入世界贸易组织，提高企业竞争力等都有着极其重要的意义。

第三节　全面质量管理

现代企业的质量管理不仅仅是一个针对产品（或服务）质量形成过程的技术管理，而且是一个全方位的立体管理，既有产品（或服务）形成过程的技术问题，也有形成过程的要素问题，还有过程主体—人的意识形态问题。由于企业质量经营的主体是全面质量管理的输出—产品（或服务）的质量，所以最终输出控制是企业全面质量管理的落脚点。然而，这个输出并不是仅仅随企业质量管理体系组合质量的高低而变化，它还受企业文化等多因素的影响，从而引申出企业全面质量管理全方位（三维结构）立体控制的问题。

一、全面质量管理的概念及思想理论

1. 全面质量管理的概念

全面质量管理（total quality management，TQM）是在 20 世纪 50 年代中期，由日本、美国等首先倡导、发展起来的。美国菲根堡姆博士 1961 年发表了《全面质量管理》一书，他指出："全面质量管理是为了能够在最经济的水平上并考虑到充分满足用户需求的条件下进行市场研究、设计、生产和服务，把企业各部门的研制质量、维持质量和提高质量的活动构成一体的有效体系。"

1994 年版的 ISO 9000 标准中，全面质量管理是指以质量为中心，以全员参与为基础，目的在于通过让顾客满意和相关方（本组织所有者、员工、供方、合作伙伴或社会）受益而达到长期成功的一种管理途径。在 2000 年版和 2008 年版的 ISO 9000 标准中，没有将全面质量管理列为标准术语。本书采用 1994 年版的 ISO 9000 标准的全面质量管理的定义，并参考菲根堡姆的定义以加以理解：

（1）全面质量管理是对一个组织进行管理的途径。

（2）"质量"概念扩充为全部管理目标，即"全面质量"。包括产品的质量、过程质量和工作质量。

（3）全面质量管理强调一个组织必须以全面质量为中心、全员参与为基础，通过对组织活动全过程的管理，追求组织的持久成功，即，使相关方持续满意和受益。

2. 全面质量管理的思想理论观点

TQM 是以质量为中心的全面管理，近年来又有新的发展，其基本的思想理论观点和方法可简单归纳如下：

①四全管理。即全面质量、全过程、全员参加、全面综合运用各种有效的现代管理方法。

全面质量管理的内容包括设计过程的质量管理、制造过程的质量管理、使用过程的质量管理、辅助过程的质量管理。

②四个第一。即质量第一、用户第一、适用性第一、长远利益第一。

③四种观点。即预防、改进、管理因素为主，不排斥严格质量检验，防检结合、综合治理的观点；一切用事实和数据说话的观点；下道工序是用户，过程控制一次成功的观点；用最经济的方法为用户提供满意的产品和服务的观点。

④四大支柱。即 PDCA 循环科学工作程序、QC 小组活动、标准化和质量教育培训工作。

⑤四种方法。即数理统计分析、抓关键的少数、人机料全面控制和 QC 新老 7 种工具运用。

20 世纪 80 年代以来，TQM 与量化质量成本、全面质量控制、可靠性工程和零缺陷等方法融合，形成了较为系统的 TQM 体系。目前，世界各国普遍推行 TQM，多数企业进入致力于各项经营活动性能持续提高的阶段，超过 10% 的企业进入经营组织、运营过程持续改进的阶段，仅有少数大公司进入工作程序的优化管理、"追求卓越"的 TQM 成熟阶段，这代表着 TQM 的发展方向。

世界著名质量管理专家美国的朱兰博士指出："全面质量管理就是为了达到世界级质量的领导地位，你所要做的一切事情。"可见，推行 TQM 就是永无止境的质量改进过程，就是不断地攀登质量经营新高峰。我国自 20 世纪 70 年代末期推广全面质量管理（TQM），30 多年来的实践证明，它是一种最有效的广泛适用的管理科学。所以，我们必须自觉地广泛深入地推行 TQM。

研讨与思考：经济全球化的迅猛发展，使得机遇与挑战并存。入世之后，对于作为"世界级制造中心"的中国而言，应如何不断提升产品质量呢？

二、TQM 与 ISO 9000 族标准的关系

（一）TQM 与 ISO 9000 族标准的比较

1. 原则与认识

相同点：质量形成全过程。

TQM 的全过程遵循朱兰的质量螺旋线上升曲线。

ISO 9000 标准的全过程用"质量环"描述。

不同点：对质量的定义不同。

TQM 定义的质量是广义的质量，其对象不如 ISO 9000 标准涉及的领域宽。

ISO 9000 标准定义的质量：一组固有特性满足要求的程度，质量的对象是广泛存在的事务。

2. 目的与做法

目的基本一致。

TQM：让顾客满意、企业受益、社会受益。

ISO 9000 标准：使企业质量管理体系具有持续提供符合要求产品的能力。

做法有差异。

TQM：遵循 PDCA 循环。

ISO 9000 标准：建立质量管理体系，内部审核，第三方认证。

3. 控制与实施

TQM：主要采用数理统计方法，使用新老 7 种工具。

ISO 9000 标准：建立一套文件体系。

（二）TQM 与 ISO 9000 族标准的关系

（1）ISO 9000 族标准是静态的（相对稳定），是基础。

（2）TQM 是动态的，是发展的。

三、全面质量管理的基本程序——PDCA 循环

20 世纪 20—30 年代是美国统计质量控制发展的鼎盛时期。美国著名的质量专家爱德华兹·戴明博士，当时作为一名统计师就职于西方电力公司。第二次世界大战期间，戴明教授质量控制课程，该课程是国防任务的一部分。虽然他是美国众多工程师的老师，但他无法接触到企业管理的高层。战后，戴明被邀请到日本讲授质量控制，其质量管理和控制的理论被日本认可并推广。1951 年，日本科学家和工程师协会设立了戴明应用奖，但遗憾的是戴明在美国却没有得到足够的重视，直到 1980 年，美国国家广播公司广播了一份官方报告"如果日本能……，我们为什么不能？"这一节目才使戴明在美国家喻户晓。

戴明将企业的每项活动都具有的一般策划、实施、检查、处置的过程的理论运用到质量管理中，总结出了 PDCA 模式或循环，亦即戴明循环。

戴明的十四条质量管理原则：

（1）建立改进产品和服务的长期目标。

（2）采用新观念。

（3）停止依靠检验来保证质量。

（4）结束仅仅依靠价格选择供应商的做法。

（5）持续地且永无止境地改进生产和服务系统。

（6）采用现代方法开展岗位培训。

（7）发挥主管的指导帮助作用。

（8）排除恐惧。

（9）消除不同部门之间的壁垒。

（10）取消面向一般员工的口号、标语和数字目标。

（11）避免单纯用量化定额和指标来评价员工。

（12）消除影响工作完美的障碍。

（13）开展强有力的教育和自我提高活动。

（14）使组织中的每个人都行动起来去实现转变。

1. PDCA 循环的含义

我们做事的一般规律是：先有一个计划目标——按照计划目标去执行和实施——在执行

的过程中同计划不断比较和检查——根据检查结果，把成功的经验列入标准中，加以推广，将遗留问题在下一个目标中加以解决。

研讨与思考：日常生活中我们是如何应用 PDCA 循环的？

2. PDCA 循环的四个阶段，八个步骤

（1）策划阶段包括四个步骤：

第一步，分析现状，找出存在的问题（排列图法、直方图法、控制图法、工序能力分析、KJ 法、矩阵图法）。

第二步，分析问题存在的原因（因果分析图法、关联图法、矩阵数据分析法、散布图法）。

第三步，找出影响质量问题的主要原因（排列图法、散布图法、关联图法、系统图法、矩阵图法、KJ 法、实验设计法）。

第四步，制定措施计划（目标管理法、关联图法、系统图法、矢线图法、过程决策程序图法）。

（2）实施阶段：第五步，按计划实施。

（3）检查阶段：第六步，调查结果。

（4）处置阶段：第七步，总结经验，巩固成绩，将工作结果标准化；第八步，提出遗留问题并处理。

在质量管理工作中，四个阶段，八个步骤必须是完整的，一个也不能少地按顺序进行循环。

3. PDCA 循环的特点

（1）大环套小环，小环保大环，推动大循环。PDCA 循环作为质量管理的一种科学方法，可用于企业各个环节、各个方面的质量管理工作中。整个企业的质量管理体系构成一个大的 PDCA 循环，各事业单位或分公司又构成各自的 PDCA 循环，每个职能部门构成自己的 PDCA 循环，各个工作环节同样还有一个完整的 PDCA 循环。企业通过大小不同的 PDCA 循环的良性循环，最终推动着企业的质量工作不断提升。

（2）螺旋上升，每循环一次，质量就上一个台阶。PDCA 循环的每一次循环和运动，都是在原有基础上的再提高和上升，是爬楼梯的过程，正由于有前次 PDCA 循环才使得后面的循环站在了更高的层次和水平上。

（3）综合性循环。PDCA 循环的四个阶段是相对的，各个阶段之间不是截然分开的，而是紧密联系在一起的，甚至有时是边计划边执行，边执行边检查和监督。这样的循环才使得管理的质量不断提高。

（4）处置阶段是关键。在企业的质量管理中往往是计划、布置、实施多，而检查、处置和总结少，这样就不能构成质量管理中的闭合的回路。

戴明的质量管理思想集中体现在 PDCA（P—plan，计划；D—do，执行；C—check，检查；A—action，处理）循环上，如图 11-3 所示。

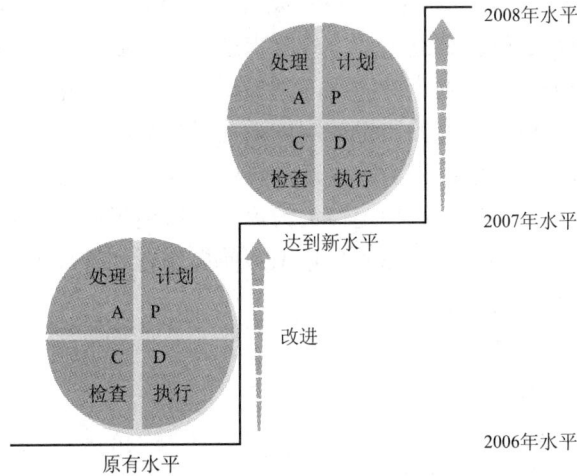

图 11 - 3　PDCA 循环

（1）计划（策划）阶段，根据顾客的要求和组织的方针，为提供结果建立必要的目标和过程，同时看上一循环带入的哪些问题需要改进，逐项列出，找出最需要改进的问题。

（2）执行阶段，实施改进，并收集相应的数据。

（3）检查阶段，对改进的效果进行评价，用数据说话，看实际结果与原定目标是否吻合。

（4）处理阶段，如果改进效果好，则加以推广；如果改进效果不好，则带入下一个循环，在制订计划时加以考虑。

PDCA 循环的特点是：大环套小环，企业总部、车间、班组、员工都可进行 PDCA 循环，找出问题以寻求改进；阶梯式上升，第一循环结束后，则进入下一个更高级的循环；循环往复，永不停止。戴明强调连续改进质量，把产品和过程的改进看作一个永不停止的、不断获得小进步的过程。

四、精益生产模式与企业全面质量管理

精益生产的基本理论思想是符合现代质量管理基本理论思想的，杜绝浪费以提高生产率正是全面质量管理所要求达到的高质量的目标。可以说，精益生产必须以全面质量管理基本思想为指导，没有全面质量管理的基本理论指导就不可能创造出真正的精益生产方式，反之，只有全面质量管理的基本理论指导，而不追求利润，那么企业就会失去发展的动力，没有发展动力的企业不可能适应市场瞬息万变的需求变化，也就无法实现企业的创新与发展，最终就会被市场经济所淘汰，也就是说，先进的生产管理理论必须与先进的质量管理理论相结合，只有两者密切结合，才能体现出相互的价值，共同提升企业的综合竞争力。

1. 精益企业的"问题机会论"

精益企业将问题视为企业发展的机会，是一种积极进取的态度，精益企业通过反复追问为什么来寻求问题的根源，提出根本解决问题的措施，使企业更为强壮，更有参与国际竞争的能力。

2. 精益生产与全面质量管理的关系

精益生产追求七个"零"目标，即："零"转产工时浪费、"零"库存、"零"浪费、

"零"不良、"零"故障、"零"停滞、"零"灾害。精益企业认为：不从根本上保证质量，则不可能全面地实施精益生产。精益生产方式要求进行准时制生产，以防止过量制造、提前制造，并把制品库存和由协作厂生产的库存降到最低限度。准时化生产的重要前提是具备生产没有缺陷产品的能力。精益生产的质量控制体系通过严格的工序质量控制为生产提供可靠的质量保证，通过不间断的质量改进消除生产系统中潜在和已经暴露的各种影响准时化生产的问题，使生产系统运行的可靠性和稳定性大为提高，抵消了由于库存降低给生产系统运行带来的风险。强化了人们的风险意识和质量意识，使操作者和管理人员永远忙于各种改善工作，质量管理小组始终有新的挑战。

（1）顾客为中心、以人为本。

（2）以人为本、质量第一。

（3）以"零缺陷"为目标。

（4）以"保证质量"为工作准则。

（5）卓越的现场"5S"管理。

（6）优秀的企业质量文化。

质量控制是质量管理的一部分，致力于满足质量要求。质量控制的目标就是确保产品的质量能满足顾客、法律法规等方面所提出的质量要求（如适用性、可靠性、安全性等）。质量控制的范围涉及产品质量形成全过程的各个环节。产品的质量受到质量环各阶段质量活动的直接影响，任何一个环节的工作没有做好，都会使产品质量受到损害而不能满足质量要求。质量环的各阶段由产品的性质决定，根据产品形成的工作流程，由掌握了必需的技术和技能的人员进行一系列有计划、有组织的活动，使质量要求转化为满足质量要求的产品并完好地交付给顾客，还要进行售后服务以进一步收集意见改进产品，完成一个质量循环。为了保证产品质量，这些技术活动必须在受控状态下进行。

本章小结

质量的概念经历了符合性质量、适用性质量和国际术语定义的变革，质量是指一组固有特性满足要求的程度。质量管理是指在质量方面指挥和控制组织的协调的活动。质量管理大致经历了质量检验、统计质量控制、全面质量管理三个阶段。21世纪质量管理具有质量管理的理念提升、着力质量人才的建设、质量战略是企业职能战略的核心等特征。

ISO 9000族标准产生于1987年，每隔7年左右修订一次，经历了1987版、1994版、2000版，2008版。本章重点阐述了现代企业实施ISO 9000族标准的意义、2008版ISO 9000族标准的总体结构及核心标准主要内容及关系、八项质量管理原则和ISO 9000：2008标准的主要变化条款。

全面质量管理（TQM）是指以质量为中心，以全员参与为基础，目的在于通过让顾客满意和相关方（本组织所有者、员工、供方、合作伙伴或社会）受益而达到长期成功的一种管理途径。其主要思想是四全管理，即全面质量、全过程管理、全员参加、全面综合运用各种有效的现代管理方法。本章还阐述了TQM与ISO 9000族标准的关系、TQM的基本程序——PDCA循环以及精益生产模式与企业全面质量管理。

本章知识结构网络图

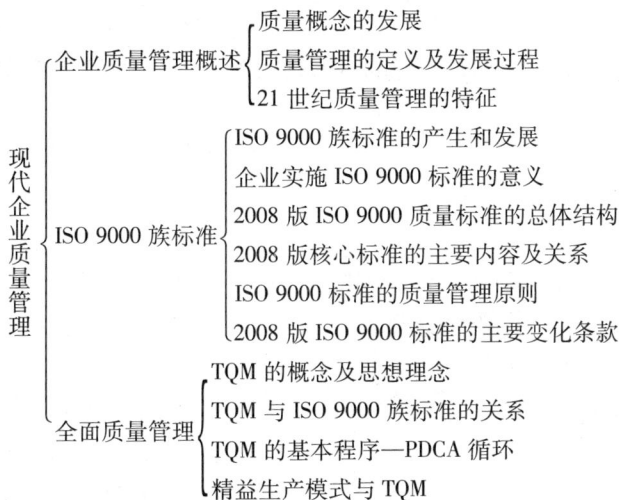

现代企业质量管理

企业质量管理概述
- 质量概念的发展
- 质量管理的定义及发展过程
- 21 世纪质量管理的特征

ISO 9000 族标准
- ISO 9000 族标准的产生和发展
- 企业实施 ISO 9000 标准的意义
- 2008 版 ISO 9000 质量标准的总体结构
- 2008 版核心标准的主要内容及关系
- ISO 9000 标准的质量管理原则
- 2008 版 ISO 9000 标准的主要变化条款

全面质量管理
- TQM 的概念及思想理念
- TQM 与 ISO 9000 族标准的关系
- TQM 的基本程序—PDCA 循环
- 精益生产模式与 TQM

练习与思考题

一、单选题

1. 质量管理经历的事后把关型的管理阶段是（　　）阶段。

A. 质量检验　　　　B. 统计质量控制　　C. 全面质量管理　　D. 质量经营管理

2. 八项质量管理原则是 ISO 9001：2008 标准的（　　）。

A. 理论基础　　　　B. 附加条件　　　　C. 中心思想　　　　D. 延伸

3. "PDCA" 循环的方法适用于（　　）。

A. 产品设计开发过程　　　　　　　　　B. 生产制造过程

C. 质量改进过程　　　　　　　　　　　D. 组织所有的质量管理体系过程

4. 全面质量管理概念最早见于（　　）国家的《全面质量管理》一书中。

A. 英国　　　　　　B. 美国　　　　　　C. 中国　　　　　　D. 日本

5. 戴明的质量管理思想集中体现在（　　）。

A. JIT　　　　　　 B. QC　　　　　　　C. PDCA　　　　　　D. TQM

6. ISO 是世界上最大的（　　）国际化组织。

A. 政府性　　　　　B. 非政府性　　　　C. 营利性　　　　　D. 非营利性

7. 根据质量管理八项原则，领导在建筑企业的质量管理中起着（　　）作用。

A. 支持　　　　　　B. 辅助　　　　　　C. 决定　　　　　　D. 保证

8. 我国按照等同原则，从国际标准转化而成的质量管理体系标准是（　　）。

A. ISO 9000　　　　B. ISO 14000　　　　C. GB/T 19000　　　D. GB/T 9000

9. 硬件产品质量特性一般地概括为产品性能、寿命、可靠性、经济性和（　　）。

A. 及时性　　　　　B. 舒适性　　　　　C. 便利性　　　　　D. 安全性

10. 在 ISO 9000：2008 系列标准中，用于质量体系认证的标准是（　　）。

A. ISO 9000　　　　B. ISO 9001　　　　C. ISO 9004　　　　D. ISO 19011

二、多选题

1. 全面质量管理理论观点的第一是指（　　）。

A. 质量第一　　　　　B. 用户第一　　　　C. 适用性第一　　　D. 长远利益第一

2. 根据"全过程的质量管理"的基本要求，全面质量管理必须体现的思想包括（　　）。

A. 预防为主，不断改进　　　　　　　B. 事后检验，严格把关

C. 为顾客服务　　　　　　　　　　　D. 生产为主，预防为辅

E. 使用过程的质量管理

3. 以过程为基础的质量管理体系主要由（　　）组成。

A. 管理职能　　　　B. 资源管理　　　　C. 产品实现　　　D. 测量、分析和改进

E. 过程策划

4. 全面质量管理的内容包括（　　）。

A. 设计过程的质量管理　　　　　　　B. 制造过程的质量管理

C. 使用过程的质量管理　　　　　　　D. 辅助过程的质量管理

5. 全面质量管理的工作程序是指（　　）。

A. PDCA 循环　　　　B. QC 小组活动　　　　C. 标准化工作　　　D. 质量教育培训工作

三、名词解释

质量　　质量管理　　PDCA　　全面质量管理　　ISO 9000 质量管理标准

四、简答题

1. 简述质量管理发展三个阶段的特点。

2. 简述 ISO 9000 族核心标准的关系。

3. 什么是 PDCA 循环？它有何特点？

4. 简述企业实施 ISO 9000 标准的意义。

5. 2008 版 ISO 9000 标准的八项质量管理原则有哪些？

五、案例分析题

武汉××冲压件有限公司是 20 世纪 90 年代新建的冲压件专业生产企业。该公司一直以来都以产品质量作为企业生存和发展的重大问题来抓，更是通过不断的努力通过了 ISO 9002/IQS 9000，TS16949、EAQF94 等一系列国际机构制定的质量体系的认证。由于××公司对汽车生产各个环节的质量都加大了管理监控的力度，对供应商的供货产品质量控制也比以往更加严格，为了进一步提高自身管理水平，××公司特委托武汉瑞得软件产业有限公司，就目前该公司的质量工作现状做一次调研，一起研究改进提高公司质量管理工作效率的方法，设计一套应用质量管理工作的信息系统。

主要任务和目标是根据武汉××冲压件有限公司的实际情况，对各职能科室和部门的现行运作机制及信息要求进行全面的调查分类、综合分析。在现代化先进管理思想的指导下，采用现代信息技术和计算机、数据库与网络等先进技术，通过总体规划、详细设计与分步实施，建立实用、高效、先进、可靠和开放的计算机管理信息系统，使各单位的信息资源能够合理组织和利用，使单位的工作效率能够得到最大改善。

质量管理系统的建设以实用、高效、先进、可靠和开放为目标，开创信息技术应用于现代化企业质量管理的先进典范，具体目标如下：

（1）公司日常质量信息集中化，实现信息共享。

（2）建立可追溯的质量体系，实现快速及时地反映质量的变化趋势。

（3）通过质量信息的及时反馈，迅速地制订缺陷纠正和预防计划，缩短计划编制时间，提高计划的准确性，加快对质量问题的反应速度。

（4）提高顾客投诉问题处理的工作效率，透明跟踪处理情况，提高服务质量。

（5）各项过程管理权限明确，建立合理的内部控制体系及审批体系。

（6）提高质量信息的采集、交换和使用频率，在提高管理人员工作效率和管理水平的同时，实现管理工作的科学化、规范化。

分析讨论：

1. 企业应如何以顾客为关注焦点？

2. 分析一套质量管理系统对一个企业的作用。

技能实训

选定几个通过 ISO 9000 族质量认证的制造企业，找出它们应用的质量管理方法，并按 PDCA 循环提炼出它的四个阶段八个步骤，重点分析计划与处理阶段。

1. 实训内容

调查××企业质量管理方法的应用。

2. 实训目的

（1）了解××企业的产品通过了 ISO 9000 族中的哪个认证。

（2）进一步熟悉 PDCA 循环的内容。

（3）学会计划的制定方法，并能对存在的问题提出处理建议。

3. 实训组织

以 4 或 6 人为一组，组织学生分组对不同类型企业调查。

4. 实训考核

（1）以小组为单位通过讨论撰写实训报告。

（2）通过全班同学分组分别宣讲实训报告，当场给予评价并打分。

参考文献

[1] 刘仲康，郑明身．企业管理概论［M］．武汉：武汉大学出版社，2005．

[2] 单凤儒．企业管理［M］．北京：高等教育出版社［M］，2009．

[3] 王效昭，赵良庆．现代企业管理学［M］．合肥：安徽人民出版社，2008．

[4] 张向前．现代企业管理［M］．北京：中国言实出版社，2008．

[5] 庄立民．企业概论［M］．台北：中国台湾全华科技图书股份有限公司，2004．

[6] 邸彦彪．现代企业管理理论与应用［M］．北京：北京大学出版社，2008．

[7] 赵钎．现代企业管理（第二版）［M］．北京：电子工业出版社，2008．

[8] 由建勋．现代企业管理［M］．北京：高等教育出版社，2008．

[9] 黄津孚．现代企业管理原理［M］．北京：对外经贸大学出版社，2002．

[10] 王凤彬．管理学［M］．北京：中国人民大学出版社，2003．

[11] ［美］史蒂芬·罗宾斯．管理学（第四版）［M］．北京：中国人民大学出版社，2004．

[12] 程云喜，等．现代企业管理［M］．北京：高等教育出版社，2005．

[13] 梁晓萍．市场营销［M］．广州：中山大学出版社，2006．

[14] 卢海涛．市场营销学［M］．武汉：武汉理工大学出版社，2008．

[15] 陈杰．市场营销理论与实务［M］．北京：中国传媒大学出版社，2008．

[16] 张泽起．现代企业管理［M］．北京：中国传媒大学出版社，2008．

[17] 周三多，等．管理学原理与方法［M］．北京：高等教育出版社，2005．

[18] 全国高等教育自学考试命题研究组．企业管理概论自学考试同步训练［M］．北京：人民日报出版社，2004．

[19] 周颖，杜玉梅．企业管理［M］．上海：上海财经大学出版社，2008．

[20] 刘仲康，司岩．企业经营战略概论［M］．北京：武汉大学出版社，2005．

[21] ［美］雷蒙德·A·诺伊，等．人力资源管理获得竞争优势［M］．北京：中国人民大学出版社，2008．

[22] ［美］劳伦斯·S·克雷曼．人力资源管理［M］．北京：机械工业出版社，2008．

[23] 余凯成，等．人力资源管理［M］．大连：大连理工大学出版社，2009．

[24] 张德．人力资源管理［M］．北京：企业管理出版社，2008．

[25] 郑晓明．人力资源管理导论［M］．北京：机械工业出版社，2008．

[26] 辛向阳．薪资革命［M］．北京：企业管理出版社，2009．

[27] 于翠华，贾志林．现代企业管理［M］．北京：北京大学出版社，中国农业大学出版社，2009．

[28] 苗长川，杨爱花．现代企业管理［M］．北京：清华大学出版社，北京交通大学出版社，2007．

[29] 陈文安，穆庆贵．新编企业管理［M］．上海：立信会计出版社，2008．